道元禅師旧蹟紀行

増補修訂版

小倉玄照 著

誠信書房

発刊を欣ぶ

道元禅師の御旧蹟に就いては、身近な処では二十年前、笛岡自照師の著された『道元禅師御旧蹟めぐり――その案内と考証』が宗侶の関心を深め、巡拝参観にも大いに好便宜であった。その後、同じく祖山永平寺講師に就任し、『傘松《さんしょう》』誌編集責任者として役務に精勤して独自の健筆を振い、その一層の発展に尽くされた小倉玄照師が、在任中の寸暇をいとおしむようにして、凡そ伝承される御旧蹟の大小真偽を問わず実地踏査し、新しい視点からの成果を毎月誌上に紹介発表せられた。それが今回加筆増補せられて一冊にまとめられるという。

時あたかも、二祖国師孤雲懐奘《こうんえじょう》禅師の七百回大遠忌《だいおんき》に当る佳辰、過ぐる正月、著者は再度訪中して宿願の天童寺に拝登し、入宋求法《ぐほう》の祖蹟を自ら見聞する好因縁にも遇われたことで感激も一入と随喜して居るが、さらに本年は奇しくも高祖大師道元禅師御生誕の年と干支《えと》「庚申《こうしん》」を同じくする。しかもさらに中国では、十月の国慶節までには落慶をと天童寺の修復工事が進捗《しんちょく》しているとのことである。思えば本書の発刊、真に難値の勝縁と欣ぶものである。

高祖道元禅師の御親訓の随処に拝覧する「仏祖の行履《あんり》を修習する」とは、申すまでもなく坐禅辧道そのことであるが、法孫のお互いが御旧蹟の一木一草に接する時また七百余年の歴史を超えてこの身心に直に煖皮肉《だんぴにく》に触れる思いに浸ることができる。

永平古仏第五世の法孫たる総持寺二祖峨山《がさん》禅師が、祖山承陽《じょうよう》塔に礼《らい》して「若シ真跡ヲシテ荒蕪ノ地ニ著カシムルハ永平ノ児孫ニアラズ、菩薩子勉メヨ」と焚香謹記された銘碑も含めて、すべての御旧蹟を単なる御旧蹟に終わらせてはなるまい。

本書を座右にし、著者の示唆に富んだ紀行文にひかれて頁を逐えば、道元禅師の尊い御生涯のことはもとより、秘められた祖蹟顕彰のための先人の尊い足跡をも憶い浮かべて無量の法幸を味わうことができる。有縁の参学道人に勧めたい所以である。

昭和庚申年夾鐘中浣

祖山永平寺看青室にて　　楢崎一光　謹誌

目次

道元禅師旧蹟紀行

〈増補修訂版〉

第一章　誕　生　寺——信仰上の誕生地

詮なきこと

道元禅師は、正治二年（一二〇〇）正月二日（太陽暦に換算すると一月二十六日）ご誕生になったという。ところが、その時の様子については一向につまびらかでない。だいたい正月二日という誕生日のことからして、江戸期の宗学者、面山《めんざん》瑞方《ずいほう》和尚（一六八三—一七六九）が唱え始めたのが最初であって、考証好きの面山和尚がいうことだからまず間違いあるまいとは思うものの、疑いだせばどうも怪しいふしもある。

父は、内大臣久我《こが》通親《みちちか》公（一一四九—一二〇二）、母は、松殿《しょうでん》基房《もとふさ》（一一四四—一二三〇）の三女伊子の方といわれている。しかし、これもまず間違いないだろうというだけの話であって、異説を唱える人も結構多い。

例えば、内大臣久我通親公をその父とすると、公は建仁二年（一二〇二）、道元禅師三歳の時に非業の死を遂げるわけであるが、瑩山《けいざん》禅師（一二六八—一三二五）の撰した『伝光録』には、

「七歳ノ秋、始テ周詩一篇ヲ、慈父ノ閣下ニ献ズ」（圏点著者）

と記している。

同書は、さらに、禅師十三歳の春、叡山の麓に良観法眼を尋ね、出家の意志を告げたとき、法眼は大いに驚いて、次のように言ったと記録する。

「元服の期チカシ、親父猶父、定テ瞋《いか》リ有ンカ如何」（圏点著者）

鐘楼堂からみた誕生寺山門と本堂

つまり、少なくとも十三歳の春には父君が生きておられたような趣きが窺えるのである。もちろん、『伝光録』は、信仰の書としては高く評価されても、史書としての信頼度はかなり低いのではないかと一般にみなされている。しかし、それにしても、父君が久我通親公であったということが必ずしも百パーセント確実なものとは言えぬのだという証拠にはなる。

母君の伊子の方にしても疑いだせばきりがない。第一、父君が通親公でないということになれば、問題は振り出しに戻ってしまう。また、たとえそうであったとしても、通親公が通じた女性は少なくない。その中で、禅師の母なる方を通説のごとく松殿基房の女と限定した場合も、それがすなわち伊子の方とするには証拠不足を否めない。

ならばご誕生の地はどうか。これがまたすっきりしない。明治以前の道元禅師伝は、ことごとく「洛陽の人」とか「京師の人」とか、きわめておおらかな叙述をしているだけであって、きめ細かな具体的地名を要求する現代人の関心を満たすものは残っていない。

けれども、よく考えてみれば、これはちっとも不思議なことではないのだ。そもそも道元禅師は、諸縁を放捨して、ひたすら仏道そのものにご自身の全生涯を埋没せられたお方であった。その生涯は、きわめてストイックなものであって、しかも晩年になればなるほど、持律持戒の生活に徹していかれたような趣きさえある。

永平寺の修行生活を規定したいわゆる『永平大清規《だいしんぎ》』の中に、「衆寮箴規《しゅりょうしんぎ》」がある。それを読むと、寮中で、世間のこと、名利のことなどを談話するのは、無義無益の語であり、無慚愧の語であるなどと手厳しく誡《いまし》めておられる。他に対してそう言われるほどだから、ご自身で、修行生活とは直接関係のない出家以前のこまごまとした生い立ちを語るようなことは、決してなさらなかったに違いない。

『正法眼蔵随聞記《しょうぼうげんぞうずいもんき》』の中には、こんな話が載っている。

「愚癡《ぐち》なる人は、その詮なきことを思ひ云ふなり。ここにつかはるる老尼公、当時、いやしげにして有るを恥づるかにて、ともすれば人に向っては、昔上臈《じゃうらう》にてありし由を語る。たとへば、今の人にさありけりと思はれたりとも、何の用とも覚えず、甚だ無用なりと覚ゆるなり。」（巻五）

まずもって、自分の生いたちを得々と、あるいは愚痴めいて語るのなどはおよそ無意味なことに属するといわれるのである。してみれば、道元禅師の出家以前のご旧蹟について、ああだこうだと詮索するのは、私どもの修行生活にとって「甚だ無用な」詮なきことと言わねばならない。

ところが、永平寺などの叢林に生活している者は、現在も毎日の僧堂での食時《じきじ》作法において、「展鉢《てんぱつ》の偈《げ》」を唱えるのを常とする。

仏生迦毘羅《ぶっしょうかびら》　（仏は、カピラワットウでお生まれになった）
成道摩掲陀《じょうどうまかだ》　（そして、マガダ国のブッダガヤでさとりを開かれた）
説法波羅奈《せっぽうはらな》　（その後、バーラナシーで最初の説法をされた）
入滅拘絺羅《にゅうめつくちら》　（最後に、クシナガラで御入滅になった）

いわゆる「展鉢の偈」は、この後さらに、「如来応量器《にょらいおうりょうき》、我今得敷展《がこんとくふてん》、願共一切衆《がんぐいっさいしゅ》、等三輪空寂《とうさんりんくうじゃく》」と続くのであるが、要するに、修行者たちは食事のたびごとに、仏一代の行蹟を口に出して唱え、憶念するわけである。

もっとも、この「展鉢の偈」は、『入衆日用小清規《にゅっしゅにちようしょうしんぎ》』（一二〇九、南宋無量寿撰）に初めて出現する。しかし、どういうわけか道元禅師の『赴粥飯法《ふしゅくはんぽう》』には載っていない。だから厳密には、この偈でもって道元禅師の宗教を忖度《そんたく》することはできない。

しかし、人間一人ひとりの具体的生きざまを何より大切に考えられたのが道元禅師であった。『正法眼蔵』行持の巻を拝読すれば、そのことがよくわかる。だからして、釈尊がいったいどういう生涯を送られたのか、それを毎日忘れずに憶念し、自らもその生き方を慕おうと、その生涯について集約を重ね、ついに四句二十字のエッセンスに練りあげた「展鉢の偈」は、道元禅師の仏法とそんなにかけ離れたものではない。

釈尊の教えは、一器の水を一滴も他にこぼすことなくその弟子摩訶迦葉《まかかしょう》尊者に受けつがれ、さらに嫡々相承《てきてきそうじょう》――すじめ正しく受け継がれて道元禅師にいたった。いうなれば釈尊の人格は、時間的・空間的な隔たりを超えて、あますところなく道元禅師の上に投影されている。面授嗣法を強調する正伝の仏法からすれば当然そうならなければならない。道元禅師は、まぎれもなく釈尊そのものなのである。

となると、食事のたびごとに釈尊の誕生地から始めてそのご生涯を慕うように、道元禅師の誕生の地のことが、私どもの気にかかったとしても責められまい。道元禅師ご誕生の聖地はここだとはっきりしているに越したことは無いのである。

久我の里

私のようなそんな理屈を誰もが考えるのかどうか、そのことはわからない。けれども、誕生寺建立のいきさつを資料にあたって読んでいると、どうも考えることは誰も同じではなかろうかという気がしてくる。

道元禅師の両親の供養塔　右は鶴の塔複製

大正五年（一九一六）八月のことである。永平寺六十六世日置《ひおき》黙仙《もくせん》和尚（一八三七―一九二〇）が、道元禅師のご生家と言われている久我《こが》家の代々の墓所（京都紫野大徳寺塔頭三玄院）へ、当時の久我家の当主通久《みちつね》公と同道で墓参に行かれた。その時、談たまたま道元禅師ご誕生地のことに及んだ。

「禅師ご誕生の地といえるかどうかはっきりしないけれど、京都府乙訓郡久我村上久我の、桂川のほとりに、我が久我家の昔の屋敷跡があり、自分もそこで幼少時代を過ごしたおぼえがある。」といった通久公の話を聞いて、日置黙仙和尚は喜んだ。和尚は、かねてから道元禅師ご誕生の聖地を何とか確認して顕彰できないものかと念じていたからである。

その翌年、つまり大正六年（一九一七）、和尚は早速にその地を訪ねた。そして郷土史家たちに調査を依頼し、その地が久我家と深いかかわりのあったことを確認した。

道元禅師ご誕生の頃の習俗としては、一般に母方の里で出生することになっていたらしいとか、母君が側室であって、久我通親公の正妻が別にいたとかいうようなことは、ずっと後になって歴史家たちがわいわい言いだしたことである。したがって当時としてみれば、久我家の旧跡即道元禅師誕生のゆかりの地と短絡させたとしても、そう責められることではない。

ともあれ、黙仙和尚によって道元禅師誕生の聖地顕彰ののろしが上げられると、和尚の篤信家を中心に篤志家は次々と出現した。神戸市の田村某は、五千坪の用地を買収して寄進。他にも、鉄筋コンクリート造りの「永平寺図書館」を境内の一隅に一寄進で造ろうとしたセメント会社の社長などもいて、黙仙和尚の構想は着々と進んだ。

しかし、いかんせん、大正九年（一九二〇）秋、黙仙和尚はにわかに遷化《せんげ》。当初の壮大な誕生寺建立の青写真は一頓挫。以後は、何となく貧相な一地方寺院としてほそぼそと経営護持されるはめになってしまうのである。

新しくて古い寺

私が誕生寺を訪れたのは、昭和五十年の夏であった。午後の陽は、じりじりと照っていた。誕生寺は、京都特有の蒸し暑さの中に、ひっそり閑として眠っていた。

一帯が市街地と化してしまった今では相当の広さを感じさせる寺域である。しかし、創建当初に寄進されたという五千坪はとてもない。寺門経営の苦しさを語るかのように周辺から民家が寺域を圧迫している。もっとも痩せても枯れても禅寺である。境内の掃除だけはまがりなりにもできていて、むさ苦しいという感じがしないのは救われる。

だがそれにしても寺というイメージはおよそ稀薄な寺である。境内の一隅にある大きな洋風建築が目ざわりになるせいであろうか。しかも、その洋館たるや相当に荒れはてて中からは機械の音らしきものも聞えて来る。後で住職から伺ったところによると、これが例の「永平寺図書館」のなれのはてなのである。つまり、今では檀家の人が家賃を払って授産場として活用し、貧しい寺の財政をなにがしか助けているらしい。

伽藍の方も一向に寺らしくない。当初、庫裡から建築を始めて、本堂上棟にいたらぬ間に発願者が遷化してしまったためである。それにしても、未だに伽藍の中心を占めるべき本堂が建立されないというのはいささか情けない感がしないでもない。いくら無檀無禄のままに出発したからといっても、やはり黙仙和尚の意志を後継する人びとの、少なくとも事業家的な才腕の不足は否めないようである。

黙仙和尚時代に建てられた庫裡《くり》の建物は大きい。あるいは大き過ぎて今では持てあましているのだろうか。雨戸もしめきってある。私はしばらく境内を散策した後、思いきって案内を乞うた。住職船越丹堂師は、ちょうどご在山であった。私は、書院の一室に招じられて、一服の茶をご馳走になった。

しばらく寺の縁起についてお話を伺った後、ふと縁側に立ってみた。広い裏庭である。素朴な刈り込みのつつじの山の向うには、桂川が流れているという。かたわらのよどんだ池水のほとりには、雨戸をかたく閉ざした不老閣が建っている。茶室風の離れ座敷である。

荒れている庭というものも、意外に風情がある。私は、せみしぐれの縁側にたたずみながら、古い荘園の時代のことをしきりに懐古していた。

道元禅師自作の尊像

大正の頃には、寺を建てるといってもなかなか自由には建てられなかった。だからこの誕生寺を創建するに際しても、有名無実に近い小さな寺を引越しするという姑息な形をとったようだ。つまり、越前小松（現在の武生市）にあった永平寺直末の妙覚寺という寺を移転する体裁にしたのである。そういうわけで、この寺は当初、誕生山妙覚寺と号した。その後、山号と寺号を逆にして、やっと誕生寺が誕生した。

しかし、そのような姑息な手段を取って生まれたおかげで、ことのほか見事な道元禅師のご尊像がこの寺にいますことになった。ご尊像のいわれはこうである。

誕生寺の道元禅師尊像

寛元元年（一二四三）のことである。道元禅師が越前の深山幽谷に移られたとき、小松の妙覚寺に一夜の宿をとられたという。当時、この寺は真言宗であったらしいのだが、そこに住んでいた主は、禅師の徳相にほれこんで、直ちにその寺を禅宗に改めるからと、禅師の永住を願い出た。もちろん、禅師はそれを断わられる。しかし、いざ出発しようとしてみると、落胆している寺主がいかにも気の毒な風情である。そこで、庭前にあった太い老梅樹で、手ずからご自身の像を刻んで寺に残して行かれた。これが今、誕生寺に安置されているご尊像だというのである（この妙覚寺とご尊像にまつわる話については、第十九章に詳説）。

昭和三十九年（一九六四）には、この由緒あるご尊像のために鉄筋コンクリート耐火建築の開山堂が竣工、現在はそこに大切に安置されている。

はたしてこれが、禅師ご自作のものかどうか、その点は大いに疑わしい。けれども、等身大よりやや大ぶりなこのご尊像は、実におおらかな彫刻である。有名な越前大野市の宝慶《ほうきょう》寺に収蔵されている月見のご尊像（絵像）のような厳しいイメージの風貌とは違って、みずみずしい青年道元禅師の面影をほうふつとさせてくれる。りりしいお姿でありながら、しかも何となく親しみやすい雰囲気もある。あるいはこれは、ごく御側まで近づける開山堂内部の開放的なつくりのせいであろうか。

誕生寺を訪れたなら、まず何はさておき拝すべきはご尊像である。

信仰上の誕生地

歴史学が発達して来ると、困ったことに、明らかにされない方がかえって安らかな信仰生活に入れるのにと思うことが、次々と露わになって来る。道元禅師のご誕生地にしてもそうである。現代の実証主義的な歴史学の成果を踏まえて考証を重ねて行くと、この誕生寺を歴史上の生誕地とする論にはかなりの無理があることがはっきりしてくる。しかし、ことは宗教上の問題である。単に実証主義的な歴史学の問題としてだけ片づけてしまうわけにもいかない。

それは、次のような二種の人間のありようについて考えてみればいい。つまり、一は、比較的順調に人生を過ごして来たものと、一は、陽の当たらぬところをうろうろと生きて来たようなものとである。このいうなれば順風満帆型と逆境苦労型とでは、信仰生活に入るに際しても大いに違いが生じる。道元禅師を信仰するについても、この二つの型の違いは歴然としてあるに違いない。

「我々は仏教を学ぶときには、釈尊を人間だなんて考えたことはない。親鸞上人であろうが（中略）道元禅師であろうが、釈尊がただの人間であると決めて仏教を学問した人は一人もいないと思う。」（曽我量深）といったことばが素直に信じ込めて、初めから完全人間、つまり仏として道元禅師を無条件に信仰できる種類の人間がいる。

ところがまた反対に、人間道元としての赤裸々な苦悩を分かちあうことによって、初めて道元禅師が身近かな存在に思われ、その偉大さが改めて信仰の対象として拝めるようになるのだという種類の人間もいる。

前者は順風満帆型の人生を送って来た者に多く、後者は逆境苦労型の人生を過ごして来た者に少なくない考えのような気がするがどんなものか。もちろんこれは、どちらがいい、どちらが悪いという二者択一の問題ではない。その人の生きざまの、いうなれば人生における宗教的環境の相違とでもいうべきものなのだから、両者の信仰のありようは、それぞれに認められるべき筋あいのものだろう。

私などは、二十歳前後の頃までは、腺病質の身を養いつつも比較的順風満帆型でやって来た。しかし、その後、それまでの人生に対する甘えた態度が原因となって、人生の針路に思わぬ大ぶれが生じることになる。あっちへよたよた、こっちへよたよた、まことにぶざまな生きざまをさらすはめになってしまったわけである。だからして私はこのごろ、妙に人間道元の苦悩に親しみと共感を覚える。

道元禅師のご誕生地についても、こうした信仰のありざまの二つの型みたいなものによって、ああだこうだと論じられているような趣きがあるのではないか。問題は、決して二者択一といったこととは違うのである。だから、現在の誕生寺は、歴史上何の意味もないところに建立されたのだから、誕生寺という名前は廃止すべきであるとか、あるいは歴史学によって確実にされた歴史上の誕生地へ移転すべきであるとかいった意見に出あうと、苦々しい思いがする。なに、今のままの誕生寺でいいのである。それを信仰上の誕生地としておいていったいどんな不都合があるというのか。ことさらに「いわしの頭も信心から」などということわざまでも援用して、先人のことを非難がましくいう必要はないのである。

それに、禅師の誕生後、通親公は、母と子を久我の別邸に住まわせ、政治生活の暇をみて、禅師母子のもとにしばしば通ったのではないかという学者もいる（『道元』竹内道雄著）。誕生寺は、やっぱり誕生寺でいいのだ。多少の問題はあっても、それは由緒ある土地に立つ、由緒ある寺なのだ。信仰上の聖地なのだ。

第一、あの若々しい希望を全身にみなぎらせたような、りんとして気品のあるご尊像が安置されているだけでも、誕生寺は尊い祖蹟なのである。

二十数年ぶりに誕生寺を訪ねてその変りざまに驚いた。本堂・山門・庫院・鐘楼とすべて新築されている。もっとも授産場になっていた旧永平寺図書館の返還はうまく運ばなかったのだろう。今では建て替えられて白亜のマンションになっているようであった。しかしこれは境内地外の建物と考えれば、伽藍整備は立派に完成したと言ってもよかろうか。

境内には、道元禅師に関わるモニュメントがさまざまに作られている。「道元禅師産湯の井戸」というのはいささかマユツバ臭いけれど、ご両親の供養塔は一応の由緒あるもの。特に北村美術館（上京区河原町今出川南一筋目東入ル）の庭にある重要文化財「鶴の塔」を模した母君の供養塔は北村美術館にある本物が春秋二回一週間ずつの庭園公開日でなければ拝めないだけに尊い。

鶴の塔については『山城名勝志』巻六に

「按下久我村仏光寺ト云旧跡アリ、寺ハ絶テ年久シ、其地ニ古キ石塔アリ、誰某云フコトヲ不レ知、然レドモ時々霊異アリ、サルニ依テ今塔ヲ移二真福寺一、塔ニ鳥ノ形ヲ彫付タリ、因レ之土人呼二鶴塔一、疑雅通公塔乎」

とある。これが道元禅師の母の供養塔だと言われるようになったのは昭和になってからのようである。石の塔も根付くという。道元禅師の母の供養塔として拝みつづければ、母君の供養になることは間違いない。ブロンズ製の巨大な道元禅師幼児像も本堂前に立つ。もちろん、最近の作である。

妙覚山誕生寺（みょうかくざんたんじょうじ）——京都市伏見区久我本町

三―一

第二章　木幡の山荘――歴史上の誕生地

松殿山荘（しょうでんさんそう）

私の編集していた永平寺の月刊誌『傘松《さんしょう》』の昭和五十年二月号に、「木幡《こわた》の山荘」について次のように書いた。

道元禅師のご伝記『三祖行業記《さんそぎょうごうき》』『伝光録』『建撕記《けんぜいき》』のいずれを開いてみても、禅師ご出家の折のこととして「木幡の山荘を出て」とか「木幡の山荘に到って」とかいう描写がある。このことから考えてみるに、道元禅師ご生誕の地として断定するには未だ若干の問題が残るかもしれないが、少なくとも禅師幼少の時代にここ「木幡の山荘」で一時期を過ごされたことがあるということだけはどうも動かせない歴史的事実らしい。

いうところの「木幡の山荘」は、道元禅師母方の祖父、摂政関白、藤原基房（松殿）の別荘であった。その場所等についての考証は、名著『道元禅師伝の研究』（大久保道舟著）につまびらかである。

かつての松殿基房館址には、昭和十年（一九三五）頃、日本の茶道礼式を大成するのが目的で、さる資産家によって「松殿山荘」が建てられた。けれども、今訪れてみると、その豪壮閑雅な建物は、ほとんど利用されることはないらしく、堅く扉を閉ざしている。近辺にはわずかの民家があって、そのなりわいのあかしのごとく庭前に洗濯物などが干してある。一帯はまことにひっそり閑としていて、ただせみしぐれのみが、やかましかった。

木幡の山荘は、歩く旧蹟である。夏草の茂るに任せた丘陵のだらだら坂を一人で散策しながら、道元禅師が、

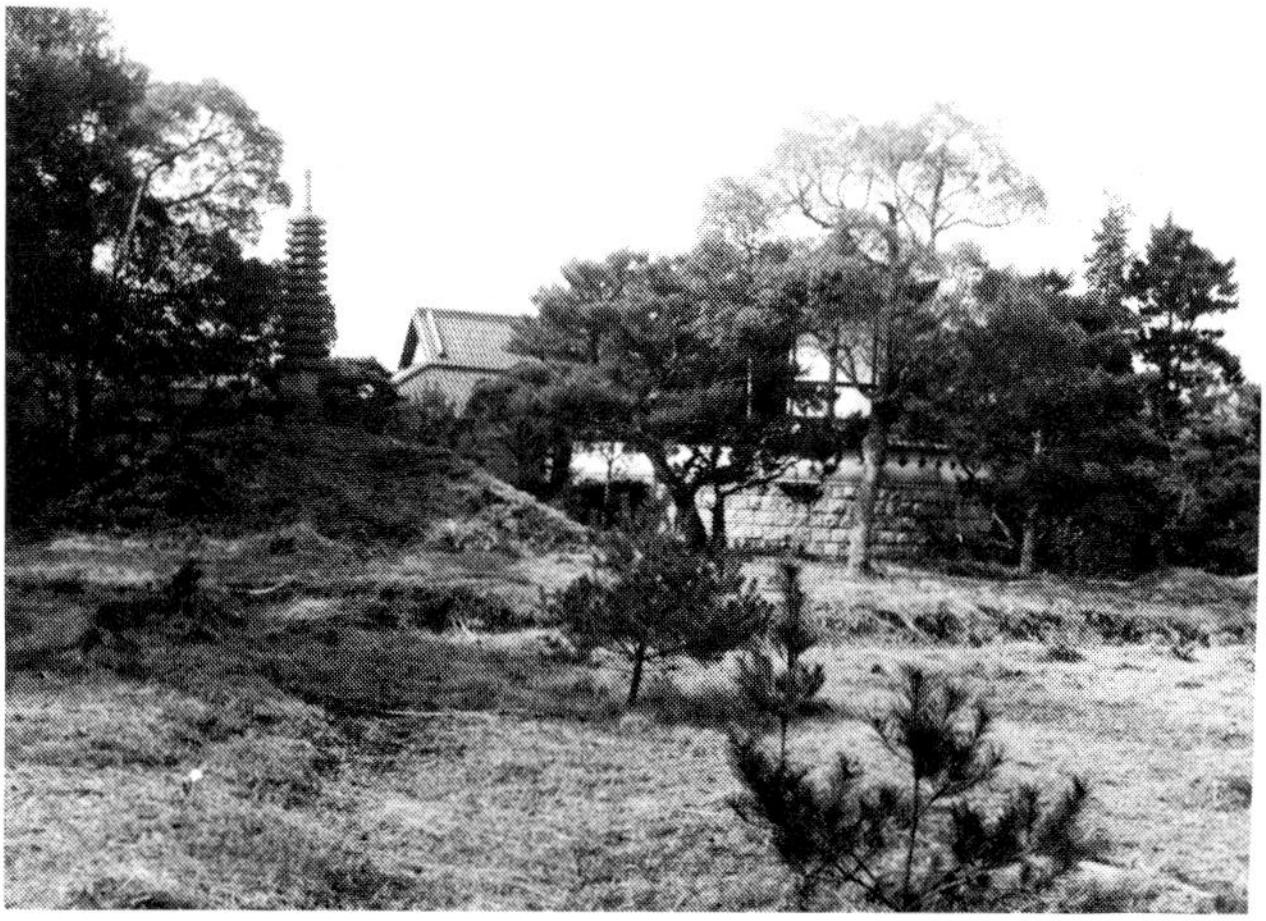

松殿山荘跡

ご自身の幼少の頃の思い出についてほとんど語ろうとなされないのはなぜであろうか、などとあれこれ思いを巡らしていると、時の移るのを忘れる。

『傘松』が全国に配布され、しばらくした頃、守屋茂先生から便りを頂戴した。木幡の山荘近くに住居を定めてかれこれ十年、道元禅師のご誕生地を求めて隅なく木幡の地を歩いたという方である。便りには、とにかく、自分が案内するから、もう一度よく木幡の山荘を歩きなさいという趣旨が書かれてあった。

木曽坊跡

京阪電車の木幡駅に降りると、守屋先生はすでに来て待っていて下さった。初対面の挨拶もそこそこに、先生はてくてくと山手の道へ歩いて行かれる。私は後に従いながら、守屋先生から、先生のご生涯と道元禅師との因縁についての話をひととおり拝聴する。

この木幡の地へ越して来て数年経った頃のことだったでしょうか。宇治市の文化財巡りの会に加わって、木幡一帯の旧跡など何カ所かを見学したことがありました。ずいぶんあちこち歩いて、正直なところへとへとに疲れてしまった状態で、松殿山荘の

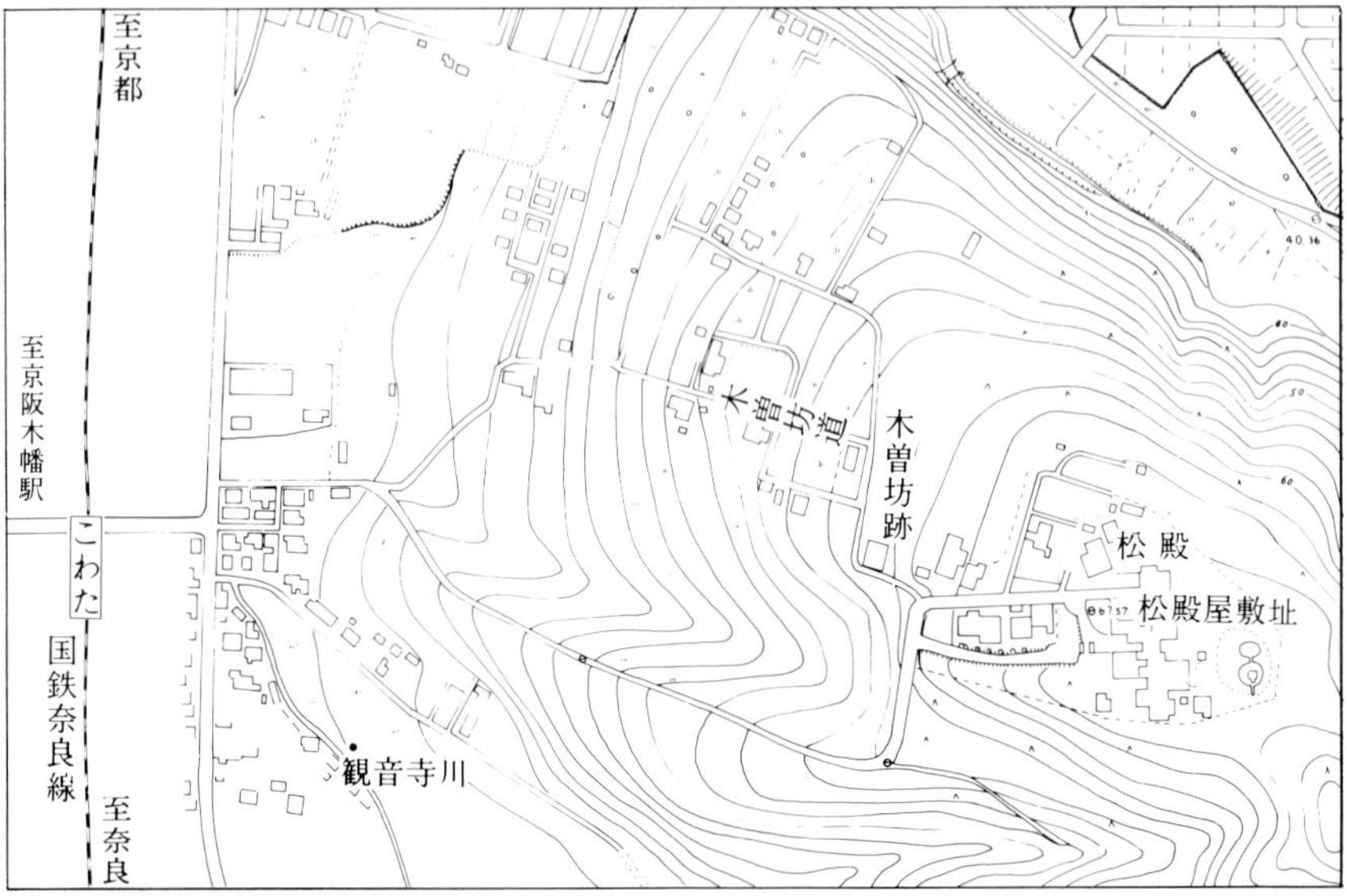

松殿山荘付近図

西北に当たる宇治陵三十二号、三十三号のあたりに辿りつきました。そのとき説明に当たっておられた町の古老志水権次郎氏がなにげなくつぶやくように言われたんですねえ。

「このあたりは、きそんぼうと言われています。昔、寺でもあったのでしょうか。」誰もそのことばに気をとめた人はいなかったようです。けれども、私はもう何といいますか、霊感にでもうたれたような気がしましてねえ。それからは、何かにとりつかれたような気持におそわれまして、もうひまさえあれば「きそんぼう・きそんぼう」と松殿山荘の辺りを徘徊し、また一方では古文書の類を漁ったものです。

守屋先生は松殿山荘には目もくれず、まずその木曽坊跡に案内して下さった。鬱蒼とした竹藪の中の小径をしばらく歩くと、忽然として住宅地に出る。なだらかな斜面の地に立ち並ぶ今様のカラフルな木造住宅。木曽坊跡は、その住宅地と竹藪の間にあった。そこも、ごく最近(昭和五十年)住宅用地として整地されたらしい。赤茶けた平地には、まだブルトーザーのカタピラの跡が生まなましく残っている。広さは、約三千平方メートル。以前

住宅地に整地された木曽坊跡

は、一面が茶畑であったという。

右手上方の松殿跡との境界には、たしかに土塁の跡らしいものもある。この地、木幡檜尾二六番地については、明治三十七年（一九〇五）に作成された「木幡区図（宇治村大字木幡小字檜尾全図）」に、木曽坊跡に通ずる「木曽坊道」がはっきり記載されている。

赤土の上いっぱいに広げられた古地図の上を辿る守屋先生の指さきを眼で追いながら、私はいつまでもその話に聞きいった。

木曽伊子

藤原基房の娘伊子が、道元禅師の母君ではないかということは『道元禅師伝の研究』を始めとしてさまざまに論証され、それはすでに学界の定説となっている。この母君伊子は、生来の美貌に恵まれた方であったらしいが、その生涯は、まことに波瀾に富んでいた。『源平盛衰記』には木曽の荒武者義仲の最期に関して、次のような一節がある。

「五条内裏に帰りて、貴女の遺《なごり》を惜しみつつ、時移るまで籠り居たり。彼の貴女と申すは、松殿殿下基房公の御娘、十七にぞならせ給ひける。類ひなき美人にて御座《おは》しければ、女御《にょうご》

木曽坊道

后《きさき》にもと労《いたわ》りかしづき進《まい》らせけるを、木曽聞き及び奉りて、押して掠《かす》め取り奉る。御心憂くは思召《おぼしめ》しけれども、ひたすら荒夷《あらえびす》にて、法皇をも押し籠め進《まい》らせ、傍若無人に振舞ひければ御力に及ばざることなりけり。」(巻第三十五、圏点著者)

伊子の方が、いかなる事情で木曽義仲に嫁したのか、そのことは今の私にとってそれほど大切なことではない。問題は、寿永三年(一一八四)一月の末、木曽義仲が粟津の原の露と消えた後に、十七歳のうら若さで独り身となった伊子の方が、その後をどのようにして過ごされたかということである。守屋先生は言う、

「父基房や、弟師家の住む木幡の山荘へ帰られたでしょうが、もはや単なる基房の娘じゃありませんからねえ。いってみれば義仲の未亡人でしょう。だから、これはおそらく屋敷の一隅に侘び住まいを構えられたに違いありません。その侘び住まいこそが木曽坊なのですよ。」

かなり説得力のある説である。ところで、道元禅師の父君とみなされている久我通親公と、松殿基房は義兄弟の関係にあった。ともに花山忠雅の女を妻としているのである。しかも、久我通親公は政治的辣腕家で、位、人臣をきわめていた。落ち目の基房は、何かと通親公をたよりにしたに違いない。

「それはね、自然に相互の往復は多くなっていったはずです。

木曽坊付近にある33号陵

平素から女性に関しては人後におちなかった通親公に、うら若い未亡人である伊子の方のことが目に入らぬはずはありません。夜ふけて、ひそかに木曽坊に現れることも多かったんじゃありませんか。」

かくして道元禅師ご懐妊となるわけ。守屋先生は、そのご誕生地について、さらに話を継がれる。

「木曽坊には、侍女がいたとしても手薄だったでしょうね。だから、いよいよご出産の段になれば、おそらく実家である松殿に移られたのではないでしょうか。当時の習俗としては、女は実家でお産するのが普通だったと考えられますからね。」

守屋先生は、自信満々である。永平寺は、民家が建って手遅れにならない間に、この木曽坊跡を買い上げて、ささやかでもいいから誕生の地を記念する一宇を建立すべきではないかとまで言われる。

たしかに、歴史上の誕生地は、久我通親公を父と考える限り、木幡の山荘として間違いあるまい。第一、もし伏見の久我の里にある誕生寺の地が、久我の館の跡であったとしても、そこには通親公の正妻範子の方が生活していたはずである。一夫多妻が別に不道徳なこととして責められるような時代ではなかったとしても、正妻の居住する館で、側室がお産をするなどということは、人情から考えてもとうていありえない話なのである。

伊予の墓

木曽坊の近くには、宮内庁の管理する陵墓がたくさんある。一括して宇治陵と呼ぶ。陵墓の数は、実際には三百基はあるといわれ、そのほとんどが藤原氏または、藤原氏出身の皇后、女后などのものと伝えられている。

守屋先生は、木曽坊のすぐそばにある円墳三十三号陵に案内して下さる。別段証拠となる資料があるわけではないが、ひょっとすると伊予の方の墓ではないかというわけである。それは、民家と民家の間に囲まれて、常緑の樹々がこんもりと茂った陵墓である。これを伊予の方の墓というにはこだわりがあるが、たしかに何となく女性的なものを思わせることはたしかだ。

私たちは、『大悲心陀羅尼』一巻を諷誦して陵墓の主の冥福を祈った。

三十三号陵の前には、三十二号陵もある。誰のものかはこれもまた定かではない。だが小じんまりとまとまったこの陵墓も女性のものではないかと偲ばれる。

鉄条網の中

松殿山荘にとって返した私たちは、アベックが侵入して荒らして困るというので厳重に張り巡らされている鉄条網を潜って、その中に入った。守屋先生が、あらかじめ電話連絡して許しを得て下さっていたから、無断侵入というわけではない。

その前年、一人でやって来たときは、誰の案内もなかった。だから、表通りをぶらりと歩いて帰っただけで、四十万平方メートルという広大な雑木林の実感を味わうわけにはいかなかった。もう少し親切に案内板でも建て

道元禅師が13歳の春ひそかに叡山に向かわれたかもしれない松殿山荘の木下道

られているとよほど有りがたい思いを味わえたはずだと思うのだが、肝腎の松殿山荘の主は、道元禅師のご旧蹟としての山荘を顕彰する気はさらさらに無いらしい。この日、山荘主人はあいにく不在で、お目にかかるわけにはいかなかったが、何だか道元禅師の誕生地として騒がれることを嫌っておられるふしもある。雑木林の中には、藤原一族の陵墓や、鎌倉時代そのままという土塁があちこちに残っている。たしかに、一帯は古色蒼然とした雰囲気をたたえていた。

だが、冬枯れの木下道だったから、私たちは案外楽に逍遥できたけれど、夏草の繁茂する時期にこんなところを訪ねたらずいぶんと難儀な思いをするに違いない。そんなことをしきりに思いながら雑木にからんだ葛や、枯草や、野茨をかき分けて山を下っていると、とある古井戸に出くわした。何でも道元禅師に結びつけてしまう守屋先生は、

「これは、ひょっとすると道元禅師が産湯を使われた井戸ではないかと思うんですがね。鎌倉時代までさかのぼり得る古井戸ですよ。」

と言われる。

その事実の真偽はさておき、木曽坊に伊予の方が生活されていたとする見解に従うとすると、道元禅師伝を読んでいく上でなる

ほどと思われることがいろいろとある。例えば、『建撕記』にある、

「十三才ノ春、夜中ニ忍ビ出テ、木幡ノ山荘ニ至り、ソレヨリ尋ネテ叡山ノ麓ニ至り、云々。」(瑞長本)

という記述にしても、木曽坊をしのび出て、ひそかに祖父基房に別れを告げたのだと理解できて、あまり抵抗なく読める。又、それが『永平寺三祖行業記』のように、

「建暦二年春、夜中人に知られずして密かに木幡の山荘を遁れ出で云々。」(原漢文)

とあっても、両者は至近距離なのだから、木曽坊もひっくるめて、木幡の山荘と考えれば(あるいは、実際に養育されておられた場所は、木曽坊ではなくて木幡の山荘であったかも知れぬ)別段二つの伝記に矛盾はなくなる。

「これでもう誕生地は、木幡の山荘に九十九パーセント確定したといっていいでしょう。」と、守屋先生は盛んに力説されるのだが、たしかに無理はないみたいに私も感じた。もっとも、道元禅師の父君が久我通親公であり、母君が伊子の方であるという仮説が、万一崩れるようなことにでもなれば、話は白紙に戻ってしまうのだが……。

松殿山荘(しょうでんさんそう)——宇治市木幡南山一八番地

第三章　京都国際ホテル・京都御苑・関白屋敷跡――父と母と祖父母に関わる地

通具公の屋敷跡

道元禅師の父親は誰か。第一章で、通説に対する疑念を紹介しつつも、宗門公認のかたちとなっている通親《みちちか》説に添いながら叙述した。

しかし、その後の二十年ばかりの間に、さまざまな論議が重ねられて、通親の子通具《みちとも》が禅師の父ではないかという説が相当に有力となってきた。私も今では、本当のところは通具が父君ではないかと思うようになった。

その理由――

まず年齢。通親なら五十一歳の時の子。通具なら二十九歳。いうなれば男盛りの二十九歳の通具の子と考える方が自然のような気がするがどうか。

次に『伝光録』には

「七歳の秋《とき》、始《はじめ》て周詩一篇を慈父の閣下に献ず」

とある。通親が父なら道元禅師が三歳の時に死歿している。

大本山総持寺の開山瑩山《けいざん》禅師（一二六八―一三二五）の語録『伝光録』は、『建撕記《けんぜいき》』より百五十年以前に成った古い伝記資料である。宗門で『伝光録』の記述が道元禅師伝としては長らく軽視されていたのは、徳川幕府の宗門政策によって永平寺と総持寺が対立抗争する傾向があったことが暗に影響している、と私はみる。

私は昭和四十八年四月、永平寺の機関誌『傘松《さんしょう》』の編集を預かった。その一年後の昭和四十九年四月号で、瑩山禅師六百五十回大遠忌《だいおんき》に因んで「瑩山禅師と永平寺」という特集を企画した。当時も両山の対抗意識はかなり強く、新参の編集者がそういう企画をすることに対して当局は危惧の念を抱いた。事実、校正段階で監院老師から厳しく内容をチェックされた記憶がある。しかし、当時としては大胆な企画であったこの特集号は幸い好評をもって迎えられ、以後『傘松』誌の評価が飛躍的に高まったと思っている。

その特集中で、山端昭道師に「『伝光録』に示された高祖の慈父」という論文を執筆依頼して掲載した。たまたま永平寺に上山された師が茶話で語られた話題を小耳に挟み、執筆を依頼したのだが、この論文は、従来の通親説を大胆に否定した画期的なもので、宗学関係者たちに年月を経過するにつれて大きな影響を与えていった。

その論文の要旨――道元禅師の出自について「村上天皇九代ノ苗裔《びょうえい》、後の中書王八世之遺胤」と『伝光録』にある。『建撕記』もそれを踏襲する。大久保道舟博士もそれによって父通親説を主張した。山端論文は、世代算定の仕方が違うのではないか、と指摘する。つまり、『伝光録』全体を通しての世代の数え方は、元祖釈迦牟尼仏を除いて、次の摩訶迦葉《まかかしょう》から第一祖として数える。そういう例を具体的に上げながら、トップに記された人物を除いて次位の人物から数えるのが、瑩山禅師の数え方だということを論証している。

「村上天皇九代の苗裔」は、村上天皇を除いて具平親王（後中書王）を第一代として数える。大久保博士は、村上天皇を含めて数えているから通親となる。しかし、山端氏の指摘に従えば、当然一代ずれてその子通具となる。

煩瑣になるので紹介を省略するが、山端氏は、他にも通具が父であることの裏づけをあげている。ともあれ、父君が通具であることの理由は、以上の三点で十分納得がいくのではあるまいか。

さて、京都市は二条城の東大門の前にある京都国際ホテルは、久我通具の屋敷跡だとされる。その正面玄関前には「堀河天皇里内裏址」と刻された石碑がある。平安時代に堀河天皇（一〇七九―一一〇七）の御所があった

京都国際ホテル前庭の「堀河天皇里内裏址」記念碑

この地には、鎌倉時代の初期、藤原良経（一一六九―一二〇六）の邸宅があった。やがて良経は、新築の中御門京極殿に移り、旧邸を源通具に譲った。（ホテルロビーに掲げられた史家角田文衛博士の解説）。ここは道元禅師の父の邸宅跡だというのである。

ホテルの広く豪華な喫茶室からは、美しい中庭が跳望できる。旧三井邸の庭園である。もちろん創建当時からその美しさが詩歌に詠じられたという寝殿造の庭とは異なる。

しかし、七歳の秋、始て周詩一篇を慈父の閣下に献じたのは、紛れもなく慈父の邸宅を訪ねてのことであったろうから、この庭にたたずんでいるといろいろと想像を刺激することはたしかである。

道元禅師との縁を偲んで、平成十二年一月「春は花　夏ほととぎす　秋は月　冬雪さえてすずしかりけり」という『傘松道詠』中の一首を京都の書家石川九楊氏の書によって刻した石碑がその庭の池辺に建つ。

花山院の跡地

道元禅師の母方の祖父松殿基房の居住地跡について國定美津子さんが詳細に調査した報告が「道元禅師の祖父松殿基房公の旧跡

を訪ねて」（『傘松』昭和五八年五月号、六月号）に掲載されている。それによると、基房は承安三年（一一七三）中御門南、烏丸東角の地に新しく家を造って移ったという（『玉葉』）。基房は承安二年（一一七二）十二月二十七日付で関白に任ぜられているから、その翌年ということになる。基房が三十歳の頃である。

この松殿跡は、國定さんの調べたところによると、現在の御所の西南の角地に当り、環境庁の自然保護局御苑管理事務所の建っている近辺ではないかという。

しかし、基房がここへ移って四年後の治承元年（一一七七）四月二十八日には、延暦寺衆徒の焼打ちによる京都大火があり、基房邸も炎上したらしい。

その後しばらく経って、治承三年（一一七九）には、基房は備前湯迫《ゆば》に流謫《るたく》される。翌年の歳末には、帰洛するが、その時どこに住したかは、はっきりしない。市史編纂所の地図にあたって調べた國定さんは、八条通り南高倉通り東の区画に家房と基房の名が記されているのを発見したという。現在は京都駅南東の線路際の区域に当り、すっかり市街化されて往時を偲ぶ手がかりはない。家房は基房の長子で、建久七年（一一九六）に三十歳で死没している。備前から帰洛してとりあえずそこに居留したということであろうか。

ところが、郡司博道氏は『仲資王記』に

「建久五年（一一九四）三月廿六日、丁亥、亥終許中御門烏丸松殿焼亡、禅定殿下移御花山院云云」

とあるのを紹介している（「道元禅師の御両親について」『傘松』平成九年十月号）。花山院は、藤原忠雅（花山院大相国）の邸宅であった。忠雅は、前年の建久四年に花山院で死去しているから、その住居に移ったということであろう。

花山院は、平安・鎌倉時代の邸宅の一つで、東一条・東院《ひがしのいん》などともいう。清和天皇の皇子式部卿貞保親王の邸宅があったところ。四面の築地《ついじ》の上にナデシコやハギがたくさん植え込まれていて花山《はなやま》と言われていた。花山院の名称はそれによる。

環境庁御苑管理事務所のある閑院宮邸跡界隈

近衛大路の南、御所の西部、現京都府庁の東方にあたるという。地図に当って調べてみると、どうも花山院の跡も環境庁の建物の立つ近辺のように思える。

勇を鼓して環境庁京都御苑管理事務所普及指導企画官井手正博氏に尋ねてみた。京都御苑は、旧皇室苑地が戦後国有財産に移管され、厚生省から昭和四十六年七月、環境庁が引き継いだもので、古い資料はほとんど残っていないのでよくわからない、という返事であった。

それでも井手氏から頂戴した慶応年間の「京都御所付近図」によって環境庁の建物がある閑院宮と九条家の屋敷のあいだあたりが「花山院」の跡地だとおおよその見当がついた。往時はもっと広い屋敷であったに違いない。

当時は、男が妻の家へ通って来た。いってみれば婿取り婚であった。通具と伊子の新居もこの花山院の近くにあったのかもしれない。道元禅師が誕生したのもおそらくこの界隈であろうか。

現在の京都御苑が整備されたのは明治十年以降のことである。ナデシコの花で囲まれた花山院屋敷のイメージは乏しいけれど、築地塀と芝生と松林と、そして楠《くすのき》や欅《けやき》や榎《えのき》の巨木があちこちに立つ御苑を散策していると、かつての公家《くげ》方の生活がほのみえてくるような気分になる。

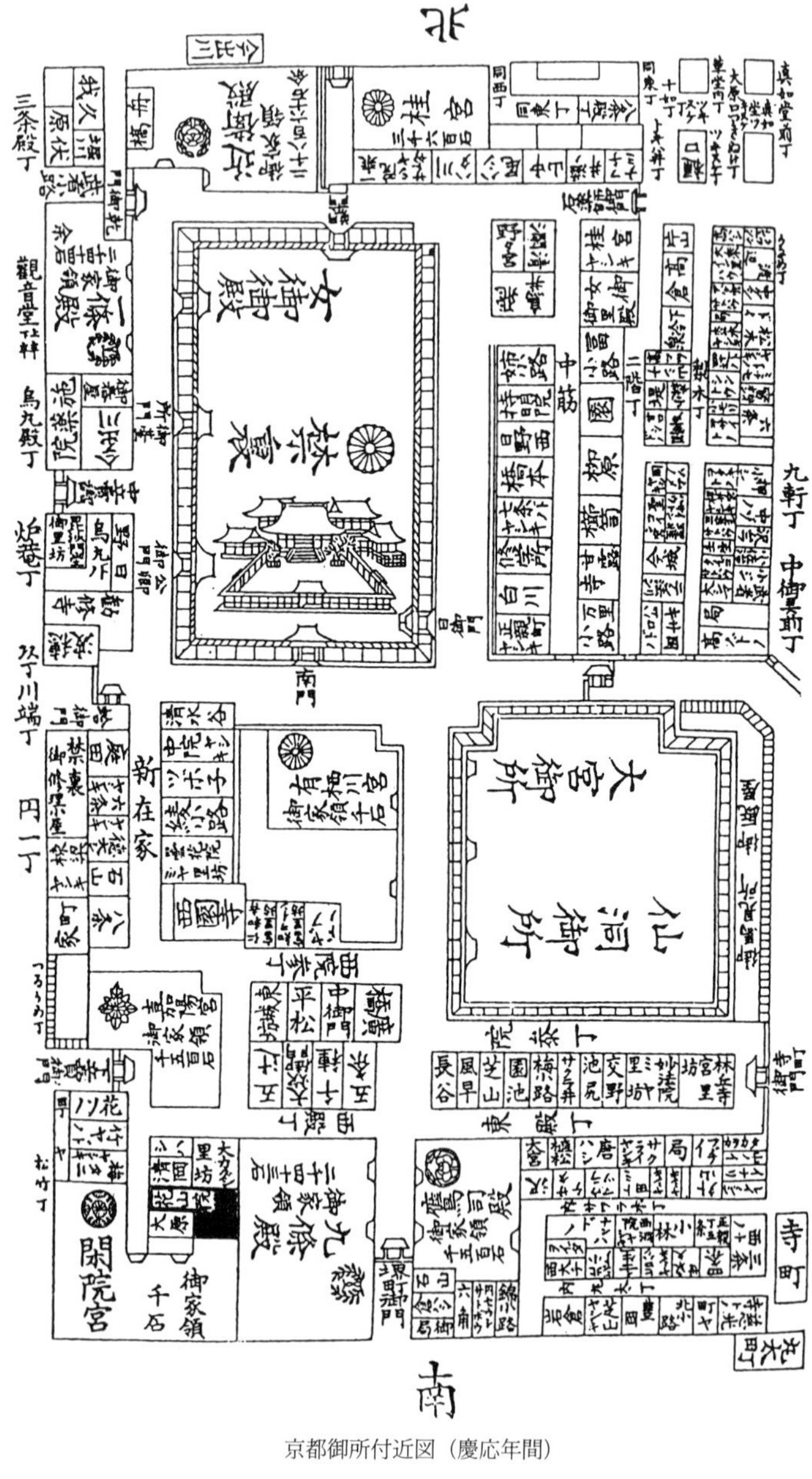

京都御所付近図（慶応年間）

基房公流謫の地

道元禅師の母方の祖父と言われている松殿藤原基房の謫居《たっきょ》跡が岡山市北部郊外の龍《たつ》の口《くち》山（海抜二五七・一メートル）の南麓にある。位置的には、旭川を挟んでJR津山線備前原《はら》駅の対岸になる。JR山陽線高島駅から至近の距離。岡山駅前からなら「四御神《しのごぜ》」行のバスに乗れば、三、四十分。浄土寺前で下車。湯迫《ゆば》温泉白雲閣が山裾に大きく見えるからそれを目ざして歩けばよい。

ホテル白雲閣前の駐車場脇には、大湯屋跡が史跡として残る。鎌倉時代初期に東大寺再建の勧進職であった不断念仏で知られる浄土僧の重源《ちょうげん》（一一二一―一二〇六）が、施療のために建立したものという。ここはすでに浄土寺の境内である。浄土寺は、現在、天台宗であるが、重源の浄土教布教の拠点寺院の一つであったとされる。境内は、岡山県指定の史跡で、江戸時代中期に建立された本堂・山門・鐘楼などが残っている。

さて、松殿関白屋敷跡は、元は浄土寺の境内であったらしい。白雲閣から大湯屋跡の脇の山道を山門の方へだらだら坂を登って行くと、「史跡関白屋敷」を示す標識が要処に建っているから迷うことはない。白雲閣から三、四百メートルの距離。歩いて五、六分か。

藤原基房は、平清盛と後白河院の陰湿な権力争いの中で翻弄され続けた貴族政治家であった。兄基実の後を次いで、基房が関白となったのは、仁安元年（一一六六）七月のこと。二十三歳であった。関白は、いうまでもなく成人後の天皇を後見して政務を取りしきる役。つまり宰相である。

しかし、清盛と後白河院の二大勢力の狭間《はざま》にあってその地位を保持することは至難の業《わざ》。平氏隆盛の影で冷や飯を食わされていた源氏系の下級武士を後白河院が策を巡らして蜂起させ、平氏を討滅させようと企てた、いわゆる鹿ヶ谷《ししがたに》事件が起きたのは、治承元年（一一七七）六月。後白河院の策略は失敗した。もちろん側近貴族たちは清盛によって大量に粛清された。

基房は、幸いに難を免れた。しかし、治承三年（一一七九）十月、わずか八歳であった基房の子、中将藤原師《もろ》家《いえ》を、二位の中将基通（清盛の外孫）に超越して中納言に任じた。基房の政治的判断の悪さを示す人事である。全体状況を見誤るほどに子を溺愛していたのだろうか。それが直接の引きがねになって、清盛は数千の兵をひきいて突如入京。後白河院と結んだ反平氏的政治家を追放した。

もちろん基房は関白罷免《ひめん》となった。『平家物語』には次のように記されている。

「関白殿をば太宰帥《だざいのそつ》に移して、鎮西へ流し奉る。かからん世には、とてもかくても有なん（どうなろうと成り行きにまかせよう）とて、鳥羽の辺、古河といふ所（京都市伏見区。西国へ流される人はここで乗船した）にて御出家あり。御年三十五。礼儀よくしろしめし、くもりなき鏡にてわたらせ給ひつる物をとて、世の惜み奉る事なのめならず。遠流《おんる》の人の、道にて出家しつるをば、約束の国へはつかはさぬ事である間、始《はじめ》は日向《ひゅうが》国《のくに》へと定《さだめ》られたりしか共《ども》、御出家の間、備前国府辺、井ばさまといふ所に留め奉る。」（巻三、大臣流罪）

湯迫《ゆば》は、『正保郷帳』では「ゆばさま」と読む。「井ばさま」から転じたのであろう。

関白屋敷跡には、明和三年（一七六六）に岡山藩主池田継正によって「関白松公謫居遺基碑」が建てられた。今、松や梅や桜や竹が繁茂する屋敷跡中央にその石碑は苔むして立つ。

ところで流謫《るたく》後、間なしの治承四年（一一八〇）六月、清盛は福原に遷都。九月、木曽義仲挙兵。十月、富士川合戦《かっせん》で平氏軍が大遺走。情勢にわかに大変化してその年の末、基房は京に召還された。

一年そこそこの岡山暮らしであった。しかし基房は、この地で無聊《ぶりょう》の身をかこちながら、さすが中央貴族の雄、ほどほどに優雅な生活をしていたらしい。治承四年春、この関白屋敷で桜の宴が催された。その時、すばらしい声で歌い舞う一人の美女を見初《そ》めた。この地方の豪族の一女という。当時十三歳であったと伝える。基房は、桜の宴に因んで桜姫という名を賜わって寵愛した。

史跡関白屋敷跡。中央に建つのが関白松公謫居遺基碑

帰洛後も基房は、桜姫が忘れられなかった。わざわざ迎えを備前岡山の豪族の家へ派遣した。桜姫は、それに応じて単身上洛し、基房のもとへ赴いたという。

基房が、桜姫を自らの妾妻として寵愛《ちょうあい》したのかどうか。その間の消息は定かでない。けれども、閨閥によって政治を支配するのが常套《じょうとう》手段であった時代のことである。当時の大物政治家基房が、才色兼備の桜姫を権力維持の具として活用することを考えたとしても不自然ではない。

事実、上洛した桜姫は、基房の養女として迎えられたと口碑《こうひ》は伝える。口碑はさらに十六歳で義仲に嫁し、義仲歿後に鞠子を出生したという。鞠子は、後に鎌倉二代将軍頼実の妻となるのである。

道元禅師の母は、松殿基房の第三女従三位伊子であるという説がかなり有力である。（もちろん異説も多い。『明月記』の記述をもとに按擦局《あぜちのつぼね》信子を母とする説などもその一つである）ところが、『源平盛衰記』には、義仲の最期を語って「松殿殿下基房公の御娘、十七にぞならせ給ひける」（巻三十五）という美女にうつつを抜かしていたとある。これが伊子ではないか、というのが大久保道舟師の『道元禅師伝の研究』以来説かれて来た説であり定説となりつつあった。

しかし、基房が養女にした桜姫が「はじめて見そめたる女房のおはしければ、それへうちいり最後の名ごりおしまんとて、とみにいでやらざりけり」（『平家物語』巻九）という義仲の妾妻であり、道元禅師の母従三位伊子とは別人ということになれば、宗門人の心情としては、すっきりとかたがつく。

ところで、基房は桜姫（或いは伊子）のおかげで義仲の力を借りて、子、師家を関白に据えることに成功した。しかし、義仲の戦死と共に師家は失脚する。元暦元年（一一八四）一月のことであった。師家は、たった二ヵ月間の関白在位であった。これ以後、松殿家は摂関家の資格を失ってしまうのである。これは道元禅師ご生誕より十四、五年以前の一族のいささか俗っぽい話である。

さして広くもない関白屋敷は、谷間の樹蔭の中にある。その中央に立つ「関白松公謫居遺基碑」には、

「寡人（王候の自称）省耕（領地内の耕作状況を巡視する）の間、その遺基を観るに及び、すなはち悄然として感無き能わず。」（原漢文）

と記した上で、松殿関白の徳を讃え、

「ここに有司に命じ、松樹を植えて以て公の宅地を表す。蓋《けだ》し観游《かんゆう》の為にするに非ず、竪子撫採《じゅししょうさい》の者をして、その足を遺基の上、謫躅《たっちょく》せしむことなきを欲するなり云々」（原漢文）

と刻んである。関白屋敷に一人たたずんでいるとせみしぐれがやかましい。竹藪を通す木漏《こも》れ日もちらちらと明るい。しかし、それは決して私を陰々滅々の気分に陥っていくのを救ってはくれない。八百年昔、都落ちした貴人の前で、慰みのために一曲舞い歌ったばかりに、一見華やかにではあったが、自らの運命を翻弄されていった桜姫の生涯が、何とも哀しい物語に思われてくるのである。

ちなみに桜姫は、義仲の死後、基房の妾妻となったという説もある。『尊卑分脈』藤原伊伊公孫の項に伊経《これつね》の子女として「従三位伊子松殿関白妾」とあるらしい（國定美津子「道元禅師と周辺の人々」『傘松』平成十二年四月号）。桜姫の伊子と基房の第三女の伊子と、二人の伊子がいるということであろうか。

木幡《こわた》の山荘近くに木曽坊という地名が残ることは、第二章で紹介したが、『永平道元禅師正伝明決抄』（郡司博道著、私家版）は、それが基房の妾妻となった後の桜姫の居住地ではなかったか、と推論する。そして、木曽坊にあった桜姫が幼い道元禅師を養育した可能性の高さを指摘する。『建撕記』に

「祖母姨母等、養育の恩最も重し。出家し彼菩提をたすけんと思ふ」

とあるが、この「姨母」は、桜姫であろうというのである。

それにしても「伊子」は、謎をいっぱいに秘めている。

京都国際ホテル（きょうとこくさいほてる）——京都市中京区堀川二条城前

京都御苑（きょうとぎょえん）——京都市上京区京都御苑3

関白屋敷跡（かんぱくやしきあと）——岡山市湯迫

第四章　高尾寺——発心の寺

神護寺

神護国祚《こくそ》真言寺—いささか長たらしいこの名前は、高尾《たかお》寺の正式名称である。もっとも、通常は略して神護寺《じんごじ》という。山門の標札にも「別格本山・高尾山神護寺」と掲げてあるのだから、略称はそのまま正式の名として通用しているといってもよい。

この寺に「道元禅師発心《ほっしん》の寺」などという気のきいた名前を初めてつけたのは、私の大学時代からの畏友東隆真君である。彼はその根拠を『伝光録』の一節に求めたらしい。

「八才時、悲母ノ喪ニ値テ哀歎尤深、即チ高尾寺ニシテ香烟ノ上ルヲ見、生滅ノ無常ヲ悟ル。夫ヨリ発心ヲ心ザス。」

かつて、作家の里見弴氏は、道元禅師の出家の動機をこんな風に単純至極に割り切って描写する伝記作家の愚を嘲笑した（『道元禅師の話』）。けれども私は、『伝光録』のこの一節を唯一のたよりとして、何はともあれ道元禅師発心の寺ともいうべき高尾寺を訪ねてみた。

一月下旬であった。朝課罷《は》七時半に永平寺を出たときは、一メートルを越す雪であったのに、昼過ぎ山城高尾でバスを降りてみると、雪は山かげをわずかに白くしているだけである。しかし、たったこれだけの雪であっても、洛中の人にとっては珍しいらしく、私とともにバスを降りた学生風の若い男は、「さすがに高尾は寒いです

神護寺山門

ね」と、コートの襟を立てる。

閑散とした土産物屋の一軒で、朝からの空腹をいやすべくきつねうどん一杯をご馳走になり、神護寺の山道を登った。

「案内書には、徒歩二十分とありますが、何か車でもないのでしょうか。」

さっきの学生風の男がのこのこついて来ていう。冬枯れの木下道をまだらな雪を踏みながら歩く二十分の値うちが、彼にはどうもよくわからないらしい。それとも、紅葉の名所として天下に知られた名勝の地ならば、急坂を一気に登るロープウエィでもあって当然と思ったのであろうか。

時折、下駄にくっつく雪を石段の角に叩きつけるようにして落としながら、私は黙々と石段を登った。車は無いかと言った若い男は、意外に健脚で、ずんずんと先に登って行く。

一歩一段で行くには、やや歩幅を広げなければならぬ石段をえっこらえっこらと登りながら、忙しい時代には時間を追うことに急に過ぎて、かえって時間のむなしさとか、あるいはそのはかなさとかいったものを深く感じることが少なくなっているのではないかという気がしきりにした。香烟の上るのを静かに見つめる時を持たずして、やたらに古寺巡礼の数をこなそうとする近頃の風潮に対する苦々しさを秘かに思った。もちろん、それは常にあわただしい旅を余儀なくされている私自身に対する反省でもあった。

てんやわんやの時代

境内の残雪を踏んでまず金堂を拝した。ちょうど住職の谷内乾岳師が居られて、いろいろお話を伺うことができた。歴史のことはかなり詳しいご様子で、例の『伝光録』の話をすると、即座に言われた。

「そんな話は私も初めて聞きますが、一二〇七年（道元禅師八歳の時）と言いますと、その頃は、この神護寺はてんやわんやの時代ですよ。」

神護寺は延暦三年（七八四）、和気清麻呂公の開基になるもので、そもそもは諸宗兼学の寺であったらしい。ところが、空海上人が入寺するに及んで以後は、真言宗の名刹としての歴史を歩むことになる。しかも、この寺は洛北の辺境の地にありながら政治の波をもろに被って激しい栄枯盛衰をくりかえす。鳥羽法皇の怒りに触れて壊滅状態になっていたという神護寺を鎌倉時代になって再興したのは『平家物語』で知られた文覚上人《もんがくしょうにん》である。

この文覚上人は、聖俗両面の顔を持つ怪僧であった。聖の面はここではさておき、俗的な面に焦点をあてて考えてみたい。とにかく相当な辣腕家で、政界を常に揺がしていたらしく、時の権力者たちに眼のかたきにされたようなふしが窺われる。次にあげる文覚上人の流罪年表をみればそれがわかる。

仁安三年（一一六八）伊豆に流罪。二八歳。
治承二年（一一七八）許されて還寺。三八歳。
正治元年（一一九九）佐渡に配流。五九歳。
建仁二年（一二〇二）許されて還寺。六二歳。
元久二年（一二〇五）対馬に配流。六五歳。

高尾寺で最も古い建築大師堂

没年不詳なれど、許されぬままに鎮西に示寂。文覚上人の生涯は、まるで流罪のためにあるみたいな趣きがあるではないか。

ところで、わが道元禅師が、「香烟の上るを見」て発心されたという承元元年（一二〇七）は、神護寺にとって「てんやわんやの時代」であったということは、この流罪年表をみれば明らかである。文覚上人が対馬に流された直後で、その高弟上覚《じょうがく》上人が遺志を継いで神護寺復興に努力されていた頃なのである。おそらくは、栂尾《とがのお》を拠点に修行されていた文覚上人の得度の弟子明恵《みょうえ》上人も、何らかの形で叔父の上覚上人を助けて神護寺復興に力をそそがれていたのではあるまいか。

では、そういう時代に幼い道元禅師が何故に高尾寺へ参詣されたのか。生前母君と高尾寺との間に特別の因縁があったのか。あるいは松殿基房に高尾寺信仰というようなものがあったのであろうか。

疑問に思われることは次々に生じてくる。だが、神護寺は、開創当時から平安貴族との縁は比較的薄い寺であったという。てんやわんやのそういう時代に、はたして貴族たちの葬儀とか供養とかをとり行ったかどうか。残念ながらそれを積極的に証明する資料は現在何も残っていない。

毘沙門堂

住職の話を伺いながら、私は途方に暮れてしまった。承元元年（一二〇七）、道元禅師が母君の死に直面されたということはあまねく知れわたっている。ところが、高尾寺でその供養法会が行われたかどうかということは杳《よう》としてわからない。『伝光録』の一行を証する資料となるようなものは何も残っていないというのだ。

しかたがないので、当時、もしそういう供養法会が行われたとすればどのあたりであったろうかと問うてみた。せめてその付近に立って往時を偲んでみようと思ったのである。

「当時の建築が形を変えてでも残っているのは大師堂ですが、供養会などは、金堂で修行するのが普通ですから、それはおそらく今の毘沙《びしゃ》門堂の建っているあたりにあったと思われます。」

住職の案内を受けて私は、屋根にはだら雪の残る大師堂や毘沙門堂を写真に収めた。

久我通親公と文覚上人

住職は、「まあ一服どうぞ」と、書院へ案内して下さる。お茶を頂戴しながら、先ほどいただいた寺史とか略年表の類を何気なくぺらぺらとめくっているうちに、私は面白い一行を発見した。

「正治元年、源通親の陰謀にはかられ、文覚佐渡へ流罪。」

驚くべきことではないか。わが道元禅師のご尊父とみなされている源（久我）通親公によって、高尾寺の再興者文覚上人は佐渡へ流されているのである。しかも、文覚上人が許されて高尾寺に還った建仁二年十二月は、源通親公の亡くなったおよそ二カ月後のことである。そこに何らかの因果関係を感じないものはあるまい。『愚管抄《ぐかんしょう》』もそれを肯定した筆致である。（件の一行の典拠は、住職の話によると、昭和十年頃、京大国史研究室が「神護寺文書」二七四通を整理研究してまとめた論文「神護寺文書に就いて」に記載されているという。）

私はこの一行から道元禅師の母君と、高尾寺との浅からぬ因縁を想像した。もっとも父君と文覚上人との関わりあいが、どうして母君とのそれに飛躍するのかと一見奇異に感じられるむきがあるかもしれない。

実は、先年道元禅師の俗系の研究に詳しい史学者の竹内道雄先生とお会いしたおりに、母君伊子の薄幸の生涯についていろいろとお話を伺ったことがある。それは、『古仏のまねび』（梅原猛著）の中で書かれているような、いかにも大衆受けを狙ったセンセーショナルな話ぶりではなかったけれど、禅師の思想とその母君の生涯との関連といったことがらについて、私どもがもっと深い思いを寄せる必要があることをしみじみと感じさせられるようなお話であった。

文覚上人・萩原録山作
（長野県・録山美術館所蔵）

往時は、高僧に対する在家者の信仰は、現代とは比較にならぬほど強いものがあったに違いない。盛夏厳冬を避けず、あるいは山谷を跋渉《ばっしょう》し、あるいは飛瀑に佇立して苦修練行《くしゅれんぎょう》し、名山霊場ほとんど足跡を印せざるなしという聖なる一面を持つ文覚上人であってみれば、上人に対する一般在家者の信仰には熱烈といっても言い過ぎではないくらいのものがあったはずである。してみれば、ことのよしあしは別にして、その文覚上人を流罪に処した人に対する巷間のひそひそとした怨嗟《えんさ》のささやき声が聞こえてくるような気がするのだ。ましてや、その後三年も経たぬうちに、

「建仁二年（一二〇二）十月二十一日、通親公うせにけり、頓死の体《てい》なり。」（『愚管抄』）

ということになれば、そのささやき声は一層に増幅されて、「やっぱり恐ろしいことだ」とならないものでもあるまい。

伊子の方は、聡明で美しい人であった。歴史家はみなそう言う。政治にうきみをやつすことの非情さ、みにくさ、むなしさについてじっと静かに味わっておられた方に違いない。

夫通親公（通具がもし夫であれば舅）の、文覚上人に対するなしわざを潜かに一番恐れていたのは伊子の方ではなかったか。ならば、通親公亡き後のその余生は、亡き夫（もしくは舅）の犯した罪業の数々を自らの罪として引き受け、ひたすらに懺悔し、一途に滅罪を仏に祈ることではなかったろうか。伊子母君が聡明で貞淑な方であったと聞くにつけ、きっとそうであったに違いないと私は思うのである。恐らく伊子の方にとっては、高尾詣でがその余生で最も重要な意義を持つようになっていたに違いない。

そのことを知っていた道元禅師の後見人（松殿基房）は、伊子の方亡き後のある日、幼い道元禅師を伴うて高尾寺に参詣し、ねんごろに亡き母君の供養会を営んでやったかもしれない。その時、道元禅師の胸裏には、ひたすらに祈る母君の姿がいっぱいに広がっていったのではあるまいか。

道元禅師は、母君を失って五年の後、母方の叔父良顕を訪ねて出家の意志を告げられる。その時、決意を披瀝して次のように言われたと『永平寺三祖行業記《さんそぎょうごうき》』は伝える。

「悲母逝世の時、遺嘱して曰はく、出家学道して、我が後世を弔ふべしと。祖母・姨母等、養育の恩尤も重し。出家修行して彼の菩提を資《たす》けんと欲す。」

伊子の方の懺悔滅罪の願いは、幼い道元禅師の胸の中に深い陰翳《いんえい》を与えながら常に暖め続けられていたと想像される。

高尾寺で母君の葬儀が行われたということも考えられないことではない。だが、その可能性は薄い。おそらく供養会が営まれたのであろう。なぜなら、高尾寺にとって、あまり好ましくない存在であった通親公の側室の葬儀を、高尾寺のてんやわんやの時代に執行するということは、ちょっとあり得ぬことのような気がするのだ。

住職は、私の勝手な連想を知ってか知らずでか、

「文覚上人流罪の後、神護寺復興に力を尽くされた上覚上人は、清盛の参謀であった紀州の豪族湯浅家の出身ですから、藤原氏との親交があるいはあったかも知れません。」

という。たしかに考えられうることである。通親の子源通具公の母君は、平家一門教盛の娘である。

私は秘められた歴史の中に勝手な想像をはばたかせながら時の移るのを忘れるほどであった。神護寺を辞し、長い石段を下りかけたとき、冬の陽は、早くも西に傾き、山際に近づいていた。

明恵上人のこと

永平寺へ帰ってしばらくして、何気なく明恵上人の仮名法語『あるべきやうは』をめくっていたら、面白い一文を発見した。

「阿難尊者の妹の尼御前、迦葉《かしょう》尊者に対し奉りて腹を立て、地獄に落つると見えたり。分々に随へば、今の世にも僧に対し腹立たしたらば、地獄の業なり。」

これはきっと、流罪《るざい》の生涯を送った師の文覚上人を念頭において発せられたことばに違いない。それにしても、もし伊子の方がこのことばを聞かれたらどんな思いをされるだろうか。私は、高尾寺での連想が、まんざら

いいかげんのでたらめでもあるまいとひそかに思った。そして、私の思いはまたぞろとめどもなく飛翔を始めた。

伊子の方の晩年の願いは、出家することにあったと言われている。考えてみるとそういう願いは、理想とする出家像があってこそ現実味を帯びた強いものになる。だから、おそらく伊子の方の胸中には秘かに拝まれていた理想の姿の高僧があったに違いない。いったいそれはどんな人であったのか。

私はふと明恵《みょうえ》上人のことを思った。伊子の方は、秘かに明恵上人を尊崇しておられたのではないか。もちろん、それを証する資料は何もない。学者先生にかかれば、鼻さきでフンと笑われて、それでおしまいというような唐突で浅はかな思いつきである。

けれども、伊子の方が、通親公の死後、もし高尾に詣でることがしばしばあったとすれば、清浄そのものの持戒生活を送っておられた明恵上人のうわさを耳にされたはずである。あるいは時には、その姿に接せられることがあったやも知れぬ。その頃、明恵上人は栂尾に修行の拠点を置かれながらも、叔父の上覚上人を助けて神護寺復興に努力されていたと考えられるからである。

かてて加えて、明恵上人は紀州の生まれで、その母は藤原氏の出身だという。伊子の方も藤原氏であるから、俗縁においてまんざら無関係というわけでもない。

もっとも、私のこの仮説、つまり、伊子の方がその晩年、高尾寺参詣をご自分の生きる支えとし、さらに、もし明恵上人を理想の出家の姿として拝んでおられたとすれば、疑問に思われることがらもたくさん生じてくる。

その一は、伊子の方がなぜ明恵上人の寺、高山寺へ参詣されなかったかということ。これについては、高山寺が後鳥羽上皇の院宣によって、公式に開創されたのは、建永元年（一二〇六）十一月で、それは伊子の方の亡くなられる前年にしか過ぎないのだから、まず不可能であったと考えていい。

その二は、なぜ道元禅師を明恵上人のもとへ預けられなかったかということ。これについては、伊子の方の高尾参詣の秘められた目的は、濃い関係にある大人達が知っていただけで、幼い道元禅師には知らされていなかったと考えてみればどうだろう。自ずと合点がいくのではないか。

その三は、道元禅師と明恵上人は、千光国師栄西禅師を接点としてつながりがあり、さらには、章を改めて後述するように、由良西方寺の上棟法会で両者が同席されていた可能性すら考えられるのだから、後年の道元禅師が明恵上人のことをチラッとでも筆にして下さっていてもいいようなものだが、どうもまったくその節がないこと。これについては、『無限の世界観・華厳』（鎌田茂雄著）の中で、明恵上人の華厳思想が、道元禅師に何らかの影響を与えているのではあるまいかと、控えめな推測がなされている。しかし、それをはっきりと確かめる術は今のところないらしい。このあたり、もっと綿密に参究してみると面白い問題が出て来そうな感じがするのだがどんなものだろうか。

いずれにしても、幼い道元禅師は、母君の内面に在った生の苦悩というものを、肌で感じておられたに違いない。晩年になって、禅師は先妣忌つまり母伊子の方の命日に、二度も上堂して法語を述べておられる。その中に次のような一句がある。

「衲僧《のうそう》の柱杖《しゅじょう》を巾斗《きんと》打《た》すれば、触処一時に業識《ごっしき》裂破す。」（『永平広録』原漢文）

業障《ごっしょう》消滅への伊子の方の切なる祈りは、この時ようやく遂げられたのである。

ともあれ、道元禅師と明恵上人の思想とには一脈相通ずるものがあるとよく言われる。そこに母伊子の方の生涯がもし関わっているとすると、因縁ということが不思議に尊いことに思われてくる。

〈補遺〉

高尾山神護寺と母伊子との関わりについて、その供養会が営まれたというのは、今ひとつすっきりしない。あれこれ思案していたが、当時の病気治療をどのようにして行なうのが最良であったか、という視点を忘れてはならないということに気づいた。

母君の病状が重くなり、思わしくない状況になったとき、祖父（伊子の父）の基房はどうしたか。高尾寺の修法力にすがったのである。当時、重病には加持祈禱がすべてであった。「薌火《こうか》の煙を観て、世間の無常を悟る」と『三大尊行状記《さんだいそんぎょうじょうき》』は記す。よい匂いの香草を焚きながらの僧たちの真剣な修法もむなしく母君は逝ってしまったのである。

高雄山神護寺（たかおさんじんごじ）〈古義真言宗別格本山〉――京都市右京区梅ヶ畑高雄町

第五章　横　川――落髪の地

出家の動機

両親を幼くして失われた道元禅師ではあったが、その幼児期・少年期がそれほど恵まれない環境であったとは思われない。

「我が身にも田園等を持《もち》たる時も有りき。また財宝を領ぜし時も有りき。彼の時の身心と、このごろ貧しくして衣盂《えう》に乏《とぼ》しき時とを比するに、当時の心勝《すぐ》れたりと覚ゆ。」（『正法眼蔵随聞記《しょうぼうげんぞうずいもんき》』巻四）

単に物質的に恵まれていただけではない。教育の面においても、エリート貴族としてのそれがなされていた。それは、次のご述懐からも明らかである。

「我れも本幼少の時より好み学せし事にて、今もややもすれば、外典等の美言《びげん》案ぜられ、文選等も見らるるを、詮なき事と存ずれば、一向に捨つべき由を思ふなり。」（同書巻三）

「我れ幼少の昔、紀伝等を好み学して云々」（同書巻三）

当時の社会においては、恵まれない星の下に生まれた貴族の子弟を、出家させることによってやがて栄達の道を歩ませようと後見の親族たちが配慮するのは、一般的な風潮であった。だが、道元禅師のご出家は、そのような種類のものではなかった。いな、親族や後見人の思惑はいざ知らず、禅師自身の意識としては、出家の道を選択したのはあくまでも自らの決断であられたに違いない。

諸伝は、優秀な素質の少年道元を見込んで、松殿尊閤（基房）が猶子《ゆうし》として望み、元服させようとしたと伝える。前述の禅師自身の述懐から推量しても、おそらくそれは事実であったろう。そのまま、用意されたベルトに乗っていれば、貴族社会での栄達の道は保障されていたのである。ところが、

「元服せしめんと欲するの日、自ら謂へらく、世俗の昇進、本望《もと》むところに非ず。出家学道もっとも欣求《ごんぐ》する所なり。」（『永平寺三祖行業記《さんそぎょうごうき》』原漢文）

というわけで、木幡《こわた》の山荘を逃がれ出て叡山への道を登ってしまわれる。

道元禅師は後年になって出家の功徳《くどく》ということについてしばしば力説されるようになる。

「善男子善女人《ぜんなんしぜんにょにん》、心源湛寂にして法海淵深なり。之に迷ふ者は永劫に沈淪《ちんりん》し、之を悟る者は当処に解脱《げだつ》す。游戯《ゆげ》解脱の道、必ず出家の法あり。諸仏道同の儀式、即ち解脱の表準を得たり。誠なるかな疑ふべからず。身心をして道と一如ならしむるは、出家に越えたる者なし。ゆゑいかんとなれば、髪を断じ愛根を断ず、愛根わずかに断ずれば、本身即ち露はる。衣を換へて塵労《じんろう》を出づ、塵労もし出でなば即ち是れ自在なり。是を以て三世の諸仏、一仏も之在家にして道を成ぜず、歴代の諸祖、一人も是れ出家の形に非ずといふこと無し。故に功徳の中に、出家を勝れたりと為す。」（『出家略作法《しゅっけりゃくさほう》』原漢文）

道元禅師が出家の功徳を強調されればされるほど、母君亡き後、出家を決断しそれを実行に移されるまでの内面での葛藤が尋常一様のものでなかったことが偲ばれる。用意された元服仕官のベルトに乗って世間的栄達への道を歩むべきか、あるいは出家遁世の道を選ぶべきか。少年道元にとって、名利への誘惑は決して小さいものではなかったはずである。

道元禅師の出家の消息を伝える諸伝が、すべてご自身の意志にもとづく出家であったことを伝えている。何でもないことのように窺えるそのことが、実は禅師の仏法を考える上で非常に重要な鍵を握っているのだということを見落としてはならない。

「初心の辦道」ということの大切さを説き、「菩提心を発《おこ》す」ことの切要さを力説される道元禅師の仏法の萌芽は、出家《しゅっけ》得度《とくど》を決意されるまでの幼い胸中での葛藤の中にあったと私は思っている。そして、それゆえにこそ、道元禅師ご出家の地（落髪の地）は、霊跡として格別に重要な意味を持つのである。

得度ということ

「建暦二年、十三才ノ春、夜中ニ忍ビ出テ、木幡ノ山荘ニ至リ、ソレヨリ尋ネテ叡山ノ麓ニ至リ、良顕法眼ノ室ニ入リ給フ。比ノ法眼ト申スハ師ノ外舅ナリ。」（『建撕記』瑞長本）

良顕法眼とはいったい誰であるのか。『訂補本建撕記《けんぜいき》』等は、これを良観法眼の誤記とする。しかし、それを明らかな誤記と証する資料が別にあるわけではない。外舅の系譜をどう辿って調べてみても、その名が残っていないからとて、系図に名を留めている類似の人物にそれを措定してしまうのもどうかと思う。歴史に名を留めることはなかった外舅の僧があっても別段不都合でもあるまい。だから、良顕は良顕であって、それをことさらに良観の間違いと訂正する必要もない。

さて、その良顕であるが、叡山の麓のいったいどのあたりに庵を構えていたのであろうか。実は、それがとんとわからない。しかし、一族の系譜に名を残しておらぬ程度の人物であってみれば、その住処の跡が一向に定かでないとしても、特に不思議なことではない。

柴田道賢氏は、『禅師道元の思想』の中で、「九歳にして倶舎論《くしゃろん》を読む」という諸伝の記述をとらまえて、おそらくは良顕法眼を師と定めて、九歳のおり入室《にゅっしつ》の式を行い、その手始めに『倶舎論』の素読を授けられたのではないかと推定している。いうところの入室の式とは、弟子との契約式みたいなものではないかというのである。卓見であろう。出家遁世《とんせい》以前の少年道元に、仏教の教義の手ほどきをした師が誰かいても不思議はないし、むしろその方が自然な話だと思う。

もっとも、松殿尊閤の猶子として望まれたという諸伝の記述も無視できない。その間の消息について、一度は母君の遺志に従って親族関係者の合意のもとに、出家者としてその生涯を歩むべく方向づけられた後、松殿尊閤基房の事情で、元服仕官の道がもちかけられたのではないかという。柴田氏の説である。

おおよそ仏教的なものの見方というものを学んだ後、俗界に生きるか、出家遁世の道をとるかという二者択一を迫られた場合、そのための葛藤は相当に深刻なはずである。そういう過程を経た後であるからこそ、「夜ひそかに木幡の山荘を逃れ出でて」というドラマチックな行動も、さほど不自然には思われないことになるのではないか。

私は、寺に生まれ寺に育ち、仏教の大学で仏教を学んだ。そして寺に生活しながら、やがて仏教の何たるかがおぼろにわかりかけて来た時、世俗の中にどっぷり身を浸して中途半端な生きようをしている自分が真底いやになった。寺に生きる以上は、それにふさわしい生き方をしなければならないのではないかと、日夜相当深刻に呻吟した。もちろん、私の心境と、道元禅師のそれは、とうてい較ぶべきもない。だが、程度の差はあれ、葛藤の種類としては同質のものではないか。

ならば、得度とは何であるか。度とは渡るの意味である。したがって得度は、迷いの世界から覚りの彼岸に渡ることを意味する。しかし、一般には、剃髪染衣《ていはつぜんね》して在家から仏門に入ることを得度という。では、いったいどういう資格を具備した時にそれが行われるのか。あるいは、得度式の作法とはどのようなものであるのか。実は、そのことが簡単な問題ではない。時代により、国により、さらには宗派によって、得度に対する考え方がずいぶん異なるからである。

例えばインドにおいては、乞う者あればこれを許し、ただ年十二に満たざる者、父母の聴許せざる者、並びに諸種の病ある者などを制するにすぎなかった。当然、作法もごく簡単なものであったようだ。

これが中国になると、出家志願者が増加するにつれて、だれでも入道と称し、輸課を逃がれる者が多くなる。そこで、国家が僧籍を設けてこれを登録し、かつ得度者には度牒《どちょう》という一種の免許証を授け、私度を禁ずるようになる。自分の意志だけで勝手に得度ができなくなったわけである。

我が国でも、早くから得度の制限を行なっていた。天平六年（七三四）十一月の太政官符には、

「自今以後、道俗を論ぜず、挙する所の度人は唯身才を取る。法華経一部、あるいは最勝王経《さいしょうおうきょう》一部を暗誦し、兼ねて礼仏を解し、浄行三年以上なる者を得度せしむ。」

とある。このように試経《しきん》と称する一種の試験によって得度の制限をすることは平安時代まで厳重に行われた。しかも、時に勅命によって臨時に得度を認めることはあっても、一応年間の得度者数には定員がきちんと定められていた。もちろん、得度した者には政府から公認の証書が与えられた。度縁とか度牒とかいうのがそれである。鎌倉時代になると、得度に対するこうした政府の統制もなかなか行き届かなくなって、私度の風が盛んになったらしい。けれども、得度ということのこのような公的意味をはっきりさせておくことは、道元禅師の出家得度のことを考える上できわめて重要なことではないかと思う。

剃髪と受戒

さて、良顕法眼を訪ねられた道元禅師は、出家の決意を述べられる。良顕法眼は、語を尽くして思い留まるべきことを勧めるが、結局翻意かなわずとみて、その純粋な生き方に感涙すら催し、

「横川《よかわ》ノ首楞厳院般若谷《しゅりょうごんいんはんにゃだに》ノ千光坊ヘノボセ給フ。」（『建撕記』瑞長本）

のである。この般若谷の千光坊なるものは現存しない。はたしてその旧跡がどこであるのかも現在のところ確かめられていない。ともあれ、そこに住まいきれること一年ばかり。年があければ、

「建保元年癸酉《みずのととり》十四才ノ四月、初メテ座主《ざす》公円僧正《そうじょう》ニ任シテ剃髪《ていはつ》シマシマス。同十日、延暦寺《えんりゃくじ》戒壇院ニ於テ公円僧正ヲ以テ和尚トシ、菩薩戒ヲ受テ比丘《びく》ト作《な》ル。」（同書）というはこびになる。

一般には、剃髪即得度という風に受けとられている。しかし、これは現今の宗門の得度作法をイメージにおいて叡山における道元禅師のそれを考えている節があるから注意しなければなるまい。剃髪式と得度式とは別ものなのである。

その点、十三歳の春、建暦二年（一二一二）三月頃までに叔父良顕法眼の入室の弟子となって剃髪出家式を受け（実際の剃髪はこの時まだしなかったと私は思うが）、寺院に住まいする少年僧として教育を受け、翌建保元年四月十日、座主公円僧正を和上とした春季授戒に登壇受戒して度縁を得たのではないかとする柴田道賢氏の説（『禅師道元の思想』）は示唆に富んでいる。

もっとも、剃髪の年とか、誰について剃髪したかといった点については、さらに綿密な考証を必要とするのはいうまでもない。しかし、登壇受戒して初めて得度であるということだけは、我が国の得度に対する考え方の伝統を背景に考えてみると、やはり正しいものと認めねばなるまい。

だから、建保元年四月九日公円僧正について剃髪し、翌日菩薩戒を受けて得度し、比丘となられたという諸伝の記述は、すなおに信じておいた方がよいと思う。もちろん、そうした諸伝の伝える登壇受戒のことについて、誤りではないかとする学説もある。公円僧正についてこの時は単に沙弥戒《しゃみかい》を受けられたに過ぎぬのだというような説がそれである。けれどもそれは、得度といういわば公儀の式をあまりに軽く考えているような気がして、どうも首肯しかねる。

落髪の旧蹟

いささか前置きが長くなり過ぎたようである。いくら横川の地が秘境であり、簡単に訪ねることができぬといっても、筆の運びまで遅々として捗らぬのでは、読者にとって迷惑千万な話であろう。

今、横川の地を訪ねるのは比較的簡単である。自家用車さえあれば、すばらしい景観を楽しみながら、奥比叡ドライブウエイを利用して大津側からでも、京都側からでも、苦もなく訪れることができる。

運転免許というものを持たず、どこを訪ねるに際しても、なるべく自分の足で歩きぬくことを信条としている私ではあるが、忙しさが嵩じてくると、手もなくその信念は崩れてしまう。信念などというものはおよそいいかげんなものなのである。平常の信条を大切にするのなら、秘境横川こそは、てくてくとわらじで歩きぬかねばならぬところなのだが、忙しさを口実にして「横川なら私が運転して案内しましょう」という半ばこちらから働きかけて引き出したような京都在住の知人の言葉に唯々諾々と従ってしまったのなどは、実際あまり賞められたことではない。おそらくそのためであろう、距離感というものが一向になくて、今もって横川に対して秘境のイメージが浮かんで来ぬ体たらくである。

私たちは、奥比叡ドライブウエイのちょうど中間地点になるという横川駐車場に車を停めた。そこから杉の林の中に作られた砂利道の林道を歩くこと十数分。やがて、元三大師堂《がんさんだいしどう》の前に出る。横川の祖ともいうべき元三大師良源（？―九八五）をまつるかなり大きな堂宇である。すぐ奥には、天台宗の根本修行道場ともいうべき比叡山行院《ぎょういん》もある。さすがに、ここまでは観光の波は押し寄せていないようで、一帯はまことに寂かなたたずまいである。

もっとも、行院や、元三大師堂には、通勤の僧もいるらしい。数台の自家用車が露天に駐車している。杉林の

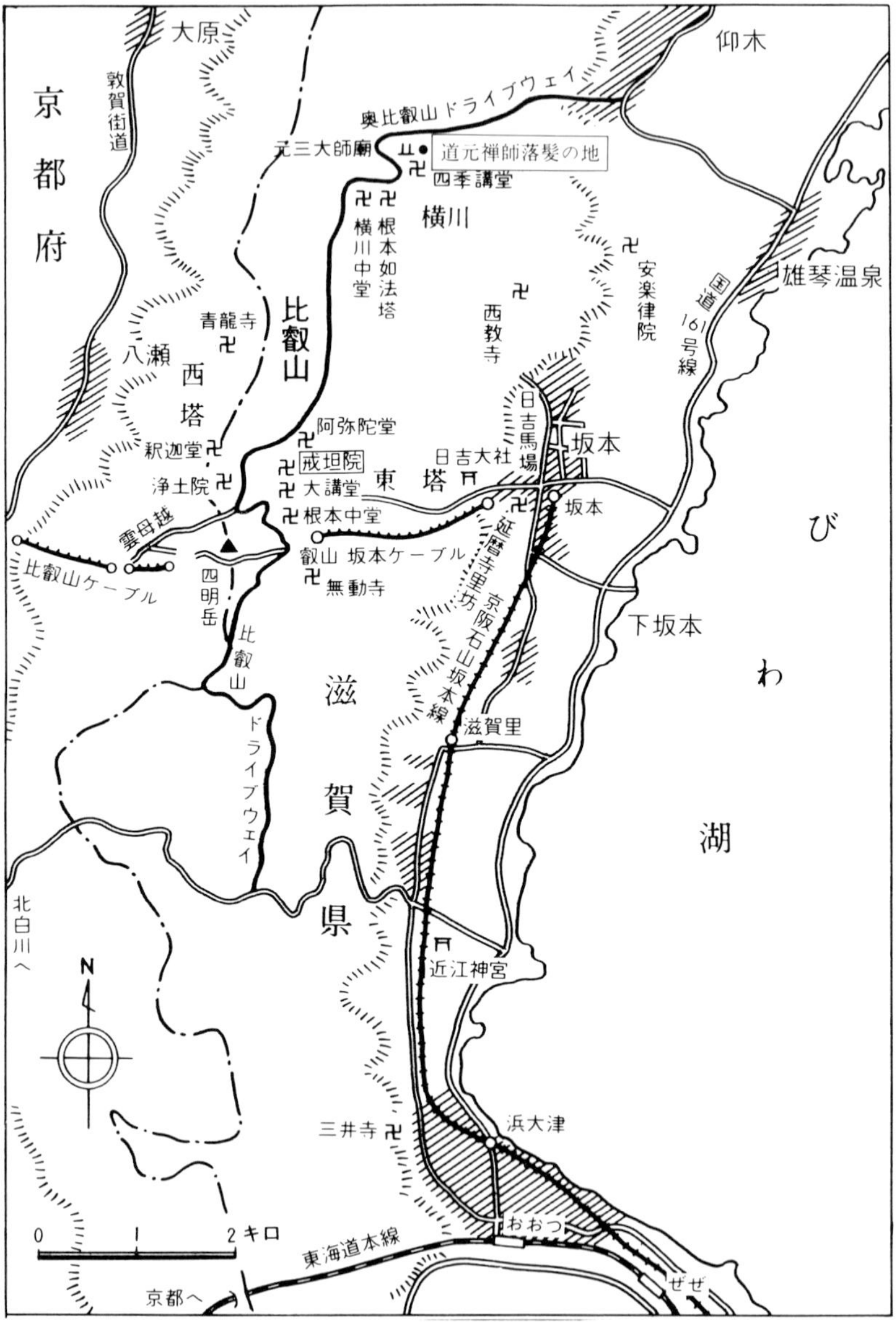

比叡山延暦寺付近の図（比叡山延暦寺発行「比叡山」所収）

中の砂利道は、一般の自動車は通行止めにしているが、横川に勤める僧の通勤自動車道としては利用を許されているのだろう。

さて、その元三大師堂の門前右手に、誰にでもわかるように「道元禅師得度霊趾」の新しい木札が高く掲げられている。すぐ下には、「承陽大師《じょうようだいし》御霊蹟　従是下一丁」の古びた石柱も建っている。裏面に刻まれた文字から、これが明治四十三年七月十日に建てられたものだとわかる。

その標柱の脇の舗装された細い小道を下って行くと、谷間の平地に、いわゆる得度の霊跡がある。広さは約三百坪（九九〇平方メートル）。かなり広い。鬱蒼とした樹陰に覆われた谷底の地は、ひんやりとはしているが、六月という季節のせいもあって、ずいぶん水っぽい感じである。一時にかなりの降雨量が集中することもあるのであろうか、あちこちに鉄砲水の、しわざらしい泥土の帯が横たわっている。

平地の奥まった一画に、広々とした石だたみが敷きつめられ、モダンな碑が建っている。昭和四十一年に、近畿二府四県の宗門人が中心となって「得度遺蹟顕彰会」を組織、全国から浄財を勧募して整備したものである。かつて、秘境横川の荒れはてたこのご旧跡をひそかに参拝し、その前に涙したという宗門の老宿の話をよく聞く。

元三大師堂前の案内標示

ところが、ハイウエイを快適にドライブしてやって来た私たちは、今、見事に整備された遺蹟の前に苦もなくたたずんでいる。谷を覆う杉の樹蔭を漏れる陽が、一条、二条と近代的構図の石だたみに射す。私は、かつての老宿のうらぶれた感傷の涙とはおよそ縁遠い心境に

承陽大師得度霊蹟

陥っていくのを覚えた。

ご剃髪の地は、辺鄙《へんぴ》な草ぼうぼうの地に、苔むした石碑がひっそりと一本建っているという方がむしろふさわしいのかもしれない。わびしきがゆえに、はるかに過ぎこし方が偲ばれて涙が落つるという感激を味わった往時の人たちこそ僥倖《ぎょうこう》だったのではないか。

この「得度」のご霊蹟は、かつて公円僧正が住まわれた寂場坊の旧址であるということが根拠となって定められた。いわゆる般若谷の千光坊が、この解脱谷の旧蹟と同じというわけではないのである。かつての寂場坊は、横川首楞厳院の本坊で、当時法臈《ほうろう》第一の長老がここに居住していたと伝えられる。だから、『建撕記』が、道元禅師に菩薩戒を授けたと記す公円僧正は、この地に居住していたと推定してまず間違いないとされる。しかも、「寂場堂」と銘のある石灯籠一基が、この谷底の地に今も残っているのである。

おそらく、道元禅師は、菩薩戒を受けて比丘となられる前日に、公円僧正に従って剃髪をされたのであろう。この地こそその剃髪の地であったのだ。

もっとも、宗門人は、この地を「得度の霊跡」といいならわしている。しかし、得度と剃髪との関係については、すでにちょっと触れておいたけれど、剃髪即得度というわけにはいかないようである。特に当時における得度は、現今の宗門でとり行なうようなそれではなくて、政府の度縁と結びついた公的な性質を帯びたものであったに違いない。だから、得度ということにこだわるのなら、比叡山戒壇院をその地と考えなければなるまいと私は思っている。

　そういう意味で、横川《よかわ》解脱谷《げだつだに》のこの地を、道元禅師の旧蹟として最初に世に知らせた人達は非常に慎重であった。この地に旧蹟としての標柱の類が初めて建てられたのは、京都粟田口の青蓮院門跡、のちの天台座主三井玄深大僧正によってであったとされる。かれこれ明治維新の頃だったらしい。もっとも、その標柱はすでに相当古くからあとかたもなくなっていて、それにどういう文字が記されていたのかはわからない。

　宗門人としてこの地の顕彰を図った最初の人は、三玄《みくろ》（後、小川と改姓）見竜師で、明治二十五年（一八九二）十一月に、「承陽大師之塔」と刻した自然石の碑を建てた。今、その碑は、モダンなご旧蹟の中心を占める霊塔として、奥まった高い石段の上に安置してある。私は、その前に額づきながら、単に「承陽大師之塔」とのみしるして、「得度」の文字は用いなかったところに最初の顕彰者の見識をみるような気がした。

承陽大師之塔

　その後、明治三十五年（一九〇二）にも、宮城県石巻市の永巌寺住職三輪泰輪師によって木材の角塔婆が建てられた記録が残っているが、これにもただ「承陽大師御旧蹟」とのみ記されていたらしい。

　「承陽大師得度霊蹟」という現在旧蹟石畳の中央に建てられているかなり大きくて立派な石碑は、明治四十二年（一九〇九）九月、長野市昌禅寺住職佐藤達乗師が中心となって建立した。この時、初めて碑面に「得度」の字が表われたのである。そして、それ以後、この地は、宗門人にとってご開山得度の信仰の霊蹟として尊ばれるようになる。

出家仏教がたてまえの宗門人にとって、出家得度ということは、生涯を決する一大事であった。少なくとも、明治の頃の宗門人にとっては、

「いまだかつて出家せざるものは、ならびに仏祖にあらざるなり。仏をみ、祖をみるとは、出家受戒するなり。」(『正法眼蔵』出家)

という道元禅師のことばが、自らの剃髪得度の体験に鑑みて、素直に信ぜられたはずである。それゆえにこそ、道元禅師の出家得度の旧蹟を尋ねて、何とかその地の顕彰を図りたいという敬虔な願望には、ひとしおなものがあった。

先に私は、ごくあっさりと、自分たちの得度のイメージでのみ道元禅師剃髪の地を考えておりはしなかったかと、いささか非難めいた口ぶりをした。だが、よく考えてみれば、当時の宗門人には、今の我われ在寺派が経験したような、形骸化した得度式のイメージはなかったはずだから、それはいたしかたないような気もする。むしろ、得度ということに対してそれほど深い感激を味わうこともなく、寺に生まれたが因果とあきらめて、いつの間にか僧としての道を歩むようになっていた在寺派の私どもが、あれこれ詮索してことあげする方が、宗教的な意味ではよほど道元禅師から遠ざかっているというべきなのだろう。

だからして、多くの宗門人が、得度式即剃髪式のイメージで、この地に礼拝を行じたとしても、決して笑われるべき筋合いはない。信仰者と、歴史学者は違うのである。

ああ、それにしても、この七百数十年前の霊気をひそかに伝えているような薄暗く湿っぽい谷底のこの地に、幾何学的な紋様で石畳を敷きつめたご旧蹟の設計は、あまり似つかわしいものとは思えない。どろどろとした怨念みたいなものを剃り落とす剃髪出家にまつわるイメージとはおよそ縁遠い造型ではないか。

もちろん、建碑の当事者としてみれば、精一杯の誠意を尽くした表現であったに違いない。私は、その誠意は汲むべきであると思う。けれども、古風を慕うことを金看板としている私ども法孫は、こうした芸術的な造型に対してもつい過度な要求をしたくなってしまうのである。

だが、つまらぬ言いがかりをつけるのはよそう。このいささか近代的な装いの霊跡の中に、道元禅師顕彰の一つの時代相を読みとればいいのだ。

思ってもみるがいい。実に嘆かわしいことではあるが、道元禅師の法孫を自認しながら、剃髪をすることもなく、モダンな髪型のまま袈裟を搭けている在寺派出家も珍しくなりつつあるではないか。浄髪だけはしているというものの、自分だって妻子眷族に振りまわされて、結構欲の皮をつっぱらしているではないか。やたら古風を慕っている時代ではないのだ。

「すこうし肌寒うなってきましたな。」友人の言葉に促されるようにして、私は解脱谷の地を後にした。心の中を、何かしらさびさびとした風が吹き抜けていくのを覚えた。

横川解脱谷（よかわげだつだに）——滋賀県大津市坂本町（比叡山横川）

第六章　比叡山延暦寺——得度と修学の地

伝教大師と比叡山

日本仏教の発祥地ともいうべき比叡山の歴史は、相当に古い。すでに『古事記』の時代から、信仰の山として私どもの祖先の心に影を落としていたと、歴史学者たちは言う。

しかし、延暦寺《えんりゃくじ》そのものの歴史は、東大寺戒壇院で受戒した日本天台宗の開祖伝教大師最澄が、延暦四年（七八五）十九歳の秋思うところあって比叡山に登り、庵を結んで修行生活を始めたその時とともに始まったと考えてよい。三年後の延暦七年（七八八）には、法華経による一宗樹立を意図して、現在の根本中堂を中心とした東塔の前身たる比叡山寺が建立された。そして、延暦二十五年（八〇六）、天台宗開立の勅許が下りて、比叡山発展の礎が築かれるわけである。

開祖当初、比叡山は年分度二人を許されていた。しかし、受戒のためには東大寺戒壇に上らねばならなかった。それを不都合なことと考えた最澄は、大乗戒壇の設立に奔走する。

最澄の主張は、『山家学生式《さんけがくしょうしき》』によれば、南都（東大寺）で行われている大乗小乗兼行の戒と、比叡山で実施しようとする純大乗戒とは制式・作法を異にしており、真俗一貫の戒を授け、菩薩僧をつくるには、新しい大乗戒壇をどうしても設立しなければならないという点にあった。

ところが、最澄の主張は容易に認められなかった。その悲願がようやくかなえられて、大乗戒壇の設立が勅許されたのは、最澄歿後一年経った弘仁十四年（八二三）であった（一説には、弘仁十三年六月十一日、最澄寂後七日にして勅許が降りたともいう）。

鎌倉仏教の祖師方、つまり、法然・栄西・親鸞・一遍・日蓮、そして我が道元禅師等は、皆、その若き時代に、この比叡山で修学の日々を過ごされた。当時、比叡山は、日本における仏教修学の中心道場となっていたわけだが、その遠因を尋ねれば、大乗戒壇の設立が勅許されたことにある。私度ならばともかく、年分度者として政府公認の出家者となるためには、南都か叡山か、どちらかの戒壇に上って受戒しなければならなかったのである。

そうした当時の事情を忘れると、比叡山から多数の宗教的英才が輩出した理由もわからなくなる。

戒壇院

ところで、我が道元禅師は、建保元年（一二一三）四月十日、つまり天台座主公円僧正についてご落髪なされたその翌日、この延暦寺戒壇院において菩薩戒を受けられた。度縁を得て、公認の比丘となられたわけである。そういう点から考えると、道元禅師の旧蹟として、この戒壇院は重要な意味を持っている。ところが、残念なことに、相当大規模で壮麗を極めたという当時の戒壇院は、早く火災にあってしまった。現在、大講堂の西に小高い一郭を占めてある戒壇院は、その後、慶長五年（一六〇四）に建築したと伝えられているものなのである。

内部は土間になっており、中央三間に石壇を築くというが、不断はかたく扉を閉ざしていて、そのさまは窺えない。外観は、あまり見映えのしない地味な建築物である。観光客もほとんどここまでは足を運ばないようだ。森閑としている。もっとも、私の訪ねたのが、霧のような雨がしのつく肌寒い日であったせいかも知れぬ。

ともあれ、まっすぐに伸びきった幹の太い老杉に囲まれて、ひっそりと煙雨に烟っている戒壇院のたたずまいは、わずかな手がかりをたよりに歴史を偲んで歩いている私にとって、こよなく尊いものに思われた。

叡山での修行生活

大乗戒壇に登り、公円僧正を和上として菩薩戒を受けられた道元禅師は、そのまま比叡山に留まって修学に打ち込まれることになる。

では、いったい比叡山にどれほどの期間、住山されたのであろうか。実は、それがあまり定かでない。一般には、建暦三年（一二一三）十一月十九日、延暦寺の公円僧正が、興福寺との争いの責任をとって座主職を辞しているという事実があるから、道元禅師が叡山を下られたのは、その後間もない頃のことではないか

戒壇院

と言われている。

もっとも、『建撕記《けんぜいき》』の一本は、それを肯定するような記述をしながらも、

「建保二年ヨリ同五年ニ至ル四箇年ノ間ニ、建仁ト叡山ト往来トミエタリ。」（明州本）

と記しているから、一旦建仁寺に下りた後も、時折は修学のため叡山に立ち戻っておられたのかも知れぬ。しかし、新興仏教である栄西禅師の建仁寺と、叡山との間柄というものが、簡単に学徒の往来を認めるほどおおらかであったかどうかとなると、この記述に疑問がないわけではない。むしろ、一旦叡山の修学に疑問を感じてそこを下りた以上は、再びそこに帰ることは許されなかったと考える方が自然なような気もする。それとも、八宗兼

道元禅師像も安置される比叡山講堂

学の叡山には、想像以上に自由な修学の雰囲気があったのであろうか。

いずれにしても、当時の比叡山は、相当に世俗化していたらしい。だから真面目に修学に打ち込もうとする学徒にとっては必ずしもふさわしい場とは言えなかった。

早くから確執を続けていた天台座主をめぐる山門・寺門両派の抗争は、ついに正暦四年（九九三）、寺門派が三井寺に移住して一応の終止符を打ったものの、今度は、山門派の中で門跡間の派閥抗争を生み、醜悪な世俗的抗争はとどまるところを知らなかった。

もちろん、そうした叡山の醜状に対して、厳しい改革ののろしを上げた源信僧都《そうず》（九四二―一〇一七）のような人がまったくなかったわけではない。しかし、宗教的な集団とか教団とかいうものは、一旦安定期に入ったなら、内に絶えず改革への厳しい要求を内包しながらも、大筋としては頽廃への道をひたすらに歩んで行くのではないかという印象を私は拭い去ることができない。おそらく、道元禅師が叡山に修学されていた時代も、上層部においては、世俗以上に醜悪で、どろどろとした名聞を争う権力闘争が続けられていたと考えていい。僧兵の乱暴さも目にあまるものがあったであろう。

道元禅師は、叡山のいったいどのあたりに起き臥しして修学に励まれていたのであろうか。実は、これまたまったく記録が残っていない。けれども、その修学ぶりはかなり激しいものであったことは想像される。

「爾《しか》しより天台の宗風、兼ねて南天の秘教、大小の義理、顕密の奥旨、習学せざるは無し。十八歳の内、一切経を看閲すること二遍」（『永平寺三祖行業記』）

最澄以来、叡山には、止観業《しかんごう》（天台学）と共に、遮那業《しゃなごう》（密教）の修学コースが設けられていたから、密教の修行もなされたのであろう。

比叡山には、昔から「論湿寒貧」ということが言いならわされていると聞いた。それは湿気がはげしく、寒気の厳しい山坊で、清貧の中に、法華経の論義に精を出せという教えらしい。上層部を中心に、叡山全体が頽廃の中に沈んでいたとしても、駆け出しの若い修学僧に対しては、昔と変わらぬ、否、昔以上に厳しい修行の伝統がその身をせつなく責めたはずである。

今、比叡山を訪れても、鎌倉時代のことを偲ばせる建造物は何もない。元亀二年（一五七一）の、有名な信長の焼打ちによって、すべてが焼失してしまったのだ。

私は、大講堂に詣でた。五年に一度、広学竪義（法華大会《だいえ》）が行われるところである。建物は、昭和三十六年（一九六一）に再建されたものだから極めて新しい。

参拝者は、内部に自由に立ち入ることができる。広大な内部の両脇壇には、かつてここで修学して一宗の祖となった方々の等身尊像が安置されている。道元禅師も、正面向かって左側の脇壇に晴れやかに坐っておられる。それは、修学のあとかたは一切灰燼に帰したにせよ、この地に足跡を印されたことだけは間違いないのだということを明かしてくれる唯一の具体的なしるしだといってよい。

けれども、京都誕生寺のそれを模したという木像は、若かりし日の道元禅師を偲ぶ私の目には、あまりにもけばけばしくて浮薄なものに映った。道元禅師の修学の古きあとかたを尋ね訪ねて足を棒にしたあげく、わずかに見出されたそれらしきものが、ごく近年に作られた新しいご尊像一体にしか過ぎなかったという幻滅感が、余計にそれをお粗末極まりない出来栄えに思わせたのかも知れない。ところが、法然、親鸞、日蓮といった鎌倉仏教の偉大な祖師方のご尊像を拝している間に、道元禅師像に芸術的香気が乏しいことなど、それほど大した問題ではないような気もして来た。

比叡山は、ただに道元禅師だけを偲ぶ寺ではない。長い歴史の中に、栄枯盛衰を重ねながら今に生き延びている比叡山は、そこにたたずむものに対して否応もなく仏教の不思議な生命力について考えさせる。仏教は、いつの時代にも世俗の波に激しく洗われて来た。教義は、常に泥まみれにされて、不純なものもずいぶん際立つことがあった。けれども、人びとはいつの世にもそこに魂の救済を願う望みを托し続けて来た。真実の仏法は滅びたと知識人を慨嘆させた後には、必ずみずみずしい装いで仏教は興隆し、諸人を救済して来た。比叡山の歴史は、仏法の不死身な衆生救済の不思議さを語り続けているのではないか。

それにつけて思うことは、近頃の宗派仏教のことである。そこには、かつての時代の比叡山にあった諸宗兼学のおおらかさがまったく失われてしまっている。私には、そのことが仏教の生命力を段々に衰弱させて行きつつある原因のように思われてならなかった。

外に出ると、相かわらずの霖雨《りんう》であった。参拝客もほとんどいない前庭にたたずみながら、私は日本仏教の来《こ》し方行く末についてさまざまなことをいつまでも思い続けていた。

比叡山延暦寺（ひえいざんえんりゃくじ）——滋賀県大津市坂本本町

第七章　三井寺——公胤僧正の寺

大疑団

三井寺《みいでら》を訪うたのは、一月も下旬、この地には珍しい雪の朝であった。

この寺園城寺《おんじょうじ》は、天台寺門宗の総本山で、かつては比叡山と勢力を争った名刹である。けれども、私が訪れた朝は、過去の歴史を封じ込めた化石の地のようにひっそり閑としていた。とにかく僧らしきものの姿がどこにもないのである。五センチあまり積もった雪の上を下駄の跡をつけながら境内の宿坊を三つ、四つと訪ねてみたが、そこにもやはり修行僧とおぼしきものの影すら見えない。朝が早いせいかとも思うが、それでも午前七時である。総じて寺の生活は、朝の早さに生命があるのだから、決して早過ぎる時刻ではない。

山門脇で拝観券を売ってくれたおじさんが、

「お坊さん方は、みんな通って来られますから、おそらくまだ誰もいらっしゃいませんよ。」

と言ったのを、まさかと思って聞いていたのだが、どうやらそれは事実らしい。観光客が訪れて来ない前の早朝の三井寺は、まさに化石の寺なのである。

道元禅師は比叡山で修行中、十三歳から十八歳までの間に

「一切経ヲ看閲スルコト二遍」（『建撕記』明州本）

と言われるほど修学に熱中された。けれども、若い道元禅師の力では、どうにも解決のつかないような大凝団に

逢着されてしまう。それは、

「宗家の大事、法門の大綱。本来本法性、天然自性身。顕密両宗、此の理を出でず。大いに疑滞有り。本自《もと》ら法身法性の如くんば、諸仏なんの為にか、更に発心修行せんや。」（『永平寺三祖行業記』）

ということであった。つまり、人間は生まれ落ちたその時から、仏そのものともいうべきすばらしい本性を備えているると大乗仏教では説いているのに、過去のさまざまな仏たちはいったい何のためにあらためて道を求める心を発し、修行に打ち込んだのか、という疑問なのである。

後年になって、「本証妙修《ほんしょうみょうしゅ》」とか「修証一如《しゅしょういちにょ》」とかいった、つまり修行と悟りというものはまったく表裏一体をなすものであって、別々のものではないことを体得されるわけであるが、当時の少年道元禅師にとっては、この問は力に余る大疑団であった。

こうした大疑団を禅師は、いつの頃から抱かれたのであろうか。その点について、訂補本『建撕記』のみが十五歳とはっきり記している他は、諸伝ともにすこぶるあいまいである。が、ともあれ、この大疑団を解決するために、禅師が公胤僧正を訪ねられたということだけは確かな事実である。おそらくその時のことらしいことを禅師はご自身で次のように語っておられる。

「公胤僧正云く、道心と云ふは、一念三千の法門なんどを、胸中に学し入れて持ちたるを、道心と云ふなり。なにとなく笠を頚に懸けて迷ひありくをば、天狗魔縁の行と云ふなり。」（『正法眼蔵随聞記』巻三）

どうやら道元禅師は、僧正に会って大疑団を呈したところ、まず天台の教学をしっかり勉強しろと策励を受けたらしい。大疑団の解決を求めて行脚している少年道元禅師に対して、公胤僧正は、うろたえるんじゃない、腰を据えてもっと学ばにゃいかん、と鉄槌を下したのである。公胤僧正のこの手厳しい答は、当時の道元禅師の胸によほど応えたに違いない。だからこそ、そのことを印象深く夜話に語っておられるのだ。

道元禅師は、自らの甘さに冷水を浴びせられたような思いで、再び比叡山に戻られた。そして、それ以後は、以前にも増して修学に打ち込まれたのではあるまいか。してみると、訂補本『建撕記《けんぜいき》』のいう建保二年、十五歳の時に公胤僧正を訪ねられたという説は、案外真実に近いと想像できる。

公胤僧正

公胤僧正は、当代の名僧であった。道元禅師より五十六歳の年長で、園城寺の四十七世長吏として山内の僧坊明王院に留錫していたという。ところが、なかなかに多忙の方であったらしく、明王院に坐を暖めておられる時は意外に少なかったと想像される。今、関係ある頃のその行動のおおよそを年譜に示せば、

承元三年（一二〇九）九月二十九日、鎌倉に下向。鎌倉に二十日間滞在。行光建立の伽藍の供養導師を勤め、将軍実朝に面会。

承元四年（一二一〇）三月二日、洛中六条殿の長講堂供養の導師を勤める。

建暦三年（一二一三）四月二十六日、法勝寺九重塔再建供養出仕。

建保二年（一二一四）四月、園城寺、山門の僧徒のため焼却される。実朝にその復興援助を依頼。

建保四年（一二一六）六月二十九日、入寂。七十二歳。


となる。まず気のつくことは、建保四年には入滅されているのだから、建保五年に公胤僧正を訪うて入宋を勧められたというふうに受けとれる明州本等の『建撕記』や『永平三祖行業記』の記述は、つじつまが合わぬということである。しかし、そのことはここではあまり深入りすまい。問題は、道元禅師が果たして何処へ公胤僧正を訪ねられたかということこそが、祖蹟を歩く私にとって今必要なことなのである。

それについて、これほどに東奔西走している身の公胤僧正に面会するとすれば、僧正が洛中の宿坊におられたとき以外はちょっと考えられまいという仮説をたてる人もある。僧正は、洛中禅林寺の辺に里坊を持っていたら

しい。

園城寺は、前記の年譜でわかるように、建保二年（一二一四・道元禅師十五歳）、山門の僧徒のために焼き打ちにあっている。山門派と寺門派の確執は、この頃も相当激しいものであったとみなければならない。常識的に考えれば、そういう時に、比叡山に修学する者が園城寺を訪ねるのは生やさしいことではない。あるいは、まったく不可能なことであったやも知れぬ。あれやこれやと考え合わせれば、洛中で公胤僧正と面会されたとする説は、たしかに蓋然性が高いと言えるだろう。

だが、諸伝ともに「三井寺の公胤僧正の所へ参じ」と記してあってみれば、三井寺訪問の可能性をまったく否定し去ることもできない。万一それが事実であるとすると、その時は、おそらく悲愴な覚悟で山を下り、密かに三井寺を訪ねられたはずである。

明王院の跡

小一刻、境内を逍遥し、静まりかえった雪の三井寺を満喫した私は、本坊寺務所と看板の掲げられた、とある僧坊の玄関に立って案内を乞うた。中年過ぎの上品な婦人が応待に出られ、あいにくと未だ誰もいないが、しばらく待っていただけないかというような挨拶をしつつ私を奥座敷に導いていった。

綺麗に掃除の行き届いた座敷であった。私は、大きなテーブルの前に、ぽつねんと坐して係の僧の出仕を待った。雪見障子を越して眼に入る建物も、庭も、みな大変に清浄で美しかった。寂けさも満足すべきものであった。

時は、ゆっくりと経って行った。小一時間もした頃であったろうか。Hと名乗る若い執事が、恐縮しながら障子をあけた。

園城寺金堂と鐘楼（三井の晩鐘）

だしぬけの訪問の要件を告げると、H執事は、『大日本仏教全書』などを引っぱり出して来て、いろいろと調べてくれた。しかし、結局のところ一向に要領は得なかった。

何しろ三井寺の往時は、僧坊の数八百という大刹であった。それが、比叡山との確執やら、文禄年間の秀吉による破却やらで再三の炎上。何回も再興を繰り返している間に、規模も段々縮小されてしまったのである。

「明王院というのは、いったいどの辺にあったものでございましょう。おおよその見当ぐらいはつきませんですか。」

私の少々しつこい問に、H執事は、

「南院・中院・北院の現在のいわゆる三院の中にあったことだけは確実だと思いますけれど、正確な所在地となるとさっぱり見当もつきません。」

と、すまなさそうな顔をするだけであった。考えてみれば、資料が焼き尽くされて、どう調べてもわからぬことは、あらかじめの調査で私にもわかっているのである。

それをああかこうかと尋ねるのだから、こちらこそもっとすまなさそうな顔をすべきなのかもしれない。

「慶長四年（一五九九）に再建されました金堂は、園城寺の根本道場でございます。その場所は、昔も今も同じとされておりますから、道元禅師さまも、三井寺を訪ねられたのなら、きっと金堂にはお参りになられたんじゃありませんか。」

H執事は、最後にそう言った。たしかにあり得ることであろう。だが、隠密裡に公胤僧正を訪ねられたとすれば、その可能性もよほど薄いみたいな気もする。

ほとんど資料というものが失せてしまった今、道元禅師の祖蹟を訪ね歩くということが果たして意味のあることなのかどうか。およそむなしい営みではないのか。三井寺を訪ねた時もまた、そんな思いが強く心に残った。

園城寺（おんじょうじ）――滋賀県大津市別所園城寺町

第八章　建　仁　寺——栄西禅師の寺

けんねんじはん

「けんねんじはんやったら、その小路をまっすぐ行きはって、突き当たりを右に上り、それから左へお行きやす。」

運転手に私が道を尋ねているのを聞いていたらしい四十がらみの女の人が、東山安井でバスを降りると同時に親切に教えてくれた。三時を回った早春の街には、早くも夕暮れの気配が漂い始めている。ことにこの界隈は、祇園に近いせいであろう、宴を前にして客人の訪れを待つような独特の雰囲気が、細い小路にそこはかとなく、たゆとうていた。

祇園の色街にまっすぐ向かっている建仁寺の通用門を潜る。広い境内は、街の人の通路であり、子どもの遊び場である。三々五々、さまざまな人が通り抜け、子ども達はキャッチボールにうつつを抜かす。

大方丈らしき建物では、紅白の幔幕《まんまく》を張り巡らして、反物の大売出しをやっている。中年の買物客らしいおばさんに尋ねる。

「建仁寺さんの受処はどこでしょう。」

「さあ」

首をかしげているだけでさっぱり要領を得ない。

建仁寺仏殿

「臨済宗建仁寺派宗務院」と、古ぼけた看板の掲げられた大方丈脇の玄関を訪ねてみる。大きな玄関である。

「ごめんください。」

何度大きな声を出してみても、誰も出て来る気配はない。下駄を脱いで、のこのこと奥の方へ上がってみる。何やら納戸みたいな、炊事場みたいなところがある。

「ごめん下さい。」

もう一度大きな声を出すと、ガラリとガラス戸が開いて、中年の女が胡散臭げに顔を出す。訪問の要件を告げると、

「今、係のもんがみんな出払っていますさかいに拝観はできまへん。」

という。私は、建仁寺と言えば、雲水のいるそれを想像していたものだから、どうも話が噛み合わない。

「雲水さんは誰もいらっしゃいませんか。」

「ああ、雲水さんでっか。そやったら専門僧堂へお行きやす。」

私は、ようやく建仁寺のシステムがわかり始める。留守番の手伝い女が相手ではラチがあかぬし、僧堂生活をしている者にとっては、何といっても雲水に親しさを覚える。私は、早々にそこを辞して僧堂の方へ向かった。

栄西禅師を拝す

僧堂は、広大な建仁寺境内の南東の外れの一角にあった。門は堅く閉ざされていて、風来坊にはちょっと近寄り難い雰囲気がある。それでも勇を鼓して左側の通用門を押す。ぎいっ、と小さな音をたてて、思ったよりも軽くあく。身を屈めて中に入ると、密生した赤松に白砂をあしらった臨済寺院に特有の前庭。実に清楚な感じである。

玄関に立つ。ひっそり閑としている。さてどうしたものかと思っていると、表から一人の僧があたふたと駈け込んで来た。

「さっき事務所から電話がありました。どうぞ開山堂へご案内しましょう。」

さっきの女が連絡を取ったらしい。しかしありがたい申し出には違いない。私は、中年の僧に従って僧堂の玄関を出た。

「ここは、晩課が午後二時になっておりますから。」

ずいぶん早い晩課である。しかし、晩課罷《ばんかは》に永平寺の祖廟《そびょう》承陽殿《じょうようでん》を拝観させて欲しいと願っても、容易に首をたてにふらないことを知っているから、私はそのことを聞いただけですっかり恐縮しながらついて行く。

西向きに建てられたこの開山堂は、御影堂とか、あるいは霊松廟とかと呼びならわしている。天文二十一年(一五五二)回禄の災に会い、境内の他の塔頭《たっちゅう》であった瑞光院の影堂をそのまま移したとされる。もちろん、その後も修理の手は加えられたようで、最近では、明治十七年(一八八四)にも大改造が加えられたと記録に残っている。

開山堂の前方左右には、二本の菩提樹がある。開山栄西禅師が入宋した時に持ち帰り、「わが伝法中興のしる

御影堂（開山堂）裸木は千光国師お手植えの菩提樹

しをためさん」とて、寺の東北隅に植えたものと伝えられているものである。もちろん、菩提樹といっても、釈尊がその樹下に成道したというインド原産のピッパラージュではない。中国原産のシナノキ科の落葉高木である。わが国で菩提樹というのは、おおかたがこれである。由緒あるここの菩提樹はさすがに大きくて、新芽も未だ膨みそめぬ枯枝が、開山堂の廂《ひさし》と高さを競いつつ夕暮の空に静かに枝を広げている。根元のあたりは、藁できれいに包まれて、山内の人たちによってこの樹がどんなに大切に護持されて来たかを偲ばせる。

鍵があけられて開山堂の中に導かれた。正面の扉も私のためにわざわざ開け放って下さる。しきりに恐縮すると、

「いや構いまへん。永平寺からわざわざご参拝においでやしたのですさかい。」

という。余計にいたみいるばかりである。

開山堂の管理は、塔頭寺院が一年毎の輪番《りんばん》で管理しているらしい。案内に立って下さった僧は、もちろん輪番の方であった。

「午前二時、十時、午後二時の三時の勤行を輪番は毎日勤めます。」

輪番師は、さりげなくいう。甎瓦《せんが》を敷き詰めた薄暗い堂の真中には、土壇があり、結界を巡らしてある。栄西禅師が入定《にゅうじょう》され

たと伝える場所である。輪番師が点じてくれた線香を香炉に立てると、私は石畳に五体を投地して三拝した。ひんやりとした冷めたさが額に心地よい刺激を与える。

三拝を終えた私を輪番師は入定塔の背後に案内した。ご上壇には、開山栄西禅師のご尊像が安置してある。

「どうぞお側に近寄って礼拝して下さい。出家の方は上壇にお上りになって結構でございます。」

永平寺の承陽殿は、めったなことでご上壇に登っての拝謁をさせない。日常の掃除の時ですら着襪搭袈裟《ちゃくべつたっけさ》という正装で、威儀《いいぎ》を具して登らなければならないのだから、親切な輪番師のことばは、私をドギマギとさせた。

なにしろ改良衣に絡子《らくす》という旅の軽装なのである。

ご尊像は、等身大のつやつやとした肌のご木像であった。正徳四年（一七一四）、栄西禅師五百年遠諱《おんき》のために新彫点眼されたものだという。

千光国師・栄西禅師と尊称されるこのお方は、いうまでもなく日本臨済宗の祖である。生まれは備中の吉備津。出家して天台教学を学び、入宋すること二度。黄竜《おうりょう》派第八世の虚庵《こあん》懐敞《えしょう》和尚について禅の心印を伝え、臨済派五十三代の祖に列した。

初めて禅宗を日本に定着させるために努力した方で、そのせいであろうか、行動があまりに政治的に過ぎるといって批判するむきもある。けれども、我が道元禅師は『正法眼蔵随聞記《ずいもんき》』の中で、「故建仁寺僧正」つまり栄西禅師在世の時の逸話を語っておられる。

ある時、故建仁寺僧正は、せっかく施主からもらった絹一疋を困窮している俗人に与えてしまわれたことがある。その日その日の米にこと欠く状況であったから、それを非難がましく言うものもあった。すると栄西禅師が、僧たる者は「一日絶食して餓死すとも苦しかるべからず」と答えられるのである。

道元禅師は、このエピソードをまさに道者の用心であるとして深い感銘をもって受けとめられた。道元禅師が、宋から帰朝して、まず建仁寺に身を寄せられたということも、明全和尚との因縁もさることながら、栄西禅師の家風におそらくは引かれるところがあったからではなかろうか。

もっとも、道元禅師が栄西禅師とはたして相見されたかどうかという点については異論がある。相見説を支える有力な資料は、『宝慶記《ほうきょうき》』首文の次の一節である。

「道元、幼年より菩提心を発し、本国に在りて道を諸師に訪ひ、聊《いささ》か因果の所由を識る。然も是の如くなりと雖《いえど》も、未だ仏法僧の実帰を明らめず、徒《いたづ》らに名相の懐幖に滞《とどこほ》る。後に千光禅師の室に入り、初めて臨済の宗風を聞く。云々」（原漢文・圏点筆者）

ところが、永平寺二祖懐奘《えじょう》和尚ご真筆で豊橋市全久院所蔵の、いわゆる全久院本『宝慶記』には、肝腎のこの第一頁が欠けている。だから、この一文は相見説の証拠としてはいささか迫力を欠く。

道元禅師ご自身の著述である『辨道話』には、同じような内容が次のように書かれている。

「予発心求法よりこのかた、わが朝の遍方に知識をとぶらひき。建仁の全公をみる。あひしたがふ霜華すみやかに九廻を経たり、いささか臨済の家風をきく。」

ここでは相見を肯定させるようなことは一言だにされていない。ちなみに全公とは、明全《みょうぜん》和尚のことである。

栄西禅師は、建保三年（一二一五）に示寂された。この年道元禅師は十六歳。公円僧正から受戒したのは、建保元年（一二一三）であるから、建保三年にはまだ比叡山を下ってはおられまいと私はみる。おそらく叡山を下られたのは、先の『辨道話』の記述等を勘案すれば、

「建保五年（一二一七）八月二五日ヨリ明全和尚の室に入り玉ふ。」（『建撕記』明州本）

という『建撕記』の説に従うのが、一番妥当な線ではなかろうか。建保五年、十八歳の時までは、三井寺の公胤僧正の鉗鎚《けんつい》を肝に銘じて、比叡山で修学に打ち込まれたのである。だからして、栄西禅師との相見否定説の方が歴史家の間で有力なのも、これはいたしかたがないというべきであろう。私自身も、当然その方に与《くみ》したい。

栄西禅師と会えていたら、という一抹の心残りが道元禅師にはあったと私はみる。だからこそ、明全和尚など

を通じてそのひととなりを聞けば聞くほど、栄西禅師のことをますます美化されていったのではあるまいか。『正法眼蔵随聞記』を読んでいると、私にはどうしてもそう思われてくる。道元禅師ほどの鋭い感受性を持っておられた方が、もし実際に栄西禅師と相見されていたならば、あれほどに故建仁寺僧正のことを賛めそやされることもなかったかもしれない。

ともあれ、栄西禅師のご尊像は、今私の眼前に大きくある。その芸術性を云々するような気分にはとてもなれない。まじまじと眺めるのもはばかられるほどの思いである。末世になると、晩課罷に、しかも旅の軽装のままのこのこと御上壇にまで登って衲《わし》に相見《しょうけん》に来よる、とまゆをしかめておられるのではないか。とにかく、心底から申しわけないような感じが込みあげて来て、ねんごろに五体投地の礼拝をすると下へ降りた。

「威儀即仏法、作法是宗旨」は、道元禅師の家風である。形を整えることに大きな意義を認めている私どもであってみれば、こうした破格の待遇を思わぬ時に受けると、かりそめにもご開山様の旧蹟を巡拝するのに、直裰《じきとつ》に搭袈裟《たっけさ》という如法な形でやって来なかったことが悔やまれてならなかった。

明全和尚の墓

開山堂の左脇（正面に向かって右側）には、明全和尚の墓がある。

明全和尚は、道元禅師の師兄《すひん》である。先述の『辧道話』の一節からすれば、九年間を共に過ごされた。道元禅師が尊敬された度合というものは、並大抵のものではなかったようだ。

明全和尚は、道元禅師と共に入来された。ところが、宝慶元年（一二二五）五月二十五日、かの天童山了然寮において亡くなられてしまう。四十二歳であったという。道元禅師は、

「非傷ニタヘズ、一片ノ煙トナシテ、舎利ヲ収拾シテ供養シタマヘリ。」（『建撕記』訂補本）

明全和尚の墓

帰国の際、その舎利を大切にお持ち帰りになった。おそらくは、それがここに埋められたのであろう。

時刻は、すでに午後四時を過ぎていた。陽は、落葉樹の間からかそけき光を卵塔の上に落としている。私は、思いを込めて墓前に合掌した。墓に祈る時、心は不思議に故人と通ずる。

写真を撮ろうとしたら、輪番師は、供えられていた松の枝が少しばかり枯れかけているのを気にして下葉をむしってくれる。誰が供えたのか二、三輪の黄菊も、いささか萎れた感じであったが、かえってそれもいいような気がして私はカメラに収めた。

僧堂の玄関前に再び戻った時、日はすでに暮れかけていた。輪番師も、僧堂は管轄外のようであった。晩課罷、否、すでに薬石罷といってもいい時刻である。案内を乞うのはとてもためらわれる。私は、後日を期して、とりあえず建仁寺を後にした。

建仁寺（けんにんじ）――京都市東山区大和大路通四条下ル四丁目小松町五八四

第九章　博多と坊の津——入宋船出の地

京から九州へ

その時代の人びとにさして説明しなくとも共通の認識が得られること、つまり、ごくあたりまえのことというのは、意外に後の時代まで伝わっていかぬのではないか。近頃しきりにそんなことを思う。

例えば、私が文章を書く。その場合、あまりにありふれたことに対しては書く意欲も起こらぬし、かりに書いてみたところで世間はそれを問題にもしない。後世をよほど意識して記録する人は別にして、普通の人が筆に留めようとするのは、特殊な体験や、独特の思考である場合がほとんどであるに違いない。同時代人にとってあまり珍しくもないことは、誰にも問題にされぬのである。

道元禅師は、

「日本貞応二年癸未大宋嘉定十六年なり、二月二十二日渡宋、時御歳二十四歳なり。遂に建仁明全和尚同船に従て宋に入る。」（『建撕記』明州本）

とあるごとくに、中国に渡られる。

では、その際、いったいどういうコースを通って京都から九州に到り、どこから船出して中国へ渡られたのか。レジャーブームといわれるような時代に生きる私どもは、つまらぬことだけれどそのコースが気にかかる。

ところが、そのことに触れた文献はたいへんに乏しい。実はほとんどないと言ってもよいほどである。

成尋の『参天台五台山記』や、『策彦和尚初度入明記』を参照して、船によって淀川を下り、河口で内海の船に乗り換え、まず博多に着き、そこから船出したのではないかと推定する人もある。あるいはそうかも知れぬ。そのコースについては、中世荘園の年貢輸送について考察した新城常三氏が「荘園制下において、京都向け物資は、山陽・四国・九州からの大半は、瀬戸内海を経由、淀川を遡航、淀に揚陸された。」(『鎌倉時代の交通』)と記述しているのが裏付けになる。おそらく畿内と九州の間には、かなり頻繁に船の便があったはずだから、道元禅師もそれを利用されたということは、当然考えられることなのである。

だが今ひとつ、これは私の思いつきの域を出ぬものだけれど、紀伊由良の港から出発して内海を通り、九州に赴かれたという可能性もありうる。このことについては、第十三章で、またあらためて触れてみたいとは思っているが……。

博多の津

道元禅師が、九州のいずれかの港から纜《ともづな》を解き、入宋の途に就かれたことはまず間違いない。しかし、その解《かい》纜《らん》の港は果たして何処であったかということになると、資料らしきものがほとんどない。ただ『建撕記《けんぜいき》』の訂補本が次のごとく記しているのみである。

「貞応二年癸未・師二十四歳、コノ春・明全和尚入宋ノ事ヲ企テ玉ヘり。師スナハチ明全和尚ニ随伴シテ、二月二十二日ニ東山ヲ出デテ西海筑前ノ博多ノ津ニ赴キ、三月ノ下旬ニ商船ニ乗リテ纜ヲ解ケリ。」

訂補本の編者面山和尚は、何を根拠にそれを言われるか。実は、この時の渡海牒二通が永平寺の宝庫に存在し、それには次のごとく記されていたというのである。

「建仁寺住侶、明全相伴両三之門弟、入唐の為、博多の津に赴く、西海道の路次、津津関関等の事、其の煩

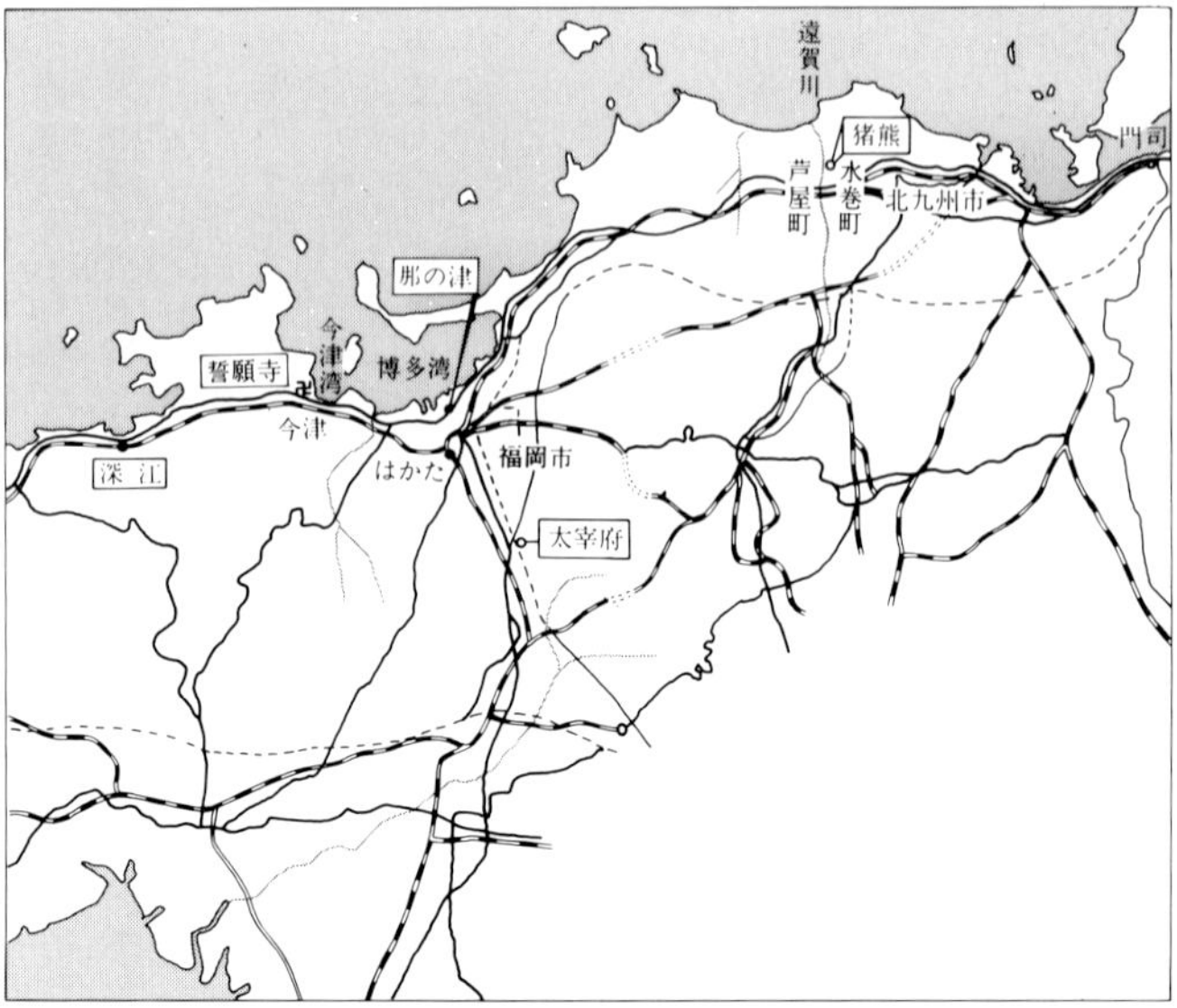

博多の周辺図

無く、勘過有るべきは院宣に依る。執達件の如し。」(原漢文)

この渡海牒の末尾には、貞応二年二月二十一日の日付と、左兵衛佐・武蔵守・相模守の署名と判があったらしい。

ところが、残念なことにこれは正徳四年(一七一四)三月九日の火災で焼けてしまって、これを記録した面山和尚も、その実物を確認していない。だから、疑いだせばきりがないとも言える。

道元禅師、ないしはその随行者たちが直接書き残したような資料が一切ないとすれば、私どもは、当時の最も常識的な渡宋コースを探る以外には方法がない。

遣唐使時代以降、大宰府の渉外機関である鴻臚館《こうろかん》が、現在の福岡市福岡部に置かれた。那珂川の左岸に相当する部分である。大陸との貿易業者や、大陸を往来する留学僧たちは、この鴻臚館に投宿して船待ちをした。ところが、十一世紀頃になると、不入権、つまり大宰府官吏の立入り禁止の特権を持った荘園の力が強くなる。宋の商船等は、官許の鴻臚館貿易よりも、荘園領主や荘官達との自由な貿易を好むようになり、半ば公然と密貿易が行なわれるようになる。その根拠地となったのは那珂川の右岸にあった博多港である。

かくして、同じ博多湾でも、鴻臚館側の官許の貿易港は閑古鳥が鳴き、密貿易港たるその対岸の博多港は大いに繁栄するようになる。毎三年一航という当時の宋商船に対する制限規定も、あってなきが如くで、博多港を中心として密貿易全盛の様相を呈していた。

このほか九州の密貿易港として近衛家の島津荘の坊津、仁和寺領今津、松浦党の根拠地平戸等が知られている(森克已著『日宋文化交流の諸問題』)。

こういう時代であったから、道元禅師も、つてを頼ることによって密貿易船を利用して渡宋されたと考えなければなるまい。そういうわけで面山和尚の時代においては、当時の渡宋地点として博多港を考えるのが、最も標準的・常識的なものとされていたのではあるまいか。

さらにまた、博多の郷土史家三宅酒壺洞氏は、道元禅師の博多滞留にまつわる口承伝説の一、二を紹介している(もっとも、後の第十二章で考察するように、これは佐藤道玄なる人物の伝説と混同している可能性がなきにしもあらずだが)。九州の密貿易港として最も盛況を極めた博多港は、京洛の地にも一番近いこと等を勘案すれば、道元禅師の入宋解纜の地として相当に確度の高いものと思ってさしつかえないような気がする。

もっとも、博多の津をいったい現在の何処に求めるかという問題、これが実は簡単なことではない。一般には、博多港の古称を「那の津」とか「儺大津」とか呼んでいる。この地方を昔は「儺《な》」と称していたからである。しかし、厳密には「博多の津」と「那の津」とはどうも別物であったらしく、前述のごとく「那の津」は官許の福岡部の港を指していたのではないかと想像される。

両者の位置を想定してみると、まず「那の津」は、『万葉集』の「荒津の浜」から推定して現在の福岡市荒戸つまり西公園付近がそうではないかという(藤岡謙二郎編『地形図に歴史を読む』第五集)。鴻臚館は、今の福岡城趾にあったとされているところからすれば、おそらくそれは正しい説なのであろう。もちろん、これはすでに述べたけれど、当時の渡宋事情からすれば、道元禅師がここから船出されたとはまず考えられない。

では、解纜《かいらん》の港と考えられる「博多の津」は何処にあったか。それは、那珂川を狭んで「那の津」の対岸にあったとされているので、現在の博多港（かなり埋めたてられていて、古代とはまったく地相を異にしているが）のあたりか、さらにそれより奥まったところと考えたら一番妥当な線が出るようだ。

そこで私は、とりあえず西公園の展望台に立ってみた。眼下に工業立国日本を象徴する大コンビナート群が横たわっている。博多港も右手に眺められる。もちろん、それは埋めたて地にできた近代の港であって、古代の港の面影はさらさらにない。

道元禅師入宋の際の解纜地点は、今も葦の風にそよぐひなびたところであってほしい。そこに立つだけで不退転の求道の決意が惻惻として胸に伝わってくるようなところであってくれたなら、私ども法孫の感激にはひとしおなものがあるはずである。

だが如何せん、眼前には巨大な石油タンクが林立している。味気ないことおびただしい。私は、西の方遥かに広がる博多湾の水平線に眼を転じながら、道元禅師入宋の際の船出の地を、何とか博多の津以外のところに求めたくなるのも、あるいはこれは人情かも知れぬと思った。

なお、博多に明光寺《みょうこうじ》（福岡市博多区吉塚三丁目）という曹洞宗の名刹がある。この寺は、明治の末期までは、博多港に近い蓮池町にあった。その因縁を尊んで、明治三十五年、僧堂を改修した際、道元禅師のご木像を安置し、それを「解纜殿」と名づけた。現在も、僧堂の入口には「宗祖解纜道場」と書かれた木額が掲げられている。

道元という名の集落

博多から筑肥線で小一時間、深江（現在の町名は二丈町）という海辺の町に、「道元」という名の戸数十数戸の小さな集落がある。山一つ隔てたその隣りの集落「一貴山《いきさん》」には、昔から「久我《こが》」の姓を名乗る一族が住み、菩提寺（曹洞宗聖種寺）の位牌堂には、久我竜胆《りんどう》の改造紋が用いられた位牌が収めてある――そんな話を耳にして、昭和五十年の夏の一日、博多明光寺の水島剣城老師の案内でそこを訪れてみた。

この地については、かつて安川浄生氏が、『道元禅師入宋帰朝地点の研究』なる一著をものにして世に紹介されたことがある。ある時、水島老師から示唆を受けた安川氏は、道元禅師が深江港から船出をされたのではないかという仮説をたてる。そして、丹念に足で歩きながら、九州地方の久我の姓を調べ、久我竜胆の改造紋を調査して、その仮説を裏づける努力をする。仲々にうがった説が展開されている研究で、「道元」という名の集落については、道元禅師をはるばる九州まで見送って来た久我の一族が、道元禅師のご帰朝を待つべく住みついたところではないかなどという面白い見解を導き出している。

私は、聖種寺の方丈さんの案内で、まず深江の海岸に立った。

「かつて朝鮮戦争があった時にゃ、この浜辺に立っとりますと、大砲の音が腹に響くように聞こえたもんです。」

方丈さんの話である。海は凪いでいた。海岸とは言っても高台のここまでは波の音も聞こえて来ない。静かである。遥かな前方には、大陸がくっきりと長い影を横たえている。

この浜辺は、古くは怡土《いと》の浜と呼ばれた。神功皇后が三韓から凱旋の時、御船を寄せられたという伝説の残る地である。

道元集落の遠景

「道元」という名の集落は、その海岸線から二キロ近くも奥まった山の麓にある。山裾と海岸線の間に広々と広がる田野は、古い時代には深い入江であったという。おそらく道元の集落も、昔はもっと海に隣接した地であったのだろう。

しかし、「深江」という地名は、入江のふところの深さをいうのであって、水の深さから名付けられた地名ではないというのがちょっと気にかかる。遠浅のこの深い入江は、江戸時代初期には干拓事業がなされているのである。そういう点からすれば、この地は、決して大型船の出入りする港の適地ではない。神功皇后伝説はともかくとして、とかく我田引水の傾向が窺える郷土史家を含めて、歴史家は誰も、日宋貿易の拠点としての深江港を認めていないということがそれを証明する。歴史の常識に逆らって、この地を道元禅師解纜の地と決めることはむずかしい。よほど強力な資料がいるのである。

「道元」という地名と「久我竜胆」が結びつけば、蓋然性は強いように思えるものの、「道元」という地名は、もともと「堂元」と書いたものらしく、それが「道元」と書かれるようになったのは、江戸期も比較的末のことらしい（『二丈町誌』）となると疑問符もついてくる。

「久我」姓については、もと久我氏の荘園でもあったのではなかろうかと考えて種々調べてみたが、町誌を始めとする郷土史には、そのようなことは一切触れていない。九州の各地に散在する「空閑《こが》」姓が、いつの頃からか転用されるようになったのではないかと私は想像する。

多少の疑問は残るが、道元禅師渡宋の解纜地として「深江」を考えるのはいささか牽強付会というべきではなかろうか――道元という名の集落を歩き、海辺の町を彷徨しながら想像をほしいままにした挙句の私の結論である。

今津の誓願寺

真言宗御室派の寺、誓願寺は、かつて栄西禅師が安元元年（一一七五）秋から治承二年（一一七八）秋まで、宋の大蔵経が商船で送られてくるのを船待ちされたと伝えられる寺である。この間に書写されたのが、国宝に指定されて著名な『誓願寺盂蘭盆経一品経縁起』である。

栄西禅師は、道元禅師がはたして相見されたことがあるかどうかといったことは別にしても、入宋の同行者明全和尚の師である。してみれば、せっかく北九州の地を訪れたからには師を慕うて、入宋の途次船待ちの間に必ずやこの寺を訪ねられたに違いない――前述の『道元禅師入宋帰朝地点の研究』を著した安川氏の意見である。

栄西禅師ゆかりの寺は、北九州の地に相当ある。例えば、建久二年（一一九一）、再度の入宋を果たして帰国した栄西禅師は、まず建久報恩寺（福岡市香椎）を建て、新しい禅宗の第一声をあげたといわれる。その後、筑前の妙徳寺、東林寺、千光寺、筑後の千光寺を開いた。さらに建久五年（一一九四）『興禅護国論』を著した後、再び九州に下って博多の聖福寺を建立した。

思うに、師とか先人とかの遺蹟を懐旧の情をもって訪ね歩くというのは、どちらかというと老年にふさわしい行為である。もちろん、崇拝する師に憧憬の念を抱いてそれを訪ねるということは一つのロマンであり、青年が

栄西禅師ゆかりの寺、博多聖福寺仏殿

そうした心情に動かされるということも大いにあり得ることではある。しかし、少なくとも道元禅師の場合には、それはおよそ考えられぬことであった。

「顕密二教共に談ず、本来本法性、天然自性身と。若《も》しかくの如くならば、則ち三世の諸仏、甚《なに》に依りてか更に発心して菩提を求むるや。」(『建撕記』原漢文)

という大きな問題を抱えて、それが解決のためにはるばる渡宋しようとしている求道の志気盛んな青年道元禅師が、北九州の地に散在する栄西禅師縁故の寺々に思いを馳せられたかどうか。答は「否」である。

『正法眼蔵随聞記』の中には、入宋に際して、明全和尚の本師である叡山の明融阿闍梨《あじゃり》が、「重病に沈み、すでに死なん」としていたときの話が記されている。死が目前に迫っているから、死去の後本意を遂げよという本師の切なる願いをどうすべきか、それについて、明全和尚から相談を受けた道元禅師は、「仏法の悟り、今はさて有りなんとおぼしめさるる義ならば、御とどまりあるべし」と、ずいぶん厳しいことばを吐かれたというのである。そういう雰囲気の中で決断された入宋のことであってみれば、悠長に栄西禅師ゆかりの寺々を偲んでいるゆとりはとてもないと私はみる。

誓願寺毘沙門堂越しに樹間はるかに博多湾を望む

もっとも、今津は当時栄えた密貿易港である。日本を目ざした宋の商船は、まず博多湾西の入江の今津に寄港したという。貝原益軒の編した『筑前国続風土記』（宝永七年・一七一〇完成）には、「此津は異国の商船来りあつまる所」と注していることからもそれは想像できる。栄西禅師が、今津誓願寺に止宿して大蔵経の到来を待ったというのも、当時の宋からの商船のルートを熟知しておられたからに違いない。

そういう点を考えると、道元禅師がご帰朝の際、博多に帰着されたと記載する『永平開山道元和尚行録』の説などがふと思われて、あるいは今津はご帰朝の地の可能性がなにがしかでも残されるかもしれぬと考えてみた。

そういえば、前記『筑前国続風土記』には、誓願寺の縁起を次のように記している。

「むかしは此寺の子院四十二坊ありしが、中比漸く廃れて、廿四坊になり、慶長年中迄も、猶十二坊ありしが、今はそれさへ絶へて、只竜性院・大泉坊といふ二坊残れり。其余の諸坊は皆、民の住家と成て、むなしくむかしの名をのみ留めぬ。（中略）鎮守は白山権現にして、二間に三間の社也。此社甚矮小なりしに、先公、忠之、国中に白山権現の社を建立有べきと議せられけるに、此寺に、白山の社ありし故、是を再興ありてかくのごとく作らせらる。」

面白いのは、白山権現《はくさんごんげん》を祭っているという事実である。当時の白山信仰の実態に暗い私は、軽率なことは言えぬけれど、何時の頃からか曹洞宗の出家は白山妙理大権現を修行生活の守護神として護持するようになって来ていることと照らし合わせてみると、誓願寺と道元禅師との間に秘められた因縁の浅からぬものを感じてしまう。少なくとも江戸時代には曹洞宗と誓願寺との間に何らかの交渉があったのではないのか。もしそうだとすれば、それが道元禅師ご帰朝のころのことにまで溯り得るのではないのか。

しかし、それもこれも、所詮は私の思いつきの域を出ぬことである。あまりにうがったことを考え過ぎぬ方がいいかも知れぬ。

往時は、四十二院を誇ったという誓願寺の後身、今津大泉坊は、博多湾を見下ろす毘沙門山の中腹にある。大刹のイメージはとっくに失われてしまってさびれきった寺である。もちろん、往時を語る資料とて見るべきものはほとんど残されてはいない。

私は、毘沙門堂に詣で、書院で一服の茶を頂戴した後、細く長い石段をゆっくりと下った。ふと、足もとを見ると夏草の蔭にはベコニアが可愛らしい赤い花をつけて無数に咲いていた。前方の樹間には、きらきらと博多湾が輝き、九州の夏は愈々白さを加えて行くようであった。

坊の津

九州の最南端、坊の津は伝説に生きる古い港町である。この町の歴史民俗資料館長、佐藤順二氏は古文書の残っていない町の歴史を調べて行くことのもどかしさを静かに語られる。

唐僧鑑真和上が辿りついたのもこの地であるし、栄西禅師が二度目に渡宋したのは坊の津からであるという伝

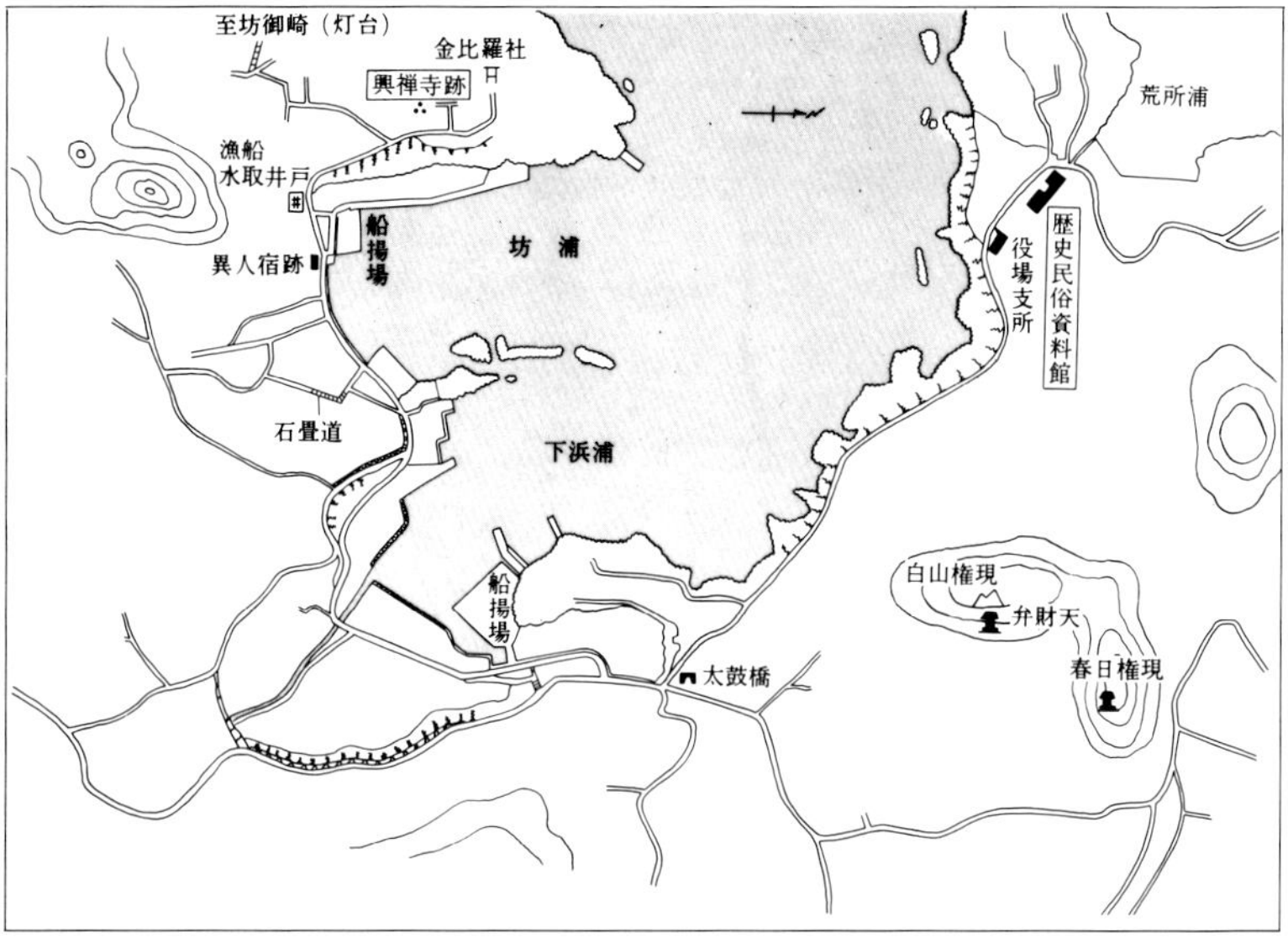

坊の津町坊地区図

説も残る。さらに、天保十四年（一八四三）に出版された『三国名勝図絵』には、かつていつの頃からか唐人の寄進を受け、安土桃山時代に一度臨済宗に改宗され、その後曹洞宗に転じたという興禅寺について、次のような記述がある。

「栄松山興禅寺址（地頭館より南方五町許《ばかり》。）坊津村にあり、田布施常珠寺の末にして、曹洞宗なりしが、今廃す。開山を狐山広照禅師といふ（何時代の人なるや詳らかならず）。当寺の由緒記を按ずるに、皇国に曹洞禅宗を伝へし始祖、道元禅師、求法の為に入唐の時、坊津に来り、当寺に館して、爰より開帆す。時に道元禅師、京都建仁寺の明全和尚と共に同行入唐の志にて当寺に滞留し、便船を待つ。明全和尚たまたま病に罹り、当寺に於て遷化す。於レ是道元禅師独り当寺より発し、商船に乗りて宋地に至る。因て明全和尚は当寺に葬り、今に其石塔なりとて、当寺境内の樹下にあり、香花を供す。其位牌も当寺に安置す。云々」（巻六）

ところが、明全和尚が入宋し、彼地で示寂したということは、中国側の資料である『千光祠堂記』が証明して

坊津湾

いる。さらに、永平寺所蔵の『明全和尚戒牒』の末尾余白には、道元禅師の自筆で明全和尚遷化のいきさつが記されている。だから、入宋前に明全和尚が入滅されてしまったのでは史実とつじつまが合わなくなる。『三国名勝図絵』もそのことに触れて、石塔等は後年になって明全和尚滞留の縁で建てられたのではないかと推測する。

坊の津は、太陽の光の美しい港町である。松の緑がこれほどに濃く鮮やかで、しかもこれほどに深い色を湛えているのを未だ見たことがない。大きな溜め池を思わせるような小さな港は、三方を山に囲まれて静けさそのものの中にある。しかも、三十尋《ひろ》以上あるという深い水底が夏の光をどこまでも透き通らせる。狭い湾口からは、はてしなく広がる太平洋の荒波が遥かに見渡せて、大陸への思いをかきたてる。

佐藤氏に案内をお願いして、まず興禅寺跡を訪ねた。平地というものがまったくない坊の津の狭い街並を抜けて、昔ながらの鰹節工場の陰気臭い庇《ひさし》の下を通り、そこから急な石段を曲りくねって登る。坊の津は、坂の町である。

興禅寺跡には、傾斜地に貼りつくようにして民家が密集する。今様のカラフルな造作ばかりである。少なくとも古寺跡の雰囲気ではない。もっとも界隈にあるたくさんの墓地が、わずかに古寺の面影を偲ばせてはいる。加えて説明を受けてみると、なるほど寺の礎石らしきものも住宅の敷地のあちこちに散見される。

安川氏は、例の『道元禅師入宋帰朝地点の研究』の中で、この寺の想像復元図を書いている。ところが古代の寺院は、方角ということにずいぶんとうるさかったはずで、大抵は南面して建築されたものなのに、氏の復元図はそういう点に対してほとんど考慮が払われていない。禅宗寺院の機能的な伽藍配置にも気が配られていないみたいで、実際にその地を訪れてみると、この図はあまりあてにならないものだという気がした。同じ礎石の跡を辿って、私なら南面した伽藍配置を想定できるし、その方が斜面全体が南面している地形からして自然のように思えた。

ところで私は、実をいうと安川氏の著書に導かれ、それを唯一のたよりとして九州の祖蹟めぐりに旅立った。しかし、結果的には、氏の所説を私自身の眼でチェックしつつ、その仮説に一々異を唱えて歩いたような按配になってしまった。これは、観点を変えて考えれば、氏の仮説が非凡な発想に基づくものであり、それに対して私の思考はいつも常識の範囲をうろうろしていて、一向にその枠を越えることができないという証明にもなり得ることなのである。そういう点で、私自身に対するいささかの嫌悪を抱きながらも、もう少し氏の仮説に対する批判を続けてみたい。

氏は、同書の中で、坊の津は解纜の地ではなくて、宋からの帰着の地ではなかったかという説を展開する。つまり、

「道元が宋から船で直接川尻に着いたというのではなく、まず坊の律に着いて、当時の薩摩の事情で山路は越えられず、時間的にも船の方が短縮できるので、再び内船で坊の津から川尻に上陸した。」(同書)

というのである。その大きな理由として、ご帰朝のおりに、暴風雨に会われたらしいから、潮に流されて黒潮に乗り、屋久島を経て坊の岬に着くのが自然な船のコースではなかったかと推定する。

だが、はたしてそうであろうか。船中暴風雨に会われたということは、諸伝ともにそれを記述するので、どうやら事実と考えて間違いない。しかし、それが往路のことであったのか、帰路のことであったのかとなると、いずれも途端に記述があいまいとなっている。

よしんばそれが帰路のことであったと仮定する。ならば、どのあたりで暴風雨に会われたかとなると、とんと見当がつかぬ。自分の論の都合がよいように勝手に推定する以外に法はないのである。安川氏は、坊の岬にうまく流れ着くように推論しているわけだが、その逆だって考えられる。

佐藤順二氏の話によれば、坊の津を目ざして外洋を航海して来た船が、坊の津の港を目前にしながらも、嵐などのため狭い坊の津の湾口にうまく入ることができず、九州の西岸を北上することを余儀なくされた場合は相当に多かったはずだという。

まず、坊の津に残る伝承を素直に信じておくべきではないかと私は思う。明全和尚がこの地で遷化したというのは、たしかにひっかかることであるが、そのこともかえって情報から孤立した辺境の地に伝わる話の古さを証明するものであるかもしれない。同行の僧がまた他に居て、その僧がこの地で遷化したことも考えられないことではない。

今となっては、何一つはっきりしたことは判らないけれど、私の推定では、博多の津を出発された道元禅師の一行を乗せた船は、九州の沿岸ぞいに南下し、一旦坊の津に寄港し、順風を待った後、一路宋の地を目ざして船出されたのではあるまいか。当時の密貿易船でそういうコースを辿るのは、意外に多かったらしいのである。それは、『武備志』(二百四十巻。明、茅元儀撰)に、

「日本三津有り、皆商船の聚《あつま》る所、通海の口なり。西海道に坊津有り、薩州に所属す。唯坊津は総路たり。」

(原漢文)

とあるのでもわかる。「総路」とは、すべての貿易船がそこから船出し、そこへ帰るという意味ではないか。も

ちろん、これは明代のことではある。けれども、遣唐船廃止以来の密貿易ルートは、宋代もそんなに変化はあるまいと貿易史の専門家たちはみている。

坊の津を日宋貿易の「総路」と解すれば、暴風雨のため川尻の津に帰港されたという『建撕記』の記述も、素直に肯われる。つまり、宋土を出帆し、日本の総路たる坊の津を目的地として航海していた道元禅師を乗せた船は、途中で暴風雨に遭遇し、極端に狭い坊の津の湾口に入り損い、遂にそのまま北上することを余儀なくされてしまったのである。そして、当時、宋土にもその存在が知られていた宇土の港へ避難寄港しようとしたわけであろう。ところが、風波中々に収まらず、ために梶取りも思うに任せず、結局、近くの河港たる川尻の津に上陸するはめになってしまったのではあるまいか。

ともあれ私は今、明全和尚のそれと伝える墓石の前に佇んでいる。この墓は、東京に在住する長浜某氏の所有するところだと言い、立派な長浜家の墓石の向かって右裏手のようなところに立っている。背丈を越すほどのサボテンと肩を並べるようなひときわ大きな五輪の塔である。墓域を囲んだセメント造りの塀越しには、湖のように静かな坊の津湾が望める。

私たちの訪問を知って、やがて近所の人たちも集まって来る。そして、佐藤氏たちとしきりに何かを語り始めるのだが、いわゆる鹿児島弁であって、私にはさっぱり意味不明であった。何処やら異国の地へ、はるばると渡って来たような思いにすらかられた。

五輪の塔は、宝暦年間の作という無縫塔である。太平洋戦争たけなわの頃その家に障害者が生まれたらしい。その原因について近所の人たちが墓地を菜園にし、いわゆる明全和尚の墓の周辺を不浄にしていたせいではないかと考えたらしい。長浜某氏は、恐れ多いことに思って、ねんごろに改葬したと近所の人は語った。昭和十九年のことである。「わが家の墓に水や花を供えないことがあっても、この五輪の塔は偉いお坊さんを祀ってあるのだから、水と花をいつも絶やさぬようにしてほしい」と、長浜某氏は墓もりに言いつけたそうだ。

明全和尚の骨二片を葬るという五輪塔

改葬以前の明全和尚の墓は、この地方で土石と呼んでいる泥溶岩でできていた。もちろんその位置も、現在地よりずっと左側の山手にあったらしい。安川氏が記しているところによれば、改葬のため墓地を掘り起こした際に、小さな石棺が出土し、内部からお骨二片と木片が出てきたという。いうまでもなく、それらはそっくり現在の五輪の無縫塔の地下に収められた。

坊の津は、九州の最果ての地である。人情もすこぶる厚い。墓の祟りなどということがまことしやかに語られ、それが一向に奇とも思われぬような、日本の古い時代の人情を温存しているのである。そんな町の人たちの中に、明全和尚と道元禅師のことがひそやかに語り継がれていることが私にはうれしいことであった。

佐藤氏の好意で、麓から持参した真紅のハイビスカスの花を私は五輪塔に供えた。そして、大悲呪一巻を諷誦した。明治の廃仏棄釈によって当地の仏寺は徹底的に破壊された。資料も焼き尽くされてしまった。だから、かつて掘り起こされた泥溶岩の墓石が、はたして道元禅師の時代まで溯り得るものなのかどうか、あるいは真実明全和尚の墓であったのかどうか、そうしたことを確かめるすべは失われてしまった。その真偽を探る手だては、今となってはまずないと考えた方がよい。

だが、私は五輪の無縫塔の前に、明全和尚の墓として素直な気持で額づくことができた。往時の宋へ渡ることの険しい道程に対する畏怖の念が、私の懐疑をすっかりうち払ってしまったせいかもしれない。

ふと気がつくと、大きなサボテンの蔭にはブーゲンビリアの小さな花が無数に咲いていた。南国の強い陽ざしに照らされながら、白い花はあくまでも静かに爽涼さを保っていた。

その後、昭和五十四年三月になって、駒沢大学調査団により、通称明全禅師墓跡と同合祀墓の確認調査が行われた。五輪の合祀塔の下からは時代のごく新しい薩摩焼の骨壺と、骨片が現れた。しかし、骨はどう鑑定しても七百年前の古いものとは考えられなかったということである。

西公園（にしこうえん）――福岡市中央区荒戸

道元（どうげん）――福岡県糸島郡二条町道元（注）近くの上深江には、曹洞宗聖福寺がある。

誓願寺（せいがんじ）――福岡市西区今津八五一

興禅寺跡（こうぜんじあと）――鹿児島県川辺郡坊津町坊五五九七

第十章　天童山・阿育王山・天台山など——中国の祖蹟

慶元府の港

道元禅師が「発心求法《ほっしんぐほう》よりこのかた、わが朝の遍方に知識をとぶら」（『辨道話』）われた後、その師明全《みょうぜん》和尚等とともに二十四歳にして入宋を果たされたのは、大宋嘉定十六年（一二二三）四月のことであった。

もっとも、道元禅師は、自らの人生の歩みを日時を追うて書きとめるというようなことを特にされているわけではないから、著述のあちこちに断片的に記述されている事柄からそのご生涯を類推する以外に方法はない。だからして入宋の年月にしても、

「嘉定十六年癸未四月のなかに、はじめて大宋に諸山諸寺をみるに、云々」（『正法眼蔵』洗面）

とあるのをもとにして四月中旬という説をとる人もあれば、同じ洗面の巻でも別本には、

「嘉定十六年癸未四月のはじめ、これを見るに云々」（圏点著者）

とあるのを理由として四月初旬説を展開する人もある。私も、おそらくは四月初旬のことではないだろうかなどと想像しているのだが細かい史実になると、実ははっきりしない点が多い。

いずれにしても、明州は慶元府の港に到着された。慶元府は元代には慶元路と名を改め、明代になると、明州府、さらには寧波《にんぽう》府と改名する。つまりは、現在の寧波市の古名である。

寧波は河港である。山脈が海岸と平行して走り、島嶼《しょ》や港湾の多い岩岸を形づくっているのが杭州湾以南の地

寧波港

形の特徴であるが、舟山群島に囲まれた杭州湾口の鎮海から天然の運河の如き甬江を遡ることおよそ二十キロの地点にある寧波は、帆船時代にはとりわけて勝れた良港であった。古く唐代にはすでに国外との商務をつかさどる市舶使なる機構ができていたというのだから、海外貿易の拠点として栄えた港の歴史は古い。

「嘉定十六年癸未五月の中、慶元の舶裏に在りて、倭使頭と説話せし次いで、一老僧の来るあり。」（原漢文『典座教訓』）

風波の静かな慶元府の港には纜《ともづな》を繋《つな》いで長逗留する船が多かったに違いない。道元禅師の船も入港後、再びいつ出港して帰国の途につくのか別段のあてもなかった。風任せの当時の航海術からすれば、待つことによってのみ海路の日和があったのである。禅師はそれを幸いに、しばらく舶裏に留まり、そこを拠点にして諸山諸寺を訪ねるような生活をされていたのかもしれない。あるいは上陸の諸手続きに手間どられたのか、あるいは中国語の会話を十分に使いこなせるように意図的に舶裏の滞在を長びかせておられたのか、その間のいきさつは今となっては一向にわからない。

阿育王山の老典座《てんぞ》が倭椹《わじん》を討《たず》ね買いに船中にやって来て、道元禅師と劇的な会話を交わしたのはこの頃の話である。もっともこの「倭椹」がいったい何を意味するかについては異説がある。ある人は椎茸《しいたけ》と言い、ある人は桑《くわ》の実という。このごろ、畏友東隆真君などは、中華料理店の権威から聞いた話をもとにして倭椹は、日本産の桑の木の皮ないしは桑の木に発生する木耳《きくらげ》だという説を主張している。中華料理のだしを取ったりスープに用いたりするらしい。面白い説である。もっとも彼の地の通訳氏に言わせると、杭州は桑の産地だから、どうしてそういうものを日本から輸入しなければならないのか疑問だ、ということになるのだが。かの中華料理店権威の説によると、日本の桑の木の皮は、特別上等だったという。

ともあれ、『典座教訓《てんぞきょうくん》』によれば、かの老典座から、経典祖録に親しんで古人の話頭を看るだけが辧道ではないときびしくたしなめられて、道元禅師は忽然として「発憤驚心《ほつぜんきょうしん》」されるのである。その際のいきいきとした対話の場面を想像する時、禅師の中国語の会話力も半月ばかりの間に相当熟達されたのではないかと窺われる。

私は、不思議な法縁を得て昭和五十一年初夏、第一回日中友好仏教代表訪中団の一員に加えられて初めて中国の大地を踏んだ。会話の方はからっきし駄目で、通訳氏のお世話になりっ放しであったが、彼の地で強烈な印象を受けたことは何かというと、奇しくも道元禅師が阿育王山の老典座から、

「外国の好人、未だ辧道を了得せず、未だ文字を知らず。」(『典座教訓』)

と一大痛棒を喫しられたと同じような性質のものであった。日頃、「行学一如」とか「修証一如」とかいうことをしきりに標榜する私どもであるけれど、正直なところは原則としての学解が先行して行実がなおざりにされがちなのが現代日本仏教の弊風である。二週間の中国滞在中、北京、大寨、太原、西安、延安、南京、上海などの各地を参観し、中国の友人たちとたどたどしい会話を重ねていくうちに、そのことがいやおうもなく身心につまされてくる思いであった。「一日作《な》さざれば一日食らわず」という百丈禅師の遺訓がさながら生きている感を抱かせる社会主義中国のストイックな国づくりの姿を目のあたりにして、「日夜お前が求めているはずの仏法とはいったい何だ」という厳しい問いかけが日に日に重く私の心にのしかかって来るようであった。それはある意味では、慶元の舶裏における道元禅師の「発憤驚心」に共通するものであった。

昭和五十五年（一九八〇）二度目の訪中のおり、私たちは慶元府の港を探索して寧波港を尋ねた。寧波港は古い港である。唐代以来ずっと今の地が寧波の港であったと国際旅行社の案内人はいう。港史をひもとこうにも資料は何一つないのだから、彼らのいうことを信じる以外に法《て》はない。

夕暮の桟橋には一隻の客船が横づけされていた。二千トン級である。上海に向かう定期航路のようであった。人民服の中国人たちが列をなし、さんざめきつつ乗船をしていた。中国人の生活の臭いがむんむんと匂うようで不思議な活力のあふれた光景であった。

港の施設は旧態依然としたもので、その風景も雑然紛然としていた。小さな貨物船のかたわらには、帆柱を林立させて機帆船が無数に停泊していたり、材木を積んだ船が接岸していたりした。

国際貿易港としてのこの港の使命はすでに終わりつつあるらしい。一九七四年には、一万トン級の停泊できる鎮海港がつくられ、さらに一九八一年には、日本の技術協力によって十万トン級の深水港である北倫港が開港するという。段々に寧波の旧港は活力が失われていくのであろう。しかし、寧波の市街地のまさに中心ともいうべきところにあるこの古い港が、市民生活とすっかり関わりを無くしてしまうということは想像できない。港が近代化から取り残されることによって、かえって古都寧波にふさわしい不思議な魅力を漂わせた生活港としていつまでも生きつづけるに違いない。

〈補遺〉

平成九年（一九九七）十月、およそ二十年ぶりに訪中し、かつての寧波港を尋ねた。北倫港が開港し、旧港の使命は終わり、跡地の河畔一帯は、江夏公園として整備されている。港のおもかげはすっかりない。

その翌年（一九九八）十一月には、その江夏公園の中に『道元禅師入宋記念碑』が永平寺のはたらきかけで建立された。石碑の幅は三・九メートル、高さ二・五メートル。巨大なモニュメントである。碑の題字は、中国仏教協会会長超樸初先生。裏面には、発願者である宮崎奕保永平寺貫首の撰文で、道元禅師の入宋修学の因縁が刻されている。

阿育王山

天童山も阿育王山も、解放後の中国が敷いたある種の鎖国政策の中で、長い間私たちから消息を断っていた。昭和四十年代の後半に入って、日本人の間に海外旅行熱が高まるにつれ、道元禅師の法孫たちの中国の祖蹟に対する関心はいやました。だが、その実情をさぐる手だてはほとんどないに等しい状態であった。私が最初に訪中したのもそういう時期であった。

ところが昭和五十一年秋、いわゆる四人組の追放と共に中国の国内事情は一変した。文物保護の政策が見直され、宗教政策も信仰の自由をかなり大幅に認める方向に軌道修正されたらしい。中国仏教協会代表趙樸初先生などの尽力もあって重要寺院は国費を投じて修復し保護する政策が積極的に進められるようになった。天童山や阿育王山の消息がそういう中国の雪溶けの文化政策の中から少しずつ私たちの耳目に流れてくるようになった。そして私自身がそうした祖蹟を親しく巡る機会は意外に早く訪れた。

「曹洞宗関係者天童山友好訪中団」が初めて組織され中国側から招請を受けたという話を聞いて、私はとにもかくにもその一員に加えてもらった。昭和五十五年一月十九日、我々を乗せた中国民航機は成田を発って北京に向かった。私にとっては二度目の訪中である。だが念願の祖蹟巡拝ができるという今回の訪中は、飛行機が飛び発った時から、処女地を尋ねるような新鮮な感動を私に呼び起こさせていた。

阿育王山を私たちが訪ねたのは一月二十四日、天童山を拝登しての帰途であった。当初、阿育王山は未解放だとニべもない返事をくり返していた中国国際旅行社の人たちが天童山の帰途にわかに阿育王山も案内しましょうと申し出てくれた時は一同欣喜雀躍《きんきじゃくやく》の態であった。もっとも写真は絶対に駄目というのが条件であった。

阿育王山は天童寺の北十キロ、天童十景の一たる万松関の近くにある。日本人の感覚で北十キロというと天童寺のさらに山奥の印象を受けるが、そうではなく十キロ海に寄った側である。バスに乗ったり、歩いたりしていると、周辺には海が見えないからずいぶん山奥の寺のような印象を受けるのだけれど、地図の上で確かめてみると、存外海に近い。

阿育王寺の通用門には、中国人民解放軍の歩哨が立っていた。どうやら伽藍《がらん》は兵舎として利用されているらしい。してみれば、我々の案内は例外中の例外ということになるのであろう。面白いと思ったのは解放軍の制服が紺色であったことである。これは明らかに海軍だ、と一行中のわけ知りがつぶやく。やっぱり阿育王寺は海に近い寺なのである。

阿育王寺の下塔

天童寺と並行してこの寺もぽつぽつ伽藍の修理が始められているようであった。しかし、その荒廃ぶりには眼を覆うものがあった。天王殿の正面入口は土壁で厚く固められ、中からは自動織機の音がゴトゴトと響いていた。修復工事の開始とともに他に工場を新築して移転すべく、その準備をしているのだということであったが、文化大革命の文物破壊のすさまじさを目のあたりにした思いであった。同行のSさんは、「こりゃまさに文革の破仏だね」とつぶやく。

私たちは西廊を登り、大雄宝殿、舎利殿、法堂《はっとう》を参観

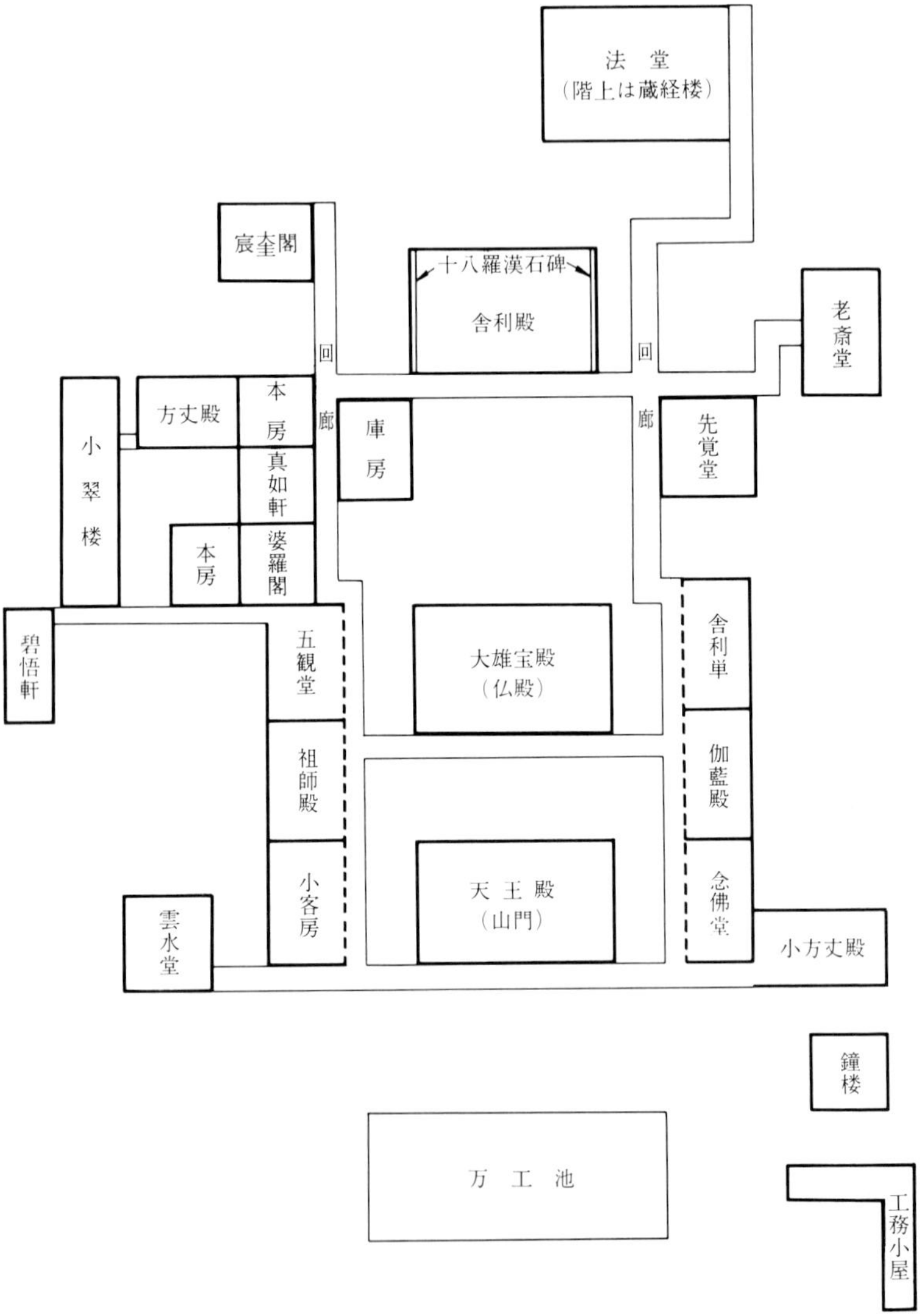
法　堂
（階上は蔵経楼）
宸奎閣
十八羅漢石碑
舎利殿
回
廊
回
廊
老斎堂
方丈殿
本
房
小
翠
楼
真
如
軒
本
房
婆
羅
閣
庫
房
先
覚
堂
碧
悟
軒
五
観
堂
大雄宝殿
（仏殿）
舎
利
単
祖
師
殿
伽
藍
殿
小
客
房
天　王　殿
（山門）
念
佛
堂
雲
水
堂
小方丈殿
鐘
楼
万　工　池
工
務
小
屋

阿育王寺伽藍配置図

した。いずれの堂宇もひどい荒れざまであった。だがその中にあって法堂階上の蔵経楼《ぞうきょうろう》に雍正帝が献納したという見事な大蔵経《だいぞうきょう》がほぼ完璧に保存されていたのが強く印象に残った。日本の寺院にも経蔵はある。しかし、大抵それは寺院の中枢部を占めているとは言えない。何となくアクセサリーの感じがするのである。ところが中国の寺院では必ずといってよいほどに法堂の閣上が蔵経楼になっている。楼上からの見晴らしが見事で、伽藍の大半を一望に納めることができた。しかも、広くて明るい。蔵経楼は、あたかも寺院の眼睛のような趣きさえある。その中央に高く掲げられた額の「天龍拱護」の巨大な金文字を見上げながら、文字の国、中国の伝統はこういうところに生きているのかと私は深い感銘を受けたのであった。時間の制約を受けたあわただしい阿育王寺の参拝であった。私たちは、足早に列をなして回廊の石段を登り、黙々と心を鎖ざして階段を下った。かつて道元禅師が訪ねられた時、西の回廊にあったという三十三祖の変相図などというものは、七百年の歳月がすっかり飲み尽くして断片すらも今に残してはいなかった。むろん、それは予想していたことであった。

大雄宝殿のかたわらのひなたでは、二人の女が壁土に入れるのか、塑像の材にするのか、麻のような繊維を泥土の入った平たい木の箱の中に熱心に刻み込んでいた。花壇にはもう金盞花《きんせんか》が咲いていた。

杭州へ

解制を待って七月中旬とりあえず天童山に錫《しゃく》を留めた道元禅師は、翌年の夏《げ》安居の地を探索するために諸国行脚に出られた。「知識を両浙《りょうせつ》にとぶらひ、家風を五門にきく」(『辦道話』)行脚であった。それは「両浙」という語から推定すれば、おおむね江蘇省丹東県以東のいわゆる江東の地と、浙江省一帯であったらしい。

まず、慶元府から船路をとって現在の杭州に上陸することから行脚を始められたはずである。

杭州には、南宋禅院五山の内、天童寺、阿育王寺以外の三山がある。筆頭は、いうまでもなく径山《きんざん》興聖万寿禅寺。道元禅師は、浙翁如琰《せつおうじょえん》（無際了派の兄弟子）を訪ねて径山に至ったと『建撕記《けんぜいき》』は伝える。

杭州は西湖のほとりにある他の二山、すなわち北山景徳霊隠《りんにん》禅寺、南山浄慈報恩光孝禅寺については、道元禅師がはたして巡錫の跡を留められたかどうかよくわからない。諸伝も一切そのことについて触れていない。しかし、径山を尋ねられたことだけは確実なのだから、その往還いずれかの途次、この両山に立ち寄られたのではないかと私は想像する。その方が自然な考え方のような気がするからである。

もっとも、この両刹は、たとえその足跡を留められなかったとしても、道元禅師とはきわめて縁が深い。それは次の理由による。

後年、興聖寺と永平寺における道元禅師の語録が、詮慧《せんね》・懐奘《えじょう》・義演《ぎえん》等の各師によって十巻に編集されるのであるが、そのいわゆる『永平広録』を寒巌義尹《かんがんぎいん》和尚が携えて入宋する。道元禅師滅後十二年（一二六四）のことである。如浄《にょじょう》禅師の弟子で、道元禅師にとって法兄にあたる瑞巖寺《ずいがんじ》の無外義遠師に義尹和尚は、それを呈して内容の較正を需《もと》めた。義遠師は、広録の中からわずかに百千の十一を採って義尹和尚に与えた。これが『永平元禅師語録』いわゆる『略録』である。

この略録には、あと二つ序跋が寄せられている。霊隠寺の退耕徳寧、浄慈寺の虚堂智愚《きどうちぐ》の二師からである。義尹和尚は、どういう因縁からか、西湖のほとりのこの両刹に道元禅師の語録を持参したのである。

浄慈寺はまた、天童如浄禅師の先住地でもある。今も境内には如浄和尚塔があると伝えられる。

私が杭州を訪れたのは、昭和五十五年一月二十二日。厳重な防寒服に身を固めて北京を飛び発ったのであるが、二時間後、杭州の空港に降り立ってみると、すっかり春の気配に満たされているのに驚かされた。中国国際旅行社杭州分社の通訳陳成法さんたちが出迎えてくれていたが、コートなんか一切身にまとってはいない。

バスに乗る。いわゆる解放後に植樹したという楠やすずかけやもちの木、あるいはしゅろの木などの街路樹が見事に育っている。もちろん、すずかけなどの落葉樹はまだ芽吹きこそしていなかったが、道路端の広い田畑では緑の野菜がどんどん収穫されているようであった。一月の平均気温が十度、最低気温は零度、年間平均して気温は十六度という。温暖で肥沃な土地である。バスは、カリフラワーやかぶらや白菜やせりを満載した大八車《だいはちぐるま》を次々と追い越して行った。孟宗竹を山と積んで行く大八車もある。杭州は竹細工の産地でもあるらしい。

径山《きんざん》は、目下のところ観光客に解放されていないということであった。私たちは、西湖のほとり南山霊隠寺を参拝した。

霊隠寺は一時期南宋五山の第二位を占めた寺。またの名を雲林寺という。晋の咸和元年（三二六）の創建になるもので、十世紀には、九楼十八閣、七十三殿の伽藍を有し、僧徒は三千人に達したという。伽藍は兵火等によって十四次にわたって毀たれ、現在の建造物は、十九世紀に建造されたものである。もちろんそれも杭州解放時には相当に荒廃しており、一九五三年、一九七五年の両次にわたって大規模な修復工事が施された。

現在、天王殿、大雄宝殿等の数棟が保存されているだけであるが、その建築のスケールの大きさは驚くべきものであった。大雄宝殿は高さ三十三・六メートル、内部正面には金色の大釈尊像が安置されているが、その高さが十九・六メートル、思わず奈良の大仏殿を比較の対象にしたようなことであった。釈尊像背面の善財童子五十三参をパノラマ様に壁面に彫刻した観音海島もまた中国人好みの規模の大きさを誇っている。

今は、文化財として国家予算でこうした寺院建造物を修復しているのであるが、かつて寺院自体の力でこれを造り、これを護持していたとすれば、そういう経済的なエネルギーを仏教に引き寄せる魅力はいったい何であっ

霊隠寺大雄宝殿と八角層の石塔（969 年造立）

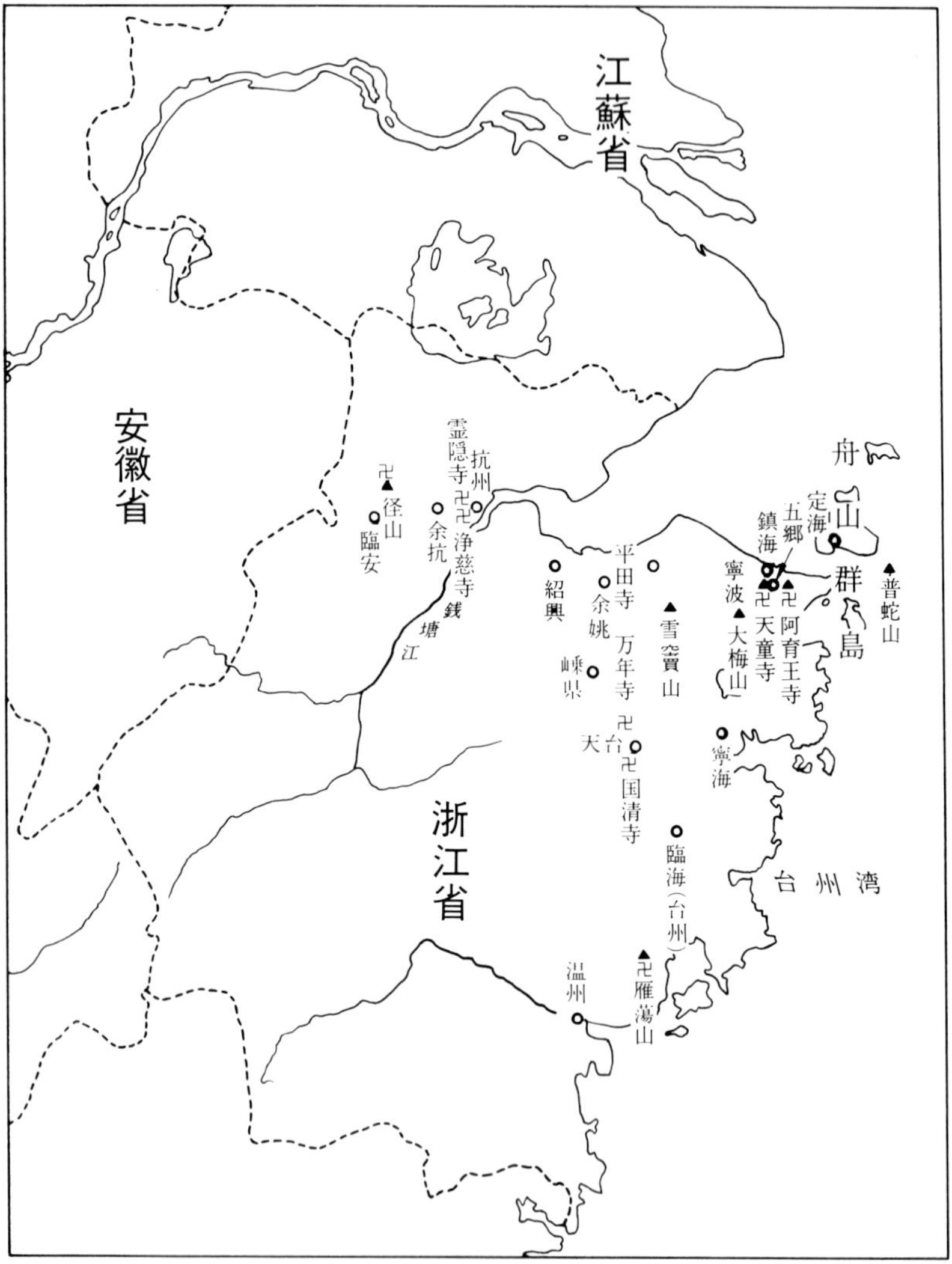

道元禅師関係の中国の祖蹟

たろうか。帰依者に単なる精神的安らぎを与えるというようなことだけでは、とうていこうしたエネルギーは引き出し得まい。神秘な信仰の力と権力に迎合する政治的なかけひきとがないまぜになったいわゆる宗教的には腐敗した要素が前面に出て初めてこういう大伽藍が創造でき、かつ維持できたのではないか。

道元禅師が入宋された当時、南宋の禅院はおしなべて繁栄を誇っていた。潔癖な禅師は、大刹の長老たちが、王侯貴族や高級官僚に迎合するがごとくに祈祷仏事に専念しているのが許し難いことのように思われた。

「梵刹の現成を願せんにも、人情をめぐらすことなかれ、仏法の行持を堅固にすべきなり。修練ありて堂閣なきは、古仏の道場なり。露地樹下の風、とほくきこゆるなり。この処在ながく結界となる。まさに一人の行持あれば、諸仏の道場につたはるべきなり。」(『正法眼蔵』行持)

こうした道元禅師の行持を重視する考え方は、とてつもなく壮大な南宋禅院の伽藍を遍歴し、それを護持するためにのみ腐心しているような感のある長老たちに接して行く間に、知らずしらずに醸成されていったものなのかも知れない。

日本の仏教は、今全盛である。各地に壮大な伽藍が続々と誕生している。だが、大伽藍を生み出すエネルギーの蔭に隠れて、宗教的な本質の腐敗は相当な早さで進行しているのではないか。数多の参観者が押し寄せながら、仏像の前で祈りを捧げようとする人はめったにいない「観光博物館霊隠寺」の中で、私は複雑な思いを反芻し続けたことであった。

西湖の北岸浄慈寺は、私たちには解放されなかった。天王殿であろうか、瑠璃色に輝く大屋根を西湖遊覧船の上から遥かに遠望できただけであった。

〈補遺〉

平成十年六月、私の寺（成興寺）の檀信徒二十名ばかりで中国祖蹟巡拝団を組織した。その時、二十年ぶりに杭州を尋ね、浄慈寺《じょうじじ》に参拝した。伽監は、みごとに整備され落ち着いた古刹のたたずまいをみせていた。

山門入るとすぐ右手に　鐘楼堂がある。これは、大本山永平寺が昭和六十一年秋に大梵鐘と共に寄進したもの。梵鐘は、鐘楼堂二階に掛けられている。中国古来の伝統様式で作られている。直径二・三メートル、高さ三・六四メートル、重さ十トン。常時音を出す梵鐘としては、鋳造当時、中国最大と言われた。鐘の内外面に、法華経六万八千字余が浮彫りにされ、趙樸初先生と永平寺の秦慧玉、丹羽廉芳両和尚の偈文も刻されている。

かつて浄慈寺の鐘は「南屏の晩鐘」（浄慈寺は南屏山と称する）として西湖十景の一つに上げられていた。今、永平寺から寄進されたそれは、若干の賽銭料を納めればいつでも誰でも自由に撞くことが出来る。

浄慈寺にはまた、境内西部の奥手高台の樹蔭に如浄塔が整備奉安されている。これも日本曹洞宗と縁の深い塔である。そのいわれは、明治初年に遡《さかのぼ》る。岐阜市龍泰寺四十五世滝田融智師が、如浄禅師に対する報恩の念を抱いて海を渡り各地に祖蹟を巡った。いずれも荒廃甚だしく、往時を偲んで涙した。帰国後、宗門に惨状を訴えたりしたが、明治十四年（一八八一）、自ら長崎より石工を伴い渡航。浄慈寺に如浄塔を建立したという。

融智師は、晩年は岐阜市竜雲寺に隠棲。その後、竜雲寺二十三世梅村海門師が、建立から五十年後の昭和六年（一九三一）に、融智師の偉業を称えるべく、浄慈寺の如浄塔を模して自坊の境内に如浄塔を建立した。

現在の浄慈寺の如浄塔は、竜雲寺の如浄塔写真を参考として昭和五十六年（一九八一）に復元されたものである。（梅村欣司「如浄塔に発願一路」『駒大三心会報』第十五号）

天台山

天台山国清寺へは杭州からバスで参拝した。杭州、天台間は、紹興、曹娥を経由して二百四十キロある。午前のかなり強行な日程がずれこんで、一時過ぎて昼食をとり、さらに二百四十キロの距離を走破しようというのだから、相当にきつい日程である。だが、どうしても天台山へは参拝したいという私たちの無理を聞き入れてもらったのだから、四の五の言っている段ではなかった。むしろ、どんな我慢でも重ねて、この際少しでも多くの祖蹟を巡拝したいという貪欲なある種の精気のようなものが、一行全員の顔にあふれていた。

銭江大橋を渡って銭塘江をよぎり、海面こそ一向に見えないけれど、杭州湾に沿うた平野部をバスは東へ進む。三毛作が可能という肥沃な農耕地帯である。

二時間も走ったであろうか。バスは紹興の町へさしかかる。如浄《にょじょう》禅師の生地である。また魯迅《ろじん》先生の故郷でもあり、銘酒紹興酒の産地としても知られている。街中や水田の中を縦横にクリークが走り、太古を偲ばせるような木舟がのんびりと浮かぶ。櫓でこぐ舟、櫂でこぐ舟、帆をかけて行く舟、堤防の小道を行く一人二人の肩に細い引き綱を曳かれて行く舟。さながらに古い山水画を見る風情がある。

そういえば、画僧雪舟（一四二〇―一五〇六）も、この浙江省の地に遊んだ。重なり合った白壁の農家のたたずまい、石造りの古雅な円橋など、この水郷風景はどこかでお目にかかったものだとおぼろな記憶をたどれば、まがうことなくそれは、「山水長巻」の世界そのままなのである。雪舟の時代にもこうした眼前の水郷風景が生きていたとすれば、時代はやや遡るが道元禅師の旅された時代も、まず間違いなくこれに類した農村風景が展開されていたのであろう。

むろん、道元禅師が紹興の地を通られたかどうかというようなことは今の問題ではない。道元禅師の時代を彷佛とさせるような、時代を超越した悠久さが現代中国の農村に息づいているのが私にはうれしいことであった。

バスはまたたく間に紹興の町を通過した。桑畑や茶畑の続く浙江省の農村風景は、日本の風土と似通っている。曹娥からバスは、曹娥江の沿線を南の山中に向かって走る。曹娥からおよそ五、六十キロ、嵊県のあたりにさしかかって真赤な太陽が遥かな西の山に沈んでいった。やがて、とっぷりと日は暮れた。バスは車内灯を暗くしたまま、闇夜の道をブルブルとからだを震わすようにして、いつまでもいつまでも走り続けた。

国清寺の朝課における遶行（撮影五味一善氏）

国清寺の朝は早かった。三時四十分には暁鐘が鳴った。前夜遅く到着し、火の気のない部屋の堅いベッドで眠りについた私たちの身体は、いささかこわばっていた。だが、一声の暁鐘には、睡魔と疲労とを一瞬に吹き飛ばしてしまうような霊気がこもっていた。

宿舎である迎塔楼の前庭には、洗面器が用意され、大きな瓶《かめ》にはすでに湯がととのえられていた。有難い心配りであった。湯のみに一杯ばかりの湯を貴重な思いで洗面器に汲みとり、星明かりの中でていねいに顔を洗っていると、道元禅師の洗面の訓がゆくりなくも思い出されてくるのであった。

「洗面低細にすべし。如法に眼裏、鼻孔、耳辺、口頭を洗ひて浄からしめよ。湯水多く費して、度無く使ふことを得ざれ。」（辨道法）

大雄宝殿で朝課が始まったのは、五時に近い頃となっていたろうか。西序、東序、都合四十人ばかりの僧が楞《りょう》厳呪《ごんしゅう》を諷誦し、遶行《にょうぎょう》をした。十七、八歳とおぼしき若い僧もいる。後で聞けば、自ら発心して出家したのだと

国清寺大雄宝殿

いうことであった。

永平寺でも夏安居《げあんご》中楞厳呪が毎朝読誦される。だが配経をして経本を看ながら読む。ところが国清寺では全員が諳《そらん》じてしまっている。しかも、しどろもどろといった印象はいささかも与えない。迫力のある異国の楞厳呪に耳かたむけながら、先師から「楞厳呪が諳じられなくて何の一人前の禅僧ぞ」とよく小言をいわれていたことをふと思い出したりしていた。

小一時間かけて一応楞厳呪全巻を諷誦し終えると、「南無阿弥陀仏《ナームオーミトーフー》」の仏名を繰り返しゆっくり唱えながら、広い広い仏殿の中をゆるゆると列を作して遶行《にょうぎょう》をするのであった。殿内の寒気は厳しかった。身体の芯から冷えて行くのではないかという思いを味わいながら、私たちも、合掌し、時には叉手《しゃしゅ》し、中国僧の作法に倣《なら》いいつつも背筋をりんと立てて敲土《たたきつち》の上を巡り歩いた。五体を震わせながら味わった法悦のひとときであった。長いながい朝課が終った時、天台山の朝は白み始めていた。

道元禅師は若くして比叡山に登り、天台の教学を徹底して修められた。むろん、その結果、天台の本覚思想に対する疑念も生じたし、比叡山の仏法の現状に対する失望感も味わわれた。しかし、よく考えてみれば、そういう比叡山における天台教学の学習という基礎があってこそ、正伝の仏法への道は切り開かれたとい

国清寺前庭

う一面もあるのである。その求道の生涯において天台教学が占める比重の大きさをもっとも強く感じておられたのは、他ならぬ禅師自身であったかも知れない。それは『宝慶記《ほうきょうき》』における次の一文を読めば、はしなくもわかるような思いがする。

「教院は天台の教観なり。智者禅師、独り南嶽の思禅師の一子として一心の三止三観を稟承《ひんじょう》し、法華三昧旋陀羅尼《ほっけざんまいせんだらに》を得たり。謂《いっ》つべし、或従知識《わくじゅうちしき》、あたかもこれ或従経巻なりと。道元偏《あまね》く経論師《きょうろんじ》の見解《けんげ》を観ずるに、一代の経律論を解了《げれう》すること、独り智者禅師のみ最勝なり。謂つべし、光前絶後と。」

経典や論部の書の研究者の見識と理解のほどを観察してみるに、釈尊の説かれた経律論を完璧に解している点については、智者大師一人だけが最も勝れている、といわれるのである。その賞讃の仕方も「光前絶後」という最大級の言葉を使用しておられるのだから並みではあるまい。

それゆえにこそ、智者大師智顗《ちぎ》のために随の煬帝《ようだい》が開創した天台山国清寺は、道元禅師にとって、一度は訪ねておきたいゆかしい寺であったに違いない。

粥《しゅく》（朝食）を頂戴した後、私たちは住持唯覚方丈と方丈楼で相《しょう》見《けん》した。

私は、二度の中国の旅で、数は少ないけれどいろいろな中国僧

真覚寺の智者大師真身塔院

と出会いを重ねた。そのつど思うのは、出家というものの本来的ありよう如何という問題であった。

出家は、本来肉食妻帯をしないということに決まっていたはずのものである。その点、この頃の日本仏教の現状はすっかり奇妙なことになってしまっている。精進潔斎を生涯貫き通す不犯の出家が、一種の変人に見られるような風潮さえが時には窺われるのである。何としてもこれはおかしい。日本の仏教者の修行生活が、とかくたてまえ論に堕し易い一番の原因は、出家が肉食妻帯することがあたりまえになって、国民の一人ひとりがそのことに奇異を感じないようになってしまったことと関係しているとみて間違いあるまい。道元禅師は「不離叢林《ふりそうりん》」ということをしきりに強調された。修行の道場を決して離れず、生涯にわたって無限の修行を続けて行くということは、考えてみれば独身であって初めて可能なのではないかとこのごろしきりに思う。

中国の僧侶は、その点がまことに厳格である。妻帯して俗人的な生活を享受したいものは、何も出家づらをしていなくても、さっさと還俗《げんぞく》すればよいのである。特に社会主義の国となってからは、出家であろうと在家であろうと、食っていくという点にかけては、まったく条件が同じになったと見ていい。食うために出家して寺院に寄食している必要はなくなっているのである。そういう意味では、信仰生活の純粋性は皮肉なことに日本よりも極めて制限された状況の中においてのみ信仰の自由が許されている中国にあるという見方もできないことはない。

唯覚方丈は、藍色木綿の長い筒袖の作務衣《さむえ》様の中国式法服をまとうていた。同席した首座《しゅそ》和尚も副寺《ふうす》和尚も、知客《しか》和尚も同じような服装である。これは僧侶の人民服と言ってよいのだろう。もちろん皆独身である。決して肉食もしない。唯覚方丈は朴訥な風貌をしていた。しかしプロレタリヤ文化大革命の破仏の嵐をじっと耐えてきただけの風格と芯の強さがその人柄ににじみ出ているように私には感じられた。

型通りの挨拶が終った後、私たちは平田の万年寺のことを尋ねてみた。列秀峰にあり、道元禅師が時の住持元鼒《げんす》和尚から嗣書を拝覧したと眼蔵嗣書の巻に記されている寺である。太和年中（八二七―八三五）に南岳下の普岸が開創し、一時隆盛を極めた禅刹である。しかし、唯覚方丈は

「万年寺は国清寺の北四十キロの地点にあるが、荒廃甚だしく、皆様を案内することはとてもできない」

と言葉少なに語っただけであった。

境内を拝観した後、私たちは二台のマイクロバスに分乗して国清寺の北にうねうねと続く山岳道路を仏隴峯《ぶつろう》に登った。真覚寺に参詣するためである。距離およそ十キロ。真覚寺は智者大師がかつて華頂峰に次いで天台山第二番目の道場として修禅したと伝える聖蹟仏隴道場のことである。智者大師は石城山で入滅する時、この仏隴山に葬るよう遺言しておかれたらしく、弟子たちは遺骸をここに運んで葬り祀った。それは龕《がん》のまま肉身仏として保存されたと伝えられ、今も、簡素な建物ながら智者大師真身塔院が建ち、聖蹟は大切に保存されている。

山頂からは、遥かに峯を重ねて続く天台山脈の雄姿が美しかった。智者大師を慕うて道元禅師もまたこの道を尋ねられたのであろうか。それにつけても、平田の万年寺があるという列秀峰ははたしてどの峰なのだろうかなどと語りあいながら、真覚寺の参道になっている茶畑の中の細い尾根の道をゆっくりと歩いたことであった。

天童山

道元禅師は、天台山から天童寺に帰る道すがら大梅山護聖寺に立ち寄られた。しかし、バスの中で尋ねてみても十人近くいた中国側の案内人たちは誰も知らぬということであった。杭州市仏教協会の秘書長兪昶熙さんも知らぬといった。かつては衆徒六、七百人を擁したという大刹《だいさつ》が、もしあとかたもなく失せてしまうとすれば、これはいかにも大梅法常《だいばいほうじょう》禅師の聖蹟らしいというような気もして、私は複雑な感慨に浸ったのであった。

ともあれ、宝慶元年、道元禅師は再び天童山に掛錫《かしゃく》された。天童山には、かねて径山在錫中、琎《しん》長老からうわさに聞いていた真の道眼を具する異色の道人如浄禅師が晋住されていた。道元禅師と如浄禅師の出会いは、すこぶる感動的であった。

「大宋宝慶元年乙酉五月一日、道元はじめて先師天童古仏を妙高台に焼香礼拝《らいはい》す、先師古仏はじめて道元をみる。そのとき、道元に指授面授するにいはく、仏々祖々面授の法門現成《げんじょう》せり。」(『正法眼蔵』面授)

それは、「まのあたり先師をみる、これ人にあふなり」(同行持)とまで感動された正師との出会いであった。長年にわたる真摯《しんし》な求道の生活が、正師如浄禅師との出会いの瞬間に見事に花開くような感激を生んだ。以後、宝慶三年(一二二七)、ご帰朝になるまでの天童山での不惜身命《ふしゃくしんみょう》の辦道がいかほど実り多いものであったか、もう説明するまでもないほどのことであった。

「ついに太白峯の浄禅師に参じて、一生参学の大事ここにをはりぬ」(『辦道話』)

という道元禅師の感激のことばの中に、天童山での充実しきった辦道のさまが集約され尽くされているような気がするのである。

天童山は、寧波の市街から東におよそ三十五キロの地点にある。戦前に天童山を拝した人たちの記録によれ

五仏塔上から見た天童山への道

ば、寧波から東方二十キロの小白鎮まで船路を利用することが多かったらしい。しかし、私たちは、もっぱらマイクロバスを頼った。三十五キロという距離は、中国人通訳氏などの距離感からすれば、ちょっとした郊外の寺ということになるらしい。これは私にとっていささか意外なことであった。何しろ『建撕記』を中心とした道元禅師伝によれば、如浄《にょじょう》禅師は、帰国する道元禅師に対して次のような示誨《じかい》を与えたということになっている。

「帰国の後、国王大臣に近付することなかれ。聚洛城隍に居せず、すべからく深山窮谷に住すべし。雲集の閑人を要せず、多虚は少実にしかず。真箇の道人を撰取して、以て伴と為せ。もし一箇半箇を接得すること有らば、仏祖の恵命を嗣続して古仏の家風を扶起せん。」（瑞長本）

と。我々は、うかつなことに、如浄禅師が住した天童山が深山窮谷にあったから、このような示誨をなされたと受け取ってつゆ疑わなかった。だが、実際の天童山は商都寧波の郊外の寺で、しかも南宋五山の一つという大刹。ならばこれは如浄禅師の示誨の読みとり方に余程注意を払わねばならぬことになる。むしろこれは、天童山必ずしも理想の道場ではないぞよというにがい思いをかみしめての如浄禅師の示誨と受けとることも可能なのではないか。バスの中で通訳氏と語りながら、天童山参拝については、既成のイメージをまず捨ててかからなければならないのだということを心に強く言い聞かせたことであった。

かれこれ三十分も走ったであろうか。通訳氏の指さす左手遥か彼方の山ふところに、中国寺院に特有な大きな石造の塔が遠望できた。阿育王山の下塔だという。そして、たちまちにその塔が視野から消えると、すぐに天童山十景の一つとして知られた「万松関」の石碑の前をバスは通過する。技能優秀な運転手氏は、私どもの心にまつわりついて来るさまざまな情緒的な感懐を乱麻を断つがごとくに切り捨てさせて、快調なスピードを保ち続ける。

じきに五仏塔。寧波の宿から一時間も経っていない。天童寺の心境なる和尚が、かつてうわばみを退治したという伝説の残る塔である。万松関のあたりからとっくに天童寺の影響下の地域に入っているわけで、五層の塔上から、近年建設されたロックフィルダムのほとりをうねうねと山裾を走っている道を眺めていると、目ざす天童山はすぐそこに近づいているのだという実感が心にひたひたと押し寄せてくるのであった。

五仏塔を出発したバスは、円やかな小山の裾をひとめぐりし、十分も走らないうちに天童寺の第一の山門をくぐる。本当はこのあたりで下車してゆっくり歩いて行きたいところである。だが現実は、感動の湧きあがるひまを与えない。スピード、スピード。両側に整然と植えられた古松の並木が走る。第二の山門。さらに続く松林。通用門。第二の山門を通過すると左手彼方に池があり、やがて通用門を抜けて境内地に入ると、塀の内側にはまた大きな人工の池があった。中国寺院に特有な万工池である。放生の池であり、同時に防災という実利をもおそらく考えているのであろう。

天童寺の伽藍《がらん》は、とてつもなく大きかった。敷地面積は五万八千平方メートル。建築面積は二万五千平方メートルに達するという。建築面積は、現在の永平寺のざっと二倍弱である。

伽藍のスケールが大きいだけに修復工事も大変である。三百人の工人と二百人の助手たちがそれに従事しているということであった。もし、寺の力だけで、これだけの大伽藍を維持しようとすればいったいどういうことに

天童寺第二の山門（撮影五味一善氏）

なるのであろうかということがまず私の脳裏に浮かんだ。考えてみればこれは大変なことである。住持たるものの資格条件が、伽藍の大きさに制約されてしまいかねないからである。

もちろん宋代の禅林は佃戸《でんこ》と称する一種の農奴を抱えた大土地の所有者であった。上等富戸の歳入が千斛《ごく》程度であった時代に、上寺の歳入は数万斛に及んだというほどに宋代の禅林は経済的優越を誇っていたのである。天童山十景の一たる万松関の位置から想像してみるに、かつての天童寺の所有した佃戸もおそらく莫大な量にのぼったに違いない。しかし、たとえそういう優越した経済的背景があったとしても、否、かえってそういう背景を持っていたからこそ住持には、ひとかたではない政治力が要求されたのではあるまいか。政治力に欠けた住持では、おそらく十年も経たない間に伽藍は荒廃していってしまう危険性があったはずである。

如浄禅師はその点どうであったか。政治権力に近づいて五山の繁栄を謳歌していた当時主流派の臨済宗大慧派に対して、如浄禅師はいうなれば傍系の曹洞宗の法を嗣いでいた。当時の曹洞宗の法には、貴族化を拒否する古風な禅風がまだ残されていたと言われている。皇帝から紫衣を贈られてもそれを拒否したり、あるいは大檀那から銀子一万錠の布施《ふせ》を差し出されながら

万工池と天童寺前景（撮影五味一善氏）

「僧家には這般の物子を要せず」（『正法眼蔵』行持）

といってこれを斥けた如浄禅師のエピソードは、そのことを端的に物語っている。道元禅師は、名利を拒否してあえて枯淡に徹しようとする如浄禅師の家風をすばらしいものとされた。あまりに貴族社会に迎合するのあまり、仏法の本筋までも曲げて妥協しかねない当時の五山の禅者たちの中で、如浄禅師はひときわ異彩を放った存在のように思われた。これこそが正師であるとひらめくものがあった。

だが、視点を変えて、天童山の大伽藍を維持するという一点から如浄禅師のことを考えるとどういうことになるのか。そういう政治性を拒否する枯淡な家風は、当然決して賞められたものではないということになるはずである。

そのことについての道元禅師の感受性はまた並みではなかった。ある時、如浄禅師に一書を呈して質問をされている。

「今禅院と称するは、天下の甲刹、諸山の大寺なり。容衆千に余り、屋舎百に余る。前楼後閣、西廊東廡《ぶ》、あたかも皇居のごとし。この儀必ず是れ仏祖の面授口訣《くけつ》ならん。構ふべきを構へ、建つべきを建つ、豊屋為先なるべからざるものか。」

（『宝慶記』）

この質問は複雑である。一見、大伽藍を擁する禅院の実態を

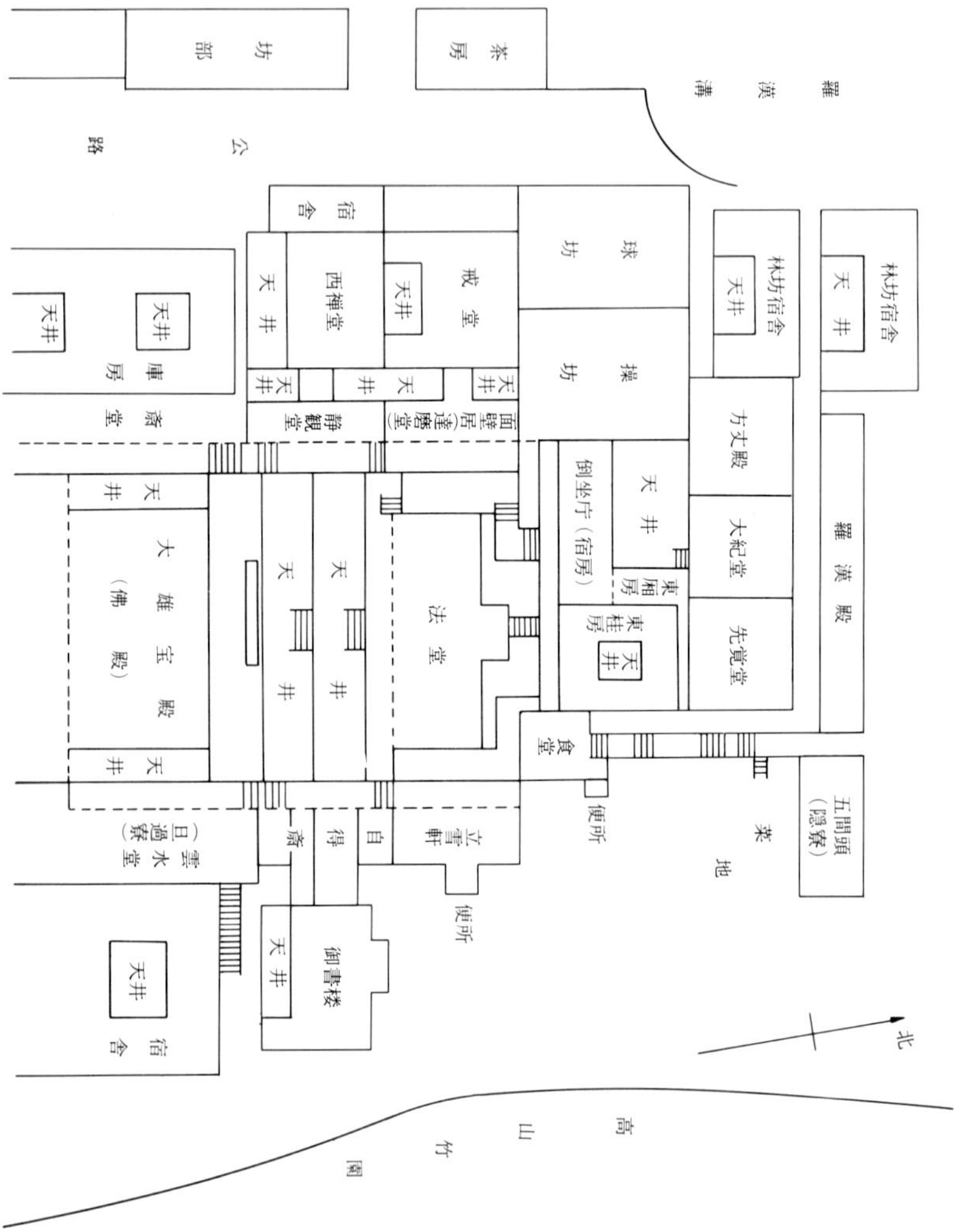

坊部
茶房
羅漢溝
公路
宿舎
球坊
林坊宿舎
林坊宿舎
天井
西禅堂
戒堂
庫房
斎堂
操坊
静観堂
面壁居（達磨堂）
方丈殿
倒坐庁（宿房）
大紀堂
東廂房
羅漢殿
大雄宝殿（佛殿）
法堂
東桂房
先覚堂
食堂
五間頭（隠寮）
便所
菜地
雲水堂（旦過寮）
斎
得
自
立雪軒
便所
御書楼
宿舎
北
高山竹園

天童寺伽藍配置図

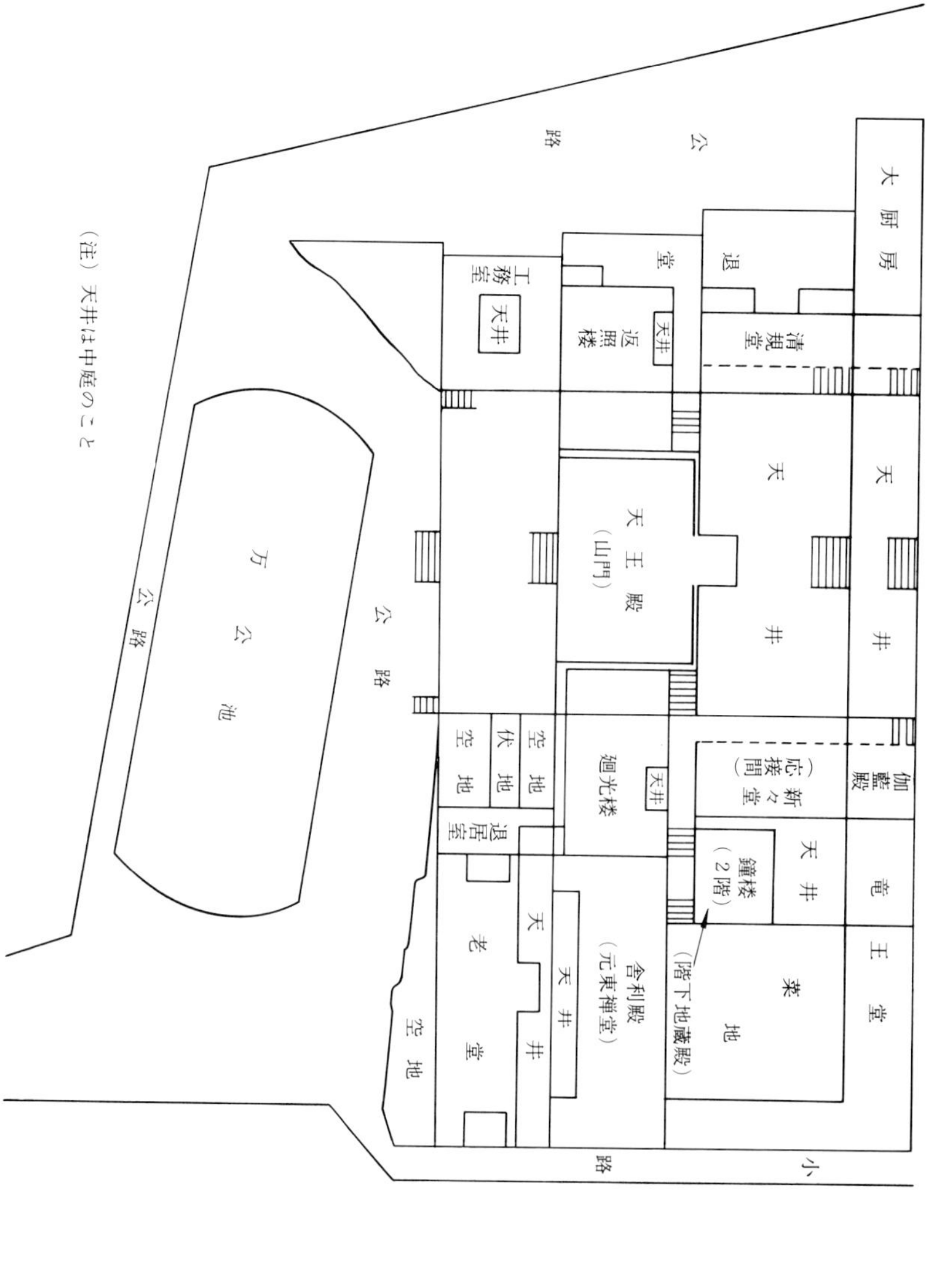
大厨房
退堂
清規堂
返照楼
天井
工務室
天井
天王殿（山門）
迴光楼
伽藍殿
新々（応接間堂）
鐘楼（2階）
（階下地蔵殿）
竜王堂
菜地
舎利殿（元東禅堂）
退居室
伏地
空地
老堂
万公池
公路
小路
（注）天井は中庭のこと

仏殿側から見た天王殿（撮影五味一善氏）

天童寺天王殿の中国寺院に特有の弥勒菩薩の権化布袋（撮影五味一善氏）

天童寺仏殿

「仏祖の面授口訣」として肯定しているように見える。建つべきものは建てなければならないというのである。だが、その反面、天童山を含めた禅院の豪壮な伽藍のありように対する率直な懐疑の念も表明されている。「豊屋為先」つまり立派な建物を第一に考えるということは考えものではないかというのである。

それに対する如浄禅師の答は、私にとっては少々ものたりないような感じである。

「今、禅院を称する寺院の図様儀式は、皆是れ祖師の親訓、正嫡の直伝なり。」(同書)

と、禅院の大伽藍の正当性を主張しているだけなのである。道元禅師が、豊屋為先のことを問題にされているのに、その点についてはさらりと答を避けてしまった感さえある。

考えてみるに、どうも如浄禅師には天童寺の伽藍整備が相当に重荷となっていたようである。天童山の大伽藍についてその必要性と意義を肯定しながらも、それが少々荒れていたって構わぬじゃありませんかと、弟子の道元禅師は質問する。荒れた寺の現状について、あまり触れられたくない如浄禅師は、あえてそのことにはふれないまま別問題に焦点をあてて、すべてお前のいう通りだと道元禅師の質問を肯っておられるようにみえる。『宝慶記』の中に記録されているこの一段は、如浄禅師の時代の天童寺の伽

仏殿前の庭と雲水堂、新々堂、高殿は鐘楼

どんなものか。

藍の不整備ぶりをはしなくも露呈させているようにみえるのだが

ラジオ音楽だろうか。現代風の中国音曲が天王殿の東側回廊のあたりのスピーカーから賑かに流れて、人海戦術の修復作業は順調に進んでいるようであった。十月一日の国慶節までには、必ず工事を完成させると断言した天童寺修造弁公室副主任、屠兆芳氏の言葉にまず目算狂いはあるまいと感じられた。

天童寺に僧の影は薄かった。ただ一人永通副寺が展待の席に列していたけれど、他に僧形は一人も見受けられなかった。四人組のプロ文革の時代に迫害を受けた彼らは、各地に下放された。この頃再び呼び集められて、現在二十名ばかりが在山しているということであったが、すべて労働服を着こなして工人たちに交わり、修復作業に汗しているのかもしれない。

天童寺が永平寺の風致に似ているという人は多い。それは道元禅師が天童山を慕われていた証拠だという。なるほど山裾の地に段丘状に伽藍配置がなされている点などはたしかに両者に共適している。しかし、国清寺でも阿育王寺でも、あるいは杭州の霊隠寺でもそういう地形的な点についてはほとんど似通っているのである。京都や鎌倉付近の日本の禅寺は、おしなべて平地に、一直線に山門、仏殿、法堂が配置されている。そういう点からすれば、山ふところに段丘状にそれを配置した永平寺の伽藍配置は、日本では珍しい。だが、三祖徹通義介禅師は、入宋して五山十刹の伽藍配置をつぶさに点検し、永平寺の伽藍整備をされた。南宋の禅院の地形的なあり方に忠実に模して伽藍を配置すれば、当然永平寺のようになるのであって、それをもって、道元禅師が天童山の地を慕うて永平寺の地を選ばれたとは断定できないのではないかという気がする。道元禅師は、むしろ天童山のような「あたかも皇居のごとき」禅院の伽藍のたたずまいには批判的な気持ちを抱いて日本に帰朝されたのではあるまいか――私はどうもそんな気がしてならないのである。

道心を第一とし、徹底して厳格に会下の雲衲を指導したのが如浄禅師の家風であった。道元禅師はそういう家風に接すれば接するほど、感激一入なものがあった。

「先師（如浄禅師）は十九歳より、離郷尋師、辦道功夫すること、六十五載にいたりてなほ不退不転なり。帝者に親近《しんごん》せず、帝者にみえず。丞相と親厚ならず、官員と親厚ならず。紫衣師号を表辞するのみにあらず、一生まだらなる袈裟を搭《たっ》せず。よのつねに上堂・入室、みなくろき袈裟・裰子《とっす》をもちゐる。衲子《のっす》を教訓するにいはく、参禅学道は、第一有道心、これ学道のはじめなり。」（『正法眼蔵』行持）

如浄禅師が天童山に住しておられる時、夜は二更の三点（十一時頃）まで坐禅し、暁は四更の二点、三点（午前二時半、三時）という頃から起きて皆が坐禅した。如浄禅師もまた僧堂で大衆と共に坐禅した。一夜とて欠かしたことはなかった。

むろん居眠りをする衆僧も多かった。如浄禅師は、睡眠する僧を見つけ次第、あるいは拳《こぶし》をもって打ち、あるいは履《くつ》をぬいで打ちはずかしめた。

道元禅師が豁然として大悟し、いわゆる身心脱落することを得たのも、ある時、一人の雲衲が坐睡しているのを如浄禅師が見とがめて「参禅はすべからく身心脱落すべし。只管に打睡《たすい》して什麼《なに》をかなさん」と大喝一声された時であったと『建撕記』は伝える。

天竜寺の坐禅堂は往時のおもかげを失って見るかげもなかった。むろんプロ文革の四人組時代の蛮行による破壊をもろに受けて建物が荒廃しきっているせいである。だが、万一四人組の破壊をまぬがれていたとしても、その坐禅堂は道元禅師が安居された当時の僧堂とはまったく異質なものなのである。特に元代以降、中国禅の主流は念仏禅となった観があり、伽藍の機能や構造も大きく変わってしまった。現在の天童寺の伽藍配置をよくみると、法堂、仏殿の西に斎堂と並んで静観堂があり、そのさらに西に西禅堂がある。これは明らかに念仏禅の影響による伽藍配置である。

斎堂、静観堂、面壁居（達磨堂）の前の西廊を私たちはゆっくりと上方に登った。民国年間の銘があるとてつもなく大きな雲版が二つに毀たれて回廊のかたわらに打ち捨てられていたり、大きな仏像の首が、片隅に卒然と置かれていたりして心をうずかせる。法堂の裏手、方丈とおぼしきあたりに至れば、建物の破壊は極に達する。さながらに廃墟である。

天童山の伽藍は、往古から水火の災によって何度も失われた。特に明の万暦十五年（一五八七）には、洪水により当時の伽藍のことごとくが流失してしまったとさえ伝えられている。道元禅師の時代を直接に偲ばせる建造物は、天童寺から失われてしまって久しいのである。してみれば祖蹟を慕う上からは今さら廃墟となったことを嘆じる必要もないのである。

宝慶二年（一二二六）春三月のことであった。夜間やや四更（午前二時）になろうとする頃、方丈のある上方から太鼓の音が三声鳴り響いた。道元禅師は坐具をとり袈裟を搭けて雲堂（僧堂）の前門を出た。如浄禅師から方丈で親しく指導があるという。道元禅師自身のことばでその時のことを記せば、

「まづ衆にしたがふて法堂上《はっとうじょう》にいたる。法堂の西壁をへて、寂光堂の西階をのぼる。寂光堂の西壁のまへをすぎて、大光明蔵の西階をのぼる。大光明蔵は方丈なり。西の屏風のみなみより、香台のほとりにいたりて、焼香礼拝す。入室このところに雁列すべしとおもふに、一僧もみえず、妙高台は下簾《あれん》せり。ほのかに堂《どう》

天童寺廻廊

頭《ちょう》大和尚の法音きこゆ。」（『正法眼蔵』諸法実相）
ということになる。
この夜の入室は、格別に印象深いものがあった。如浄禅師の説法は、聴く人の心底にしみじみとしみいった。話は、大梅法常禅師の峻厳で枯淡な修行生活についてであった。はすの葉の衣を着、松の実を食して飢をしのいだという修行の厳しさが語られる時、僧衆は感きわまって涙した。釈尊が霊鷲山で行じた安居の話もまた聴くものの感涙をよんだ。

「如今春間、寒からず熱からず、好坐禅の時節なり、兄弟《ひんでい》如何が坐禅せざる。」（『正法眼蔵』諸法実相）

如浄禅師の呼びかけは、僧衆の心に素直にしみた。

「天童今夜牛児あり、黄面の瞿曇《ぐどん》（釈尊）実相を拈ず。買はんと要するになんぞ定まれたる価《あたい》無かるべき、一声の杜宇孤雲の上。」

（拙訳、天童山に牛一頭。牛に真理と釈迦はいう。真理買うには値もつけられず。ちぎれ雲あり、ほととぎす鳴く。）

一詩を披露した如浄禅師は、右手で椅子のほとりを打った。
「杜鵑《とけん》啼き、山竹裂く」という簡潔な語で問題を提起し、問答をいざなった。すばらしい感激的な一夜であった。誰もひとりとして口を開くものはなかった。道元禅師もまたよき師のもとで叢林

荒廃した方丈界隈

に身を投じて生きることの感動を全身心で味わいながら、その場に立ちつくすのであった。

「かのときの普説入室は、衆家おほくわすれがたしとおもえり。この夜は、微月《みげつ》わづかに楼閣よりもりきたり、杜鵑しきりに鳴くといへども、静閒の夜なりき。」(『正法眼蔵』諸法実相)

如浄禅師の人となりと、その会下に投じた道元禅師の感激ぶりが彷彿として伝わってくるエピソードである。

もっとも、こういう名場面も、とっくに再現不可能なほどに現今の伽藍の趣きは変化してしまっている。むしろ、そういう点からすれば、累々と瓦礫の重なる方丈界隈の現状はなまじな建造物が整備されているよりは、かえって想像力を助けてくれるわけで、私はそのことを正直なところ喜んだ。

東廓を登り、羅漢堂を拝し、東堂寮の前の高台に立つと、天童山の伽藍の甍が一望にできた。おびただしい棟の数である。中国政府は、観光地として人民に参観させながら、文化財としての有名古刹を保護管理していくという政策をとっているようにみえる。それゆえに、この気の遠くなるような甍の波の修理に百五十万元という巨費を投ずるのであろう。

中国人民の参観者もすでに全国各地から相当に訪れているよう

天童寺の最上部にある羅漢殿と方丈殿の屋根

羅漢殿の十八羅漢石碑の拓本
（永平寺蔵）

天童寺の伽藍の甍。手前から法堂、仏殿、山門、左手の高い屋根は鐘楼

であった。私たちが滞在している数時間の間にもマイクロバスが何台も訪れていた。天王殿の入口には集票処（参観券受付処）が設けられていた。やがて国営照相館（写真館）の天童寺服務処も店開きするのであろう。

はたして天童寺に仏法が蘇生するのかどうか。それは大きな問題である。だが、中国政府の英断で、とりあえず道元禅師の旧蹟としての天竜寺の伽藍が整備され、我々に開放されるようになったという法幸だけは、無条件にうれしいことに違いない。

私たちはあわただしく山内を巡拝した。そして最後に天王殿の前で大悲心陀羅尼を諷誦し、如浄禅師、道元禅師に報恩の微意を披瀝した。中国人参観者たちは珍しいショーでも観るごとくに私たちを遠巻きにした。工人たちも仕事の手を休めてその黒山に加わりつつあるようであった。

〈補遺〉

二十年ぶりに天童山を拝登し、その伽藍の整備ぶりに目をみはった。伽藍の全体的雰囲気などは、昔のままであるが、修復工事は殆ど完了していた。

特に、昭和五十五年（一九八〇）末に、雲水堂（一二〇頁伽藍配

置図参照）に「道元禅師得法霊蹟碑」が建立されているのを知って目を見張った。

碑の大きさは、総丈一丈（三メートル）、幅三尺（一メートル）はあろうか。かなりの巨石である。前面には、趙樸初先生の揮毫《きごう》により「公元一千九百八十年十一月十七日、日本曹洞宗大本山永平寺貫首秦慧玉長老が天童山に朝禮し、道元禅師顕彰の碑を建てた」という趣旨の前文と、道元禅師の遺徳を賛える四言古詩を刻む。裏面には、漢字かな交じりの文体で秦管長の撰した銘が刻してある。

私が驚いたのは、一九八〇年一月に訪中したおりには、僧堂界隈に巨大な仏像の首が転がり、方丈界隈は無惨な破壊の跡をさらしておったのに、その十カ月後には、伽藍整備を殆ど完了し、見事な「得法霊蹟碑」を建立し、盛大な除幕式を挙行している早技に対してである。それには、もちろん一月訪中の際の団長（永平寺特使）佐藤正道師や建碑の秘策を練りに練って訪中した南沢道人師（現永平寺監院）や村上博優師の働きかけが功を奏したのであろう。またそれ以上に中国側の、趙樸初先生の日中友好にかける熱い思いが事業の進展を思いのほか早めたに違いない。

初めての訪中から四半世紀。国と国との交渉ごと、団体と団体との交流にはトップの意向が微妙にからんで不可思議としか思えないような展開をして行くことに私は深い感慨をおぼえる。

第十一章　雁蕩山・万年寺・大梅山・径山・普陀落山——中国の祖蹟

在宋中の足跡私考

道元禅師が在宋四年間の動向というのは、意外なことにはっきりしていない。ご自身が記述されている片言隻語をもとに、学究者たちが想像力を働かせて、在宋中の行動について仮説を立てているだけと言ってもよい。仮説の蓋然性（もっともらしさ）を高めるために、『伝光録』や『建撕記《けんぜいき》』などの古伝や『如浄《にょじょう》禅師語録』を始めとするさまざまな資料中の記述を援用しているのだが、どの仮説も隙だらけというのが実情である。

この五年間に私は、三度（平成九年十月、平成十年六月、平成十二年六月）訪中して祖蹟を巡った。とてつもなく広い大地を飛行機や汽車やバスやあるいは船で旅をしながら想像を逞《たくま》しゅうした。そして、道元禅師在宋四年間の足跡について私流の仮説を作ってみた。

その際に気を配ったこと。まず、道元禅師の著述や同時代の傍証文献で動かすことのできない事実と後世の伝記資料によるものとをはっきり分けてみた。ゴチックは前者、太明朝体は後者。もちろん後者の場合は、私が信じうると判断したもの。

次に、在宋中のご足跡をできるだけわかり易くみるために、年月の順を追うて年譜風に叙述してみた。従来の道元禅師伝と相違している部分もあるので、私の解説も付した。これは、明朝体で叙述し、要点に傍線を付した。

貞応二年（嘉定一六年・一二二三）

二月二十二日（陽暦換算四月一日）

＊明全《みょうぜん》・廓然《かくねん》・高照らと共に建仁寺出立。

『明全和尚戒牒奥書』による。ただし『舎利相伝記』は、二月二十一日出立とするが、それは微差であってあえて問題にする必要もあるまい。

四月上旬（五月九〜一八日）

＊慶元府の港に到着。

『正法眼蔵』洗面の巻に「嘉定十六年癸未四月のなかに、はじめて大宋に諸山諸寺をみるに云々」とあるから、到着後、上陸手続きを済まして、明全らと一緒に慶元府（寧波市）所在の大刹を視察したり、安居の可否について尋ねたりしたのであろう。『明全和尚戒牒奥書』には、「初め明州景福寺に到る。時に講師は妙雲講師、堂頭たり」とある。景福寺の所在については、三度の旅で尋ねてみたが皆目見当がつかないということであった。

五月四日（六月十一日）

＊道元禅師、慶元の舶裏（船中）で、倭使頭《わしとう》と会話中に、阿育王山の老典座《てんぞ》と出会う。

『典座教訓』には、「嘉定十六年癸未の五月中」とある。中旬のイメージだが、老典座が「明日は五日で、修行者たちにご馳走を作らねばならぬ」と語っていることから、五月四日は確実。この時点では一緒に上陸した明全の一行とは別れて帰船し、舶裏に滞在されていた。和使頭は日本船の船長。同行して入宋した日本政府の高官という説も（密貿易船利用とすればそれはない）。

五月十三日（六月二十日）

＊明全（廓然・高照も）**は道元禅師と分れて天童山景徳寺に安居。**

『舎利相伝記』によれば、明全《みょうぜん》は栄西がかつてこの寺に安居《あんご》していた縁を慕って天童山に安居したという。ただし、四月一日から夏安居《げあんご》の期間になっているから安居の許可を得ることは容易でなかったと想像する。はるばる日本からやって来たという熱意が情状酌量されたのであろうか。具足戒牒を所持していた明全は、温情をもって掛搭《かた》が許可になった。ただし戒臘牌《かいろうはい》の序列は最下位であった。

戒臘牌は、出家受戒後の経験年数をもとにして定めた修行者の席次を一覧表としてまとめた掲示板。夏安居中の席次を四月三日から五日まで衆寮《しゅりょう》（修行者の自習室）の前に掲示し、異議ある者の申し出を受けた。異議は審議して修正し、確定した戒臘牌を夏安居に入る日（四月十五日）の朝、僧堂（坐禅・睡眠・食事のための基本道場）の東側の壁に掲示するのが定めだという。入制後の特別安居であるから、序列の最後尾はいたしかたない。明全はそれを了承して安居した。

七月十五日（八月二十日）

＊夏安居解制。この日を待って道元禅師は天童山に上山掛搭《かた》。

『正法眼蔵』嗣書巻には「あきのころ道元はじめて天童山に寓直する云々」とある。「寓」は、かりずまいの意だから、「寓直」は、暫定的な掛搭（逗留）である。

『正法眼蔵』安居の巻には、夏安居のことを主として記述する。四月十五日から七月十四日までは、夏安居と称して禁足の修行期間となるのが古来の伝統であった。そのために諸山諸寺は、四月一日になると入門希望の旅の僧の受入れを拒絶する。それは旧来のならわしだと安居の巻には、厳しい調子で記している。道元禅師は、夏安居の制の原則を知った以上、便法により掛搭することを嫌った。解制を待って上山し、天童山景徳寺道場の雰囲気やら堂頭無際了派《むさいりょうは》の識見を観察し、都合によっては、他山を歴遊してみて翌春四月からの夏安居の地を決定すればよい、と考えたのである。

上山早々の頃

＊天童山僧堂での初めての坐禅のとき、坐禅する雲水たちが一斉に搭袈裟《たっけさ》の偈《げ》を唱えたことに感銘を受ける。

『正法眼蔵』袈裟功徳の巻には、「予、在宋のそのかみ、長連牀《ちょうれんじょう》に功夫《くふう》せしとき、斉肩の隣単をみるに、開静《かいじょう》（坐禅終了）の時ごとに、袈裟をささげて頂上（頭上）に安じ、合掌恭敬《くぎょう》し一偈を黙誦《もくじゅ》す」とある。時の記述はない。しかしその時の感動を「ときに予、未曽見のおもひを生じ、歓喜身にあまり、感涙ひそかにおちて衣襟をひたす」と表現しているところからすれば、初の体験と考えなければならない。私があえてこれを道元禅師の記述をもとにした確実な事項にあげるゆえんである。

七月末（八月二十五日〜九月三日）

＊天童山に上山後しばらくして阿育王山の典座来訪して再会。

『典座教訓』には「同年七月の間に、山僧天童に掛錫《かしゃく》せし時、彼の典座来りて相見することを得たり」とある。七月の間というのは、道元禅師が掛錫した時期を示しているともとれるから、阿育王山の典座が「夏安居の禁足期間が修了したので典座職を退いて故郷に帰ろうとしたら老子《あなた》が天童山に上山したというわさを耳にして何とかもう一度会ってみたい」と言って訪ねて来たのは、あるいは八月に入ってからであったかもしれない。

秋のころ

＊はじめて阿育王山広利禅寺を訪ね、西廊の壁間に西天東地三十三祖の変相図をみる。

『正法眼蔵』仏性《ぶっしょう》の巻に「嘉定十六年癸未秋のころ」とはっきり記載されている。

冬十月から翌春一月初旬までのころ

＊諸山諸寺を遍歴して径山《きんざん》に到る。

翌春四月の夏安居入制のおりに、大宋国中の最も整った叢林で、識見秀れた住持の下で掛搭することを願った。時の天童山の住持無際了派には一沫のものたりなさを感じていた。そこで、南宋五山の筆頭である径山万寿寺はどうかと考えた。（ちなみに天童山景徳寺は当時南宋五山の第三位であった。）住持は、無際了派の法兄浙翁如琰である。寺格も天童山より上、住持職も無際了派より格上となれば、径山を夏安居の第一希望地として考えるのは自然のなりゆきであろう。

なお、当時の南宋禅林には冬安居の制度はなかった。安居の巻に「梵網経中に、冬安居あれども、その法つたはれず、九夏安居の法のみつたはれり」とあるのから明らかである。

さて『伝光録』の乾坤院本は、初めて浙翁如琰と出会ったときの会話として次のように記している。

琰問うて云く「いつこの地へやって来たか（此間ニ来レル）」

師答えて曰く「この四月（四月間）」

これを読む限り、入宋した年に径山を訪ねられたことは明確である。ただし、流布本の『伝光録』は、「四月間」が「客歳四月」となっている。「昨年の四月」と「この四月」では一年のずれがある。なぜ一年の誤差が生じたか。

『建撕記』によってこの部分を点検すると、［明州本］［瑞長本］［門子本］［元文本］が「四月間」。［延宝本］が「四月」。面山の『訂補建撕記』のみが「客歳四月」。どうやら面山和尚が、私見によって「客歳四月」と訂正したことが［流布本］の『伝光録』にまで影響を与えたと考えて間違いあるまい。

この頃

＊径山万寿寺の羅漢堂の前で老璡から「大宋国中ひとり道眼を具するは浄老（如浄）なり、汝まみえば必ず得処あらん」と教示を受く。

『伝光録』によると、浙翁如琰との最初の出会いで道元禅師は失望を味わったらしい。前記のごとく阿育王山を訪ねることから始めたこの遊行《ゆぎょう》によって小翠巌の盤山思卓和尚など幾人かを偏参し「問答往来」した。いずれも意に添う見識を所持していなかった。小翠巌は、寧波近くの翠巌山か、あるいは径山の一院か、はっきりしない。ともあれついに「日本大宋に吾に及ぶ者なしと思て帰朝せんとせしに」たまたま老璡と出会ったのである。「璡」は、玉を意味する語。何となく西域の人をイメージさせる名である。老璡から如浄禅師を推薦されたが「一歳余をふるまで参とするにいとまなし」と『伝光録』は記す。当時、如浄が住していた臨安府（杭州市）の浄慈寺（南宋五山第四位）を帰路にわざわざ訪ねることはしなかったということであろう。

嘉定十七年（一二二四）

正月二十一日（二月十八日）

＊小師、僧智庚、無際了派がその師徳光から受けた嗣書をひそかに道元禅師に見せる。

『正法眼蔵』嗣書の巻に書かれていること。初安居地探索の行脚を了えてこの頃には、天童山に帰山していたことがわかる。

四月一日（四月二十七日）

＊閉旦過

『正法眼蔵』安居の巻には「すでに四月一日よりは、比丘僧ありき（歩き）せず。諸方の接待および諸寺の旦過、みな門を鎖《とざ》せり」とある。

四月十五日（五月十一日）

＊道元禅師初体験の夏安居に入る（入制）

『如浄録』に収録されている上堂語は、おおむね年次順に配列されており、それによると、四月八日仏生日〔上堂〕と四月二十一日徽宋皇帝〔忌〕上堂の間に、「派和尚遺書至上堂」が記載されている。遅くとも四月二十日までの間には、天童山の住持無際了派が遷化して、その遺書が浄慈寺の如浄禅師の手もとに届けられていることがわかる。寧波と杭州の間はおよそ二百キロ。古人の健脚なら四日もあれば歩く。それから考えれば、入制の前後に無際了派は遷化したのであろう。

七月十五日（八月八日）

＊初の夏安居終了（解制）

冬、十月中（十一月二十日〜十二月十八日）

＊三韓の僧二人（智玄・景雲）と慶元府の街頭で出会う。

『正法眼蔵』伝衣《でんえ》の巻に記載されていること。私は、この頃、道元禅師は、再び諸山諸寺歴訪の旅に出られたのだと推定する。これはその途次のできごとであろう。

『正法眼蔵』嗣書《ししょ》の巻に「(宝慶のころ）台山・雁山等に雲遊するついで平田《へいでん》の万年寺にいたる」「台山より天童にかへる路程に大梅山《だいばいざん》護聖寺《ごしょうじ》の旦過《たんが》に宿す」とあるのはその時の旅のことである。

寧宗が歿したのは嘉定十七年中のこと。理宗の宝慶元年はその翌年からであるが嘉定十七年末はすでに理宗の時代で十一月二十五日には翌年を「宝慶」とする詔が出ている。「宝慶のころ」という道元禅師の微妙な表現によって、この旅が寧宗が歿する前後の嘉定十七年末から翌年の宝慶元年初頭にかけてのものであったことがわかる。

宝慶元年（一二二五）

四月一日（五月十六日）

＊閑旦過。

遅くとも三月末までには台山・雁山を訪ねる旅を了えて、天童山に帰山した。

四月十五日（五月二十日）

＊入制。天童山の住持は如浄となっていた。

天童山に如浄が住持となって赴いた年月については、『如浄録』の上堂語の配列から嘉定十七年七月後半から八月までとみる説がある。しかし、『正法眼蔵』鉢盂《はつう》の巻には「先師天童古仏、大宋宝慶元年、天童に住するの日、上堂し云く」とあるのからすれば、宝慶元年の初春というのを信ずるほかはあるまい。いずれにしても道元禅師が「台山・雁山等に雲遊」していた間のできごとであった。

五月一日（六月十五日）

＊道元禅師、如浄禅師に初相見

『正法眼蔵』面授の巻には「大宋宝慶元年乙酉五月一日、道元はじめて先師天童古仏を妙高台に焼香礼拝す。先師古仏はじめて道元をみる」とある。

五月二十七日（七月十一日）

＊明全、天童山了然寮で遷化。

明全の最期については『舎利相伝記《しゃりそうでんき》』に詳しい。道元禅師は、その葬儀を仕切った。同書には「寺門くものごとくあつまりて礼拝し、人家かすみのごとくきたりて稽首《けいしゅ》す」とある。明全の人柄もさることながら、葬儀に奔走した道元禅師が人びとの心を魅きつけていたのである。

七月初二日（八月十四日）

＊方丈に参ず。

『宝慶記《ほうきょうき》』の記述によると、その時、道元禅師は「教外別伝《きょうげべつでん》」ということについて如浄禅師に質問をした。『宝慶記』は方丈に参じたこの日から記録が始まる。

夏安居中に

***身心脱落話承当。**

『伝光録』によるとその様子は「浄、一日後夜《ごや》（暁天）坐禅に示衆《じしゅ》して云く、参禅は身心脱落《しんじんだつらく》なり。師聞きて忽然として大悟す。方丈に上りて焼香す。浄問ひて云く、焼香の事、作麼生《そもさん》。師云く、身心脱落し来る。浄云く、身心脱落、脱落身心。這箇《しゃこ》は是《これ》暫時の伎倆、和尚妄《みだり》に某甲《それがし》を印することなかれ。浄云く、吾妄《みだり》に汝を印せず。師云く、如何なるか是、某甲を乱りに印せざる底。浄云く、身心脱落。師礼拝す。浄云く、脱落脱落。」というようなことであった。『宝慶記』や『正法眼蔵』行持《ぎょうじ》（下）の巻などの身心脱落に関わる話を臨場感をもって表現すればこうなるのだろう。

夏安居のなかに

***阿育王山にかさねて至り、三十三祖の変相図を承当。**

『正法眼蔵』仏性の巻に「宝慶元年乙酉夏安居のなかに」とある。禁足の期間中だけれど、天童山と阿育王山は十キロほどの距離だから、夏安居中の往来は必要に応じて許されていたのだろうか。

九月十八日（十月二十八日）

***如浄禅師より仏祖正伝の菩薩戒を授かる。**

『受戒作法奥書』の記載による。この宝慶元年の解間《げあい》（遊行期間）は、すでに正師如浄禅師と出会い、「身心脱落」した後なので、正師を求めて行脚する必要もなく天童山に逗留されていた。

宝慶二年（一二二六）

春三月のころ

***妙高台で如浄禅師の普説あり。**

『正法眼蔵』諸法実相の巻に「夜間やゝ四更になりなんとするに、上方に鼓声《くせい》三下《げ》きこゆ」ということばで始まる感動的な名場面が演出されたのである。

四月一日　閉旦過
四月十五日　入制
七月十五日　解制

この年の夏安居も天童山で例年のごとく修行された。三度目の夏安居である。

秋から冬のころ

＊如浄禅師から侍者に乞わる。辞退。

『正法眼蔵随聞記』に語られている。もちろん道元禅師は、書状をもって「外国人として大叢林の侍者たらんこと、国に人なきが如しと難ずることあらん」と断わった。私が想像するに、帰国の便船の情報を得た道元禅師がそろそろ天童山を告暇《こうか》して帰国したい旨を如浄禅師に申し出た時の話ではなかろうか。翌宝慶三年の夏安居も「元子《げんす》は器量人」だから天童山に留まって、侍者として私を補佐してほしい、と如浄禅師は慰留したのである。

道元禅師の帰国の意志は堅かった。宝慶三年夏の帰国を目途としてその準備を始めた。手始めに、普陀落迦山に詣でて海路の安全を祈ることにした。宝慶二年の冬から宝慶三年の春にかけてその旅に出た。

宝慶三年（一二二七）

三月中に

＊如浄禅師から嗣書を授かる。

『嗣書図』には「宝慶丁亥」と墨書してあるだけだが、恐らく如浄禅師に告暇の拝をする前のことだろう。それは二月か三月か。

四月のころ

＊慶元府に赴き、帰国の便を待つ。

『正法眼蔵』安居の巻を拝読する限り、道元禅師は、徹底して夏安居を重視しておられる。閉旦過の四月一日以前に天童山を辞されたことは間違いあるまい。

五月〜六月頃（六月二十三日〜八月二十日）

＊慶元府を出帆。帰国の途へ。

太陽歴九月になると、野分が立つ。恐らく台風シーズンを外して航海をしたに違いない。遅くとも六月末（西歴換算八月二十日）までには出帆したはずである。それでも台風に遭遇した可能性大。

七月十七日（九月六日）

＊如浄禅師入寂。

道元禅師の帰国上陸は、五月末から七月初旬（旧歴七月一日は、西暦八月二十日、七月十日は、西歴八月三十日で、二百十日が目前となる）までのことだったと予測される。道元禅師が日本に上陸した直後の頃、如浄禅師は入寂されたのである。

旧蹟めぐりの旅程

平成十二年（二〇〇〇）は、道元禅師ご生誕八百年の記念すべき年である。岡山県祖門会では、その記念事業として「中国の旧蹟を巡る旅」を企画した。

企画にあたって注意したこと。①全日程は五泊六日とし、月曜日に出発し土曜日に帰国する。②道元禅師の足跡を慕って、縁故があることがはっきりしている地はすべて訪ねる（普陀落山は最初から計画に入れない）。③在家の人も団員に加えるため、観光の要素も大切にする。

この三項目を守って日程を作ることは至難のわざである。そこで、先年二回の訪中で初中後、親切で誠意のある案内をして下さった浙江金橋国際旅行社の日本センター副総経理（副支配人）の張冰さんに相談した。電話やファクスで何度か連絡を取りつつ最終的には次のようなコースと旅程を作成した。

（——飛行機・＝バス移動）

六月十二日（月）関西空港　一三・四〇——一四・五〇（中国時間）上海空港＝豫園＝上海空港一八・二五——一九・一五温州空港＝雁蕩山（泊）

十三日（火）雁蕩山＝能仁普済寺＝天台山＝万年寺＝国清寺＝寧波（泊）

十四日（水）寧波＝天童寺＝阿育王寺＝大梅山護聖寺＝杭州（西湖遊覧）（泊）

十五日（木）杭州＝浄慈寺＝銭塘江大逆流観賞＝径山万寿寺＝杭州（泊）

十六日（金）杭州＝周庄（富安橋・双橋・沈庁・張庁）＝上海（夜のテレビ塔）

十七日（土）上海＝上海空港九・三五——一三・三五（日本時間）関西空港

相当な強行日程なので、贅沢な感じもしたがホテルはすべて五ツ星を使うことにした。（但し、夕食は三ツ星のホテルで）しかも時間を極力短縮して移動しなければならないから初日に温州まで飛行機を利用する以外には交通手段のすべてはバス。（総移動距離は一千キロをはるかに超す。張冰さんは疲労を配慮して、温州空港から最終日の上海まで、中国民航旅遊部の最新大型バスを専用車として手配して下さっていた。手荷物をいつも車内に放置しておけるし、車内は綺麗でゆったりとしていて、これはありがたいことであった。）

雁《がん》蕩《とう》山《ざん》

関西空港から乗った東方航空の上海便は、ジェット機とはいうものの使い古したボーイングの小型機。スピードも充分は出ないのだろう。予定より三十分以上遅れて上海空港に到着した。入園の最終リミットは午後四時半という豫園。ちょっと無理か、と案じたが張さんが手配して下さって、裏口から入園。予定どおりに上海から国内便で温州に飛んだ。

あちこちに大きな水たまりのできた温州空港の滑走路は、全体が夜の照明に輝いていた。大雨があがったあとらしい。托送荷物を受けとると、私たちはただちに杭州から回送して待っていたという中国民航旅遊部からチャーターされた最新の大型バスに乗り込んだ。日本の上等バスに親しんでいる団員たちは、別段の感情もないらしい。しかし、これから六日間にわたって続く長いバスの旅と、中国のバス事情を思うと、張さんの並々ならぬはからいがありがたかった。

バスは、夜のとばりの中の平坦な道を全速力で北上した。走れども走れども山中に入っていく気配はない。海岸近くの道をブルブルと走りに走る。二時間以上は走っただろうか。ようやくホテル雁蕩山山庄に到着する。これから始まる旅の難儀が思われて、遅い夕食の席で乾杯の音頭をとっても意気は上がらない。

ところが、一夜明けて誰もの気分は一新した。天気も晴朗。ホテルの周辺を散策すればまさに「一座大山、一座大美之山！」である。「早安（おはよう）」と互いに挨拶を換わす顔つきもさわやかである。

全体で四百五十平方キロあるという北雁蕩山一帯は、ユネスコの世界遺産に申請されていると案内の張さんは言う。明代の大旅行家の徐霞客は「雁蕩の勝景を窮めんとするなら、空を飛ぶ仙人でなければ不可能だ」と嘆息し、遂に筆を放擲《ほうてき》したというのもむべなるかな。ホテルの周辺ですら奇岩飛瀑が四面を囲んでそそり立ってい

バスの車窓からみた雁蕩山（飛渡）

る。

私たちは、宿からマイクロバスで能仁普済寺を訪ねた。現地の案内人は言う。

「黄山の美は、山に登らなければ味わえないが、雁蕩の美は山麓を歩けば味わえる」

なるほど。車窓からの眺めはすばらしい。ただし、能仁普済寺は、まだ観光地ではない。未舗装の林道のような道を走っていたら、マイクロバスが突然に停車。「これから先は不安だから走れない」と運転手が言っているらしい。私たちは、はらはらした。しかし、現地のガイドが「道はよくないが、もう少し行くと駐車場があるから」と説得してくれて、再びバスは走り出す。

雁蕩山能仁普済寺は、五山十刹の下位に設けられた甲刹《かっせつ》の一。甲刹は、諸禅院中に甲（首位）たる刹《せつ》（寺）、または各州の甲たる禅刹のこと。能仁普済寺は、温州の首位の寺であった。

『正法眼蔵』嗣書の巻には「のちに宝慶のころ、道元、台山・雁山等に雲遊するついでに、平田の万年寺にいたる」とある。この雁山は、雁蕩山。最近、中国側から「雁山は寧海県雁蒼山のこと」という新説が提案され、浙江省旅游局がその定着化に力を入れている。平成十一年六月には、寧波市で「国際仏教シンポジュウム」が開催され、日本からも関係者七、八名が招かれて論議を重ねたらしい（『傘松』平成十一年七月号）。しかし、旅游局が旗振りという点が気にかかる。ただ単に台山から天童山への道筋に存在するというだけでは、雁山を雁蒼山とは決められない。

南宋の時代には「雁山」は「北雁蕩山」であった。当時の人にとってそれは常識であった。瑩山禅師について修行し、その弟子明峯素哲の法を嗣いだ大智（一二九〇—一三六六）は、正和三年（一三一四）元に渡った。在元十年、天童山はもとよりあまねく祖蹟を巡ったという。『大智偈頌』の中に「雁山諸畡羅尊者」の一首がある。雁蕩山を訪ねた時の七言絶句である。

擲筆峰《てきひっぽう》高くして展旗に対す
分明に薦取《せんしゅ》す目前の機
袈裟角《かく》を打湿するも知らず
終日貪り観る瀑布の飛ぶを

起句の冒頭にある擲筆峰は、雁蕩山の名所の一つ。元代にはすでにこの命名がなされていたことがわかる。明代に徐霞客がその美を描写するのをあきらめて筆を擲《な》げたというのは伝承の誤りであろう。擲筆峰の命名はもっと古いのである。

ちなみに大智は、南宋十刹の第六位の温州江心山龍翔寺に、元の延祐六年（一三一九）八月十四日に至り、真歇清了の遺像を礼拝し、「龍翔の真歇堂に宿す」という七言絶句一首を詠じている。雁蕩山能仁普済寺を訪ねたのは、この前後のことであろう。大智の詩中の雁山が雁蕩山であることは、これによって明明白白。論議の余地はない。雁蒼山は、所詮ローカルな風景区に過ぎまい。

加えて、源実朝と雁蕩山との夙因が語られてもいる。雁蕩山は当時、日本にまで聞えた名山なのである。ローカルな雁蒼山とはまるでスケールが違う。ましてや道元禅師は、正師の指導する充実した夏安居のできる道場を探索しておられたのである。その点をゆめ忘れてはなるまい。

能仁鉄鑊と亭

　ともあれ、私たちが尋ねた能仁普済寺は、山ふところに抱かれた農村地区に荒廃のまま佇《たたず》んでいた。ただし、伽藍の復興工事は緒《ちょ》についていた。庫院に相当する位置に、二棟の建物が屋根だけ葺《ふ》かれて、内部の造作が行われているようであった。

　かつて相当大規模な伽藍があったのだろう。段丘状の台地が境内の広大さを偲ばせる。最上段の山際には古ぼけて傷みの激しい大きな建物が三棟。洗濯物が風になびく。文化大革命の破仏を免れた伽藍の名残りであろうか。

　うれしかったのは、山門跡地と想定される地の向って左側に「大鑊亭《だいかくてい》」という額の掲げられた六角形吹き抜きの亭《ちん》（あずまや）があったこと。古く優美な建物である。中には、一〇九二年製で、楽清県人民政府文物管理委員会が「楽清県重点文物保護単位」に指定した鉄製の大鑊《なべ》が置かれていた。鍋の縁に立って煮えたぎる粥を大杓子で交ぜていた一人の僧が、誤って粥中に転落したが誰も気づかぬまま粥に溶け込み、みんなで食べてしまった――という伝説が残る。

　そんな話がいかにもありそうに思えるほど、とてつもなく大きな鍋である。私はすぐに天童寺の千僧鍋のことを思った。しかし、それよりも素朴で古風な形状をしている。しかもはるかにこの方が大きい。高さ一・六五メートル（千僧鍋は一・〇七メートル）、口径二・七〇メートル（同二・三六メートル）、壁厚三センチ、重さ一万八千五百キロ。底が深く、五衛門風呂の幅を広げた感じといったらよいか。

道元禅師が雁山を訪ねた時には、亭の方は現存のものがあったかどうかわからない。しかし大鑊は存在していたはずである。それを想像すると私たちは無性にうれしくなってくるから不思議だ。

見るべき建物は大鑊亭一つ。私たちは早々に立ち去りかけた。三、四人の男女がもの珍らしそうに立って遠くから眺めている。中に一人、明るい茶色の作務衣風の現代中国僧特有の法衣を着た人がいた。先方から近寄って来ることもない。こちらから挨拶もしない。さあっと訪ね、さあっと帰ってしまったわけだけれど、最上段の奥まった位置にあった古ぼけた建物の一部は、比丘僧の居住区になっていたのかもしれない。

近くには、かつての人民公社風の団地もある。「燕尾瀑」という滝もあって、滝口のやや広い川幅の浅瀬の川岸には、遊覧ボートが二、三艘つながれ、男が一人、川の清掃をしていた。ほとりには粗末なつくりの茶店もあり、妻君らしき女が一人洗濯物を干していた。雁蕩山観光の客がこのあたりまで時おりやってくるのだろう。あと一、二年すれば、中国流のやり方で能仁普済寺の伽藍は綺麗に再興されて、観光客も増えているに違いない。

マイクロバスは再び、雁蕩山の峨峨として、しかも悠然とそびえる風景を両側に眺めながら、大型バスの待つ雁蕩山の中心市街に向って走り始めた。

平田の万年寺

雁蕩山の中心市街地を出発したバスは、海岸線に沿った道を北上し臨海に至り、それより東上して天台山に向う。霊江に沿った道である。霊江は、かつて最澄や栄西が舟で遡上し、天台山に登ったと言われる。道元禅師も雁蕩山から天台山へは、バスが通ったと同じコースで北上し、臨海からは霊江を舟で行かれたのではないか、と張冰さんは言う。温州から臨海へはあるいは海路であったかもしれない。

車窓の左手をゆったりと流れていた霊江がいつの間にか右手に移っている。雁蕩山を出発して三時間、時速平均七十キロとして二百キロは優にある。

天台山の高級ホテル天台賓館で昼食を取った後、私たちはマイクロバス二台に分乗した。二十年以上は使い古したようなオンボロバスである。フロントグラスの上には、赤のビニールテープで「吐鵬節専車」と貼ってある。吐鵬はホトトギスだが現代中国語ではシャクナゲの意味の方が強いという。(日本では、シャクナゲやサツキの類をいうときは吐鵬花という。)天台山は、今までシャクナゲ祭りで賑わっていたらしい。

マイクロバスは老朽化していてもエンジンの馬力は強い。勾配三十度はありそうな曲りくねった日本の林道のような山道を猛烈なエンジン音を響かせて登る。二十五年前、同じような小さなマイクロバスで仏隴峯真覚寺に参詣した時のことをふと思い出した。張さんは同じ道だと言った。三十分も登っただろうか。「これが真覚寺だ」張さんが右手を指さす。

ああ、この茶畑の間の小道を歩いて智者大師の真身搭院を参詣したのであったか、と思ったりしている間にバスはさらにうねうねと続く山道をひた走る。

天台山は茶の銘産地だという。眼下には、谷底まで、美しく刈り込まれた茶畑が段々に続く。いわゆる茶樹の棚田である。いかにも大寨《だいさい》方式だなと思って張さんに尋ねたら、そうだという。文化大革命の時に総動員で開墾整地され、茶樹が植えられたのだという。

それにしても遥か彼方まで広がる天台山脈を遠望しながら、眼下に茶樹の棚田が次々に展開される風景は贅沢な眺めである。しかし細い砂利道をエンジン全開で四、五十キロくらいの、スピードで走るのだから、乗客の上下動は激しい。

国清寺から真覚寺まで十キロ。そこからさらに猛烈なスピードで走る。行けども行けども山また山。「雲にを

段々畑の茶畑と天台連峯

かある心地こそすれ」という木の芽峠で詠まれた『傘松道詠』の一節がふと頭をよぎったりする。

途中、忽然と山上に集落が出現する。竜皇堂という町。この町を中心に二万人の人びとが生業《なりわい》を営んでいるそうだ。この町から万年寺までの林道が、平成十二年十一月十一日に盛大に行われる万年寺伽藍再興の落慶式典に間に合わせるために新設されたらしい。開通したばかりの道を日本人の団体としては初めてマイクロバスを走らせているのだと張さんがいう。

国清寺を出ておよそ一時間半。ようやくバスは万年寺門前に到着した。バスでこれだけの難儀をするのだから八百年前にここを訪れるというのはいかほど苦難に満ちたことであったか。

万年寺の開創は、千六百年前に遡《さかのぼ》るというが、禅院としては、百丈懐海《えかい》の高足であった普岸（七七〇—八四三）が唐の太和年間（八二七—八三五）に天台山が修行の適地であることを聞いてこの地に到り、平田禅院を建てたことから始まる。その後、栄枯盛衰があって、道元禅師が訪ねられた嘉定十七年（一二二四）の頃は、万年寺の最盛期の頃であったと私はみる。当時、その規模は雄大で、南宋の東南禅院十大名刹に数えられていたと、万年寺のパンフレットにある。

その頃、寺の境内は、正南面の中部から大門までに、八角亭、

工事中の万年寺大雄宝殿と西部伽藍

平田、知客寮、旦過寮、仏殿、羅漢殿、法堂、大舎堂、覚音、方丈室などがあった。東側の北から南へは、檀那、土地、香積厨、庫院、西促寮、行者堂、法公寮、囲炉などの建築が連なっていた。西側の南から北までは、興思堂、前資、宝明、尼寮、勝直堂、審元、照堂、蒙堂、延寿院、禅堂、輪蔵などがあり、伽藍の総数は四十棟を数えたという。十世紀末に建てられた高さ五・四七メートルに及ぶ花崗岩で作られた六角形の塔もあった。これは、一九五八年に自壊したらしい。(因みに、文化大革命は一九六六〜七七)

栄西もこの寺で虚庵《こあん》懐敞《えしょう》(生没年不詳)について安居した。懐敞は、万年寺からやがて天童山の二十三世として出世したので、栄西もそれに従って天童山に移ったとされる。もちろん、栄西は懐敞の法脈を継いだ。栄西は、懐敞に心酔し、浄財を寄進して万年寺に山門を建立し、帰国後、日本から良材を送って天童山千佛閣を修復するために役立てたという。(『千光法師祠堂記』)

ところで栄西が万年寺を尋ねた因縁がふるっている。栄西は、文治三年(一一八七)二度目の入宋をはたす。四月二十五日(陽暦六月十日)、臨安府(杭州)に到着した。栄西のこの時の入宋の目的は入竺。インドへ行くことであった。臨安府の役所でしかるべく手続きしてインドへ旅立ちたいと考えた。しかし北蕃に手こずっていた南宋政府は、安全が保証できないという理由で許可を出さない。そこで航路で入竺すべく東シナ海を沿岸沿いに南下した。（一説によると帰国すべく乗った船が漂流したともいう）ところが逆風にはばまれて温州瑞安県にたどりつく。それから天台山万年寺に懐敞を尋ねたのである。懐敞と万年寺の評判は温州まで伝わっていたということであろう。

ここで私は想像をはばたかせる。栄西は、温州に上陸後、江心山（永嘉県）や雁蕩山（楽清県）を訪ねる中で懐敞と万年寺の風評を耳にしたのではないか。漂着した瑞安県は、江心山や雁蕩山より南に位置するから、陸路で北上して寧波や杭州を目ざせば、それはその途中に所在する。蓋然性はかなり高い。

もしそうだとすれば、道元禅師が留錫中、天童山に伝わっていた雁蕩山能仁普済寺や天台山万年寺の卓越した叢林としての風評に、尊敬する栄西の足跡が二重写しとなって夏安居の適地探索の行脚へと誘ったのではないか。私にはそのように思えてならない。

ところで現在の万年寺は、復旧工事たけなわであった。平田《へいでん》という地名がなるほどと思われる山間盆地の水田を前にして伽藍のおおよそは完成の域に近づいていた。

かつて大正十一年（一九二二）、常盤《ときわ》大定師が万年寺を訪れた時の回想に

「大正十一年十月、予の往訪せし時には、天王殿破壊して天王の體、露出する状を呈し、大雄殿は全く失はれて、釈迦像は中庭にあった。豈《あに》栄西の山門廡（廡は、ひさし）を見る事ができよう」（『続古賢の跡へ』）と記している。荒廃の極にあったことがわかる。その後、天王殿と大雄宝殿は再建されたらしい。斉藤忠氏が一九九七年に訪ねた時は、天王殿と大雄宝殿はあった。荒れはてた東西の僧房と共に『中国天台山諸寺院の研究』（第一書房、平成十年）に写真が収められている。

しかし、それらは皆、今、新しく改築されている。帰国して建築中の天王殿や大雄宝殿の写真とそれとを比較してみると、規模や形は似ているが、微妙なところが異なっていて、全改築であることが判然とする。

万年寺の復興は、国清寺の住持が力を入れていると聞いた。若い監院以下十名ばかりの僧が常在しているが、すべて国清寺から派遣されているのであろう。

僧房（宿舎）は、近代的な造作で、一見中国風のマンションかと思わせる。それにしても、中国側が本腰を入れて伽藍の復興に乗り出すと、古い建物は、全部壊して、すべてを一からやり直してしまう傾向があるのには驚く。仏像も建物も、一斉に新品となってキラキラしてくる。国民性の違いだろうか。祖蹟を尋ねる私たちには奇妙な異和感を覚えるところである。

道元禅師が、万年寺を訪ねた時の住持は福州の元鼒《げんす》和尚であった。福州は、福建省にある。温州は浙江省分だから、相当南である。当時の人たちは、一カ月や二カ月歩き続けることは一向に平気であった。高速の交通機関に頼って旅する現代人が想像する以上に古人は、広域の移動を苦にしていなかったのだろう。

元鼒和尚は前住職の宋鑒《そうかん》長老が退院の後、万年寺の道場を活性化した相当な人物であったと嗣書の巻には記してある。「叢席を一興す」という表現の中に、元鼒和尚に対する評価が並々でないことを伺わせる。その元鼒和尚が、道元禅師の抜群の人格力量に触発されたのだろう。嗣書をささげもって来て「これは、どんな親しい友人にも見せたことのない秘書であるが、五日前に夢を見て、大梅山法常禅師らしき人が梅花一枝をもって現れ、もし海を渡って来る者があったなら、花を惜しんではならぬとお告げになった。五日後に今あなたがおいでになったのは夢に付合している。もしあなたがわたしの法を嗣いでくれるならおしむことなく法を嗣ぐ手だてをしたい」という。道元禅師は、感銘深いものを感じたが、結局、焼香礼拝してその好意を謝し、万年寺を辞した。

嗣書の巻には、元鼒和尚の人となりにもそれまでに宋で出会った人物として最も感銘を受けたような口ぶりで

「この一段の事、まことに仏祖の冥資《みょうし》にあらざれば見聞なほかたし、辺地の愚人として、なんのさいわいありてか数番《すばん》これをみる。感涙霑袖《てんしゅう》」

と記しておられる。元鼒は、立派な人物だと思われたに違いない。しかし、嗣法することなく万年寺を辞された

のは、師としてまだしっくりと来ないものが何かあったのであろう。機縁が熟していなかったのである。

工事中の万年寺に、元鼎和尚の室中で細やかな会話がなされたような風情は一切残っていない。八百年の時が経っているのだから仕方あるまい。

私たちは、質素な応接室で、監院様から龍井茶《ろんじんちゃ》の接待を受けたのち再びマイクロバスに乗り、帰路を急いだ。

大梅山護聖寺

強行日程だから、いつも朝は早い。午前八時、マイクロバスに乗って寧波の最新五ツ星ホテル南苑飯店を出発した。現地通訳を含めて二十七人の一行が乗り込んだら、補助席までいっぱいである。

まず天童寺に参拝し、大雄宝殿で法要を行じ、続いて阿育王寺に参詣。両山とも、二十余年前に初めて拝登した時のことを思うと格段の整備ぶりで、参詣の中国人も多い。

大梅山に参詣すべく阿育王寺を出発したのは、かれこれ十一時になっていただろうか。大梅山は鄞県の東南部に位置する。寧波から三十六キロ。阿育王寺からは三十キロそこそこ。

道路は、かろうじてマイクロバスがすれ違える程度で、ところどころでコンクリート舗装の工事が行なわれていた。田舎の中国式舗装工事は、高さ二十センチ位の長い鉄枠で道路を半分に区切り、片側半分にモルタルを流しこみ、およそ百メートルばかりをまず完成する。もちろん鉄枠の数は多くない。二、三十メートルかためると鉄枠を外してさらにその先に移し、またモルタルを流し込む。コンクリートミキサー車はまだ使っておらず、農業用発動機をブルブル響かせて走るいわゆるハンドトラクターでどこからかモルタルを運んで来ているようだ。

鉄枠を外した後の未舗装部分との境界側には、長さ十センチ以上の鉄筋がずらりとのぞいている。反対側の舗装部分を連結して分離させないためだな、ということは誰にもわかる。

大梅山と護聖寺遠望

問題は、その鉄筋が思わぬ通行の障害になる点にある。百メートルばかりは続く半分舗装ができている道の上は、柔らかいのでまだ通行禁止。当然バスは、未舗装部分を走らねばならぬ。しかし道は細い。勇気ある運転手は、ゆるゆるとその道に車を入れる。二十メートルばかり進んだところでバスは右側にグラリと傾く（中国の車は右側通行）。ついに脱輪。溝に落ちたらしい。猛烈にアクセルを吹かした末にやっと車輪は路上に上がったが、タイヤの焦げた嫌な臭いが車内にただよってくる。二進《にっち》も三進《さっち》もならない状況だ。左側のコンクリからのぞいた鉄筋で、もしタイヤがパンクしたらこれも始末が悪い。

何はともあれ全員バスを降りる。工事中の人たちに通訳を介して大梅山は近くか、と訪ねると、とても徒歩では無理だという。せっかく近くまで来たが、今回もまた大梅山参詣は縁がなかったかと天を仰いで長嘆息している間に、バスはそれこそ鍋牛のごとくのろのろと前方に待つ私たちの方へ進んでくる。

工事場を無事通過したバスは再び私たちを乗せて竹林と茶畑に囲まれた山中の道をスピードを上げて走る。やがてかつての人民公社風の古い集合住宅のある小集落に到着した。張さんが手配して、中国仏教文化研究所特約研究員、寧波市文物博物館学会名誉理事という肩書を持つ「高級工芸美術師」の楊古城先生に南苑飯

護聖寺大雄宝殿と庫院。山王殿建築用のレンガが野積みされている。

店を出発する時からバスに同乗してもらっていたが、その楊さんが連絡して下さっていたのだろうか。村中の老若男女が総出でバスの一行を迎えて下さる。総勢百名になんなんとする。

楊古城さんは、大梅山護聖禅寺のことについて最も詳しい中国人の一人。長野県の村上博優師と共に護聖寺旧蹟《ごしょうじ》を尋ねて何度も清塘村に足を運び研究を重ねたという。そして護聖寺を復興するために尽力した、いうなれば村の大恩人。

楊先生と村人たちは、中国語で賑やかに久闊《きゅうかつ》を叙しつつ田畑の彼方、海抜六百メートルという大梅山の麓に立つ小庵の方に小径《こみち》を歩いて行く。私たちもぞろぞろとついて歩く。

大梅山の周辺には芝山、金山、呉山、東山、兪家山という五つの峰が蓮の花のような形で連り、大梅山護聖寺の前に広がる平地は、高山盆地と言われている。楊さんの解説である。小集落から農道を四、五百メートル歩くと護聖寺。建築後間もない、あまり大きくはない大雄宝殿と正面向って左側にやや古ぼけたイメージの庫院一棟。もう一棟、山王殿を建築する計画があるようで境内の隅っこには新しい煉瓦《れんが》の山が三つ四つ築かれていた。

村人たちは、日本からの賓客である私たちを昼時に迎えるのだからと、饅頭を蒸《ふか》し、粥を炊き、西瓜を山ほど切って大歓迎である。すれっからしの商業主義に毒されていない素朴な山村の人情が尊いことに思われ、胸が熱くなった。大梅山は、今も秘境なのである。

道元禅師の時代も秘境であった。『正法眼蔵』行持の巻に、道元禅師が尊崇してあたわぬ大梅法常禅師が、この山に三十年余りを過ごされたことを感嘆しつつ、次のように書いておられる。

「大梅山は慶元府にあり、この山に護聖寺を草創す、法常禅師その本元なり。」

このくだり、まことに歯切れのいい名文だから、しばらく原文のまま味わってみたい。

「禅師は、襄陽人なり。かつて馬祖の会《え》に参じてとふ〈如何是佛《いかなるかこれほとけ》〉と。馬祖云く〈即心是佛《こころがそのままほとけ》〉と。法常このことばをききて、言下大悟《たちまちさとった》す。ちなみに大梅山の絶頂にのぼりて、人倫に不群なり。草庵に独居す。松実を食し、荷葉《はすのは》を衣とす。かの山に小池あり、池に荷《はす》おほし。」

もちろん今の護聖寺近辺には池もないし、蓮もない。かつては、大樹が繁茂していたのかもしれない。しかし眼前のたおやかな山々には丸く刈り込まれた茶畑がどこまでも続く。おだやかで閑静な農村風景である。お茶はこの地区の特産品らしい。

「坐禅辦道すること三十余年なり。人事たえて見聞せず、年暦おほよそおぼえず。四山青又黄のみをみる。
おもひやるにはあはれむべき風霜なり。」

季節の変化を表現して「四山青又黄」という表現は見事である。現地の通訳氏は、眼蔵を読んでいることを誇るかのように大きな声で「青又黄」を力説する。

「師の坐禅には、八寸の鉄塔一基を頂上におく、如載宝冠なり。この塔を落地却せしめざらんと功夫すれば、
ねぶらざるなり。その塔いま本山にあり、庫下に交割す。」

道元禅師が大梅山を訪ねた時には、八寸の鉄塔が現存したという。もちろん今はない。

大自然の中でただ一人厳しい修行を続けて何年か経った頃、一人の僧が柱杖《しゅじょう》（修行者用の長い柄の杖）にする木を探索している内に道に迷って法常禅師の草庵にたどりつく。その抜群の修行ぶりに感銘して山を出た後、僧

の師斉安塩官（?—八四二）に報告した。塩官は、かつて馬祖の下で修行中に一緒だった僧に違いないと思った。そして、丁重に一詩を作って再びその僧に命じて迎えに行かせる。

法常禅師は、もちろん肯《がえ》んじない。

「つひに菴を山奥にうつす。あるとき馬祖ことさら、僧をつかはして問はしむ。〈和尚そのかみ馬祖を参見せしに、何の道理を得てか便《すなわ》ち此山《このやま》に住する〉師いはく〈馬祖われにむかひていふ。即心是佛。すなはちこの山に住す〉。僧いはく、〈近日仏法また別なり〉。師いはく〈作麼生《そもさんか》別なる〉。僧いはく〈馬祖いはく非心非仏とあり〉。師いはく〈ひとを惑乱すること、了期あるべからず。任佗《さもあらばあれ》　非心非佛、我は祇管《ひたすら》に即心即仏〉と」

法常が三十余年間、山にこもっている間に世の中は変わった。人間も変わった。もちろん人びとの世界観も変わった。僧は、そう言ったのである。ところが、法常は、俺は三十年前と同じだ。ちっとも変わっていない、と断言してはばからなかった。馬祖は、派遣した僧から報告を聞いて快哉した。

「梅子熟也」（梅子《ばいす》熟せり）

今、永平寺の中雀門に掲げられている「梅熟」の額は、この故事にもとづく。大梅法常が住した草庵は「梅熟堂」と称した。道元禅師が尋ねた頃は残っていたのではないか、と楊さん。

現在、大梅山に梅の木はない。もっとも楊さんの解説によると、「梅嶺、梅渓、梅峰、梅隆、梅勝、石梅岡、梅仙岩、梅隠庵、青梅寺、梅熟堂など梅と関係のある地名が多い」という。

しかし、昔は梅の巨木があったという伝説も残る。宋魏峴の『四明山水利備覧』とか『四明山誌』には、その巨梅樹を二つに割って、一つは、南朝時代（四二〇—五八九）に紹興の禹陵の大殿の柱として使われたと記す。梅梁と言うたらしい。もう一つは、鄞江の宅山堰に使われた。

楊さんはさらに「本当は、漢代末期の著名な儒家である梅福がこの山に隠居したことがあり、それで大梅山という命名がなされたのかもしれません。もちろん、梅の大木があったという伝説もその命名に影響を与えているのでしょうが。」と言った。

大梅山は、真夏でも最高気温三十二度、楊さんは、

「大梅六月なし」

という言葉があると教えてくれた。夏涼と名づけられた村もある。近くにある清塘村と併せて「清塘夏涼」と称し、優れた避暑地として利用するむきも多いということであった。さきほど通った小集落が清塘村というのであろうか。ちょっと尋ねるのを失念してしまってわからない。

私たちは、大雄宝殿で読経回向した後、裏山の竹藪の中に昨年安置されたという大梅法常禅師の墓にお参りした。もちろん、真偽のほどは怪しい。

道元禅師から菩薩戒を受けた法灯国師心地覚心（一二〇七―一二九九）が入宋し宝祐元年（一二五三）二月、大梅山を訪ねた。この地で半年ばかり修学したらしい。その縁で、近年臨済宗興国寺派との交流が続いている。前庭の石碑にその旨が刻してあった。

私たちは、西瓜や饅頭をよばれて護聖寺を後にした。小ぢんまりとした盆地の村で、村人たちの温かい心にふれてほっと心に灯がともったようであった。点心の原点にふれた思いであった。

径山興聖万寿寺

「径山《きんざん》への道は、すべて舗装されていますからこれは楽です」

と張冰さんは、朝、語っていた。しかし、大型バスでは不可能なのだろう。午前中、銭塘江の大逆流を観覧した後、杭州市街地のホテルまでとって返し、そこでまたマイクロバスに乗り換えた。今度のマイクロバスは最新型で、乗り心地は大型バスに劣らない。

径山の山麓までは、杭州市街地から西北方向に、日本流に言えば一級国道が通じている。距離およそ五十五キロ。バスのスピードも時速八十キロ前後で快調に走る。

やがて道が細くなり径山の山登りが始まる。自動車道は近年完成したばかり。径山は海抜七六九・二メートル。花崗岩主体の山で、竹林が遥かな彼方まで延々と続く。また竹林の間には段々畑と広大な茶畑もある。銘茶と良泉と水煮筍は「径山三宝」だという。径山茶は一九八七年の品評会で「浙江省最佳名茶」の称号を得た。そう言えば、道元禅師が径山を訪ねた時に、住持の浙翁如琰は問答一番の後、言ったという。

「旦坐喫茶」（『伝光録』）

暁天に坐禅し、茶を喫《の》む生活をしてみよ、という意味であろうか。「しばらく坐して茶を喫《の》め」という意味ではあるまい。道元禅師には、その時「喫茶」の真意義が必ずしも充分にはわからなかったのかもしれない。これは師とする人物に足らずと判断した。如琰はその時、七十五歳の高齢であった。

径山山中に湧出する泉水の微量成分は、人体に有効に働き、この水を飲用している者は癌にならないという。今、脚光を浴びているらしい。

筍も山麓一帯で栽培している。土の入れ換えやら施肥やらと竹林の中で作業している農夫を車中から見る。巻いた荒縄で根を保護した竹を天秤棒《てんびんぼう》の両端にぶら下げて運んでいる農夫も見た。日本のラーメンのどんぶりにのっかっている支那竹は、このあたりの産物を輸入しているのだろう。沿道の竹林の中にところどころ建っている家は新しく立派である。筍で産を成したに違いない。

径山の眺望は、竹林と茶畑に尽きる。山道をバスが登って行くにつれ、高地部には孟宗竹が目につくようになる。日本の孟宗竹も、昔、径山あたりから持ち込まれたのかも知れない。

径山は、唐の代宗の時、江蘇州昆山の法欽がこの地に草庵を結んだのが寺院としてのスタート。唐大暦三年（七六八）のことである。千二百年以上の歴史がある。

径山万寿禅寺

南宋の時代に至って大慧《だいえ》宗杲《そうこう》が住するに及んで名声大いに振《ふる》い、夏安居には千七百余人が集うたという。大慧はいうまでもなく公案禅を挙揚《こよう》した。看話禅《かんなぜん》ともいう。後年、道元禅師は、大慧宗杲を否定的に批判するようになる。例えば『正法眼蔵』自証三昧の巻には、

「参学の倉卒なり、無道心のいたりなり、無稽古のはなはだしきなり、無遠慮なりといふべし、疎学のいたりなり、貪名愛利によりて、仏祖の堂奥をおかさんとす、あはれむべし仏祖の語句をしらざることを」

と、大慧を厳しく指弾している。さらに同書には、

「みだりに大刹（径山）の主として、雲水の参頭なり、のこれる語句、いまだ大法のほとりに及ばず」

と、相当な酷評である。

道元禅師が、入宋の年（嘉定一二年）七月に天童山に掛搭《かた》した時の住持無際了派も、また了派にものたりなさを覚えて夏安居の地を探索すべく尋ねた径山の住持浙翁如琰も、大慧の法を嗣ぐ人であった。両者の師は、拙庵徳光であり、その師が大慧である。いうなれば了派も如琰も大慧の孫弟子になる。

もちろん、道元禅師は、如浄禅師と出会うまでは、大慧宗杲の禅風について異端の思いを抱いていたわけではない。それゆえに

径山の老井

はるばる大慧が禅風を挙揚した本拠地径山を尋ねたのである。

しかし、了派にものたりなさを覚え、如琰に失望し、当時の南宋禅院を風靡していた大慧一派の人物たちと接するたびにその禅風に懐疑の念を覚えていった。そして如浄との出会いによって大慧一門の看話禅に対する批判は確信となって噴出した。

径山は杭州近郊の避暑地として知られる。気温は一月が最低で、平均気温三度。八月が最高で、月平均気温は二十六・六度。年間平均気温は十五・二度。降水量は、年間およそ一千八百ミリ。気候はまことに爽涼で、山上の農家は、夏でも電風扇（扇風機）を使用することはない、という。

径山興聖万寿禅寺の伽藍は、何度も火災で焼失した。浙翁如琰の後に、無準師範（一一七九―一二四九）が理宗の勅命によって阿育王山から転住した。理宗は、宝慶年間（一二二五―一二二七）の皇帝である。師範が住山中に万寿禅寺は二度に及んで火災に会い、それをすべて復興したと伝えられている。道元禅師が径山を尋ねたのは嘉定十六年。翌十七年末には理宗が即位する。

つまり、道元禅師が径山を尋ねた数年後には、径山万寿寺の伽藍は灰燼に帰していることになる。それは帰国後のことかもしれない。道元禅師はむろん知る由もなかろう。

その後、元代の末期に、兵火の災を受け、洪武年間（一三六八―一三九八）に重建され、さらに万暦年間（一五七三―一六二〇）に増築整備が加えられた。

しかし、文化大革命の破仏の被害にあったりして、当時の建築で今に残っているのは鐘楼のみらしい。私たちが尋ねた時、法堂（二階は蔵経楼）の工事が進行中であったが、大雄宝殿・山王殿等、ほとんどの伽藍は、美しく整備されていた。しかし、それらは、先年訪ねた寧波近在奉化県にある雪竇《ちょう》山や、今回訪ねた万年寺等がそうであるように、全部を新築する現代中国式のやり方である。

もっとも、道元禅師の時代を偲ぶ古跡が皆無というわけではない。その一つが、大雄宝殿の東北角にある「老井」と名づけられた古井戸。監院さんに案内していただいたが、石積《いしづみ》も苔むして、如何にも唐代の遺物のように思えた。洞門の高さ三・一メートル、寛《ひろ》さ一・六五平方メートル、井戸の水深は一メートルたらず。解説によると「泉水は淙淙として、大雨にも溢《あふ》れず、久しい旱《ひでり》にも涸《か》れず」という。径山の名泉中の名泉らしい。一杯の水を所望する機を逸したのが今も残念であるが、これはまさしく嘉定十六年（一二二三）にも同じように寂かに水をたたえていた名泉である。

山門の右手石段を登った小高い位置に含暉亭が建つ。建築物は往時のものではあるまいが、中に建っている碑に「径山興聖萬寿禅寺」と刻されているのは南宋孝宗の筆。乾道二年（一一六六）径山に孝宗が遊んだ時の手迹だという。これも嘉定十六年には存在していたことになる。

まあ、そんなこんなと極彩色の新しい伽藍群の中に古い遺物を探している内に、帰路を急ぐバスの発車時間が近づき、私たちは径山を後にした。

普陀山

『永平広録』の中に道元禅師が普陀山に参詣したことを証する七言絶句が二首収録されている。その収録順序が「門鶴本」（祖山本）と「卍山本」とでは異なっているが、「旧韻を続《つ》ぐ」という題を尊んで今は卍山本の順序で、書き下し文によってあげてみる。

昌国県補陀路迦山《ほだろかさん》に詣でて因《ちな》みに題す。
聞思修　本より証心の間、
豈《あに》洞中に聖顔を現ずることを覓《もと》めんや
我来る人に告ぐ須《すべか》く自ら覚るべし、
観音は宝陀山に在《あ》らず。

宝陀の旧韻を続《つ》ぐ
潮音霹靂《へきれき》たり海岸の間、
耳辺《じへん》を側《そば》だてて看る自在の顔
これを拈じて誰か功徳海を量《はか》らん
只《ただ》眼を回《めぐ》らして青山を見せしむ。

後者は「間」「顔」「山」という旧韻の「一五刪《さん》」の韻を踏んで作ってある。作られた順序は「卍山本」によるとみられる。

「聞思修」は、いわゆる三慧のこと。聞慧は、他から聞いた智慧。思慧は、自分で思索して得た智慧。修慧は、自分で修行することによって得た智慧。他の語句にそれほど難かしいものはない。

観音様の霊験を求めてはるばる普陀山までやって来たが、格別にありがたさを実感することもなかった。要は、自己の生き方に確信を持つことだ、というのが第一首の意味。

第二首は、雄大な大海原がどこまでも広がっているさまに感動している詩。

普陀山へ道元禅師がいつ何のために訪れたかについては、よくわからない。しかし、この二首が『永平広録』に収録されていることによって、普陀山を訪ねられたことだけははっきりしている。

普陀山は、中国仏教の四大聖地の一つと言われている。しかし、道元禅師がここに夏安居の適地を探索して尋ねられたとは私には思えない。当時、日本から入宋した人びとの多くは、帰途の安全を祈って普陀山へ参詣する風習があり、道元禅師もまた帰国を目前にして若干の時間的ゆとりもあって普陀山参詣を思いつかれたのではあるまいか。普陀山を主題にして詠んだ前掲二首の七言絶句を味わっていると、その思いが強くなる。

浙江省普陀山仏教協会から平成九年十月三十日に修される普陀山南海観音開光法会の招待状が大本山永平寺に寄せられ、特使団（団長木村茂樹永平寺副監院）が派遣された。私も勧められて随行の一員に加えてもらって十五年ぶりに訪中した。

普陀山は、浙江省舟山群島の東南端に位置する周囲二十キロの島。寧波から快速艇で二時間。（上海からもほぼ同じ所要時間の快速艇が就航していて帰路、私たちはそれを利用した。）

後梁の貞明二年（九一六）、日本僧慧鍔《えがく》が五台山から観音像を受けて帰国の途中、この島近くにさしかかって、突然船が動かなくなった。霊感を得た慧鍔は、この島に観音像を祀った。いわゆる不肯去《ふこうきょ》観音である。その後、数多の寺院が建立された。参詣者の最も多かった一九三八年以前は、この島の僧坊六百余、僧尼の数は三千、「建物はすべて寺、生活している人はすべて僧侶」といわれるほどの聖地であった。

ところが、文革の嵐は、この中国四大聖地普陀山の二百有余の寺院を徹底的に破壊した。昭和五十五年に第一回曹洞宗関係者天童山友好訪中団に加えてもらって訪中したおり、道元禅師も立ち寄られた可能性もあるゆえ、普陀山のことを浙江省仏教協会の幹部に尋ねてみた。しかし、誰もが口を閉ざしていた。その問題には触れてもらいたくないという雰囲気であった。文革の破壊のすさまじさが原因であったのだろう。

普陀落山　不肯去観音堂（撮影尾原通正氏）

現在の普陀山は、驚くべきことに普済禅寺、法雨寺、仏頂山頂の慧済寺の三大寺を始めとして四十有余の寺院が完全に大伽藍を復興させていた。

南海観音は、上海の威信を示す東方明珠テレビ塔に相当するような、普陀山の象徴としての仏像を、という壮大な意図のもとに二年間の工期をかけて建立された露天の銅像。台座を含めて三十三メートル。身長二十八メートル。奈良の大佛の二倍、大仏さんがすっくと立ち上がったよりもっと高いか。

それにしても、壊滅状態の寺院を十年あまりで次々と復興してその上に、この大観音像。おまけに、五千人の参詣者のあった開眼法会の当日には、普陀山仏教協会の慈善事業である近代的な普済病院の開業式典も挙行されている。

中国の寺院の伽藍や内部に安置する仏像は並外れて巨大であるから、莫大な経費を要したはず。それはいったいどこから捻出されるのか。同行の舟山中国旅行社の石《せき》社長は「全部が寄付でしょう。海外の華僑などの信者が寄進しますから、寺の財政は豊かです」という。

僧侶の数も相当なもの、あちこちの堂や殿の内部で七、八人ないし三十人ばかりで読経している僧侶の姿にしばしば接した。信者が供養を設けるようだ。僧侶たちの法要している堂の奥に位牌を安置し、供物を供えている様子にも接したので祖霊供養も結構あるのだろう。

しかし、五体投地してひたすら祈る信者たちの姿から三途《さんず》八難《はちなん》から逃れること、つまり諸縁吉祥を祈る人たちによって中国の寺院は支えられていると私はみた。

信者の僧侶に対する信仰は厚い。その信頼感の根底には、独身で、魚肉を食せず酒も飲まず、という戒律遵守の生活がある。その点になると、家内同伴で訪中した私のように日本の僧は、肉食妻帯、飲酒も勝手放題で、いささか恥ずかしさも覚えた。

しかし、面白いのは、日本では威儀即仏法で、少なくとも法要は厳粛そのもの、みじろぎ一つしないのをたてまえとして行ずるが、その点中国僧の読経はいささかしまらない。経机に肘をつき手で顎を支えて読経しているものやら、あくびをしたり、目くばせしたり。姿勢もいいかげんなもの。読経を楽しんでいる風すらある。鐘や木魚も愉快半分に調子に乗って叩いている。力まずに、のんびりと出家生活を楽しんでいるから戒律も保持できるのだろう。

今のところ、貧しい国だから、食の心配のない出家生活に希望者が多いと私は見る。しかし、十五年前に比較すると貧富の差が激しくなった中国。シルクと思わせてナイロン製品を巧みに買わされた人などは、悪徳商法だと腹を立てる。建設ブームの上海などの様子からすればおっつけ、中国寺院にも豊かさの弊害が目につくようになるかもしれない。

第十二章　川尻・宇土・加津佐・水巻――宋からご帰朝の地点

肥後川尻・観音寺

河尻の津は、肥後で最も古くから開けた河港という。『肥後国史略』には、

「河尻ノ事ハ蒼霞草図書編等ニモ載タリ、図書編云、薩摩之北為㆓肥後庄㆒、横直五百里、其嶼為㆓開《カ》懐《ハ》世《シ》利《リ》㆒、為㆓達《タ》伽《カ》什《セ》㆒トアリ。」（巻五）

と記述される。『図書編』は、明代に章潢の撰した書物で、百二十七巻。その内三十八巻は地理について記す。道元禅師よりかなり時代は下るけれど、明代には中国にも河尻の存在が知られていたことがわかる。

道元禅師は、安貞元年（一二二七）八月頃、この川尻の津に帰着されたと伝えられている。もっとも、いつ、どこに帰着しようと、そういうことにはおよそ頓着のない道元禅師が、たまさかご帰朝の年次のことに触れられたりすると、

「大宋紹定《しょうじょう》のはじめ、本郷にかへりし、すなはち弘法《ぐほう》救生《ぐしょう》をおもひとせり、」（『辨道話』）

と書かれたその筆跡が乾きやらぬあいだに、同じ『辨道話』の中で、

「その坐禅の儀則は、すぎぬる嘉禄のころ（日本で）撰集《せんじゅ》せし普勧坐禅儀《ふかんざぜんぎ》に依行《えぎょう》すべし。」

などと、まったくつじつまの合わぬことを書かれる。なぜなら、大宋の紹定年間というのは、日本の安貞二年（一二二八）から文暦元年（一二三四）に相当するのに対し、嘉禄年間（一二二五―一二二七）は、それより以前の

ことなのである。おかげで、後学はすっかりふりまわされてしまって、ああだこうだと詮索が尽きぬ体たらくとなる。

しかし、帰朝年次については、『法燈国師年譜』とか『本朝陶器攷証《こうしょう》』にある加藤藤四郎伝等の史料を援用した大久保道舟博士の考証（『道元禅師伝の研究』）からみて、まずもって安貞元年（一二二七）秋という説が動かしがたい。

問題は、帰着の地である。道元禅師の古伝として知られた『紀年録』『列祖行業記』『洞上諸祖伝』『洞上聯燈録』『訂補本建撕記《けんぜいき》』等は肥後川尻説をとっている。しかし、『道元和尚行録《あんろく》』、『延宝伝燈録』等は川尻説をとらず、前者は博多帰着説をとり、後者は太宰府到着説をとっている。

はたして諸伝の記述のいずれを信じるべきか、大いに迷うところである。けれども、博多説を唱える『道元和尚行録』にしても、

「異本は、肥之後州河尻に着くと作す。余河尻に行きて居人に問ふ。居人曰く、未だ聞かず、異邦船は此の処に着けば則ち知る、と。河尻に着くは是れ非なるか。」（原漢文）

と注記をし、当時、宗門では川尻到着説が一般的であったことに触れつつそれを否定している。さらに『延宝伝燈録』の太宰府説などは、そこが海から奥まった地であるだけに、一旦川尻の地へ上陸した後の話としたところで、別段矛盾を生ずるわけではない。むしろ、先の『肥後国史略』の説などを斟酌《しんしゃく》すれば、往時、明州にまで知られた川尻の河港も、『道元和尚行録』の書かれた頃（一七〇六）には、すでにその面影を失っていたのだな、という感慨を喚び起こすだけであって、それは川尻説を否定する史料とはなり得ないような気がする。

伝承を信ずる限り、（そしてまた伝承を信ずる以外に今となっては方法はないのであるが）道元禅師が肥後川尻の港に着岸されたことはまず信じておくよりしかたがないみたいである。しかも、川尻は、日宋貿易の主要港ではなくて、かなり奥まった河港であったから、どこか別の（例えば、坊の津の）港をめざしていて、途中不測の事

態が生じ、難を避けるような形で川尻の河港に上陸されたのではなかろうか。あるいは、その避難の際、水先案内をする水夫の中に、川尻の港に詳しいものがいたのかも知れない。もしそうであれば、

「コノ冬、支那ヨリ船ヲ発シテ、船中ニ黒風ニ値フ時、師船上ニ黙坐シケレバ、忽《たちまち》観音大士蓮葉ニ乗ジテ、海面ニ泛《うか》ンデ、風波穏《おだやか》ナリ。」

という訂補本『建撕記』の記述がさもありなんと思えてくる。川尻帰着説が正しいとすれば、道元禅師が通過されたという船路の暴風雨は、往路ではなくて、帰路の時であったはずである。訂補本『建撕記』を撰した面山和尚も、おそらくそう考えられたに違いない。

さて、私がこの川尻の地を最初に訪ねたのは、昭和五十年の夏であった。自動車が激しく往来する国道三号線(翌年再び訪ねた時にはバイパスが完成、それが国道に昇格して、この旧国道は車の動きの少ない裏街道になっていた)を一歩脇に外れると、そこはもう静かな田舎道である。径のかたわらには、薮椿の生垣がどこまでも続き、河原には葦が風にそよぐ。海岸線からは、かなり奥まったこの三角州「杉島」も、かつての時代には、海がもっと間近に近づいていたのであろうか。「御船手《おふなで》」という地名も、船出を偲ばせてゆかしい。

もっともこの「御船手」の地名は、かつて加藤清正が海軍の根拠地としたことによるという。その後、肥後細川藩は海軍奉行所をここに置き、造船所、教育訓練所等の諸施設が置かれていた。船の出入りには都合のよい地形であったようだ。

ところで、この御船手にある小菴、南溟山《なんめいざん》観音寺が、道元禅師ご帰朝の際の上陸地として、宗門に広く伝承されるようになった発端は、面山和尚の次の記述にあるらしい。

「肥後州・河尻津寺あり、南溟山観音寺と号す。一葉観音を本尊とす。寺僧伝へ謂ふ。永平祖師帰朝のとき、南溟(南の大海)に悪風にあふ。時に船上に黙禱しければ、忽ち大悲尊、蓮一葉に乗じて海上に浮ぶを見る。風波恬如《てんじょ》し、着岸を得るに及べり。自らそのみる所を刻して此に安ず。故を以て南溟観音の号あり。そ

観音寺の上陸霊地碑

の後、監院僧、その像を画きて、祖師に洛南に謁し、賛を乞ふ。すなはち題して云く、一花五葉開き、一葉一如来、弘誓深きこと海の如く、回向善財を運《めぐ》らすと。監院版を彫る。その版、現今寺傍の民家に蔵すといふ、云々」（訂補本『建撕記』補注）

観音寺は、今は真言宗に属する。土地に伝わる話によれば、この寺は百済僧日羅《にちら》の開創になるもので、本尊如意輪観音は聖徳太子の作という。もとは、奈良の華厳宗西大寺の支院であったが、後、天台宗となり、比叡山延暦寺末正覚院の法統としてかなり栄えたらしい。

だから、この寺は道元禅師の縁によって新たに建立されたものではない。禅師ご帰朝の頃には、すでに一宇が構えられていたわけであろう。道元禅師は、しばらくそこで旅装を解かれた。面山和尚の補注の筆まわしも何となくそんな状況をイメージに置いているような印象を受ける。

では、道元禅師ご帰朝の頃の観音寺が、はたしてどの程度の規模の伽藍を有していたのか。実のところそれははっきりしていない。

現在の観音寺は、まことにみすぼらしいもので、四間四面の小さな本堂が、田んぼの中の狭い境内地に建っているだけである。

船板一葉観音（永平寺蔵）

すっかり荒れはてた寺は、無住職になって久しいと見うけた。おそらくは先代住職の未亡人であろうか、老婆と一人息子が、堂守としてひっそりとなりわいを営んでいた。

私は、刺を通じて本堂に上った。小さいけれど、薄暗い本堂である。本尊如意輪観音を拝した後、老婆から寺に伝わる船板観音のお札一枚を頂戴する。例の一葉観音である。

この船板観音というのは、昔から相当あちこちに伝播した形跡があるらしい。もちろん板木は何度も彫り直された。古いのでは、室町時代以前にさかのぼると推定されるものも五、六種はあるという話だ。おおむね古いものほど絵のできがいいとされている。

私がうやうやしく頂戴したそれは、彫刻の線が鈍く、いかにも稚拙な感じであった。有難味という点でもいささかものたりないような代物であった。

丈の低い常緑樹の茂った境内には、荒れた小さな本堂に較べるとずいぶん立派で背の高い自然石の碑が建っている。昭和三十九年（一九六四）に建てられた顕彰碑で、表には、永平寺七十三世熊沢泰禅和尚の揮毫によって「道元禅師御帰朝上陸霊地」と刻まれている。

〈補遺〉

平成十二年秋、二十年ぶりに観音寺を訪ねた。上陸霊地碑は昔のままであったが、本堂は新築中で落慶間近のようであった。

九州管区教化センターの寿山俊英主管の話によると、平成十一年夏の台風で四間四面の本堂屋根は吹き飛ばされ、本尊如意輪観音は熊本市内の仏具店に仮安置して難を避けている状況となった。

曹洞宗熊本県宗務所（紫安達純所長）は、危機的状況を見るに偲びず、地元熊本県寺院はもとより広く九州管区寺院に呼びかけて資金を勧募し、大本山永平寺も協力して本堂を新築する運びとなったらしい。今後は、曹洞宗熊本県宗務所が管理し、地元が公民館的な集会所として活用しつつ実質的な維持運営をしていく約束だという。もちろん本尊は帰還して安置され、参拝者が報恩の法要等をすることも可能である。

肥後川尻・大慈禅寺

観音寺から藪椿の長い生垣に沿うて南へ十分ばかり田舎道を歩くと、その昔の津の跡を思わせる地名「大渡」に出る。緑川の本流近くである。

『建撕記』によれば、道元禅師は、「河尻大渡と云う処に居住有り」というから、もしそうなら河尻大渡と観音寺の関係はいったいどうなのであろうかなどと思いをめぐらしながら、旧国道三号線を左折し、東へずんずんと歩く。間なしに、大型車が列を連ねて疾走する新国道三号線を横切ると、大慈寺の伽藍が見えてくる。

大慈寺は、永平寺四門首の一つとされるすこぶる格式の高い寺である。弘安元年（一二七八）寒巌《かんがん》義尹《ぎいん》和尚の

大慈寺仏殿　後方は法堂（平成 12 年秋）

開創になる名刹で、土地の人たちは、「ダイゼンジ」（大禅寺）と最大級の敬称によって呼ぶ。

しかし、今そこを訪れてみると、諸堂宇は荒廃しきって、広大な境内には人の影すらない。仏殿と庫裡《くり》とを結ぶ回廊のあたりに佇んで北を望むと遥か上方に大法堂《だいはっとう》。しかしそれは、崩れくずれて近づくことも案じられるような風情である。仏殿の西へ回ると、裏手には夏草の茂る中に赤錆の醜態をさらす鉄の骨組み。納骨位牌堂か何からしいが、建築中途で資金切れになったみたいな按配である。わずかに重層の山門と、大陸風のご尊容の大釈尊坐像を安置する巨大な仏殿が、整備ができた伽藍といったらよかろうか。もっとも、近年新築したらしいその仏殿にしてからが、天窓つきの奇妙にアンバランスな設計で、しっとりとした古刹の風格を味わうような建築ではない。檀家の少ない、それでいて格式ばかり高い大刹の伽藍を維持することは、ことのほかむずかしいことに違いない。だが、それにしても大慈寺は、そぞろにわびしさのみを感ずる寺である。

ところで、道元禅師は、ご帰朝後しばらくこの寺に居住されたと一説に伝えられる。

「安貞元年秋帰朝シ、肥後国求麻之庄中、河尻大渡ト云フ処ニ居住有リ。今寺在リ、三日山如来寺、大慈寺トシテ之在

リ。」（『建撕記』明州本）

ところが、不思議なことに大慈寺の寺伝は、道元禅師ご帰朝時にまつわる関係については、まったく触れていない。大慈寺と南溟山観音寺も、格別深いかかわりがあった風でもない。

大慈寺の開山は、順徳天基（一説に後鳥羽天皇）第三皇子寒巌義尹和尚（一二一七―一三〇〇）。仁治二年（一二四一）、二十五歳のおり、深草興聖寺に道元禅師を訪い、その翌年には、早くも心印を通じて大事を授けられたと伝えられている。その後、入宋、道元禅師入寂の悲報に接して、ただちに帰朝。その後、再び入宋。文永四年（一二六七）再度帰朝の後、川尻泰明の外護により宇土に如来寺を開き、再に川尻大渡の地に大慈寺を開創したとされる。

では、何故に寒巌和尚が宇土や川尻の地に赴かれたのか。その点になると諸説ふんぷんとして定説がない。博多聖福寺に寓しておられるのを川尻泰明が請したと言い、あるいは、叔父にあたる安徳天皇の墓所を探し訪ね、併せて平家一門の供養を誓願として巡錫に出、宇土の地へ入られたともいう。また、かつて入宋のおりに滞留された明州大慈山の佳境を愛でて心に忘れず、その地を彷彿とさせる川尻大渡の地に大慈寺を開いたとも伝える。寺名がそれを証するというわけ。

ところが、大久保道舟博士は、それらの諸説を肯定しながらも、「師の意中には、道元禅師帰着の聖蹟を永久に記念せんがためではなかったかと思う」（『道元禅師伝の研究』）と推定を下しておられる。おそらくそうであったに違いあるまい。しかし、如何せん、大慈寺は何度も祝融の災に会い、真実はほとんど失われてしまった。おそらくその歴史の中で、二度も入宋した寒巌和尚の帰朝にまつわる伝説が、道元禅師のそれと混同されたということも考えられ得る話に違いない。

とにかく、大慈寺の寺伝の中に、道元禅師との係わりがまったく触れられていないというのは、ある意味ではまことに奇妙なことである。すぐそばの観音寺に伝わる話のことを思うと、そこに何やら意図的なものが秘められているのではないかという気すらするのであるが、はたしてどんなものか。

〈補遺〉

その後、永平寺から直命によって派遣された松倉源雄、上月照宗の二代の住職によって伽藍整備が積極的に進められ、平成十二年に私が訪ねた時は見違えるほどに落ちついたたたずまいの寺となっていた。

宇土・三日山如来寺

三日山如来寺は、すでに触れた如く、大慈寺と同じ寒巌義尹和尚を開山とする。『肥後国誌』下巻によれば、文永六年（一二六九）、当時、宇土古保里を中心として支配していた古保里越前守の母堂素妙尼（川尻城主、三郎泰明の妹とも言い娘ともいう）の請いに応じ、安徳帝の墓に近い三日《さんち》の里の如来寺開山となったと伝える。

けれども古い写本の『建撕記』等では、道元禅師がご帰朝後、その地に留錫せられたそのちなみに如来寺は建ったと言い、

「三日山ト号スルコトハ、師帰朝アリテ三日ノ内ニ此寺建立ソロウタリトテ、万民申伝エタリ。此寺ニハ、義尹和尚住シ給フト云々。」（『建撕記』門子本）

と記す。ところが、それについて、現在の如来寺住職で、郷土史にも詳しい菩提哲哉師は、

「道元禅師と如来寺が関係あるということは初耳です。そんなことは、土地の口碑にも伝えられていませんし、寺伝にもまったく触れられていません。」

という。

師の話によれば、如来寺は、東大寺僧奝然《ちょうねん》（?—一〇一六）の開基と伝えられ、古は、大刹浄水寺の文化圏に属して相当に栄えた寺らしい。

いったいそれがどういうわけで、道元禅師や寒巌和尚と係わりを有するようになったのか。伝えられるところによると、古保里越前守の母堂（あるいは娘ともいう）素妙尼が寒巌禅師を拝請したというのだが、「越前守」などという官名に対して、何やら越前永平寺の道元禅師と縁のあるようなゆかしさを感じるのは私だけだろうか。

後世の官名は、すっかり有名無実化してしまうし、その傾向は、鎌倉時代から出てくるのだが、中世史を専攻した学者の意見によれば、それでも道元禅師や寒巌和尚の頃は、まだ実際に現地へ任官している者を幕府から朝廷へ奏上してそれを認められたと考えておいてよいようだ。だから、「古保里越前守」は、その期間の長短は定かでないにしても、一応、越前守として過ごした時期があると考えてもいいのではあるまいか。してみれば、その際に、当時高名であった道元禅師と直接に、あるいは間接に何らかのふれあいがあったと考えてもあながち不自然な思いつきでもないだろう。もしかすると、母堂素妙尼は、川尻泰明が越前任官の際、永平寺を訪ねられたことがあるのではないか——これは、あまりに突拍子もない思いつきであるかもしれぬ。もちろん、越前任官の事実がもしあったとしても、その年月はまったく不明なのだから、道元禅師がその頃越前の地におられたかどうかもわからない。ただ、そうした道元禅師や永平寺との縁があったればこそ、後年になって宇土古保里の支配者となって息子の越前守がそこへ落ち着いた後、博多聖福寺へ滞留中の、道元禅師の高弟で、しかも二度も入宋を果たしたという寒巌和尚の噂を聞いてひとしお尊く思い、博多を訪ね、寒巌和尚に帰依したのではあるまいか。

如来寺——寒巌義尹和尚——越前守。たった三つの事柄から連想を逞しうすると、さまざまな風景が彷彿としてくる。さらに川尻——道元禅師ご帰朝の地、という二点が加われば想像はさらにとめどもなく発展していく。

しかしながら如何せん、かつての如来寺は、天正十六年（一五八八）キリシタン大名小西行長の焼き払いに会った。おかげで、その頃のいきさつを語る資料らしきものの一切が灰燼に帰してしまったのである。

三日集落の如来寺跡に建つ大灯籠

伝承によれば、その時、信仰厚い集落の人達は、寒巌和尚が自ら刻んだと伝える、弥陀・薬師・釈迦の三尊仏を背負って、一キロ余りも離れた現在の地に難を避けた。ともあれ焼き打ち以前の如来寺は、七堂伽藍を完備した相当な規模の禅刹であったらしい。前記の『肥後国誌』には、「寺領七十五町寄付有リシト云ヒ伝フ」と記している。

私は、宇土市民会館の館長を勤める菩提哲哉さんの案内で現地を訪うた。忙しい身の私を慮って菩提さんは、市民会館の運転手つき公用車を手配して下さる。国道を直に左へ折れた自動車は、ごくありふれた細い田舎道を山手へ向かって走る。

「昔は、海岸線も今のそれより相当内陸部に入っていたと思われるんですよ。」

菩提さんは、郷土史のことについて相当に詳しいらしい。以前、社会科の教壇にも立っていたりしたこともあるという。私は、越前守と道元禅師についての例の思いつきを語ってみた。すると、

「そうだと面白いのですが。」

と、あたりさわりのない返事が返ってきた。

現在、三日《さんち》の集落の如来寺跡には背丈を越す大石燈籠一基が残っている。ちょうど集落の入口のような位置の三叉路にポツン

と建っている感じである。かなり広々とした田畑の中の道端にただ一基建っているから余計にわびしい印象が残る。

私は、自動車を降りて写真に収めた。いつ頃建立されたものかと調べてみると、宝永四年（一七〇七）再建した由が刻してある。もちろん、小西行長の焼打ち以後のことである。

「ここからは、山陰《やまかげ》になって全景が見えませんが、昔の寺跡といわれる一帯は、今ではゴルフ場になっております。」

菩提さんの説明を伺いながら、焼打ち以前の如来寺の面影を想像しようと思いを凝らしてみたが、一向に見当もつかない。私はあきらめた。そして、菩提さんに促されるようにして、現在の三日山如来寺の地を訪ねることにした。

伝寒巌和尚墓（宇土市如来寺）

山間《やまあい》の細い道を自動車は砂煙をあげてガタガタと走った。十分もかかったであろうか。現在の如来寺は、無檀無禄のまことにちっぽけな庵である。しかし、すぐ裏手の山の頂きには、寒巌和尚の坐禅石も残っているという話であった。

「山頂からの展望は、それはみごとなものです。西に雲仙、南に天草、遠く不知火を隔てて八代海をも見渡せます。シーズンには相当な数のハイカーが訪れますが、彼らは、県内随一の眺望だと言っています。」

菩提さんの話を聞きながら、時間が許せば、ゆうに八畳敷の広さはあるという山頂の坐禅石まで登ってみたいという気もした。しかしあいにく先を急いでいた。だから、小さな本堂のすぐ裏手にある「寒巌和尚の墓」に詣でて暇を乞うことにした。

墓は、薄暗くなるほどに繁茂した樹蔭にあった。もちろん、例の如来寺疎開の際に三日から移したものであろう。寒巌和尚は、如来寺で遷化したと伝えられているから、この墓は相当に由緒正しいものと考えてよさそうだ。

寒巌和尚の墓のすぐ近くには、『肥後古塔録』にも掲載されている古めかしい伽藍塔一基がある。銘文等はすでに風化しさっていて定かではない。しかし、村人たちは古保里越前守の墓として言い伝えて来たという。

宇土の港は、九州の五大港の一つと言われた時代があった。「昏陀《うと》」の名は、明の神宗皇帝万暦二十五年出版の『図書編』に図示されている。道元禅師ご帰朝の船が、宇土の港をめざしていたのかも知れぬということもありうることなのである。

大陸を往来する古代のコースとしておよそ三つが考えられている。一は、北路と言い、それはまず玄海灘を横切って朝鮮半島に到り、沿岸沿いに中国は楚州あたりに赴くコースである。遣唐使船は、おおむねこのコースによったとされる。二は、南路とか大洋路とか言われるコースで、これは五島列島あたりから、順風を待って一気に東中国海を横断し、揚子江口の揚州付近に入港する。三は、坊の津から南の島々を経由して東中国海が比較的狭まっているところを横断するコースで、これは普通に南島路と呼ばれている。

私は、南島路が利用されたのではないかと考えて、先に坊の津の項で一つの仮説を立ててみた。その後、司馬遼太郎氏の『街道をゆく』（巻八）を読んでいたら、「種子島みち」の紀行があり、その中に、中世密貿易の拠点として種子島がすこぶる重要な役割を果たしたらしいことが書いてあった。それによっていよいよ、南島路をとって道元禅師の一行は大陸への往復をされたに違いないという確信を深めるようになった。

帰路に関して考えてみれば、坊の津に入港し損った船は、宇土の港を予備の寄港地として選び、九州の西岸を北上したと考えてまず間違いないのではあるまいか。

なお、司馬氏は「中世で最も航海術に熟練していた熊野（紀州）の漁民」と、種子島との間に、かなり深い交渉があったらしいことを推定している。これはいったいどういうことを意味するのか。訂補本『建撕記』の補注によれば、勢州津城下の巨商芝原四郎左衛門の先祖某者が、道元禅師を乗せて入宋したという話を伝えている。勢州の巨商の持船であれば、その乗組員は多分熊野の男たちに占められていたはずだし、もしそうだとすれば、種子島経由の南島路は蓋然性がすこぶる高いことになりはしないか。さらにこのことは後に一項を設けて論ずるつもりの道元禅師と葛山五郎景倫との関係についての私の類推を補強してくれる材料にもなり得るのではないか。

加津佐

島原半島の突端近くに加津佐という町がある。ここには、面白い地名伝説が残っている。昔、どうげん様が「笠」に乗ってこの浦に流れ着かれたから「笠津」と呼んだというのである。口碑のことだから「どうげん」にあてる漢字は定かでない。しかしまずそれは道元禅師に間違いないと土地の人は信じているらしい。

長崎県に在住するある人からそんな話を聞いて、私は興味をそそられた。加津佐は、永平六代の伝衣を嗣承した没蹤跡《もっしょうせき》（その生きざまをすっかり消してしまった）の禅聖大智和尚（一二八九―一三六六）の終焉の地である。それに肥後川尻の津とも近い。笠津の地名伝説も何かいわくがありそうだ。

かくして私は、昭和五十三年の夏の一日、わざわざ加津佐の町を訪ねてみた。

諫早駅前から乗った口之津行のバスは、おりしも収穫期の馬鈴薯の臭いを車中にまでむんむんさせながら広大な畑作台地を横断し、やがて千々石湾《ちぢわ》の沿岸に出る。長崎を起点にして島原半島を一周しているらしい国道二五一号線は、山国育ちの私を有頂天にさせる道であった。途中、歓楽の余燼をふすぼらせているような小浜温泉の湯煙りの中を通ったり、はるかに雲仙岳を見はるかしたりもしたものだが、全体の印象としては、さながらに長汀曲浦の海岸線を走り続けたことのみが今に残っている。加津佐は、諫早から一時間半少々のところにあった。

町の象徴的霊場と言われる海抜百メートル足らずの岩戸山の麓にある巌吼《がんくう》寺をまず訪ねる。行基菩薩の作と伝える観音を安置する霊場であると共に、大智和尚終焉の水月山円通寺の後身を称する寺でもある。面積約一平方キロのこの岩戸山は、かつては浮島であったという。

あらかじめ前日に電話を入れておいたところ、今は島原の名刹本光寺を董《ただ》されている前住さんやら、初老の郷土史家林田第一號さん（れっきとした本名だそうである）やら、さては寺の護持会長さんまで、ずいぶん大がかりに参考人（？）を呼び集めて下さっていたのには恐縮する。特に林田第一號さんは、四百字詰原稿用紙五枚に書かれた未発表の原稿「道元信仰――加津佐の民俗」をわざわざコピーして持参して下さっていた。これにはこの町に口碑として残る道元禅師に関わる伝説がかいつまんで紹介してあり、それに対する林田さんの見解が述べられている。一から調査する覚悟であった私には、願ってもない好資料である。

巌吼寺の書院は、岩戸山の自然林の延長上にあった。南国の緑したたるおおらかな造りの庭木越し、前方下方には、加津佐の町並と入江が光っていた。静かである。

道元禅師が笠に乗ってこの浦に流れつかれたという地名伝説について林田さんは言った。

「大智禅師の徳化が、この地ではずっと後世まで影響を与えとったごとあるですね。笠津の伝説でももし他の地方なら行基菩薩か弘法大師が笠に乗って流れ着かれたということでっしょう。そいがどうげん様になっとっとは、加津佐の特徴ですばい。多分そいは大智禅師と水月山円通寺の教化力の偉大さを示すとじゃなかでしょうか。」

林田さんの話によると、江戸時代の葛飾北斎の版画の中に、笠に乗って海を渡る仙人の図柄があるそうである。神通力を備えた聖人は、笠に乗って海を渡ることができるという信仰は、日本民族に共通なものとして古く

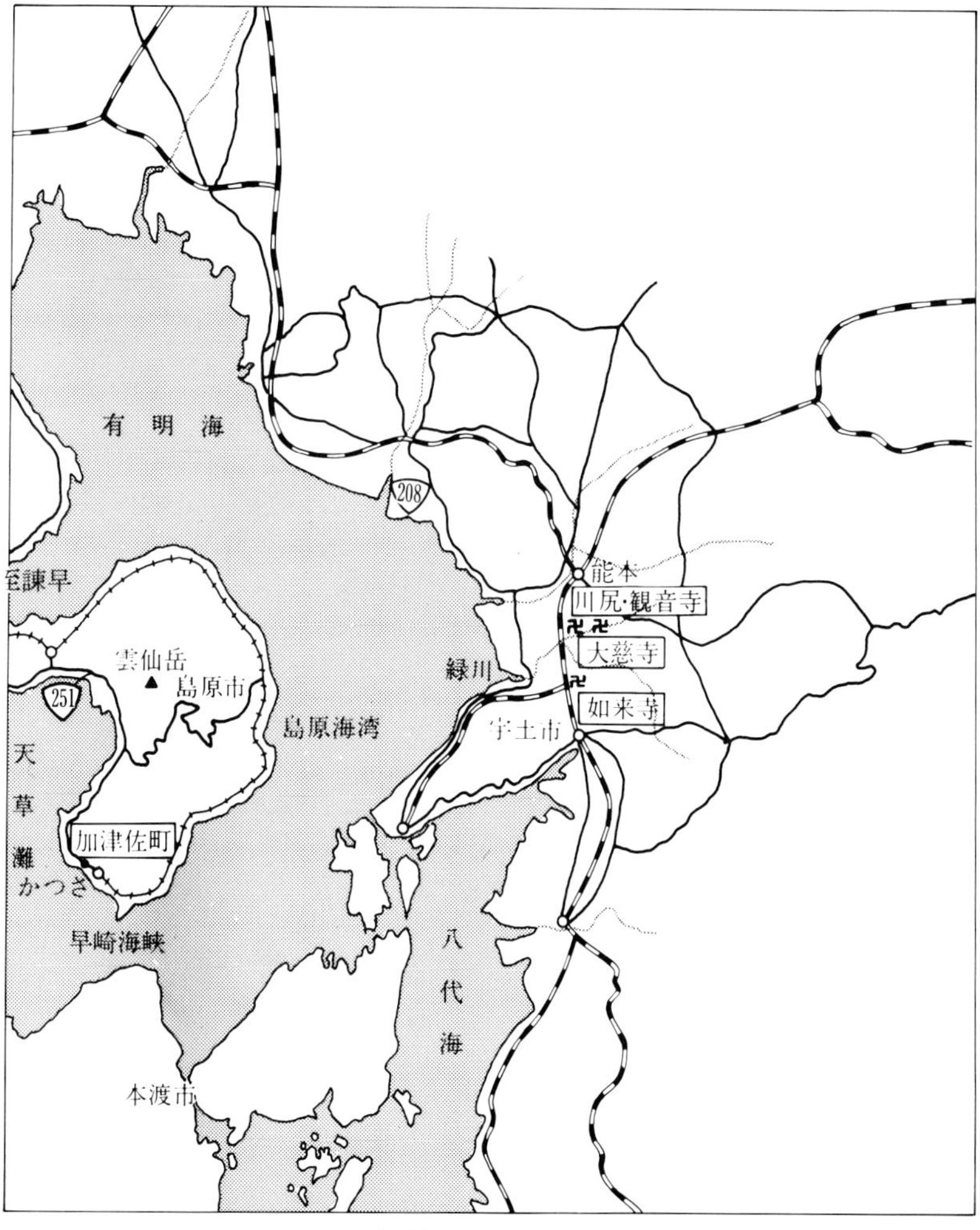
有明海
208
諫早
雲仙岳
島原市
251
島原海湾
天草灘
加津佐町
かつさ
早崎海峡
本渡市
八代海
緑川
能本
川尻・観音寺
大慈寺
如来寺
宇土市

加津佐と川尻の周辺図

ブロック造りの道元堂。すぐ左手道元水

からあったということであろうか。してみると、林田さんの分析は、すこぶる正鵠を得ていることになる。

それにしても、この町には、どうげん様の伝説がめだつ。「どうげんさま」と称する祀堂が二箇所もあるのが、まず尋常ではない。

私は、方丈様たちにお願いして、その一箇所を案内してもらった。それは、島原鉄道の終点加津佐駅前にあった。郷社温泉神社の背後にある高台である。

「今では道元堂が温泉神社の一隅に仮住まいをしとっけん、その管理も温泉神社がしとっとです。ばってん、神社は明治になって雲仙岳から勧請したもんですけん、ずっと新しかとです。もともとここの地主は道元堂なんです。そいけんこの下の集落は、大字水月名《すいげつみょう》字道元下と言うとっとです。」

説明をしながら林田さんは、勾配の急な細い石段をゆっくりゆっくりと登る。

「水月名という地名は、大智禅師の水月山と関係があるわけですか。」

「そうです。後でご案内するつもりにしとっとですが、この辺、特に道元堂の脇をちょこっと登ったとこにある高台一帯が水月山円通寺の境内地であったと言われとります。」

道元堂は、けばけばしい二色のブロックを重ねた妙にグロテスクな一坪ばかりの建物であった。

「これはちょっといただけない造りですね。駅の公衆便所みたいじゃありませんか。」

「村のもんが近年建て直したばってん、私もあんまり有難みのない建物だと思うとります。安上がりで丈夫なものをと考えたとでしょうがな。」

道元堂の左手脇には、相当な勢いで清水が湧き出している。手をつけてみると意外に冷たいので驚く。堂の裏手をのぞいてみると、崖のようなところからもどんどん水が湧き出ている。

「昔、里人は末期《まつご》の水にこの水を使ったと聞いちょります。」

ブロック造りの道元堂の中には、

「道元水基」

と正面に彫り込み、右脇に「寛政八辰天立之」と小さく刻んだ、高さ三十センチばかりの石柱が安置してある。相当昔から、加津佐の人たちは、ここの水を珍重したらしいことがわかる。

加津佐には、この他にも東越崎地区の山中に道元堂がある。やはり、清水の湧く場所で、里人は現在も珍重してこの水を飲用しているという。ここには、「どうげんさま」のおみこしまであって、年中行事のお祭りも行われるらしい。

「道元禅師には、杓底一残水の教えがあるけんねえ。」

と、厳吼寺の方丈さまがいう。その言葉を待っていたかのように林田さんは、

「この地の人は、どうげんさまを水の神様みたいに思うとっとですよ。おそらく、円通寺の人たちが民衆を教化するために、水源地に道元堂を建てたんではなかでしょうか。」

と力説した。面白い説である。

しかし、私にとって一番の問題は、道元禅師がはたしてこの地に上陸されたのかどうかということであった。

水月名から岩戸山を見る

しかし、林田さんの話はいっこうにそういう方向に向かって行かない。常に大智和尚のところへ帰ってしまうのである。

道元堂の右脇の樹蔭にある細くて急な山道を十メートルばかり登ると広々とした高台に出る。ゆるやかな傾斜を帯びた畑地は、馬鈴薯の収穫のあとであろうか、掘り返された土の表には、独特のその匂いがほのかに漂っている。眼下には、思ったより広い加津佐の町の家並があり、静かな入江に門構えの風情をみせて岩戸山と女島（魚見岳ともいうらしい）が海上に突き出ている。その向こうには蕩々と横たわる天草灘。天草の島々も遥か視界の彼方に見わたせる。

すばらしい風光を楽しみながら、私たちはうねうねと続く丘陵の舗装道を大智和尚の無縫塔が安置された地まで歩いた。半キロはあったであろうか。大檀那有馬直澄の大智和尚への寄進状には、「肥前国高来郡賀津佐村内伽藍敷地並びに屋敷山野の事」とある。その場合、実際に水月山円通寺の伽藍があったのは、今、無縫塔の置かれている地の周辺なのだろう。しかし、その境内地は、想像以上に広大なものであったらしい。しかもそのどこに立ってみても、まさに「山海佳麗の勝地」である。

大智和尚には、「笠津遠望」と題する偈頌二首がある。

篷窓冷やかに対す一江の秋
智境融ずる時　見処周《あまね》し
岸上の青山不動なりと雖《いへど》も
波心の明月　去って流れに随《したが》ふ

性海風無く　宝鑑明らかなり
猿啼いて未だ第三声に足らず
寒濤打ち砕く　蒼崖の月
万仞の峰頭　路の行く無し

これは、一般には笠津（加津佐）の地からの遠望を詠んだものと解されている。だが、私には、舟で加津佐の地を訪れようとしている時の海上からの遠望としか思われない。今でこそ諫早からバスで二時間たらずで訪れることができるけれど、往時のここは文字通りの陸の孤島であった。この地への往来は、舟便が普通であったはずだ。

そこで私はまた道元禅師ご帰朝の時のことに思いをはせる。それは古くから肥後川尻の地に帰着上陸なされたというのがほぼ定説となっている。川尻の地は、加津佐から至近の地である。川尻上陸説をもとにして加津佐との関わりを考えたらいったいどういうことになるのであろうか。

地図を広げてみる。九州西岸を北上した船が川尻に至るには、黒の瀬戸を抜けて不知火海を行くか、天草灘から早崎海峡を通って島原海湾を行くかの二つしか考えられない。川尻の位置から考えて、まず後者とするのが一番妥当ではなかろうかと私は思う。つまり、島原半島と天草の間を通り抜けたのである。その場合、島原半島突端に近い天然の避難港加津佐を、とりあえずの漂着地と考えるのは必ずしも不自然ではない。

往時の航海は、羅針盤を用いて正確に目的の港に辿りつくというようなものではなかった。風と運に半ばを任せて、目的地に最も近い海岸に辿りつくといった按配だったのである。

しかし、外洋を走る船が、加津佐に艫《とも》を繋ぎ、さらにまた内海の川尻に碇を下ろすのは二重手間のような気がしないでもない。そうすると、加津佐からは内船で川尻に赴かれたのか、あるいは川尻に上陸した後、そこから博多への船旅の途次、加津佐へ寄られたのか。川尻から博多へ陸路を行かれたのなら当然前者であるし、海路をとられたのなら後者の可能性が強い。九州地方を訪ねるたびに、当時の交通事情をその地の郷士史家たちに問うてみたが、たいていは、肥後から博多なら便船を求めて船路を取るのが自然だという。してみれば、後者が有力な説となる。

もっとも、いずれにしても一番肝甚なのは、加津佐の口碑の信憑性である。

「そうやね。」

林田さんもそのあたりになると口をつぐむ。だいたい、島原の乱に際して、この地の住民は一人残らず原城に入って討ち死にしてしまった。現在の住民は、それ以後の領主の住民招致政策によって各地から移民して来たものばかりなのである。一旦は絶えてしまった伝承の中から新しく醸成された口碑がどこまで真実を語っているだろうかと言うことになると、私自身も首をかしげざるを得ない。

しかし、傘松峯に似ているがゆえに肥後菊池の聖護寺の地を愛された大智和尚が、最晩年になってなぜ加津佐に移られたのか。有馬氏の強力な拝請もあったのだろうが、そこに道元禅師ご帰朝にまつわる伝承の地に魅かれる心情も加わっていたと考えられないであろうか。

加津佐の町のことを記録した古い文献には笠津と記録したものは何もない。わずかに大智和尚の偈頌に前述の「笠津遠望」一首と、あと一首「笠津和韻」というのがあるだけ。つまり、笠津という地名で加津佐を呼んだのは大智和尚だけなのである。これは、道元禅師の伝説と大智和尚が密接に絡んでいる証明のような気がする。

道元禅師ご漂着の地ということを知っておられた大智和尚が、意識的に笠津伝説を仕立てられたのか、後世の人が大智和尚と道元禅師を一体にみて、そこから自然発生的に笠津伝説が生じたのか。その辺のところは、今となっては何もわからない。

厳吼寺へ戻って、私たちは薬石の供養に預かった。天草灘でとれた加津佐の魚は、格別に美味であった。

私は翌朝の都合もあって、その夜は諫早に宿を取っていた。だから、食後早々に厳吼寺を辞去し、再びバスに乗った。千々石湾《ちぢわ》の落日は、不思議な切なさでもって私の胸を熱くした。

水巻

翌朝早く、諫早を発って、福岡県は遠賀川の河口近くにある水巻町を訪ねた。実は、この町の猪熊地内に、次のような道元禅師伝説が残されているのである。

人王八十五代後堀河院（一二二一即位、在位十一年）の頃、道元禅師が宋に遊学しての帰途、博多から宗像に出て垂水越から岡添いにこの猪熊の地にやって来られた。（その道順は、安徳天皇が落ちのびたのと同じで、地元の人は、その後、芦屋へ向かわれたのではないかと推定する。）

ともあれ、猪熊に姿を現わした旅姿の道元禅師を見て、さる老人が尋ねる。

「和尚は、何国の如何なる人ぞ。」

すると、禅師答えて曰く、

「我、天地の間に生まれて天地を家とす。何ぞ一処の里あらんや。」

道元禅師にしては、いささか力んだ感じの答えである。しかし、今はそんな詮索はおく。

老人はまた問うて曰く、

「何の為に此地に来り給うや。」

禅師曰く、

「大法を求めんがため唐土に遊び、今帰朝す。路次の便、此の地に来れり。」

高僧と知った老人は、この村に悪病が流行して困っているが、何とか救ってもらえまいかと懇願する。それに応えて道元禅師は、地蔵菩薩の像を取り出し、

「此の像は、我、唐土より請来する所の霊像なり。菩薩は六道の能化にして大悲人の苦に代り給う其の徳、測るべからず。汝等、此の像を安置し一心に信仰せば、救苦疑いなし。なお六道輪廻の苦患をも免廻して云々」と云い、その像を授けた。老人は喜んで、禅師がさらに猪熊に留まってくれたら有難いと頼んだ。しかし、禅師は、霊像を拝んでいれば、自分がここに居るのも同じことだと告げて去ってしまう。

老人は、早速に其処に一宇を建てて地蔵菩薩を安置した。村の衆も話を聞いて信仰したので、疾災はたちまちに消滅した(『水巻町史』昭和四八年刊)。

『水巻町史』によると、およそ四百年後の元和元年(一六一五)、江藤次郎左衛門なる人が、堂宇を再建し、慈雲山河隣寺《かりんじ》という山号寺号がつけられる。その後、万治四年(一六六一)、江藤、原田の両氏が再興、さらに明和八年(一七七一)にも再興遷仏供養の会が修せられたという。

江藤氏の子孫は今もご健在であると聞いたので、まず何はともあれ尋ねてみた。ご当主江藤小平氏の宅は、バス停猪熊終点のすぐ近くにあった。代々庄屋を勤めていた家柄らしいが、家は最近改築されたらしくモダンな邸宅である。広い庭には、見事な盆栽がたくさん並び、樹蔭の池には錦鯉も泳いでいる。

最近まで小学校の校長を勤めていたという小平氏は、突然の訪問にもかかわらず、親切に河隣寺跡を案内して下さった。背のすらりと高い、温厚な人である。

河隣寺跡は、小平氏の屋敷のすぐ近くにあった。とある人家の脇の目立たぬ細いだらだら急の小道を二十メートルばかり登ったところ。岡という小字名にふさわしい小高い丘の上である。境内地とおぼしきところは、およそ八十坪ばかりはあろうか。周辺には雑木が鬱蒼と生い茂り、夏草が繁るに任せてあるから、その広さはちょっと見当がつかない。しかし、左手前方に目をやると、広々と広がる水田の彼方には、河口の近さを思わせる遠賀川がゆったりと横たわっている。土地の人達も、そういう明媚な風光を捨て難く思っているに違いない。寺址には、素朴な藤棚が作られ、毀れかけてはいるが長椅子も二脚ばかり置いてある。田舎の村の忘れられた小公園といった風情である。

「道元禅師が与えられたというお地蔵様はどれでしょう。」

「ほんとは私も詳しいことはあんまり知らんけど、中央四国第十三番の観音霊場として観音様をお祀りしちゃるだけで、地蔵様は、いつの間にやら行方不明になっちょるごたあ。」

小平さんは申しわけないような顔をして頭に手をやった。

観音菩薩を安置する堂宇というのは、一坪ばかりのブロック造り。昨日から、ずっとブロック造りの小堂ばかりを巡っているような気がして思わず苦笑する。

観音堂の傍には、かなり大きな一本の楠がある。その脇のあたりに奇妙な形の石塔が一基あるのに気づく。塔身には「三界万霊」と刻んであり、その上にさらに小さな石像が安置してある。最初は、妙な形の二宮金次郎の像だなと思ったのだが、側に近づいてみると、これが行脚姿の道元禅師像なのである。なかなかに精巧な彫像である。いったい、いつ頃、誰によって作られたものなのか。

「さあ、私も詳しいことはなんも知らんけど。」

江藤小平さんは、石像の台石に刻まれた施主らしき者の名列表を指で撫でるように確かめていたが、

「ああ、これは、私の子どもん頃に聞いたことのあるもんも出ておりますけん、そんなに古いもんじゃないで

す。おおかた戦前までしか遡れんなあ。」

しかし、三界万霊の塔身は相当に古いものである。では、そこのつじつまをどう合わせたものか。私は、次のように考えてみた。

道元禅師の伝説を尊いことに思った村人たちの有志は、旅姿の道元禅師像を河隣寺址に建てようということを発願する。ところが、依頼してこしらえた石像は、存外に小さかった。屋外にそのまま安置したのではさまにならぬ。とどのつまり、台石の上に、寺址に建てられていた古い三界万霊塔を置き、さらにその上に件の行脚像を安置することにしたのではあるまいか。三界万霊塔の両脇や背後に刻まれていたらしい文字の類は、その時、さっぱりと削りとられたのであろう。台石に建立の由来を一切記録しなかったことと、塔身の風化の様相とが相俟って、この像は意外に早く時代がついてしまったのである。

三界万霊塔の上に立つ道元禅師行脚像

「それは、えらい面白い説やね。」
小平さんも賛成の意を表してくれた。
像の裏手にまわると、伸び放題の灌木に覆われるようにして、ひっそりと三本の無縫塔が建っている。表層はすっかり落剝しており、いつ頃のものか見当もつかない。河隣寺は、ずっと芦屋町安養寺（浄土真宗）の末寺であったとされ、江藤さんの家も代々その信徒であったという。しかし、この三基の卵塔は明らかに禅宗様である。『曹洞宗寺院名鑑』を見る限りでは、この近くに宗門の寺は現在ない。けれども、かつてこの小庵が禅僧の管理下に置かれていたことがあるのはまぎれもない事実だと私はみた。

では、肝腎の伝説の信憑性は、どの程度のものであろうか。

先に紹介した猪熊の道元禅師伝説は、実は、明和八年（一七七一）三月に、宗政なる人が書いた「御牧郡猪熊村慈雲山河隣寺縁起」というものがあって、町史の記述もそれにもとづいているのだそうである。だから、まず何はともあれその原本を確かめる必要がある。

「まあ、私はなんも知らんです。無駄足になるかも知らんですが、一ぺん、河隣寺縁起が保存されちょる芦屋の安養寺さんを尋ねんさったらどがんでしょう。」

江藤さんの勧めに従って、私は足を芦屋まで伸ばしてみた。バスで二十分少々のところである。しかし、安養寺では何もわからなかった。例の河隣寺縁起の原本も、行方不明になっているらしい。

『水巻町史』によると、道元禅師は猪熊から芦屋に向かい、そこから京へ船出されたのではないかとする。ならば、ひょっとすると芦屋にも同じような伝説が残っていないだろうか。ふとそんなことが思われて、芦屋町の教育委員会に電話し、その紹介で郷土史家藤本春秋子さんを尋ねてみた。

芦屋は、万葉の時代から「崗《おか》の水門《みなと》」と称され、大陸文化の伝来の地として栄えたらしい。特に、太宰府に政庁があった折は、博多の津と共に、大いに繁栄したという。豊臣秀吉の征韓の折には、その部将池田長吉が洞海湾を経て芦屋に入り、ここで軍勢を整えて朝鮮へ渡海したと伝える。明治になって、鉄道の沿線から外れたおかげで、すっかり衰微してしまったらしいが、河口港としての芦屋は第一級の由緒を誇っているのである。

ならば、内船の便を求めて博多から芦屋へ向かわれたという伝説も相当に蓋然性は高い。しかし、藤本さんは、「芦屋は何度も大火に見舞われた町で、古い資料はほとんど残っていないから何とも言えないが、自分はそのような話は聞いたことがない」と言う。

結局、猪熊の伝説を最大限に信用すれば、肥後川尻の港に上陸された後、陸路を芦屋まで行かれたか、海路を博多まで行き、一旦そこで上陸して、便船のうわさを聞いて猪熊方面へ歩かれたことになる。当時の交通事情を考えれば、後者の方が蓋然性が高いと九州地方の郷土史家たちはみる。その場合でも、芦屋まで足を運ばれずに水巻から船に乗られた可能性もあり得るようだ。
はたして真相はどうなのであろうか。

太宰府

道元禅師は、宋からご帰朝の後、川尻の津より陸路を経て大宰府庁に赴かれ、帰朝の手続きをとられた―大久保道舟博士の説である。『興禅護国論』の中に、建久二年（一一九一）七月、栄西禅師が帰朝した時の状況が記録されてあり、それには、初め平戸嶋葦浦に着き、それより太宰府に赴いたと記されているので、そこから類推した結論である。

諸種の道元禅師古伝について言えば、ただ一本前述の『延宝伝燈録』（一六七八撰）のみがご帰朝の地を、「太宰府に着く。本朝安貞元年なり。」と簡潔に記している。しかし、これは相当に時代の下った撰述であるから、信頼度はそんなに高くない。

近年著述された道元禅師伝についてみると、大久保博士の説を受けて、太宰府に赴き帰朝の手続きをされたということはごく当然のこととしているのが多い。だが、当時はたして海外渡航の際の役所として、太宰府が生きて機能していたかどうか。その点について私には奇妙にひっかかるものがあって、一度現地に赴いて自分の感覚で確めてみたいという気があった。そこで、博多を訪ねた途次とにかく一度太宰府の地を訪ねてみることにした。

福岡から西鉄急行電車に揺られること約四十分。太宰府駅に降り立った私は、駅前で貸自転車を借りた。法衣姿に自転車というのは、あまり似つかわしくないとは思ったが、短い時間内に効率的にあちこち訪ねようとすれ

太宰府都府楼跡

ば、恰好のことなど二の次である。

まず、駅近くの天満宮を拝した。次いでその背後の丘陵地に設けられたサイクリング道路を案内標識に従って一キロ足らずの道程を自転車を踏み、福岡県立九州歴史資料館を訪ねた。近代的な設計の立派な施設である。

受付の小さな窓口の奥は事務室らしく十人そこその人が机に向かって事務を執っていた。私は小腰をかがめ、小さな窓口に顔を近づけ、鎌倉時代の太宰府の機能についておずおずと尋ねてみた。道元禅師が当地に立ち寄られたかどうかの可能性について地元の研究家の意見を質してみたわけである。

窓口の奥では二、三人の人が何やら相談をしていたが、結局、県の教育委員会の何某さんに聞くがよかろうというようなことになったらしく、すぐに県庁に電話を入れてくれる。当の人は、ちょうど居られたのだが「その頃には、太宰府の機能は完全に失われていたから、道元禅師が太宰府に来られた可能性はまったくありません」というようなにべもないことを断言されたらしい。

あらかじめ予想された返事であった。だが、あっさりそう言われてみると、はたしてそうか知らんというような懐疑的な気分にもなる。私は、途中博多の書肆で求めた『福岡県の歴史』（平野邦雄、飯田久雄共著）をあらためて読み直し、太宰府解体の過程を頭に整理してみた。

保元三年（一一五八）清盛、大宰大弐として太宰府に赴任。

仁安元年（一一六六）頼盛、赴任。

養和元年（一一八一）菊池・緒方の蜂起で太宰府焼亡。府印紛失。（その後、官舎は現在の都府楼付近に再興）

文治元年（一一八五）壇ノ浦海戦。平家滅亡。天野遠景鎮西奉行人となる。

建久六年（一一九五）天野遠景鎌倉に呼びかえされ、武藤資頼大宰少弐となる。

これ以後、大宰少弐の地位は、武藤氏の世襲となり、太宰府は武藤氏の守護所に変貌していくのである。すでにそれ以前から帥・大弐などの上級官吏は赴任しなくなっていたようだから、これ以後、まず出入国の管理を大宰府が行なうことはできなくなっていたと考えてもよいのではないか。

建久二年（一一九一）、栄西禅師が太宰府に立ち寄ったのは、天野遠景が強引な武断政治を行って、平家勢力の一掃に努めていた頃である。従来の慣行もまだまだ生きていたであろうし、何よりも人びとは新体制から妙な嫌疑をかけられるのを一番厭うたに違いない。だから、栄西禅師が太宰府に立ち寄ったとしてもそれは決して不自然ではない。

ところが、道元禅師が入宋された貞応二年（一二二三）、帰朝された安貞元年（一二二七）になると、状況はよほど変わって来ている。それは、前掲の大宰府解体の過程を整理した略年表をみればわかる。栄西禅師の例をもって道元禅師の時のことを類推するのは極めて危険なこととみなしていいのだ。電話口で、道元禅師が太宰府を訪うた可能性を即座に否定した県教委の某氏の答は、これはやっぱり信用しないわけにはいかないようである。

歴史資料館を出た私は、再び自転車に乗った。道元禅師来訪の可能性はともかくとして、大宰府正庁の跡だけは一応訪ねておかなければ、せっかくはるばるやって来たのだからもったいない。私は広い国道をひたすらにペタルを踏んだ。

二ヘクタールという広大な都府楼跡は、その広さを誇示するように、芝生を植え、玉砂利を敷いてみごとに整備されている。直径二メートルはあると思われる花崗岩の礎石があちこちに配されていて、かつての太宰府繁栄の様子をわずかに偲ばせる。

だが、不思議なことに、いつまでそこに佇んでいても、道元禅師のイメージはさっぱり浮かんで来なかった。さきほどの思考が私の脳裏にすっかり定着してしまったせいかも知れない。道元禅師は、川尻から北九州の沿岸沿いに京都へまっすぐに帰られた。そう思うのがどうやら最もすなおな考えのようである。

道元越と道玄坂

宮崎県の高千穂町に、「道元越《ごえ》」という地名が残っている。九州の最高峯祖母《そぼ》山（海抜一七五八メートル）のふもとである。

その位置は仮りに、肥後川尻から豊後の山中を越えて別府のあたりに出るとすると、ちょうどその途中になる。したがって、名前から想像して道元禅師と関わりのある地ではないかと思いやすい。ところが、案に相違してまったく関係のない地名なのである。そういう意味では、ここに取り上げるべき筋あいの地ではないけれど、誤解しているむきがなきにしもあらずだし、加えて九州その他に伝わる「どうげん」伝説について、そのすべてが必ずしも道元禅師と無条件に結びつくものではないということを考えるよすがになるかもしれないと思い、あえて「道元越」のことについて触れておくことにした。

「道元越」の道元は、俗名を佐藤忠治（一説には治忠）と言った。生年は不詳であるけれど、没年は、文暦元年

（一二三四）三月十四日。道元禅師とほぼ同じ時代の人物である。高千穂町には墓石も残っており、系図の一本には、「西光院殿道元大禅定門」という法名が記録されている。

佐藤忠治の父は、佐藤忠信である。忠信は源義経四天王の一と称せられた有名な人物である。全国に数ある佐藤姓は、そのほとんどが忠信かもしくはその兄継信を始祖としているらしい。だから、この町に残る忠治の系譜もそういう類の一種マユツバな説かも知れないが、歴史に素人の私にはその辺の信憑性については何とも言えない。ともあれ、父忠信は、二十五歳の若さで自刃し、その妾が、二歳になる男子を連れて吉野の山奥からさらに高千穂へと鎌倉の詮議を逃がれて落ちのびて来たという。その子が成長して忠治と称し、さらに入道して道元を名乗るわけである。

私は、まだ高千穂の町は訪ねたことがない。しかし『高千穂旧記』（元禄四年、一六九一）には佐藤道元の屋敷なるものの所在が記録されているし、『高千穂太平記』（西川功）によれば、高千穂町内には、道元の短刀とか薙刀が伝わっており、伝説もふんだんに残っているらしい。無双の大力で、小豆八斗宛を背負って常に大山を越えたという。道元越は、この地方ではなだたる難所の山越であった。

村上元三氏の作品に「道玄の松」（『大法輪』昭和五二年一月所収）という短編小説がある。東京は渋谷の大和田町にある「道玄坂」のいわれを題材にとったもので、主人公は、道玄なる禅僧。村上氏の描くところによると、この道玄は九州の出身で、栄西禅師の弟子として、博多の聖福寺で修行を積んだ。その後、和田義盛の子、常盛の帰依を受け、和田屋敷の一隅に居候する。鎌倉第一の武将義盛も道玄に帰依すること大であったらしい。道玄もまた、和田一族のブレーンとして相談に応じていたふしがある。

これは道玄には直接関係しなかったようだが、建保元年、北条義時の挑発にうかうかと乗り義盛が挙兵する。結果、和田一族はあえなく滅亡する。ところが、その残党二十人ばかりが、武蔵国豊島郡渋谷から世田谷へ抜ける山道の岩窟に隠れた。いうまでもなく、機を待って、鎌倉へ戻り、北条一族を滅そうという意図を持ってである。その首領は大和田道玄と名乗っていた。このあたりの地名を姓に冠してはいるが、例の道玄のなれの果てであった。

和田の残党たちは、山賊まがいの生活を数年つづけた。しかし、鎌倉もそれを放ってはおかない。建保五年（一二一五）、北条義時は、長子の泰時を武蔵守に任じ、二百騎の武者をつけて、道玄たちのこもる岩窟を攻めさせた。和田の残党は、よく戦ったが、所詮は多勢に無勢。ほとんどが討死をし、残りのわずかな者は渋谷から逃がれ去った。泰時は討死した者たちの首を調べてみたが、その中に道玄はいなかった。もちろん、その後の道玄の消息は杳《よう》としてわからなくなるのである。

さて、話は再び高千穂に戻る。佐藤道元の系譜を記載する佐藤家の系図は、同町三田井栃股、三田井埋立、岩戸立宿、上野黒口の各佐藤家等に伝えられている。ところが、分家して行く過程で、いつの頃かに写し誤りを生じたらしく、それらの系図間には多少の相違がある。中で、三田井埋立の佐藤家に伝わる系図の記事は、佐藤道元こそ、大和田道玄の後身ではないかと推測させて面白い。それには、次のごとく記載されている。

「忠信──佐藤四郎兵衛──治忠──（佐藤庄司二郎、鎌倉ノ詮議厳ニ付、忍ンデ九州ニ下り、日州高千穂ニ住ス。文暦元年死ス、法名道玄）」（圏点著者）

文暦元年（一二三四）は、道玄坂から大和田道玄が消えた建保五年（一二一五）から数えて、およそ二十年の後である。

博多に伝わる「どうげん」伝説に、道元禅師と佐藤道玄の混乱はないかどうか。水巻町猪熊の伝説ではどうか。加津佐ではどうか。はたまた川尻ではどうか。あれこれ考えていくと、道元禅師とほぼ同時代に、しかもこともあろうに栄西禅師の弟子として九州から鎌倉にかけて足跡を残して行った怪僧佐藤道玄の存在は、少なからぬ問題を秘めているような気がしてならないのである。

南溟山観音寺（なんめいざんかんのんじ）——熊本県下益城郡富合町杉島

大慈寺（だいじじ）——熊本市野田五〇八

三日山如来寺跡（さんにちざんにょらいじあと）——熊本県宇土市三日《さんち》

加津佐（かずさ）——長崎県南高来郡加津佐町

猪熊・河隣寺址（いのくま・かりんじし）——福岡県遠賀郡水巻町猪熊

太宰府都府楼跡（だざいふとふろうあと）——福岡県筑紫郡太宰府町

第十三章　紀伊由良の興国寺（西方寺）――書額の篆字をされたという寺

興国寺と道元禅師

京阪の地からそれほど離れているわけでもないのに、私にとって紀伊半島の地は遠いところであった。思うに、その原因の一つとして、紀勢本線が大阪駅からいささか外れた天王寺駅を始発地とするということがあげられるのではあるまいか。昭和五十年の夏の日の昼小前、私はターミナル駅天王寺の雑踏をかき分けるようにして、急行「きのくに」号に乗り込んだ。四人掛座席の一角にかろうじて腰を下ろしてほっとした時、そぞろに湧き起こってきた気分には、上野駅を発ってみちのくへ向けて旅しようとする時のものに幾分通じるところがあった。

動き始めた急行列車の車窓からは、やがてみかん畑の緑の丘陵が延々と続き、時折、夏の陽光を受けて白く静かに輝く紀伊水道のリアス式海岸がちらちらと開けて眼を楽しませてくれた。しかし、海南、箕島を中心とした一帯には、巨大な石油コンビナートが群青色に凪いだ入江に音もなく屹立していたりして、紀伊半島が阪神工業地帯の一翼を担っていることを再認識させてもくれた。

畿内に近いところから南畿とも言われ、相当に古くから開けていたこの地が、私どもに意外に僻遠の思いを抱かせる原因が、国鉄線の接続の関係にあるとすると、鉄道開通以前と以後とでは、日本人の南畿に対する意識にも差があるのではないのか。リアス式海岸の良港に恵まれた紀伊半島は、京洛と九州の地を結ぶ交通の要衝として案外重要な働きをしていたはずなのに、鉄道によって距離感を幻惑された近代の歴史家たちがそれを見落としてしまったことはなかったであろうか。ローカル色の濃い紀勢本線の急行「きのくに」号に二時間ばかり乗っていて私が気になったのはそのことであった。

めざす興国寺のある紀伊由良の町には、急行が止まらない。明恵上人ゆかりの湯浅の町からバスの便はかなりあるそうだけれど、各駅停車の気動車に乗り換えようとすると、一時間も二時間も待たされる。土地不案内の旅人には、何とも不便な思いを抱かせる地である。

この興国寺、もとは西方寺と称した。寺名を改めたのは、後醍醐天皇（一二八八―一三三九）の時代であるとされる。興国寺の全盛期には、末寺も百四十三の多きを数え、「関南第一禅林」と称されたらしい。曹洞宗とのかかわりも開創当初から相当に深く、道元禅師四世の法孫である太祖瑩山紹瑾禅師は、自ら第二世となった加賀大乗寺の第三世として、西方寺開山法燈《ほっとう》円明国師覚心の法を嗣いだ恭翁運良を住せしめたほどである。また、覚心の直弟三光国師孤峰覚明は能登永光寺で瑩山紹瑾禅師に参じている。洞門の人でまた孤峰覚明に参ずる人も多かった。こうした洞門と興国寺一門との交流は、後に述べるような開創時における道元禅師とこの寺の深い関わりが因となり縁となっているのではあるまいかと想わせるのだが、はたしてどうであろうか。

興国寺は天正十三年（一五八五）、豊臣秀吉南征の兵火や、明治初年の廃仏《はいぶつ》毀釈《きしゃく》ですっかり衰退してしまった。現在も、臨済宗法燈派本山の看板は掲げているものの、雲水の姿も見かけられないし、なんとなくわびしさを感じさせる田舎の名刹といった風情の寺である。

興国寺の前身西方寺は、源実朝の遺臣である葛山《かつらやま》五郎景倫《かげのり》、つまり入道願性《がんしょう》によって建立された。ほかでもない、かつての主君である実朝の菩提を弔うためである。

安貞元年（一二二七）十月十五日、西方寺の上棟法会が修行された。『法燈国師行実年譜』は、その日の有様を記述した後に、次のような一文を添えている。

「旦請栂尾明恵上人明辨《ママ》。扁寺曰西方。使永平寺佛法上人道元書額之篆字。」

これを読み下すと、次のようになる。

「かつ栂尾の明恵上人明辨を請ふて、寺を扁し西方と曰ふ。永平寺仏法上人道元をして書額の篆字せしむ。」

正直なところ、あまりよく意味のわからない文章である。栂尾の明恵上人に寺号「西方」の扁額を揮毫させ、永平寺仏法上人道元には、この「西方」の二字を篆書《てんしょ》させたということであろうか。それにしても、永平寺仏法上人道元が篆書したのは、安貞元年の上棟の日であったのか、後日のことであったのか。もちろん、豊臣秀吉南征の兵火によって伽藍と共に額の類も焼失してしまったから、今となっては詳しいことはまったくわからない。

しかし、わずかに残された『法燈国師行実年譜』のこの記録は、道元禅師のご生涯を追慕している私どもにとってはまことに貴重である。西方寺建立の縁起の中に、道元禅師はいったいどのような係わりからこのような影を落とされたのか。それを探ってみると意外に面白い事実が窺い知れるのではないか。

源実朝と道元禅師

そもそもこの興国寺の前身西方寺は、源実朝の遺臣である葛山五郎景倫、つまり入道願性が、実朝の菩提を弔うために建立した寺である。してみれば、ことの順序として、源実朝と景倫と、そして道元禅師との関係から話の糸を手繰っていく必要がありそうだ。

悲劇の将軍と言われる源実朝は、同時にまた謎に閉ざされた将軍でもある。『金槐集』にみる限り相当スケールの大きな、魅力的な人物像をイメージすることができるのだが、宋人陳和卿に巨大な唐船を建造させて入宋を企図したり、それに平行して目まぐるしいほどの官位昇進をはかったりという晩年（と言っても、二十五歳から二十八歳で暗殺されるまでのことであるが）のやりざまは、何やらもののけに憑かれたような狂乱状態すら思わせ

仏殿前にある実朝公の墓

るのである。事実、実朝のことを論ずる人たちは、晩年の実朝の精神状態を、一様にまともではないと考え、そのうえに立って、なぜまともでなくなったかということをしきりに論じている。

　ところが、実朝の作歌活動は、ほぼ二十三歳で終わっているという学会の定説を踏まえて、実朝における「和歌から宗教へ」の転回を想定すべきではあるまいかという人がいる。「源実朝の入宋企図と道元禅師」という論文を発表した杉尾玄有氏である。もちろん、栄西やその高弟退耕行勇に帰依していた実朝がその晩年、仏教に対して並々ならぬ関心を抱いていたらしいことは従来から一般に言われていた。

　ただ杉尾氏の説が面白いのは、実朝が相当に高く深い仏教的見識を持ち、栄西や行勇に対してある種のものたりなさを感じていたのではないかという仮説から出発している点である。つまり、真実の仏教を求めて自ら入宋求法を企図し、それが挫折した際には、その意図をあくまで果たすべく、実朝の求道心を理解していた近習の一人葛山五郎景倫を入宋させようと図ったと推定する。さらに、杉尾氏は、実朝について道元禅師の先駆者的な姿を見出し、道元禅師自身もまたそういう実朝を求道の先駆者として畏敬しておられたのではないかという。

　うがった説である。だが、私はどうもそこまでいくと少々飛躍

し過ぎるような気がしないでもない。たしかに、道元禅師の波多野義重公に宛てた書状には、

「当寺は、二位殿・右大臣殿御菩提のおんために、御建立候の上、始めて布薩説戒を行ぜられ候（云々）」

（訂補本『建撕記』補注）

とあったと伝えられており、それを信ずる限り永平寺が北条政子・源実朝母子の菩提のために建立されたことを示している。だが、これだけでもって、道元禅師が実朝に対して畏敬の念を抱いていた証拠とすることはできない。道元禅師は、こと「求道」という一点にかけては、相当に厳しい篩《ふるい》にかけて人を評価された方である。しかも、その点で意にかなった人物は、ご自身の著述の中に、あるいは『正法眼蔵随聞記』に筆録された夜話の中で口に上せて語っておられると考えるのが穏当である。栄西禅師がそうであるし、鎌倉の右大将、つまり源頼朝のことすら『随聞記』の中で語っておられるのだ。だからして、杉尾氏の言うがごとく、道元禅師が実朝に対して並々ならぬ畏敬の念を抱いておられたとしたら、何らかの形で、その求道の志を顕彰することばを残しておられるはずである。それが見当たらぬということは、道元禅師と実朝との関係は、そうした直接的精神的なつながりによるものではなくて、他のもっと間接的なかかわりによるものだと考えた方がよさそうである。例えば、道元禅師の外護者が実朝の菩提を弔うことに対して深い意向を示しているがゆえに、道元禅師もまた実朝に対してただならぬ関心を示さざるを得なかった、という風に考えられぬであろうか。私には、そう考える方が極めて自然なことのように思われるのである。

葛山五郎景倫のこと

さて、西方寺を建立した葛山五郎景倫は、源実朝の命によって入宋を企てた人物である。

では、いったい何の目的があって、実朝は景倫を入宋させようとしたのであろうか。そのことについては、そ

れを書き記した文献によって多少の違いをみせている。

『紀伊国続風土記』は、実朝が、かつて宋の温州雁蕩山に夙因《しゅくいん》があり、その縁で日本の将軍になることができたという夢をみたその事実にもとづいて、景倫に宋国雁蕩山の絵図を写して持ち帰らせ、わが国に雁蕩山のままの寺を建てようとしたのだと伝える。ところが、『高野春秋編年輯録』は、

「ひそかに入宋して万年寺を荘厳し、菩提を両朝に祈求せんがため」(原漢文)

に景倫を筑紫に赴かせたという。

いずれが真実であったか、それは定かでない。けれども、今はその目的や意図のことはそれほど問題でない。重要なのは、承久元年(一二一九)のある日、景倫は筑紫にあって、宋に向かう船に便乗することを得、今まさに船出しようとしていたということである。

ちょうどそのところへ、「正月二十七日、将軍実朝暗殺さる」という悲報が到る。景倫にとっては寝耳に水の話である。もちろん、とるものもとりあえず彼等一行は船を下りた。主《あるじ》なき状況となっては、入宋の目的が完全に失せてしまったのだからそれは当然である。

船から下りた景倫は、呆然としながらも考えた。今さら主なき鎌倉へ立ち戻ってみたところでどうなるものでもない。近習として実朝の寵を得、その信頼を一身に受けていた身の自分であってみれば、今その信頼に報いる道はただ一つしか残されていないではないか。それは他でもない、かねて故主実朝が帰依していた退耕行勇を訪ね、そのもとで剃髪染衣し、実朝の菩提を弔うことである。

実際の話、他にも実朝の家臣達でそうした出家の志を抱いたものは、少なくなかった。『吾妻鏡』の伝えるところによれば、実朝が公暁のために刺された翌日、「御台所並武蔵守親広以下御家人百余名」は、ともに退耕行勇を戒師として落飾出家したらしい。

では、筑紫に在った景倫は、退耕行勇を何処に訪ねたか。

退耕行勇は、実朝暗殺の直後、二月には鎌倉を去って、紀伊高野山金剛三昧院に入っている。一書には、「願性（景倫）之に随伴す」とあるが、これは鎌倉から随伴したとは考えられない。

筑紫の葛山五郎景倫のところへ、いったいどういう形で、どの程度の情報がもたらされたのか、それははっきりしない。けれども、主君暗殺後の御家人の動静、その事後処理に大きな影響力を持っていたらしい退耕行勇の高野山入山のこと等は、かいつまんで、景倫まで知らされたと考えていい。だから、『紀伊国続風土記』等が、景倫はただちに高野山金剛三昧院に退耕行勇を訪ねて出家したと伝えているのが真実らしく思える。

ともあれ、入道願性がここに誕生する。

さて、高野山金剛三昧院は、北条政子の開基になる寺で、開山は開堂法要の導師に請せられた明庵栄西となっている。しかし、事実上の開山は退耕行勇と言ってもよく、正式には、貞応元年（一二二二）彼はその第二世となった。（『高野春秋』）

葛山五郎景倫こと入道願性は、剃髪後、金剛三昧院にあってひたすら故主実朝の菩提を弔うていた。その殊勝な精進ぶりは、おそらく退耕行勇によって鎌倉へ逐一報告されていたに違いない。退耕行勇は、金剛三昧院に入った後も、しばしば鎌倉との間を往復していた形跡が窺えるからそれはまず間違いあるまい。願性（景倫）の精進ぶりを聞いた尼将軍北条政子は、住山資縁、つまり仏道修行のたすけにせよとて、願性に由良庄を与え、その地頭職に補任する。

願性は、承久三年（一二二一）由良の地に初めて赴く。そしてそれから七年の後、安貞元年（一二二七）に至って、すでにその二年前の嘉禄元年（一二二五）に薨じていた尼将軍政子と源実朝母子の菩提を弔うため、一宇を建立した。それが現在の興国寺の前身西方寺である。

波多野義重と入道願性

興国寺は、白崎と呼ばれるリアス式の明媚な海岸にちょうど衝立をしたようななだらかな丘陵を背にして、こんもりした樹林の中にある。境内は相当に広い。現代に生きる叢林としての生気にはいささか乏しいけれど、かつての関南第一禅林を偲ばせるだけの伽藍は一応整っている。特に、静寂な境内山道から、およそ百メートルは離れて田んぼの中の県道にポツンと建っている宋朝風の山門は印象的であった。それは、往時の興国寺の隆盛を語り尽くして余りあるような風情があった。

源実朝の墓というのは、仏殿の真前にあった。たしかにそれは、この寺の中心にどっかりと据えられた感じであるが、馬鹿高い基壇があるわけでもないし、大きさもかたちもその場所にしっくりとなじんでいて、うっかりするとその存在を見過ごしてしまう。低い竹垣で瀟洒に囲まれた宝篋《ほうきょう》印塔型の供養塔は、それほどに好ましいものであった。

『建撕記』には、道元禅師入宋のことについて、

「此ノ春（建保五年・一二一七）ノ頃ヨリ、（道元禅師は）入宋ノ望ミアリテ便船ヲ待チタマフ」（明州本）

と記している。果たしてそれが事実かどうかはわからない。だが、この建保五年（一二一七）春というのは、青年道元禅師にそういう思いを起こさせたとしても一向に不思議ではない事件があった年である。

その年四月、例の将軍源実朝が陳和卿に命じて作らせた巨大な唐船が完成した。結局、それはどういうわけか海上に浮ぶことができず、実朝の壮大な意図は挫折してしまうのであるが、その前後の期間に、それが世の知識人達に与えた精神的影響にははかり知れないものがあった。船の完成が近づくにつれて、異国の宋に対する関心はいやが上にも高まり、我が国の現状に多少とも不満を抱く青年知識人達に、入宋気運が日増しに盛り上がって

興国寺山門（臨済宗法燈派大本山興国寺案内誌所収）

いった。四月、船が進水に失敗することによって、それは一旦、水をかけられるのであるが、青年道元禅師が、そういう時代的雰囲気の中に生きながら、何の感慨も抱かないというはずがない。思うに、この時点で一つの願心として入宋のことを心に温め始められたのではあるまいか。そう考えてみれば、『建撕記』にある「此ノ春」という記述は、大変にリアルな響きを持ってくる。

ここで話は景倫の入宋話に立ち戻る。当時、入宋するためにはどの程度の準備を必要としたのであろうか。往復の旅費やら彼地への貢物やら、あるいは彼地での滞在費やらを考えてみると、想像を絶するような経費を要したのではあるまいか。それが、葛山五郎景倫の場合は、将軍実朝の命による入宋であったのだから、中止後に残された有形・無形の入宋用遺産は莫大なものにのぼったに違いない。景倫の一行は、それをいったいどのように処分したのであろうか。

そのことに関して、私は一つの仮説を立ててみた。六波羅探題評定衆の一人、波多野義重公と景倫との間柄についてである。この両者に将軍実朝の寵臣としての深い交流がもしあったとすると、景倫の残した入宋のための遺産が道元禅師入宋のために何らかの形で役立った可能性が生じるのではないかと私は想像するのである。

将軍実朝が暗殺された後、その首級は、いちはやく三浦介常晴にわたり、ただちにそれは波多野義重公の父、波多野忠綱のところに届けられたという事実がある。義重の出身地神奈川県秦野市には、実朝公の首塚が今も伝わっている。しかも、その首塚の傍には、それが供養のために退耕行勇を開山に請して建立されたと伝える金剛寺がある。

金剛三昧院とそっくりの名の金剛寺。いずれにも退耕行勇と源実朝がからんでいる。前者には葛山五郎景倫こと入道願性が住山し、後者は、波多野義重公の父、忠綱が開基。こう並べてみると、波多野氏と景倫の間には、源実朝の生前から相当に深い交渉があったとみても、あながちに牽強付会《けんきょうふかい》とばかりは言えまい。

さらに、波多野義重公が、景倫と親しい仲であったというのは、この他に、両者の宗教に対する深い関心の持ち方からも想像できる。おそらく両者は、仏教に深く心を寄せていたらしい晩年の青年将軍源実朝から相当に深い影響を受けていたと考えられる。義重公は、鎌倉に在った時、栄西禅師や退耕行勇とすでに面識があり、その教えを受けたこともあったに違いない。

波多野義重公は、承久三年（一二二一）のいわゆる承久の乱の軍功により京都六波羅の評定衆となった。その年はまた、入道願性が由良の地に地頭として初めて赴いた年である。

一方、道元禅師は、『建撕記』によれば、

「承久三年辛巳年九月十三日、建仁小子明全和尚より師資の相伝あり。」（明州本）

と伝える。入宋に先立つおよそ二年前のことである。

京都へ上った義重公は、日ならずして、かつてその風貌に接して心打たれたこともある栄西禅師の在りし日を偲んで、六波羅の居宅のすぐ近くにある建仁寺を訪れたと想像される。目と鼻の前にある建仁寺であってみれば、その後、しげしげとそこへ通うようになったとしても別段不思議はない。

明全和尚や道元禅師と義重公との邂逅は、こうした中であったと考えられる。波多野義重公は、この時すでに青年道元禅師の非凡さに心打たれていたのではあるまいか。義重公は、おりにふれて建仁寺に通いながら、青年道元禅師の入宋求道のやみがたい願心などを聴いた。何とかその願いを叶えてやりたいと思った。

そしてふと、二年前、実朝の命によって入宋を企図しながら、主君の非業の最期に会ってそれを果たさず、遂に剃髪して退耕行勇の弟子となった旧知の葛山五郎景倫のことを思った。彼は奇しくも、義重と同じ「五郎」である。常日頃、彼とは格別親しい感情を抱いて接していた仲であった。彼ならば、いい知恵を貸してくれるかも知れない。早速に紀伊由良庄の景倫と連絡がとられる。

景倫こと入道願性は、久方ぶりの旧知波多野五郎義重からの願いを喜んだ。船は、かつて自らが入宋を企てた際の縁を辿れば何とかなる。

そこで私は『訂補建撕記』補注の、

「勢州津城下ニ芝原四郎左衛門トイフ巨商アリ。今ヨリ二十代ホドノ先祖某者異国ニ乗船ノ商売セシ時、永平祖師ヲ乗セテ支那ニ渡リシコト、某家ノ譜ニ記録アリト云々」

の一節を思う。某者とは、案外葛山五郎景倫の入宋企図のときから縁がある者ではなかったろうか。地縁的にも考えられ得ると私は想像する。

実際、この入道願性という人物は、入宋を企図するひとかどの僧に対してはそれ相当の後ろだてをしたふしか窺える。例えば、後年、由良西方寺開山に請した心地覚心に対するてこ入れも並みたいていのものではなかったらしい。『法燈国師行実年譜』には、

「(建長元年・一二四九)二月。依願性成褫。従紀州由良浦発船赴九州。」

とある。わかりにくい一文で、要するところ心地覚心は入道願性から入宋のための資助を得て、由良浦から船を発して九州に向かったというのである。

だから、入道願性は、波多野義重公から、青年道元禅師や明全和尚の話を聞いて、そのために一肌脱いだに違

いない。あるいは、願性の方から、ある日、洛中の波多野義重公を訪ねることがあり――義重公は六波羅探題評定衆の一員であるから、相談のことがあれば訪ねて力を得るということはありうるはずだ――建仁寺に参じて青年道元禅師と巡り逢う機会が持たれたのかもしれない。私の想像では、義重公が由良に訪ねるよりも、願性が洛中に義重公を訪うた可能性の方が強いようである。

あるいはまた、それ以前に、景倫が入宋の意図を抱いて鎌倉から九州に下る途次、栄西禅師の縁によってたまたま立ち寄った建仁寺で、青年道元禅師と相見する機会が持たれていたということも考えられる。私自身はその可能性を薄いとみるが、まったくなかったとは言いきれまい。

ともあれ、波多野義重公と入道願性が、道元禅師入宋のために果たした役割というものには、かなり大きなものがあったと想像される。願性の方には、自らが中途で挫折した入宋の夢を道元禅師に托すような心情があったのではなかろうか。

かくして、道元禅師に、入宋の機会は意外に早く訪れた。ところが、折角のその機会に、明全和尚の本師たる明融阿闍梨が、重病で死の淵にあった。しかし、それを理由として入宋の期を先に延ばすことはできないほどに入宋準備に対する義重公や願性の奔走があったのである。だから、道元禅師は、心中秘かに、たとえ明全和尚が中止しても、自分だけはこの機に入宋を果たさなければ義理が立たぬという堅い決意をされていた。それにしても、師匠が危篤では、明全和尚も中々入宋のふんぎりはつかない。そこで、最終的な判断をすべくある時みなに相談する。それに対して道元禅師は次のように答えられた。

「仏法の悟り、今はさて有りなんとおぼしめさるる義ならば、御とどまり然るべし。」(『正法眼蔵随聞記』)

いくら仏法を第一義に考えるといっても、これはあまりに冷厳に過ぎる原則論である。おそらくこういう応答をされた裏には、義重公や願性の奔走を今さらに無にできぬという、人情にからまれた心持ちが潜んでいたのではあるまいか。明全和尚にもそのことは痛いほどにわかっている。そんなことを思いながら『随聞記』のそのくだりを読んでみるといい。冷たい原則論の応酬の裏に、不思議に暖かいものが通っているのを見出す。
なお、話のついでに触れておくと、波多野義重公と道元禅師が、いつ、どこで、どのようにして出会われたかという点については、今のところ学界でも定説がないようだ。ただ、『波多野系図』は、
「道元和尚帰朝の節、義重京に在りて拝謁帰依」（原漢文）
と記しており、一般には、道元禅師ご帰朝後、建仁寺留錫中に出会われたとする意見が多い。しかし、私は、前述のような入宋以前から係わりがあったのではないかというほしいままの想像が捨て切れない。その仮説を証する資料如何となるとお手あげであるが、それでも『波多野家歴代経歴抜抄写』（『川村家の歴史』所収）には、
「（義重は）承久の乱起るや、北条泰時の西上に当り、三浦義村と共に相州を発して軍に従ひ、途中武田信光等と力を協せ、美濃に戦ひ、敵兵の為に右眼を負傷せらる。戦後仏道に帰依せられ、云々」（圏点著者）
と記している。この「仏道に帰依」ということを道元禅師に帰依とは短絡できないけれど、少なくとも私の仮説がまんざらに荒唐無稽なものではないことを証しているような気がする。

心地覚心と道元禅師

興国寺の境内には、新築されて間のない尺八道場がある。この寺の開山法燈国師心地覚心が、わが国における普化尺八の始祖とされている縁によるのだそうである。

心地覚心の伝説については、『法燈国師行実年譜』が残されていて、その大概を知ることができる。もっとも、漢字で書かれているその文章は稚拙である上に、時間的前後関係をほとんど頓着していないような趣きが窺えるから、それを読む時にはよほどの注意が必要である。

例えば、前述した西方寺の上棟法会についてみても、安貞元年（一二二七）には未だ心地覚心は年齢二十一歳

で、出家していない時なのに、年譜の文章は、あたかもそこに居あわしたような書きぶりである。実際に心地覚心が出家剃髪するのは、上棟法会の年から八年後の嘉禎元年（一二三五）のことであり、入道願性と金剛三昧院で初めて巡りあうのもその時まで待たねばならなかったのである。

さて、この心地覚心と道元禅師との関係であるが、年譜によると、仁治三年（一二四二）には、深草極楽寺で覚心は道元禅師から菩薩戒を受けたという。しかし、私は年譜をつらつら眺めながら、この法燈国師心地覚心という人物は、結局のところ道元禅師の宗風とはあまりなじまない人ではなかったかという考えを拭いさることができなかった。というのは、道元禅師から正伝の菩薩戒を受けていながら、その数年後には、東福寺の聖一国師弁円の下で、紀綱というような職位についている。この弁円は、三教一致説を説いた人物で、思想的には道元禅師と相入れない面を持っていたし、道元禅師が京洛の地を離れて越前へ移錫《いしゃく》するようになったのは、弁円の教線拡張の問題とからめて考える必要があるという説を説く人もあるほどなのである。

そうしたことなどをいろいろ考えてみると、西方寺の書額の篆字を道元禅師が揮毫したという年譜の記述についてみても、心地覚心のためにそれを与えたということは、まず考えられないといってよい。たとえ西方寺に道元禅師の篆字額があったとしても、それは西方寺の開基である入道願性の願いによって揮毫したものと考えざるを得ないのである。

では、いつ揮毫をされたのか。おそらくそれは宋からご帰朝間なしのことではなかったろうか。入宋の際、格別の世話になった願性に対してお礼の挨拶をするために由良の地を訪ね、その時、願性の願いによって揮毫されたのではあるまいか。あるいは、願性は西方寺開山第一祖として道元禅師を拝請することすら考えていたのかもしれない。

この点についての杉尾玄有氏の考察はユニークである。氏は、九州から道元禅師は直接由良に帰着し、少なくとも三カ月ほどこの地に滞在し、年が明けた後に帰洛されたのではあるまいかという。そうすれば、「大宋紹定のはじめ（一二二八）本郷にかへりし」という『辦道話』の記述が納得いくとする。この場合、「本郷」は京都をさすと考えられるから、九州へ上陸した時点から考えれば、それまでに三～六カ月の間がある。だからして、由良へ赴かれた理由については、杉尾氏と見解を異にするけれど、この点に関しては、たしかにありうる話だと私も思う。

しかし、現在の興国寺には道元禅師を偲ぶ手がかりとなり得るようなものは何ひとつ残っていない。未調査の古文書類が相当にあるらしいけれど、せいぜい天正の兵火以降のものというからあまり多くは期待できそうにない。

私は、仏殿の裏手にある坐禅堂、そしてその奥に連なっている開山堂を巡って歩いた。左手の斜面には赤や青の幟《のぼり》がはためいていて一見奇異な感じに打たれたが、もの好きにも幟の林立する道を辿ってみると、天狗堂が新築されていて、日本一の大天狗面が祭られている。静寂な古叢林には、何となくちぐはぐな思いを抱かせる一角である。だが、これも辺地の大本山がその格式を保つために悪戦苦闘している姿と受けとるべきなのだろう。否、それはかつての関南第一禅林が今に生き延びようとするバイタリティと言っていいものなのかもしれない。道元禅師の時代は、すっかり遠くへ過ぎ去ってしまったのである。

鷲峰山興国寺（じゅほうざんこうこくじ）――和歌山県日高郡由良町門前

第十四章　建仁寺僧堂——再び錫を留められた叢林

再び建仁寺へ

道元禅師は、宋からご帰朝後、間なしに京へ帰られ、再び建仁寺に寓止された。自ら『典座教訓《てんぞきょうくん》』に書き留められたところによれば、その期間は一両三年であったという。師兄明全《すひんみょうぜん》和尚の遺骨を携えての帰国であってみれば、かつて共に安居の日々を過ごした建仁寺へ何はともあれ錫《しゃく》を留めるのは自然なことであった。かてて加えて、建仁寺は入宋に際して格別世話になった波多野義重の居宅に近いという縁もある。

道元禅師がはたしてどういう形態で、現在の建仁寺のどのあたりに起居されていたのかといったようなことは、今となっては皆目わからない。けれども、『正法眼蔵随聞記《しょうぼうげんぞうずいもんき》』の中の、

「建仁寺に寓せしとき、人々多く法文を問ひき。非も咎も有りしかども、この儀を深く存じて、ただありのままに法の徳をかたりて、他の非を言はず、無為にてやみき。」（圏点著者）

ということばや、『普勧坐禅儀選述由来《ふかんざぜんぎせんじゅつゆらい》』の中の、

「先の嘉録中、宋土より本国に帰りしに、因みに参学の請するあり。」（圏点著者）

といった表現から考えてみるに、帰国早々の道元禅師を建仁寺の寓居に訪ねる者は、かなりの数に上ったようだ。してみれば、その寓居は、建仁寺境内の坊とか塔頭とか称される独立した建物の一つであったのではあるまいか。仏法房というのは、そういう寓居に名づけられていた名称であったのだろう。それはまた、入宋前、かの

明全和尚達と共に起居された旧室でもあったはずである。
後年、常随侍者として道元禅師に近侍し、その正伝の仏法を相承された二祖懐奘和尚《えじょうおしょう》が、
「すでに三止、三観の宗にくらからず。浄土一門の要行に達すといへども、なをすでに多峰の峯（覚晏）に参ず。すこぶる見性成仏の旨に達す。」（『伝光録』）
という境涯に達していながら、
「大宋より正法を伝えて、ひそかに弘通《ぐずう》せんといふきこへ」（同書）
のあった道元禅師を、
「何事の伝へ来ることかあらんといひて」（同書）
初めて訪うたのもこの建仁寺の仮寓であった。その時の様子を『伝光録』は、次のように描写する。
「はじめて対談せし時、両三日はただ師の得処におなじく、見性霊知の事を談ず。時に師（懐奘）歓喜して、違背せず、わが得所実なりとおもふていよいよ敬歎をくはふ。やや日数をふるに、道元和尚すこぶる異解をあらはす。時に師おどろきてほこさきをあぐるに、師の外に義あり。ことごとくあひ似ず。」
と。そこで、懐奘和尚は、
「更に発心《ほっしん》して、伏承せん」（同書）
とされるわけである。ところが道元禅師は、
「われ宗風を伝持して、はじめて扶桑国中に弘通せんとす。当寺に居住すべしといへども、別に所地をゑらんで止宿せんとおもふ。もしところをゑて草庵をむすばば、即ちたづねていたるべし。ここにあひしたがはんこと不可なり。」（同書）
と断られる。この挿話から想像すると、建仁寺の中に居住していることから生ずる制約が相当にあったようだ。
建仁寺の寓居は、宋土より将来した正伝の仏法を何の障りもなく宣揚できる環境とは決して言えなかったのであ

る。あるいは、建仁寺の僧の中には、新帰朝者たる道元禅師に対してあからさまな反発を示す者が相当にあったかもしれない。

建仁寺批判

実際のところ、仏法の正伝者を自負する道元禅師にとって、帰朝当時の建仁寺のありさまは、何とも退廃の極にあるように思われた。『正法眼蔵随聞記』の中では、「仏法陵遅《りょうち》し行く事眼前に近し」とまで慨嘆されながら、当時の建仁寺の様子を次のように描写されている。

「予、始めて建仁寺に入りし時見しと、後七八年に次第にかはりゆくことは、寺の寮々に各々、塗篭《ぬりごめ》をし、器物を持ち、美服を好み、財物を貯へ、放逸の言語を好み、問訊、礼拝等陵遅する云々」（巻四）

建仁寺に対する批判は、山内に漂う退廃の気風に対してのみにはとどまらなかった。大宋国の叢林を目のあたりにして来た道元禅師にとっては、建仁寺の修行道場としての体制も不満足この上ないものであった。例えば、「絆《ばん》を以て道心と為《な》す」（『典座教訓』）べき、つまり、絆《たすき》がけでもってそのつとめをつとめぬくことが道心そのものであるという典座《てんぞ》（炊事総監）の職が、当時の建仁寺では、名目だけになってしまっていた。道元禅師はそれを次のように批判される。

「彼の寺（建仁寺）なまじひに此の職（典座）を置けども、ただ名字のみ有りて、全く人の実なし。未だ是れ仏事なることを識らず、あにあへて道を弁肯せんや。真にその人に遇はず、虚しく光陰を度《わた》り、みだりに道業を破ることを憐憫《れんびん》すべし。」（『典座教訓』）

と、相当に手厳しい。しかも、さらに、

「（典座は）一局を結構して、あるいは偃臥《えんが》し、あるいは談笑し、あるいは看経《かんきん》し、あるいは念誦《ねんじゅ》して、日久しく月深けれども、鍋辺に到らず。況んや什物を買索し、味数を諦観するは、あにその事を存せんや。いかに況んや両節の九拝（朝食の食事時に、典座が食物を供え、僧堂を望んで搭袈裟で九拝すること）未だ夢にだも見ざることあり。時至れども童行《ずんなん》に教ふることも、また未だかつて知らず。憐むべく、悲しむべし。」（同書）

とまで難詰される。典座和尚が、たとえ道心を発していないような者であっても、正伝の仏法の何たるかを体得した正宗師家の会下であったなら、決してそんなことはないはずだというのが道元禅師の気持ちなのである。

道元禅師は建仁寺の一隅にあって、陵遅しゆく叢林の実態を冷静にみつめておられた。そして理想とする禅林のありようとのあまりの隔りを目のあたりにして心を痛められることが多かったに違いない。

『普勧坐禅儀』の撰述

かくして道元禅師は、この建仁寺の寓居において『普勧坐禅儀』の撰述をすすめられることになる。今も永平寺にそのご真筆本が伝わる『普勧坐禅儀撰述由来』によれば、禅師が強調された「正伝の坐禅」について、それが実際はいかなるものであるかということをしきりに尋ねる者があったらしい。だから、「已《や》むをえず、赴いて之を撰す」（同書）という運びになったわけ。この「已むをえず」という表現は、中々に意味深長で、建仁寺の寓居にあって建仁寺の坐禅を批判することに対する遠慮がちの心が窺える。また「赴いて」ということばからも、何やら建仁寺で撰述するわけにもいかぬので篤信者の宅へ赴いて、といったニュアンスが響いてくる。赴かれた先は、ひょっとすると、波多野義重公の邸宅ではなかったろうか。

もっとも、たとえ外へ赴いて撰述されたとしても、その構想が練られたのは、建仁寺の寓居においてであった。その意味で、建仁寺が、現在流布している『普勧坐禅儀』の原初の形である嘉禄本の撰述と深い係わりを持った場所であることだけは間違いない。

いうまでもなく『普勧坐禅儀』は、修証一等、つまり修行と証《さとり》とは本来別ものではないという正伝の坐禅の真《しん》訣《けつ》を高らかに宣揚された書である。従来伝えられた『禅苑清規《ぜんねんしんぎ》』の坐禅儀は、百丈の古清規に則りながらも、編者宗頤《そうさく》の私見がかなり加わって「多端の錯り、埋没の失」つまり正伝の坐禅の真髄が隠れてしまっている感があった。それを道元禅師が正されたのである。いうなれば、『普勧坐禅儀』は、禅師の立教宣言であった。そのことを考えれば、この建仁寺こそは、日本曹洞禅発祥《そうとうぜんはっしょう》の地と言えないこともない。

建仁寺僧堂

かつての建仁寺は、相当に広い寺域を誇っていた。四条通りと松原通り（昔の五条通り）の間に挾まれた加茂川の東一帯がそうであったと古書はいう。創建当時は、加茂川の河原の淋しいところで、栄西禅師の弟子達が水難の恐れを真剣になって心配したという話さえ伝えられている。

南北朝時代の建仁寺の面影を伝える古図によれば、南の中門から北へ、三門・仏殿・法堂・寝堂・方丈と一直線上に配置され、その伽藍《がらん》両側に沿うて、東に東蔵・土地堂・鐘楼、西に西蔵・祖師堂・鼓楼が、対照的に整然と並んでいた。そして、さらにその周囲を開山塔所・群玉林・僧堂、及び塔頭《たっちゅう》寺院がぐるりととり囲んでいたようである（伊藤東慎・建仁寺案内記「禅文化」三十二号）。そうした往古の面影をすっかり毀してしまったのは、応仁・文明の兵乱であり、さらに天文二十一年（一五五二）の細川清元の全山を焦土に化した兵乱であった。だから今に残る堂塔は、それ以後に再建されたものばかりである。

もちろん、道元禅師の寓居と推定される仏法房が、いったいどのあたりにあったものかなどということは、見当すらたたぬ。だからして、道元禅師と懐奘和尚との初相見の場所であり、波多野義重とも縁の深かったはずの

建仁寺僧堂の坐禅堂

由緒ある祖蹟建仁寺も、今訪れてみると印象が茫漠として何ともはりあいのない場所だという思いのみがしきりに募ってくる。

しかし、臨済宗の現在の宗風を垣間《かいま》みたいという気もあって、私は再び建仁寺を訪ね、僧堂の門を叩いてみた。

僧堂は、だだっ広い建仁寺境内の東南隅にあった。ちょうど開山堂の北側の高みにある霊洞院《れいとう》がそれである。小さな潜り戸をそっと開け、内に入ると、密生した赤松と白砂をあしらった庭が静かなたたずまいをみせる。玄関に入る。まことひっそり閑としている。案内を乞う。ややあって、洗い晒しの藍色木綿の直裰《じきとつ》(ころも)をつけた当番らしい雲衲《うんのう》が一人現われる。縁端で三本指をついて深く頭を垂れ、ものごしいたって慇懃《いんぎん》である。訪問の要件を告げると、十二、三名いる雲衲衆は、托鉢に出かけてすべて不在だといった。

臨済宗の僧堂は、専ら修行をこととすることができるようにと、さまざまな寺の機能から僧堂だけが独立している。そこでの一切の生計は、托鉢による収入によってのみ賄うようになっているらしい。だから一、四、六、九の日は、必ず托鉢に出る。「学道の人は須《すべから》く貧なるべし」と強調されたわが道元禅師の教えを生かすための功夫の一つというべきであろうか。布教とか教化とかいった、民衆との接点を決しておろそかにせず、総合的な寺の経

建仁寺僧堂内庭（小堀遠州の作）

営の中で辨道しようとするわが洞門の僧堂との違いである。果たしてどちらが理想的な道場のありようなのかはわからない。ただ言えるのは、安易な形で衆生教化に力を入れ始めると、「貧なるべし」の遺訓がともすると失われがちになり、辨道の純度が薄まっていく懸念があるということである。

現在の建仁寺僧堂は、もちろん道元禅師が掛錫《かしゃく》された当時のものとはまったく異なっているし、その差定《さじょう》（日程）などもまるっきり違っているだろう。私は、当番の雲衲にお願いして案内を受けながら、試みに建仁寺僧堂の差定を尋ねてみた。それは、おおむね次のようになっているらしい。

開定《かいじょう》（振鈴）午前三時半（もっとも、実際は振鈴と同時に全員がただちに起床するという工合ではないらしいが）。起床後すぐに朝課（約四十分）。朝課中に参禅。この参禅というのは、師家《しけ》に入室《にっしつ》すること。永平寺における暁天坐禅のごとく、一斉に只管打坐《しかんたざ》することではない。了って粥座《しゅくざ》（朝食）。もちろん曹洞宗と異なって僧堂では展鉢しない。粥後、庭掃除。拭き掃除は粥座の前に済ます。

七時半からは、二、七、五、十の日は講座。一、六、四、九の日は分衛《ぶんね》、つまり托鉢《たくはつ》。三、八の日は終日作務《さむ》。

十時仏餉（昼の勤行）。十時半斎座（中食）。午後作務。

三時晩課（冬は四時）。三時半薬石（夕食・冬は四時半）。

五時から九時まで坐禅。ただし、鳴らし物を合図に一斉に坐るのは二時間。六時に参禅、つまり入室。九時開枕。

永平寺僧堂と比較して、托鉢がきちんと差定に組み入れられていることと、参禅という入室独参の時間が差定に組み入れられていることが特徴である。

臨済宗の坐禅は、見性を重視するのあまり、坐相のことはそれほどやかましく言わないというようなことを聞いたこともあるが、実際に済家の道場で参禅していない私には正確なところはわからない。同じ済家であっても、師家の家風によって相当な違いがあるというのが本当のところであろう。

ただ、豊かな時代に、ことさら貧の結界を設定して辦道させようと心がけている点は、大いに学ぶべき必要がありそうである。この頃、観光客がとみに増加して、いささか豊かになり過ぎた懸念のある永平寺僧堂は、道元禅師の教えに忠実に辦道しようと志す者にとっては、魔がさすことが多いのではないかという心配を私はする。道元禅師ご帰朝の頃の建仁寺の実状に対する手厳しい批判を、私どもはもっと痛切に、もっと身近な問題として顧みなければならないのだ。それはそのまま、現在の私どもの辦道のあり方に対する厳しい批判であると受けとめてこそ、求道に生きる法孫の心意気というものではないか。

諸堂を案内してもらった後、私は再び本堂の前に佇んだ。池泉観賞式の庭園は中々に風情がある。小堀遠州の作だという。その昔画かれた『都林泉名所図会』のとおりに今も残っているらしい。

「開枕のあと、あの蓮池にかかった橋や、巨岩のもとで、夜坐に打ち込む者もいます」と案内の雲納はいう。開枕のあと、めいめいが公案をひっさげて坐り込むらしい。動静大衆に一如するということをことのほかやかましくいう曹洞宗の僧堂と違うところは、案外こんなところかもしれない。東山を借景とした、まことに静かな庭である。

建仁寺（けんにんじ）――京都市東山区小松町

第十五章　欣浄寺と竜雲寺──深草閑居の地のことども

深草の里

かれこれ十七、八年前のことになるであろうか。たしか、昭和三十六、七年の頃、私は一度欣浄寺《ごんじょうじ》を訪ねたことがある。それは、高等学校の国語教師として教壇に立ち始めて二、三年経った頃で、学校が休みになると、京の寺々をしきりと巡っては、文学散歩の気分を楽しんでいた。

私は、墨染という地名が大変好きであった。歌人上野岑雄《かんずけ》が、太政大臣藤原基経の死（寛平三年・八九一）を悲しんで、

深草の野辺の桜し心あらば　今年ばかりは墨染に咲け（古今集）

と詠んだところ、桜がその心にうたれて、以後墨染色に咲くようになったという話を、いかにも古都にふさわしいみやびやかな地名伝説だと思った。何とか一度は訪ねてみたいと念じていたところであった。それに、欣浄寺に伝わる深草少将と小野小町に纏わるロマンも、若い私の心をとらえていた。いうなれば、その頃は、道元禅師の旧蹟としての欣浄寺よりも、「うずら鳴く」淋しい「深草の里」に繰り展げられた大宮人たちのみやびな逸話の残る寺としての欣浄寺にひかれていたのである。

その日、たしか醍醐寺三宝院を訪ねた後、午後遅くなって欣浄寺に向かった。相当に歩いて歩き疲れた記憶のみが強く残っているので、全部歩き抜いたように思っているのだが、あるいは奈良街道を六地蔵まで歩き、そこ

からは京阪電車を利用したのであったかもしれぬ。とにかく、春の日も暮れかける頃となってから、西桝屋町の道端に面した欣浄寺に辿りついた。山門のかたわらの大きな「不許葷酒入山門」の石柱が目につかなかったら、うっかりすると民家のそれとみまごうような小さな寺であった。

山門をくぐれば、たちまち庫裡の玄関であった。私は、狭い玄関の庭に佇んで来意を告げた。すると、玄関のすぐ奥の茶の間から住職が出て来られた。年の頃、六十歳前後、どうやら妻君と二人で夕餉をとっておられたらしい。いたって腰の低いご住職であった。

「せっかくおいでやしたのに、このようなあばら屋で、何のおもてなしもできしまへんが、まあ、せめてお大仏さまをお参りになってお帰りやす。」

と、親切にも本堂に案内して下さった。もっとも、本堂とは言っても、玄関にくっついたすぐ隣りの部屋であった。ご住職は、ご本尊様に灯明を上げながら、

「立派なお大仏さまやから、何とかふさわしいご本堂を再建させていただこうと発願してますのやけど、大変でございます。」

と言いながら、大仏様の縁起を語ってくれた。たしかに大きな毘盧舎那仏《びるしゃなぶつ》であった。仮の本堂は、あまりに小さくて窮屈なので、身を縮めておられるのではないかという気がしたが、一丈六尺（約五・三メートル）はあると伺って、あらためてその大きさに感歎した。

訪《おとな》う前には、日も暮れかけたし、今夜はこのあたりで拝宿を願おうかという気もないではなかったが、薄暗闇の中に、小さく身を窮めたような趣きの大仏様のお姿を拝している間に、そのようなことを願うのは、どうにも厚かましいことのように思えて来た。だから大仏様の左側の壇上におまつりしてあった路傍のお地蔵様のような感じの道元禅師像を拝するのもそこそこにいとまを告げた。

「さようですか。早速にお帰りですか。京都の方へお帰りやすのなら、裏道を行かれた方がよろしおます。ほ

欣浄寺と姿見の池

な、わたしが裏門までご案内しましょ。」

私が靴を履く間もなく、ご住職は、短い勝手口をすたすたと裏庭へ抜けられる。恐縮しながらついて行く。

裏庭は、意外に広かった。日は、すっかり暮れていたが、おぼろ月に照らされて、そのあたりには、いかにも「うづら鳴く深草の里」の雰囲気が漂っていた。

「仮の本堂のありますのんは西桝屋町ですが、この裏庭は墨染町になります。境内が二つの町にまたがっておりますねん。」

実に愛想よく、次々とお話の出る住職であった。

「あれが、小野の小町の姿見の池でんな。」

指さされた方角を見ると、黒々とした雑木林の蔭に、細く長く横たわった池がある。池の面には、朧な月が映り、左手にはこんもりと茂った竹の林もある。ああ、さすがに深草の里は月の名所である。その時、私はそう思った。

その後、道元禅師の育父源通具卿が、『新古今集』の中で、「千五百番歌合に」と題して、

　　深草のさとの月かげさびしさも　住みこしままの野辺の秋風

と詠んでいることを知って、まず私のイメージに浮かんだのは、欣浄寺の裏庭の八重葎《むぐら》と、竹薮のもとに横たわる姿見の池と、そしてそこに映るおぼろな月の蔭のことであった。

欣浄寺

『永平広録』の中に、「閑居偶作」と題する七言絶句六首がある。道元禅師が何らかの事情で建仁寺を去られた後、深草の安養寺という小さな庵に閑居しておられたときの作であると、一般には言われている。中で、最も人びとに知られているのは、次の一首である。

生死《しょうじ》憐むべし　雲の変更
迷途覚路　夢中に行く
ただ一事を留めて　眺めてなほ記するがごとし
深草の閑居　夜雨の声

深草閑居の詩碑

おそらくこの偈は、道元禅師が後年、越前の地へお移りになった後、往時を回想して詠じられたものであろう。私はそう思っている。しかし、「深草の閑居」と、地名が具体的に詠じられている偈なので、それが、禅師の生涯のいつの時代に、何処のあたりに閑居しておられたものであろうかということが、当然問題となる。

そのことについて、史上初めて考証を加えたのは、面山和尚であった。『訂補建撕記《けんぜいき》』の補注には、次のようにしるされている。

「今考ニ安貞二年戊子（一二二八）ヨリ、建仁ニ寓シテ、三年過レバ、中一年シテ、寛喜二年庚寅ナリ。コノ比ヨリ深草ニ閑居セラル。」

「コノ閑居ノ地ハ、今深艸ノ墨染ノ南隣ニテ、大竹林ノ中ニ、泉石奇潔ノ境アリ。余数回登臨ス。山城名跡志巻十三ニ載テ云ク、当寺ハ初メ禅宗。道元和尚ノ開く所、中比ハ真言、近世ハ浄土に改む、トアリ。五十年来ハ浄土ニテ、欣浄寺ト云フ。祖師（道元禅師）の時ハ安養院ト称セリ。祖師ヨリ以前ノ建立ト察セラル。極楽寺ノ別院ナルベシ。」

「伯耆州、胎臓寺ノ檀家、古川村八右衛門ト云者ノ所持セル、祖師（道元禅師）ノ了然道者ニ示サル法語ノ末ニ、辛卯孟秋、住安養院道元示（安養院に住せる道元示す）トアリ。コレ寛喜ノ辛卯ニテ、法語ノ中ニモ、聚落ニ在テノ用心ヲ示サル。ナレバコノ閑居ノ寺ヲ、安養院ト号セシコト、イヨイヨ分明ナリ。」（圏点著者）

長く、宗門では、面山和尚の考証を尊重して、欣浄寺を「深草閑居の旧蹟」として大切にして来た。

欣浄寺の歴史は、寺伝等によれば相当に古いものらしい。何でも、その境内は、平安時代の初め、桓武天皇から深草少将義宣卿に邸宅地として賜わったもので、往時は八町四面の広さであったと伝えられている。今の墨染寺もその境内に含まれていたのだろう。深草少将は弘仁三年（八一三）三月十六日薨去する。その遺体は、もちろんこの地に埋葬された。欣浄寺の山号は「清涼山」というが、それはもちろん少将の院号（法名は清涼院殿蓮光浄輝大居士）に由来する。

その後、仁明天皇の寵臣五位少将蔵人頭良峰宗貞つまり僧正遍昭（八一九―八九〇）が帝の崩御にあい、その菩提のために念仏堂を建て、帝の念持仏であった阿弥陀如来像と、帝の尊牌を奉安して念仏浄業にふけったという。現在の欣浄寺の起源は、まずそのあたりに求められるようである。

ところで、この欣浄寺を、道元禅師の旧蹟として具体的な形で顕彰をはかった最初の人は、いったい誰であろうか。私の調べた範囲では、それは天照卍瑞《まんずい》和尚らしい。

和尚は、荒廃しきっていたこの欣浄寺の地に、ささやかな伽藍《がらん》を建立した。もちろん、深草閑居の旧蹟を顕彰しようという明らかな意図をもってであった。だから、和尚はその後、文化九年（一八一二）には、例の「生死憐むべし云々」の「深草閑居」の詩碑をも建立した。現在、その詩碑は本堂正面、向って右側に建っている。

その後、幕末の傑僧風外和尚（一七七九—一八四七）も、ずいぶんと力を入れて道元禅師旧蹟の寺、欣浄寺の経営に心を傾けたということである。

最近、再び私は欣浄寺を訪れてみた。そして驚いた。十数年前の、あの荒れはてた深草の里の小庵のおもかげは、すっかり失われて境内はみごとに整備されている。老住職の悲願であった本堂再建が、昭和四十九年に円成したのである。

古の浄土信仰の寺の跡を留めるように西向きに建っていた仮本堂は、東向きになり、姿見の池にモダンな鉄筋コンクリートの容姿を映している。すべてが反対に向いたのだから当然かつての裏門は表門となり、表門は裏門になる。旧本堂の跡は駐車場になっている。

伝道元禅師石像

老住職古山実定師は、私の訪問を喜んで親切に案内して下さる。もちろん十数年前に一度私が訪ねたことがあるのは知られる由もないようであった。
「境内地が、少し狭くなったようですね。もっと竹やぶなんかが茂っていたような気がするのですが。」
「さようですねん。農地開放で住職の私有地となりました地所が三百坪ばかりありましたのを全部売りましたんや。それがまあ本堂再建の基金になりましたんやけどねえ。」

何が何でも本堂再建をという老住職の話を伺っていると、私のイメージにある深草閑居の旧蹟と、現在のそれとがあまりにかけはなれていることに対する何となく不満に思う気持ちも、胸元でふつふつとするだけで、ことばや態度になって表われることはなかった。

本堂内部を拝観する。度外れて大きな仏様を収容する本堂を建築するためには資金がどうしても不足であったらしい。台座が拝席よりも一メートルくらい低いところにある。

「大きな仏さまなもんやから、引越しが大変でしたんや。これでも二週間かかりました。これをもう二メートル高く鎮座させようとしますと、どうにも資金繰りがつきませんでしたんや。」

それにしても、広い本堂の中で、のびのびとして坐っておられるので、以前訪ねたときの印象よりもよほど大きく拝める。

道元禅師のご尊像と伝える、素朴で小さな石像も、赤いカーペットを広々と敷きつめた本堂の前右脇壇におまつりしてある。だがそれは、八重葎《むぐら》の中から、突然にシャンデリアの下に引き出されたような趣であって、尊像はまことに困惑しきっておられる風情である。私は、香を手向け、五体を投地して礼拝しつつも、十数年前の春の宵に、何やらわびしい思いで欣浄寺を後にしたときのことが、しきりになつかしく思われるのであった。

安養院のありか

道元禅師が、建仁寺から出られて、一時期深草の安養院に閑居されたということは、事実であるとしても、その安養院の旧跡が現在の欣浄寺であるということは、面山和尚の考証にもかかわらず、断定はどうもできないことのようだ。

例えば、最も古い道元禅師伝として知られている『永平寺三祖行業記《さんそぎょうごうき》』は、その間の消息を次のようにしるしている。

「始め本国に帰り、建仁寺に寓止す。漸く隠居の地を求む。有縁の旦那施すところの所々歴観すること僅かに一十二所。遠国畿内、皆、意に合《かな》わず。暫《しばら》く洛陽の東南、深草の里、極楽寺の旧跡に隠居す。四衆雲のごとく集い、徳風漸く扇ぐ。自然《じねん》に宝坊と作《な》る。待たずして叢林と作《な》る。興聖宝林寺と号す。」（原漢文）

これによれば、深草閑居の地は、即興聖宝林寺の前身の地ということになる。つまり、この一文からは極楽寺の旧跡の安養院なる小庵に閑居している内に、四衆雲の如く集うて来て、叢林の形態を為して来たので、それを興聖宝林寺と改めた、というふうに読みとることも可能なわけである。

『伝光録』も、大同小異の記述ぶりであるし、『建撕記』にしてみても面山和尚の「訂補本」以前のものは、もっと簡単に、

「漸く隠居の地を求む。」

としるしているのみである。

もっとも、嘉禎元年（一二三五）十二月に書かれた『宇治観音導利院僧堂勧進疏』に、

「今勝地一処を深草の辺、極楽寺の内に得たり、観音導利院と名づく。」

という道元禅師ご自身の記述をみると、いわゆる安養院の地と、興聖宝林寺の地は、あきらかに別の地のようにも思える。

安養院なる旧址が、現在のいったいどのあたりであるのか、ということは、結局のところ杳《よう》としてわからないといった方がいいのである。

ではなぜ、禅師は建仁寺を出て深草に閑居されたのか。このことについて、大久保道舟博士などは「比叡山僧の圧迫が主たる原因」（『道元禅師伝の研究』）とされている。が、必ずしもその一点に主因を求むべきでもあるまい。むしろ、建仁寺山内の禅師に対する冷やかな雰囲気こそ、その主たる原因であったといえるのではあるまい

か。（このことについては、すでに第十四章で私の考えを書いた。）

いずれにしても、禅師は、信者か血縁者か、何らかの縁をたよりに、深草の地に閑居される。そして、このいわゆる深草安養院閑居の時代に、少なくとも「辧道話」一巻を選述された。それは、来るべき興聖寺の正法激揚の時代に備えて、「仏祖正伝の仏法」の何たるかを綿密に点検される聖胎《しょうたい》長養の時代であった。安養院即欣浄寺とする歴史的根拠は、まことにたよりないけれども、かつての八重葎の裏庭が強く印象に残っているだけに、私にとって欣浄寺は、祖蹟のなごりをそこはかとなくとどめている寺のように思えてならないのである。

竜雲寺のこと

京都の宇治田原町に、竜雲寺という道元禅師との関わりが云々されている寺があることを私に教えて下さったのは、中世古祥道師であった。もちろん従来の道元禅師伝の中には、いささかも記述されていない話である。昭和五十三年八月末の一日、私は竜雲寺を訪ねてみた。その場所については、あらかじめだいたいの見当はつけていたものの、詳細な路順などはわかるはずもない。京阪宇治駅でタクシーを拾い、ともかく宇治田原町の名村まで行けば何とかなろうという算段であった。

タクシーは、平等院の前を通り、宇治川の右岸を遡った。人家はたちまちに絶えて、宇治川の清流はやがて天ケ瀬ダムとなる。京阪近郊の地であることをすっかり忘れさせるような緑の山峡の、細く長い湖畔をタクシーは快調に飛ばした。

運のいいことに、乗り合わせたタクシーの運転手は名村の出身であった。竜雲寺という寺号までは知らない風であったが、名村にある寺なら一つしかないからとて、道を一々尋ねるまでもなく本堂の前に車を横づけにして

茶畑の中にある竜雲寺（後方が上ノ山、それをさらに右手に登ると大岩原）

くれた。茶畑の中にひっそりと建つ、本堂も庫裡も一棟に収められた小さな寺である。

無住の寺だと聞いていたが、一応「ごめんください」と形式的に一声かけてみる。むろん返事はない。西陽に熱くほてったほこりっぽい西向きの本堂の縁側に上がり、障子を引いてみた。意外なことにスーッと簡単に開いた。

内部は思ったより小綺麗に掃除されていた。私はまず線香一炷《ちゅう》を献じて本尊様に般若心経を誦した。木魚も磬子《けいす》も、法具はすべて整っていた。住職も一応決まっているらしく、本堂の欄間の上には、制中配役の単牌が掲示されていた。

この寺のことについて、『山州名跡誌』は、次のように記している。

「巌平山竜安寺―其旧地、此所の巽の山上四丁許にして、奇岩あり、俗に大岩原と号す。山上に号二経塚一あり、元和尚被レ納レ経所也。」

巌密に読めば、宝光山竜雲寺と巌平山竜安寺の相違について問題にしなければならぬところであるが、郷土史家たちの見解は、竜安寺と竜雲寺は明らかに同一の寺院とする。私もまず間違いないところだろうとみる。

僧白慧の選した『山州名跡誌』は、元禄十五年（一七〇二）に大成し、正徳元年（一七一一）に上梓された。すでにその頃は、現在地に竜雲寺が在り、道元禅師との関係が云々されていたわけである。

なお、この正徳元年には、大島武好の選した『山城名勝志』が刊行されているが、それにも

「宝光山　今田原郷荒木村南有二道元和尚旧跡一土人云地呼二竜雲寺一按是宝光山旧地乎
正法山大休和尚法語云、城州綴喜ノ郡ノ内、宝光山竜雲寺者《ハ》、豊葦原洞上第一祖道元師ノ挿草ノ地ナリ。」

とある。ここにいう大休和尚というのは、妙心寺二十五世の大休宗休（一五四九寂）のことで、室町時代の人物である。

さらに、この『山城名勝志』から約半世紀後に刊行された『拾遺都名所図会』にも、この竜安寺について

「開基は道元和尚。当時年久敷《としひさしく》荒廃《くわうはい》におよぶ、近世再建す。云々」

とある。竜雲寺が道元禅師開基の寺であるという伝承は、相当に早くから伝えられていたのである。

私は、須弥壇の背後にある位牌壇を拝した。雑然と並べられた歴住牌の陰に古ぼけた一枚の棟札があった。現在の本堂が、大正十四年に改築されたものであることを誌したもので、寺の由緒については、道元禅師とのかかわりについていささかも触れていない。

いずれにしても、問題は現在地へ移転以前の竜雲寺である。いったいそれはどのあたりにあったのであろうか。

閑散とした戸数三十戸たらずの名村の小集落を私はとぼとぼと尋ね歩いた。出会う人は皆知らぬと言った。だが、諦めて帰りかけた頃に出くわした六十前後の男が、

「それやったら、大岩原《おいはら》のタマヨケのお地蔵はんのことやないけ」

と言う。何でも、そのお地蔵さんに祈願をすると鉄砲の弾丸が当たらぬというて、戦時中徴兵令状が来ると地区の人は誰もが必ずそのお地蔵さんに参拝して出征したという。

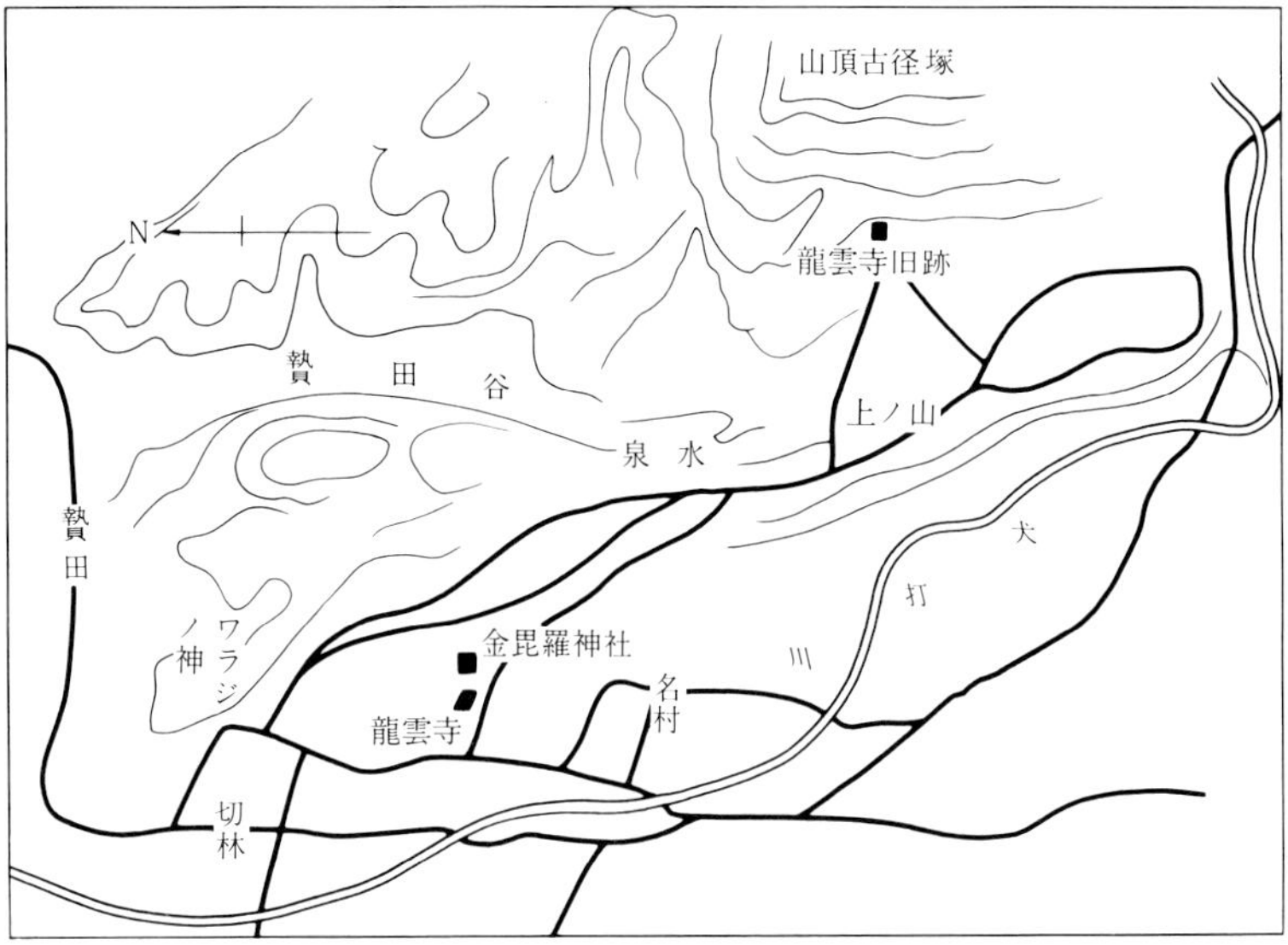

現竜雲寺と元の旧跡との配置図（山本十造氏による）

私は早速にそこを訪ねてみた。竜雲寺の前を南東の方向に走っている舗装されただらだら坂を山手の方向へ歩くことおよそ半キロ、大岩原《おいはら》なる山は茶畑の彼方にある平凡な山であった。むすびのような形の、さしずめ田原富士とか名村富士の名がつきそうな山である。お地蔵さんは、その山の麓にあった。今も何かのご利益を願って祈りを続けている人がいるのであろうか、杉の植林に上部をすっかり覆われたお地蔵さんにはまっ赤なよだれかけが掛けられ、その前には供えられて間もないとおぼしきパンやサラダの洋風のご馳走の山があった。近くの茶畑に働いている人さえ気のつかぬ樹海に埋もれた辺鄙な地の小さなお地蔵さまが、名もない人たちによって信仰され続けていることに対して私は深い感動を覚えた。あるかなきかの道を辿って、思わぬところに生きたお地蔵様がおわしたことが何とも言えぬうれしいことに思えた。私は薄暗い樹陰にうずくまるようにしてお地蔵様に手を合わせた。

　あたりには、枯山水の跡を偲ばせるような奇岩が三つ四つ、二つ三つと散在している。寺の跡と言われれば確かに寺の跡である。『拾遺都名所図会』のいう「旧地」

は確かにここに違いあるまい。距離的にも、「巽の山上四町ばかり」という表現にぴったり合っている。もっとも経王つまり法華経か般若経を収めたという経塚の所在地は私には確認できなかった。これは相当以前から毀れてしまったと土地の人は伝えるし、その所在地もこの大岩原の山頂近くではなかったかという。

竜雲寺を訪ねた後、しばらくして、その本寺である禅定寺さんの紹介で宇治田原町の郷土史家山本十造さんを知った。町史の編纂委員長を勤めておられる方で、竜雲寺と道元禅師の関係についても、いろいろと調査しておられて、示唆に富んだお話を伺うことができた。

竜雲寺は、もともと宇治興聖寺の末寺であった。明治年間に記帳された『興聖寺寺籍帳』には、竜雲寺について次のごとく記している。

「竜雲寺―往古、南村ノ大寺ト号シ、承陽大師寓居ス。村民ノ口碑ニ、道元坂、道元ノ泉水トイフ旧蹟存在ス。大永年中（一五二一―一五二七）大災ニ罹り、堂宇旧記コトゴトク焼失ス、故ニ創立ノ干支不詳。ノチ、星移り、正保元年（一六四四）宗通和尚ナル者アリ、コノ地ニ堂ヲ再建シテ、寛文七年（一六七七）宇治郷興聖寺七世竜蟠松雲和尚ヲ請シテ中興開山トナス。由来明治十九年に至リテ二百四十三年。」

現在の竜雲寺の背後は小高い丘陵になっている。寺のすぐ裏手の石段を登れば、左に稲荷社があり、右に金毘羅社が祭祀されている。社殿の中の一枚の板札によれば、寛政六年（一七九四）に竜雲寺十六世雄堂和尚によって遷宮されたという。竜雲寺の鎮守である。金毘羅様のご利益をつらつらと書き列ねたその板札によれば、道元禅師が渡宋の際にも金毘羅宮を深く信仰し、その航海の安全を祈念したという。そう言われてみれば、入宋船出の地としての伝承が残る坊の津の興禅寺にも鎮守として金毘羅社が祭祀してあった。むろん永平寺にも金毘羅権現をまつることというまでもない。

金毘羅宮の裏手をさらに登れば、やがて台地に出る。一帯はなだらかな斜面の丘陵で、わずかな墓地がある他は、一面の茶畑である。地名は贄田谷という。自動車が通れるだけの農道兼林道が通じていて、まっすぐに山手に登って行けば、上ノ山を経てさきほどの大岩原の旧地に出る。

道元坂というのは、ではいったいどのあたりをさすのか。これについては山本さんにも判然しないらしい。実は、大岩原に至る坂道がたくさんあり過ぎるためである。

道元の泉水というのは、竜雲寺裏の高台に現在も「泉水」の地名が残っているからそこにほぼ間違いあるまいという。上ノ山の近く大岩原の付近である。

いったい道元禅師は、なぜこのような地に足跡を留められたのであろうか。はたしてこの伝承には信憑性があるのであろうか。

問題を解く手がかりを幾つか私は想像する。とりあえずそれを列挙してみよう。

まず、宇治田原町一帯は宇治茶の産地である。茶の栽培の歴史は相当に古く、山本十造さんの話では、いわゆる宇治市界隈におけるよりもその栽培の歴史は七、八十年古いという。何でも明恵上人《みょうえしょうにん》の弟子筋の者が、栂尾《とがのお》から種子を貰って来て播種したのが最初ではないかと口碑に伝えられている。室町時代のことである。

道元禅師と茶の栽培については、古来あまり注目されていないが、『赴粥飯法《ふしゅくはんぽう》』等には「茶湯を喫する」作法について示されているのだから、道元禅師が茶の栽培に無関心であったとは思えない。現在、竜雲寺の界隈一帯に栽培されている茶樹と道元禅師の関わりなどが推定できれば面白いのだが、現在のところそれはまず荒唐無稽なことに類するようである。

次に考えなければならないのは、竜雲寺に新たに宝物庫を建てて収蔵されている奈良時代の書体を彷彿とさせる肉筆の大般若経六百巻のことである。内十三巻に奥書があるのだが、一番古いのは、承安二年（一一七二）に遡るという。おそらくこれは竜雲寺の歴史と共に存在したものと考えられるから、道元禅師がご帰朝になった頃は、竜雲寺の前身は存在していたとみて間違いない。しかも、これだけ立派な大般若経《だいはんにゃきょう》があるということは、相当に由緒のある寺とみていい。その場合、興聖寺開創前のこととして『建撕記《けんぜいき》』に、

「漸く隠居の地を求む」

という表現が出ているのだが、この中に竜雲寺の影はちらついていないのかどうか。『永平寺三祖行業記』では、その後に、

「有縁の旦那施す所の所々歴観、僅かに一十二所」

とあるが、歴観された一十二所の中に当時荒廃しかけていた名刹竜雲寺も含まれていたと考えられないかどうか。私はその可能性を大いにあるとみる。

また、道元坂とか道元の泉水について伝承が残っていたとすれば、しばらくでもこの地に逗留されていた可能性も否定するわけにはいかない。しかし、道元禅師が隠居の地を探索するとてこの地に立ち寄られただけでも伝説の生ずる可能性は充分にあるのだから、私は、伝記の大筋を『建撕記』や『三祖行業記』によりながら、建仁寺にご留錫の頃のある日、道元禅師がこの地に立ち寄られたと見るのが一番穏当な考え方ではないかとみる。

もっとも、深草興聖寺の十年間は、正法激揚のために積極的に各地に赴かれたとみても不自然ではないから、その間に布教のためにこの地を訪れられたという可能性もある。

確定的なことは何も言えないけれど、こんな山峡の辺地に道元禅師の伝説が残されているのを知って、道元禅師の仏法のつかみどころのない深みというものが、私にはいよいよ思われるのである。少なくとも、当時、道元禅師に帰依した信者層の広がりというものは、これは相当に広範囲にわたっていたことだけはたしかなことに違いない。

欣浄寺（ごんじょうじ）――京都市伏見区墨染町
竜雲寺（りゅううんじ）――京都府綴喜郡宇治田原町名村

第十六章　深草の興聖寺旧址――幻の初開の道場

初開の道場

道元禅師は、嘉定二年丙申（一二三六）十月十五日、宇治の観音導利院興聖宝林寺において開堂の法会《ほうえ》を営まれた。いわゆる祝国開堂である。これは、公式の説法道場たる法堂《はっとう》を開き、須弥壇《しゅみだん》（須弥山にかたどった法堂中央の台座）の上に登り、この堂を拠点として仏法を開演していくことを高らかに宣言する法式である。中国禅林伝来のやり方でこの開堂の法会を修行されたのは、わが道元禅師をもって初めとする。

興聖寺道場の首座《しゅそ》としては、懐奘《えじょう》和尚が請ぜられた。道元禅師が、この開堂法会にかけたいきごみがいかほどであったかは、『正法眼蔵随聞記《しょうぼうげんぞうずいもんき》』の次の一節に余すことなく語り抜かれている。

「嘉禎二年臘月除夜、始めて懐奘を興聖寺の首座《しゅそ》に請す。即ち小参の次でに、秉払《ひんぽつ》を請ふ。初めて首座に任ず、即ち興聖寺最初の首座なり。

小参に云く、宗門の仏法伝来の事。初祖西来して少林に居して、機をまち時を期して面壁して坐せしに、其の年の窮臘《きゅうろう》に神光来参しき。初祖、最上乗の器なりと知って接得す。衣法ともに相承伝来して、児孫天下に流布し、正法今日に弘通《ぐずう》す。初めて首座を請じ、今日初めて秉払をおこなはしむ。衆のすくなきにはばかることなかれ、身初心なるを顧ることなかれ。汾陽《ふんよう》は纔《わずか》に六、七人、薬山は十衆に満たざるなり。然れども仏祖の道を行じて、是を叢林のさかりなると云き。」

「古人云く、光陰虚《むなし》くわたることなかれ。今問ふ、時光はをしむによりてとどまるか、をしめどもとどまらざるか。又問ふ、時光虚く度《わた》らず、人虚く渡る。時光をいたづらに過すことなく学道せよと云ふ也。是の如く参究同心にすべし。我独り挙揚せんに容易にするにあらざれども、仏祖行道の儀、皆是の如くなり。如来にしたがひて得道するもの多けれども、又阿難によりて悟道する人もありき。新首座、非器也と卑下することなく、洞山の麻《ま》三斤《ぎん》を挙揚して同衆に示すべしと云って、座をおりて、再び鼓《く》を鳴らして、首座秉払《ひんぽつ》す。是興聖最初の秉払也。奘公三十九の年也。」（巻五）

繰り返し拝読している間に、道元禅師の胸の高鳴りが響いてくるような味わいが読み取れてくる高潮した一文である。

その時の法語が、『永平元禅師語録』（略録）や『道元和尚広録』（永平広録）に二種伝えられている。

いわゆる『門鶴本広録』の巻頭に伝えられるところによると、それは次のようなものであった。

「上堂に云く。依草の家風、附木の心、道場の最好は、叢林なるべし。牀一撃、鼓三下、伝説す如来の微妙の音。正当恁麼の時、興聖門下且《しばら》く道《い》へ、如何。良《やや》久《ひさしう》して云はく、湖の南、潭の北、黄金国、無限の平に人陸沈《ろくちん》せらる。」

拙訳をすれば次のような意味であろうか。

　おのがじし　草々繁り
　こころにも　木々は美し
　もろびとの　道に生きゆく
　ここそは　仏の住処《すみか》
　牀《ゆか》撃てば　如来現われ
　鼓《く》の音に　み教え生きる

さてまさにこの時、我が興聖の門下よどう云うか。しばらくして師は云われた。

いにしえの　黄金《こがね》の国を
外《と》つ国に　求めていかば
限りなき　地平のかなた
もろびとは　永遠《とわ》に沈めり

興聖寺のこの道場こそは、正伝の仏法を今に生かすところなのだということが、しみじみと語られた法語である。

さて今一つ、『門鶴本』では、四十八番目に配置しているが、『略録』や卍山刊行本広録の劈頭に置かれた興聖寺開堂の法語は、次のようであった。

「上堂。山僧、叢林を経ること多からず。ただ是れ等閑《とうかん》に天童先師に見《まみ》えて、当下《たうげ》に眼横《げんのう》鼻直なることを認得して、人に瞞せられず。すなはち空手還郷《げんきょう》、ゆゑに一毫も仏法なし。任運《にんぬん》に旦《しばら》く時を延ぶ。朝朝《てうてう》日は東《ひんがし》より出で、夜夜《やや》月は西に沈む。雲収って山骨あらはれ、雨過ぎて四山低し。畢竟《ひっきゃう》如何。良久して曰く、三年一閏に逢ひ、鶏は五更に向かひて啼く。久立下座《きうりうあざ》。」

これはあまりによく知られた法語なので、ことさら解釈も要らないような気もするが、私訳を一応あげれば、山僧《わたし》は、たくさんの叢林を遍歴して来たわけでもない。ただ不思議な縁で天童如浄禅師にまみえて、たちまち、眼は横、鼻はまっすぐ、という真理を臍落ちさせて、みせかけの姿にたぶらかされることがなくなった。りきみかえった気分をさらりと捨てて、あっけらかんとなった。だから、説くべきありがたい仏の教えは、毛筋ほども持ち合わせていない。縁に従って、しばらく生きているのだと言ってもよかろう。

朝ぼらけ　日は東より
夕まぐれ　月西のかた

雲流れ　山肌清《すが》に
雨晴れて　山脈《やまなみ》近し
つまるところはどうだ。しばらしくて師は云われた。
閏年《うるうどし》　三年《みとせ》に一度
にわとりは　あかつき告ぐる
さてさてごくろう。師は壇より下りられた。

どちらの法語が、興聖寺開堂の法語としてふさわしいかということになると、これは簡単な問題ではない。現在行われている私どもの普山式における開堂では、嗣承香というのをたく。つまり、自分の本師の法を承け嗣ぎそれに謝意を表する儀式である。そのことから、『略録』は、それに付節を合わせるために師の法を承け嗣ぐことを表明された上堂語を較正者の無外義遠師が意図的に冒頭に配置したとも考えられる。ここは、『永平広録』の配列の方を素直に信じておくべきなのかもしれない。

いずれにしても、この日をもって興聖寺は、道元禅師の初開の道場として、いきいきとした活動を始めたわけである。正伝の仏法が、この日、我が国に芽吹いたのである。

どちらの法語にも、道元禅師の満ち足りた誇らかな思いと、並みなみならぬ気概があふれている。実際、この興聖寺こそは、道元禅師が、「正法の激揚」（『辦道話』）をと、ひたすらに努められた道場なのであった。

興聖寺開創まで

興聖寺における開堂の法会が営まれるまでの経緯《いきさつ》は、どうなっていたのであろうか。話があとさきになってしまったが、そのことについて少しばかりふれておきたい。

建仁寺から深草安養院に移り、隠遁の生活を送っておられた道元禅師は、天福元年（一二三三）、安養院からほど遠からぬ観音導利院に移転されたという。例の開堂法会に先だつこと三年前のことである。

もちろん、先にも触れたごとく、安養院の地と観音導利院の地は、はたして別の地であったのだろうかという一沫の疑念は残る。けれども、今の時点では、通説に従っておくより他はない。

当時の観音導利院の状況は、嘉定元年（一二三五）十二月にしたためられた『宇治観音導利院僧堂勧進疏』に窺うことができる。

「道元入宋し、帰朝して以来、一寺草創の願志あり、年久しく、月深しといへども衣盂の拄《ささ》うべきなし。而《い》今《ま》、勝地一所を獲たり。深草の辺《ほとり》、極楽寺の内に在り。初め観音導利院と号す。薙草の上、未だ叢林ならず。此処に甲刹を構へんと欲す。寺院の最要は、仏殿・法堂・僧堂なり。仏殿はもとよりあり、法堂未だし。僧堂最も切要なり。今これを建てんと欲す。」（原漢文）

この一文から想像するに、当初、建物としては、仏殿とそれに付属する小屋《しょうおく》がなにがしかあっただけのようである。おそらく修行生活は、不如意なこと極まりなかったに違いない。

観音導利院に移られた年の翌年、文暦元年（一二三四）には、かつて建仁寺にご帰朝間なしの道元禅師を尋ねられたことのある懐奘和尚が、再び訪うて衣を改め（つまり、日本達磨宗から転じて）弟子となられる。やがて弟子達は、とつおいつ増えていった。仏殿だけの観音導利院では、何としても道場が手狭にもなった。かくして、嘉定元年（一二三五）十二月、前述の『宇治観音導利院僧堂勧進疏』が起草されることになる。「冬夏安居の坐禅の処所・一切行道の処所」（同疏）たる僧堂を、有縁の人々の「一銭の浄信を以て」（同疏）建立し、真実の学道人を打出しようと決意されたわけである。

それから開堂法会に至るまでは、意外に順調にことが運んだ。一年足らずである。はたしてその間に僧堂も法堂も竣工することができたのだろうかという疑念もあるが、少なくとも法堂だけは完成していたとみて間違いない。おそらく僧堂も落成のめどが立つ状態となっていたのであろう。

法堂は、正覚禅尼が一寄進で建立し、その法座（須弥壇のことであろうか）は、弘誓院殿が造営したと『建撕記』は伝える。相当に有力な在俗の信者がすでにあったわけで、道元禅師が大陸より将来された「正伝の仏法」は、洛中の知識人の中で、大きな話題となっていたことが思われる。

興聖寺での十年

道元禅師は、寛元元年（一二四三）七月まで、興聖寺に留まられた。三十四歳から四十四歳まで、都合十年間である。

建仁寺から安養院時代の、いわゆる閑居の頃の道元禅師の心境は、

「大宋紹定《しょうじょう》のはじめ、本郷にかへりし、すなはち弘法救生《ぐほうぐしょう》をおもひとせり、なほ重担をかたにおけるがごとし。しかあるに弘通《ぐづう》のこころを放下せん激揚のときをまつゆゑに、しばらく雲遊萍寄《うんゆうひょうき》して、まさに先哲の風をきこえんとす。」（『辦道話』）

ということに尽きていた。

そして今、興聖寺の十年は、ここにいう「弘法救生」つまり、正伝の仏法を激揚し、衆生に真実の安心を与えるために、積極的な活動を展開された時代である。むろん著述も意欲的になされた。

まず、天福二年（一二三四）春には、『学道用心集』を選述された。「菩提心を発《おこ》すべきこと」という仏道を行ずる者にとって最も肝要な問題から説き起こして、正伝の坐禅を修する者の心構えを示したものである。

さらに、嘉定元年（一二三五）には、古人の古則公案三百則を整理された。いわゆる『正法眼蔵三百則』がそれである。こうした漢文の古則公案の参究は、ご帰朝以来ずっと続けられていたらしいから、この時期にそれが

きちんとまとめられたということは、会下に参学の衆が多くなり、それに対して提唱用のテキストが必要になったのではないかと想像される。

また、興聖寺時代に著述された『正法眼蔵』は、本山版の奥付によると、「摩訶般若波羅蜜」「現成公案」から始まって「葛藤」まで、実に四十五巻に上る。俗にいう正法眼蔵九十五巻のほぼ半分は、この時代に撰述されているのである。さらに、『典座《てんぞ》教訓』もまた、ここにおいて著述された。

つまり、興聖寺は、「弘法救生」という一点にかけて、道元禅師が最も積極的かつ意欲的に活動された時代の拠点であったのである。

越前移錫後の興聖寺

さて、道元禅師の生涯においてそれほど重要な意義を持つ興聖寺であるのに、禅師が越前へ移られた後で、それがどうなってしまったかということが、私どもにはほとんど定かになっていない。禅師自身が一向にそれを語られていないのは言うまでもないが、その伝記の類にも詳しいことは何も記されていないのだ。

もっとも、わずかに『建撕記』の中に、寛元二年（一二四四）、つまり道元禅師が興聖寺を去られた年の翌年九月七日のこととして、

「宇治の興聖寺より木犀樹《もくせいじゅ》到来す。義準上座送り到って、今孤雲の前にこれを種《う》ゆ。」（延宝本）

と記されているのが目につく。これは、京洛の地を離れるに際して、興聖寺の後事を、義準もしくは、義準を含む複数の弟子に托しておかれたらしいことを窺わせる貴重な資料である。この義準の名は、その後、「準書状」という役名で、『永平広録』に出てくるから、彼は木犀樹を届けると、そのまま永平寺に留まったのではないかと想像される。

私の想像では、興聖寺には、まだ義準以外の者が残っていたとみる。では、それはいったい誰であるか。面白いのは、瑞長本『建撕記』の中に、次のような割注があることである。

「又其冬・道元会裡の僧詮慧（宇治興聖寺の二代なり）恵達の両禅人行脚の次で云々」

これは、少なくとも後世宗門の一部に、詮慧《せんね》和尚が興聖寺の二代になったという伝承が残っていたことを証する資料である。詮慧和尚というのは、道元禅師の高弟で、懐奘《えじょう》和尚と共に、禅師の信頼すこぶる厚かった人である。『建撕記』は、そのことにふれて、

「懐奘・僧海・詮慧等、師の神足にして大竜象なり。」（延宝本）

と記している。ちなみに、僧海は、道元禅師が興聖寺在住中に示寂しているから、興聖寺の後事を托するに足る信頼すべき弟子として詮慧が充てられたと考えるのは決して不自然ではない。詮慧和尚は、道元禅師遷化の後、その荼毘地に永興寺を建てたと伝えられており、私は、最後まで洛中に留まっていた可能性が非常に強い人だと思っている。

その後の興聖寺について『永平寺三祖行業記』の「三祖（義）介禅師」の章に、二祖懐奘和尚が、三祖義介和尚に対して、天童山の規矩《きく》や、諸方の大刹の清規類の記録を調べて、永平寺僧団のあり方をきちんと整えよということを委嘱される話が載っている。その中に、

「(道元禅師が伝えられた) 叢林微細の規矩、禅家諸師の語録以下、一切の聖教、皆先年興聖寺焼失の時、或いは紛失す。」（原漢文）

とある。この短い一文は、私どもにさまざまなことを想像させる。

まずはっきりしていることは、二祖の命を受けて、三祖義介和尚が中国の五山十刹の調査を目的として入宋を企てた正元元年（一二五四）より以前に、興聖寺が火災にあっているということ。もっとも、それが伽藍一切を焼失するものであったか、その一部分を焼くに留まるものであったかということは、この一文からだけでは定か

ではない。しかし、先年（昭和二十一年）岸沢惟安老師が発見されたという『学道用心十則』なる写本の末尾に、

「本云く、寛元三乙巳《きのとみ》歳二月八日、越州大仏寺南坊に於て書写し畢《をは》る。孤雲

弘長三年臘月初三日、興聖寺に於て書写し畢《をは》る。義奨」

という識語がみえることから想像するに、庫院等の一部を焼失しただけかもしれない。

ただし、この写本について、学界の一般的見解としては書写の時が弘長三年（一二六三）までさかのぼることはありえぬとされている。その理由は、二祖孤雲懐奘和尚は、「懐奘」という署名はされても「孤雲」という字名を用いられたことはないということと、先に挙げた正元元年（一二五四）以前に興聖寺が火災に会っているという『三祖行業記』の記録のことが挙げられている。つまり、弘長三年まで、興聖寺が叢林を形成し続けたとは考えられないというのである。

だが私は、「孤雲」という字名に関しては、原本には明らかに「懐奘」とあったのを、書写者が諱《い》みて「孤雲」という号に改めたと考えるべきだと思う。したがって、弘長三年まで、興聖寺が存在して道元禅師の法孫が祖蹟の寺としてそれを護持していたということは、まったく考えられないことではないのである。

話を元に戻そう。前記の『三祖行業記』の記述から、道元禅師は、越前移錫に際して、文献の類の相当数を興聖寺に残して行かれたらしいことがわかる。これは、いったいどういうことを物語るのであろうか。

さらにまた、『三祖行業記』のこの一文は、興聖寺と永平寺との間に、少なくとも二祖懐奘和尚の存命中は、何らかの形で往来があり、情報の交換が行われていたらしいことを想像させる。

いずれにしても、興聖寺のその後については、はっきりしないことが非常に多い。まず第一、その旧跡がはたしてどのあたりになるのかさえも、今となっては定かでないのである。けれども、何はともあれ、興聖寺の旧跡を訪ねなければならぬ。私は、あまりに前置きに筆を費やし過ぎたようである。

宝 塔 寺

道元禅師自身が興聖寺の位置について触れておられるのは、例の『観音導利院僧堂勧進疏』である。それには、

「今勝地一処を深草の辺、極楽寺の内に得たり、観音導利院と名づく。」（原漢文）

とあった。ところが、「極楽寺の内」というのは、面山和尚の『訂補建撕記』では、「極楽寺の旧址」となっている。「旧址」ならば、ずばり極楽寺の跡そのものを指し、「内」ならば、極楽寺の境内の塔頭をさすわけだから、この微妙な表現の差はかなり大きい。資料的に古い明州本、瑞長本の『建撕記』も伝える「極楽寺の内」という表現の方が信頼できそうな感じであるが、この明州本等も、伝記を記述した部分では、

「興聖宝林寺は、洛陽の南東深草の里、極楽寺の旧跡なり。」（圏点著者）

と、「旧跡」説を取っているので、若干の問題は残る。

ともあれ、この極楽寺は、藤原基経（八三六―八九一）の長子時平（八七一―九〇九）が、昌泰二年（八九九）に、醍醐寺の開山理源大師聖宝を開山として創始されたと伝えられる。代々藤原氏の外護を受けていた相当の大刹らしい。もともとは、真言宗の寺であったわけだが、徳治二年（一三〇七）、時の住持良桂律師が、日蓮の孫弟子日像との法論に敗れて、日蓮宗に改められた。寺名の方も、鶴林院となり、さらにその後、現在の宝塔寺に改称されたという。

そういう点を押さえて、「極楽寺の旧址」は、現在の宝塔寺にほかならないのだという説は、古くは面山和尚、最近では今枝愛真博士（『道元とその弟子』）を初めとして、かなり多くの人から支持されている。

ところが、同寺の記録によれば、往時の極楽寺は、宝塔寺が現在ある地よりも、西方にあったらしいのであ

深草山宝塔寺仁王門

る。それを証するかのように、文安二年（一四四五）の古図（写本）には、今の宝塔寺は大和大路の東側に所在しているはずなのに、極楽寺はその西側に記されているという（守屋茂「幻の寺興聖寺の旧跡について」『傘松』第三八二号）。だとすれば、たとえ「極楽寺の旧址」説をそのまま信用したとしても、現在の宝塔寺を即極楽寺の旧址とすることはできないわけになる。しかも、応仁元年（一四六八）には、極楽寺の十三重塔が大風のために倒壊したと記録に残されているから（『年代記』『山城名勝志』）、その頃までは、かなりな大刹としての極楽寺が存在していたと考えなければならぬ。

してみれば、道元禅師が興聖宝林寺を開創されたおりにも、極楽寺なる大刹は存在したと考えた方が自然なのではあるまいか。ここはやっぱり、「極楽寺の内」の塔頭の旧跡に観音導利院興聖宝林寺は建てられたとすべきであるかもしれない。

宝塔寺説など取るに足りぬとたえず力説しておられる守屋茂先生に案内をお願いして、昭和五十年の初夏の一日、私は興聖寺の旧蹟を探索する旅に出た。

深草駅で京阪電車を降りた私は、出迎えて下さった守屋先生に、まず宝塔寺へ案内して下さるようにお願いした。私のその申し出は、守屋先生にとってあまり愉快なことではなかったらしい。しかし、通説となっているところをまず訪ねてみるというのが、私の祖蹟めぐりの常道だから、守屋先生にはおゆるしいただくことにしたわけである。

宝塔寺は、静かなたたずまいの大刹であった。室町時代の建造という国宝の総門をくぐり、長い山道の石だたみを歩いて行くと、その両側には、いわゆる塔頭寺院の門がひっそりと並んでいる。今はすでに廃絶してしまった塔頭のありかを示す標識の幾つかも、右手の竹藪の中に建っている。

一直線の山道の尽きたところで、豪快な仁王門をくぐると、境内には、本堂・鐘楼・多宝塔・千仏堂等が甍《いらか》を並べている。守屋先生は、他の建造物には目もくれず、まず多宝塔の前に私を案内した。そして、

「今枝先生の『道元とその弟子』に収められている極楽寺の古瓦というのは、この多宝塔の改修以前のものらしいです。私の調べた範囲では、室町時代までしかさかのぼることはできないと思います。」

と、宝塔寺即極楽寺旧址説を婉曲にとがめだてされる。一刻も早く、自説の地へ案内したいような気配である。

私は、整った伽藍の数々の中に佇みながら、不思議な感情が湧き上がってくるのを覚えた。なるほど、守屋先生の言われるように、宝塔寺即興聖寺旧址と考えることは、相当に無理のある説かもしれない。ところが、そこに佇んでいる私の胸中には、いつのまにか、道元禅師の初開の道場はかくあれかしという、言ってみれば、法孫の願望みたいなものが湧いてくるのである。むろんそれは、実証的な歴史学とは無縁な、むしろ邪魔にすらなる感情である。しかし、何も歴史上の有力な手がかりが得られない場合には、そういうものが、興聖寺跡を措定するにあたって大きく働いてくるのは、どうしても否めないことかもしれない。守屋先生の話を承りながら私はしきりにそんなことを考えていた。

極楽寺の禅房

守屋先生の説というのは、慶滋保胤《よししげやすたね》（九三四?―八九七）が、『本朝文粋』に「冬の日極楽寺の禅房に於て、同じく落葉の声雨の如きを賦す。」（圏点著者）という一詩を賦しているのから推定を重ねて行ったものである。

慶滋保胤というのは、鴨長明の先祖にあたる人物で、その著『池亭記』は、長明の『方丈記』に大きな影響を与えたとされる。とまれ、その賦詠の一節は次の如くである。

「極楽寺は東山の勝地なり。寺の西北に一仙洞あり。けだし象外の境にして、壺中の天なり。中に高堂を起し、大悲観世音を中尊と為し、西に禅房を置き、伝法阿闍梨を本主と為す。堂の巽《たつみ》に碧羅山有り、小なりといへども、その勢千万尋に対するが如し。山中に瀑布泉あり、細しといへども、その声一二里に聞ゆべし。水は是れ屈曲して色は即ち瑠璃、あるいは流れて蜀江となり、紅葉は浮んで錦を濯ぎ、あるいは瀉《そそ》ぎ酈谷となり、黄菊映じて金を沈め、短虹を挿して橋と為し、独木を横たへて権となす。この外奇巖怪石千象万形、霊樹異草の大隠名づくることなく、庭戸を潤色し、風流を黼藻し、土事終り、景物尽く。」（原漢文）

ここに描かれる「一仙洞」こそ興聖寺となるところではないかと守屋先生は推定する。文中に描かれた「一仙洞」の模様をかいつまめば次のごとくなろうか。

極楽寺の西北方に一仙洞がある。その中には、仏殿（高堂）があり、観世音菩薩を本尊とする。西には禅房がある。一仙洞の東南には碧羅山があり、滝や泉があって四季それぞれに美しい風情がある。一仙洞がなぜ興聖寺に想定されるかという点はさておき、この賦詠の最後のところには、

「予、いささか都序を記して、以て地図に代ふと尓《しか》云ふ。」

深草大門町界隈

とある。守屋先生は、「だから」と鬼の首でも取ったように強調された。表現の誇張は別にしても、決してこの描写は事実を曲げたものではないといわれるのである。

私達は、宝塔寺からとって返す。舗装された府道で、適当に自動車も行き交っている。それでも、古の大和大路を偲ばせてゆるやかなカーブの多い道だから、自動車も何となくスピードをゆるめている感じで、歩く人にとっては、まことにありがたい道である。

五分そこそこで、深草大門町と深草籔之内の境界部分の一角に到った。国鉄宇治線の踏切を越えたあたりの空地とも言えないような民家の塀ぎわに佇むと、守屋先生は小脇に抱えて歩いていた風呂敷包みをほどいて、一件書類を広げられる。まず、『訂補建撕記図会』。これは、文化三年（一八〇六）に珍牛和尚らによって完成したものであるが、その中の「深草興聖寺造営成就ノ図」というのが、私達が立っている踏切の傍の空地あたりから写生したものに違いないというのが先生の主張なのである。

「ごらんなさい。ここにある道が、それ私達の今立っている大和大路ですよ。鳥居のしるしは、これは、あの向うの山の中腹にある稲荷神社です。」

私は、はあはあと相槌を打つ。五万分の一の地図を広げてみると、確かに図に照応するような位置に稲荷山がある。『枕草子』で、清少納言が、「いなりのおもひをこしてまいりたるに、中のみやしろのほとわりなくくるしきを念じてのぼる」と書いた伏見稲荷である。だが、如何せん。現実の私の眼前には、民家が密集していて、とてもその図の状景どおりにはイメージが浮かばない。肝腎の稲荷山の鳥居さえが見えないのだからそれも仕方がないというべきか。

守屋先生が、各種の資料を引用して展開している興聖寺旧跡論を一読したときは、なるほどと思わせるだけの説得力を私はそこに感じた。興聖寺旧跡は、あるいは守屋説が一番信ずるに足るものかも知れぬと思った。ところが、実際の現場に立ってみると、何やらその印象が朦朧として来る。せいぜい、そう言われてみればそうかなあ、という程度に落ちついてしまうのである。

保胤の詩賦にみる一仙洞を観音導利院であるというのはいい。そこで詠まれた碧羅山は、宝塔寺旧陵の七面山であるというのもいい。だが、それと『訂補建撕記図会』の図と結びつけるための裏づけとなるものが少々欠けるような気がするのだ。

まず、『訂補建撕記図会』の刊行された頃、天照卍瑞和尚は、欣浄寺の地に、ささやかながらも伽藍を建立して、深草閑居の旧跡を顕彰しようとしていた（第十五章参照）。もし、珍牛和尚達に、興聖寺の旧跡についての確証がつかめていたのなら、彼らは恐らくそれを顕彰する石碑の一本でも建てていたのではあるまいか。それがなされていなかったということは、珍牛和尚達にとっても、興聖寺の旧跡は謎に包まれたままであったような気がする。それに、『訂補建撕記』の編者面山和尚は、興聖寺旧跡を宝塔寺と想定した人なのである。

いささかたよりなげな顔つきの私を促して、先生は住宅街を小路に入って行く。もちろん私もついて行く。静かな小路である。ところどころに、「深草大門町」と記した細い町名札があって、古の極楽寺の大刹ぶりを偲ばせる。それにしても、これほど人家が密集してしまってはどうにもならぬ。どの小路をどう歩いてみても、地中深く沈んでしまった古の歴史は、その匂いすら嗅がしてくれない。

守屋先生はしかし、何とか寺跡の遺構らしきものでもないものかと、執念のごとくこの一帯を調べ歩かれたという。そして遂に、この区画の西北隅、深草藪之内町六番地から、近年宅地造成中に、平安中期の鐙瓦《あぶみがわら》の破片一個と、宋銭・明銭等が出土したという耳よりな話を聞き込む。有力な証拠の出現である。

私は、件の民家に案内された。ちょうど主人も在宅で、出土の状況等を伺うことができた。とても親切な主人で、庭の片隅からは、わざわざ四角な形の墓の台石のようなものを運び出してみせてくれる。相当に風化してはいるけれど、悉曇《しったん》文字がはっきりと刻まれている。

話を聞きながら興味を覚えたのは、守屋先生が僧堂の跡と推定される地から出土した鐙瓦や銭貨に、焼けた形跡が全然見出されなかったという点であった。もし、この地がまぎれもなく興聖寺の僧堂跡であり、そこに火災の形跡がないとなれば、すでに私が展開した「越前移錫後の興聖寺」についての推論が正鵠を得ていることになり、まことに好都合である。

主人の話では、その住宅は近々改築されるという。もちろん、その機をとらえて守屋先生達によって発掘調査が行われるのであろう。私もその結果に期待を寄せたいと思う。

それにしても、何のヘンテツもない静かな郊外の住宅地である。有為転変と言ってしまえばそれだけのものだけれど、そんな中をトボトボと歴史を訪ねて歩いていると、正直なところ何とも味けない感じがしてしかたがなかった。

深草大門町・深草藪之内町一帯——京都市伏見区

深草山宝塔寺（じんそうざんほうとうじ）——京都市伏見区深草宝塔寺山町三十二番地

第十七章　宇治の興聖寺――再興された初開道場の名刹

新しい祖蹟

宇治の興聖寺は新しい祖蹟である。その開創は慶安元年（一六四八）ないし二年というから、たかだか三百年の歴史しかない。当時、すでにあとかたも無くなっていた深草の興聖寺を再興する趣旨で、この地にこの寺を創建したのは、万安英種和尚（一五九一―一六五四）である。

ところで、この宇治の興聖寺は、深草の地から地図上の直線距離を測ってみると、九キロ余りある。曲がりくねっているはずの実際の道程を考慮に入れれば、相当に離れた場所と考えてよい。ならば、どうしてそんなとてつもなく見当外れの遠隔の地に、道元禅師初開の道場と銘打って興聖寺を再興したのであろうか。素朴きわまりないこの疑問が、宇治の興聖寺を考えるときに、いつも私の脳裏に浮かんでくる。

いろいろそのことについて考えてみた。そして、その原因とでもいうべきものを考えるための鍵は、二つにしぼられるのではないかと思うに至った。一つは、興聖寺の旧跡と伝えられる地に、他宗派の標札を掲げた寺があったのではないかということ。その場合、その地に新しく寺を開創するなどということは一寸困難になる。あるいは今一つ考えられることは、江戸時代も初めのその頃に、興聖寺の旧蹟なるものは、すでにあとかたもなく失せてしまっていて、ここがそれだと確定することはとてもできない状態になっていたのかもしれないということ。もしそうならば、場所の選定に、開基家の意向が相当に強く働く可能性が生ずる。つまり、政治的決着によってそれが決められるわけである。

宇治の興聖寺は、永井尚政《ひきまさ》の本願によって再興されたと伝えられる。彼は、山城国淀の城主であった。当時、山城国は、伏見・山城内・淀、の三つの領地に分けられていたようだから、深草の地は、彼の領分には属していなかった。したがって、彼がいくら道元禅師を尊崇し、その初開の道場跡が荒廃しているのを痛ましく思ってみても、それが他の領主の支配地のことであってみれば、如何ともしがたいことであったに違いない。あるいは、初期の道場興聖寺再興に熱意があったのは、万安英種和尚の方であったとしても、ことは同じであろう。帰依者である有力な檀那の力を借りなければ、大刹の再興などということはとてもできた話ではないからである。

かくして、祖蹟興聖寺の地は、英種和尚の帰依者である淀の領主永井尚政の支配地の中で、最も叢林に適した宇治川畔の閑寂の地が新しく選ばれた。もちろん、そこに興聖寺の名跡を引っ張って来ることに多少のこだわりはあったかもしれないが、

「なあに、かまいまへん。どっちみち同じ山城の国内やおまへんか。」

というような、羽振りのよい殿様の豪快な決断によって、ことはどんどん運ばれていったと私はみる。

なにしろ、山城国淀というのは、賀茂川・柱川・宇治川・木津川の合流点にあったところで、今でこそ何のヘンテツもない地方だが、川舟盛んなりし往時は、京都の外港として、たいそう栄えていたのである。その城主ともなれば、これはたいしたご威勢であったに違いない。七堂伽藍のほとんどを、今も再興当初のままに伝えているという興聖寺のそれの見事なさまが、そのことをよく証明している。

さて、再興なった宇治の興聖寺は、実質上の開山である万安英種和尚を、「五世中興開山」ということにした。それ以前の四代については、開山永平道元大和尚、二世孤雲懐奘大和尚、三世徹通義介大和尚、四世寒巌《かんがん》義尹《ぎいん》大和尚の四人が勧請せられた。つまり、実際には住職したことのない世代が付け加えられたわけである。

万安英種和尚は、寒巌義尹和尚（一二一七―一三〇〇）の法孫であった。寒巌和尚の開山所である肥後の大慈

寺で、大焉広椿和尚（?―一六四七）の室に入って、その法を嗣いだとされる。だから、自分の法系の寒巌義尹和尚までを勧請世代としたのであろう。

美しい寺

宇治の興聖寺は、美しい寺である。宇治橋を渡り、平等院を対岸に眺めながら、琵琶湖に水源を発する水量豊かな宇治川のほとりを歩く道が、何はともあれさわやかでいい。そして、宇治川のみぎわに建つ総門をくぐると琴坂。切り通しのような一直線の、ゆるやかな勾配の坂道で、その左右には、楓・桜などの樹々が茂り、初夏の木漏れ日がちらちらと光る木下道は、訪れる人の心を清々しくする。山吹の透垣《すいがい》や、宇治の川瀬の篝火《かがりび》を思わせる姫つつじも、それぞれに季節の風情を添えて、京界隈の人びとの心を楽しませていると聞いた。

残念ながら、私は、まだ山吹の咲く頃に、この寺を訪ねたことがない。けれども、山吹というのは、いかにも宇治川に似つかわしい花だと思う。山吹瀬《やまぶきのせ》などという地名すらがこの川には残っていて、『新拾遺集』には、

ちりはつる山吹の瀬に行春《ゆくはる》の　花にさほさすうぢの河長　　西園寺相国

と詠まれていたりする。山吹瀬とは、その昔、融大臣《とおるのおとど》がこの地に別荘を置き、川岸に山吹をたくさん植え込んだからつけられたという。

琴坂を一人で歩いていると、しきりに遠き昔の大宮人のことどもが偲ばれてくる。閑寂さの中にも、何となく都に近い寺であることを偲ばせるような雰囲気がこの寺の境内にはあるのだ。

樹間を抜けて、琴坂の行きついたところには、大きな唐風の山門がある。天保年間の建築。どういうわけか、興聖寺の印象は、いつまで経っても不思議にさわやかで、明るいものが失われない。訪れたのが、いつも陽光さんさんとした初夏であったせいもあるだろう。だが、ただそればかりのためではないようである。実によく掃除

の行き届いた境内の清浄さと、この唐風の山門が、私の興聖寺に対する心象風景を形成するのに力になっているような気がする。

興聖寺の主な伽藍としては、中門・鐘楼・本堂・僧堂・衆寮・庫裡・開山堂・天竺殿などがあり、そのほとんどが簡素な廻廊でつながれている。開山堂のみは、宝暦年間（一七五一―一七六三）の建立と伝えるが、他はおしなべて再興当初のものだという。特に本堂などは、桃山城の旧材を一部使用したと伝えられ、血染めの天井などというのは何となく薄気味悪い沙汰にしても、その建築は並みのものを越えた見事さを示している。それはまた、開基家である淀の城主永井尚政の力をも表しているわけであろう。強い意思と力を身体中に表現したような尚政の像をみた時、私は、さもありなんという思いを深めたのであった。

道元禅師像

本堂左手の、僧堂と本堂とを結ぶ廊下を横切ったところに小さな庭があり、その山際の一段高いところに開山堂が建っている。この寺は、七堂伽藍全体が庭園を構成しているような感じの寺であるが、この開山堂前の庭も中々に面白い。僧堂との境には、すっくり伸びた杉の巨木が数本あり、灌木の類も相当に植え込まれている。しかし、全体は枯山水の趣をたたえている。庭の真中には大きな石の欄干橋が掛かってアクセントを作り、一気に開山堂正面に通じている。

開山堂は、あまり大きなものではない。けれどもすっきりとして好ましい建築である。堂内には、「老梅庵」の扁額が掲げられ、正面には等身大の道元禅師像が安置されている。竹椅子に坐せられたこの尊像は、新しい祖蹟興聖寺に、道元禅師の古い生命を移し入れたような、たいへんに由緒深いものである。

もともとこの尊像は、道元禅師の高弟の一人、詮慧和尚が、禅師ご入滅の後、その荼毘《だび》の地洛中東山に創建し

興聖寺開山堂

た永興庵《ようこう》（永興寺、永興院）の本尊であったという。しかし、この永興庵は南北朝時代になるとすでに荒廃し、やがて東山に建立された高台寺に吸収される。しかも、高台寺は当初は曹洞宗であったらしいが、慶長十年（一六〇五）には、臨済宗建仁寺の末寺として改宗されてしまう。その時、高台寺の三江紹益和尚は、一つの見識を示した。つまり、この道元禅師像を、禅師とすこぶる縁の深い建仁寺に移し、栄西禅師の等身像の脇に、その座を設けたのである。

興聖寺十六世直指玄端和尚は、宝暦二年（一七五二）秋が道元禅師五百回忌に当たるというので、その前年に盛大な予修の法要を行なった。興聖寺再興後、百年余り後のことである。『興聖開《かい》山祖像《さんそぞう》并《ならびに》霊骨塔廟記《れいこつとうびょうき》』（無隠道費撰）によると、その時、直指玄端和尚は「祖像の塑、古からざる」をしきりに患《うれ》えていたという。初開の道場興聖寺の看板を掲げながら、その寺の歴史があまりに新しいことに対するある種のひけめのようなものを抱いていたのであろうか。尊像であっても遺品であっても、どのようなものであってもいいから、ご開山道元禅師に因む由緒ある物が欲しい――案外これは、代々の興聖寺住職が抱いていた悲願であったのかもしれぬ。

幸いにして、その時、玄端和尚に耳よりな話を伝えてくれる者がいた。建仁寺に奉安されている永興庵ゆかりの尊像のことである。和尚は、それを聞いて喜んだ。例の『開山祖像并霊骨塔廟記』は、そのさまを、

「禅師歓ぶこと甚し。自ら走りて知事に像の懇請し、以て之を獲《う》。」

と、簡潔に記述している。興聖寺に今も伝えられている話では、建仁寺側が全山挙げて出払った日に、尊像の引き取りに出向き、留守中に、無断で攫《さら》って来た形式を取ったのだという。相当強引な交渉のさまが偲ばれる。

玄端和尚は、道元禅師五百回大遠忌《だいおんき》のための何よりの吉瑞としてことの成行きを喜んだ。いたく感激した。そして、遠忌記念の事業として、すでに寛延三年（一七五〇）、近くの東禅院大悲殿が廃れていたのを移築していた開山堂にそれは納められた。今、その堂には「老梅庵」と揮毫した扁額が掲げられている。もちろん玄端和尚の筆痕である。その文字にいきいきとした感激が吐露されているような趣きが窺えるのはゆえなしとしないのである。

宝暦二年（一七五二）秋の正当五百回忌法要が盛大に修行されたのはいうまでもない。前記の『祖像記』の無隠道費和尚の表現によれば、

「門下比丘僧、千里をはばからず来り集う者、すべて数十万指。」

ということであった。

ところが、不思議な好事の余韻はまだ続いた。玄端和尚が直々に記した『霊骨記』によれば、尾張の国藤原景供の命婦、霊鷲院《りょうじゅいん》微笑《みしょう》禅尼なる者が、宝暦三年（一七五三）、縁有って興聖寺を訪ねる。そして、その師が珍襲していた一塔を玄端和尚に見せる。その中には霊骨数粒が収められていた。それは、奥州黒石の正法寺に住していた師の事歴から鑑みて、おそらくは道元禅師のご霊骨ではないかと想像のつくものであった。もちろん今から厳密に考えればそれの史的真偽は定かでないかもしれない。しかし、微笑禅尼の申し出に玄端和尚は感激した。五百回大遠忌にあたって現じたただごとならぬ奇瑞にさえ思われた。

霊骨は二分された。そして、一分は尾州の霊鷲院に、一分（二粒）は興聖寺老梅庵に奉安供養されることになったのである。興聖寺には、その時の名残りを留めるようにして、今も古色を帯びた宝珠型舎利容器と布帛製の巾着みたいな袋が保存されている。

開山塔

開山堂の左裏手、ひときわ高いところに開山塔がある。かなり丈《たけ》の高い卵塔である。もちろん無縫塔だから、文字の類は何も刻されていない。石材は花崗岩で、表面はざらざらに風化している。しかし、形はすっきりとして中々にみごとである。風化の程度からみて、興聖寺再興の当初に、万安英種和尚によって建立されたものと想像して間違いあるまい。寺伝によれば、場所もその当時のままだという。

開山塔の向かって右手の玉垣の外側には、もう一基卵塔が建つ。これは、歴代住職の無縫塔。また、道元禅師の入宋に従ったとされる木下道正庵の石塔も立っている。これらはみな、石の風化の具合や、形から考えて、開山塔と同時に建てられたものであろう。

それにしても、墓所に立つ無縫塔ほどに、禅の思想をよく示しているものはない。それが建立のいきさつも、誰がためにそれを建てたかということも、一切誌すことなしに卵型の石塔をただ一つ建てる。しかも、銘々のために一々それを建てないのがほんとうらしく、『林間録』には、その起こりとして、雲居元祐禅師の次のような話を載せている。

「吾れ諸方長老の滅を示すを観るに、必ず其の骸を塔す。山川限りあり、而も人の死は窮りなし。百千年の下、塔まさに容るる所なからんとす。是に於て宏覚の塔の東に卵塔を作れ。」

開創の時、開山塔に奉安すべき霊骨はむろんなかった。けれども、一基の卵塔が建てられた。それが開山道元

道元禅師卵塔

禅師の霊塔であると信じ、代々それを言い伝えて礼拝を行じ続けている間に、混沌とした過去の世界に、卵塔は深く根づいて行く。やがていつのまにか、それは不思議な生命を得て、拝む人に力強く働きかけてくるようにすらなるのである。

しかし、人情としては、卵塔の下に正真正銘の霊骨があってほしいと願うのは当然のことでもある。この寺に住した人びとの、悲願にも似たその願いは歴史の中に積み重ねられていき、やがて念ずる心の集積は偉大な力となり、遂にほんものの霊骨を埋納してしまった。

前にちょっと記した霊鷲院微笑禅尼から得た霊骨二粒は、直接玄端和尚が「即ち老梅庵に移して供養す」と書き留めたように、明治年間に至るまで、開山堂たる老梅庵でねんごろな供養が続けられてきた。

明治十二年（一八七九）になって、大本山永平寺の祖廟である承陽殿《じょうようでん》が全焼する。その際、祖像安置の壇下から、道元禅師の霊骨が発掘される仕儀となった。ときの永平寺貫首は、興聖寺から晋住した久我環渓和尚であったことが幸いして、そのご分骨が興聖寺に迎えられることになるのである。興聖寺三十五世西野石梁和尚は、その間の経緯を次のように記している。

「明治十二年五月三日、越本山祖堂全焼の時、たまたま承陽

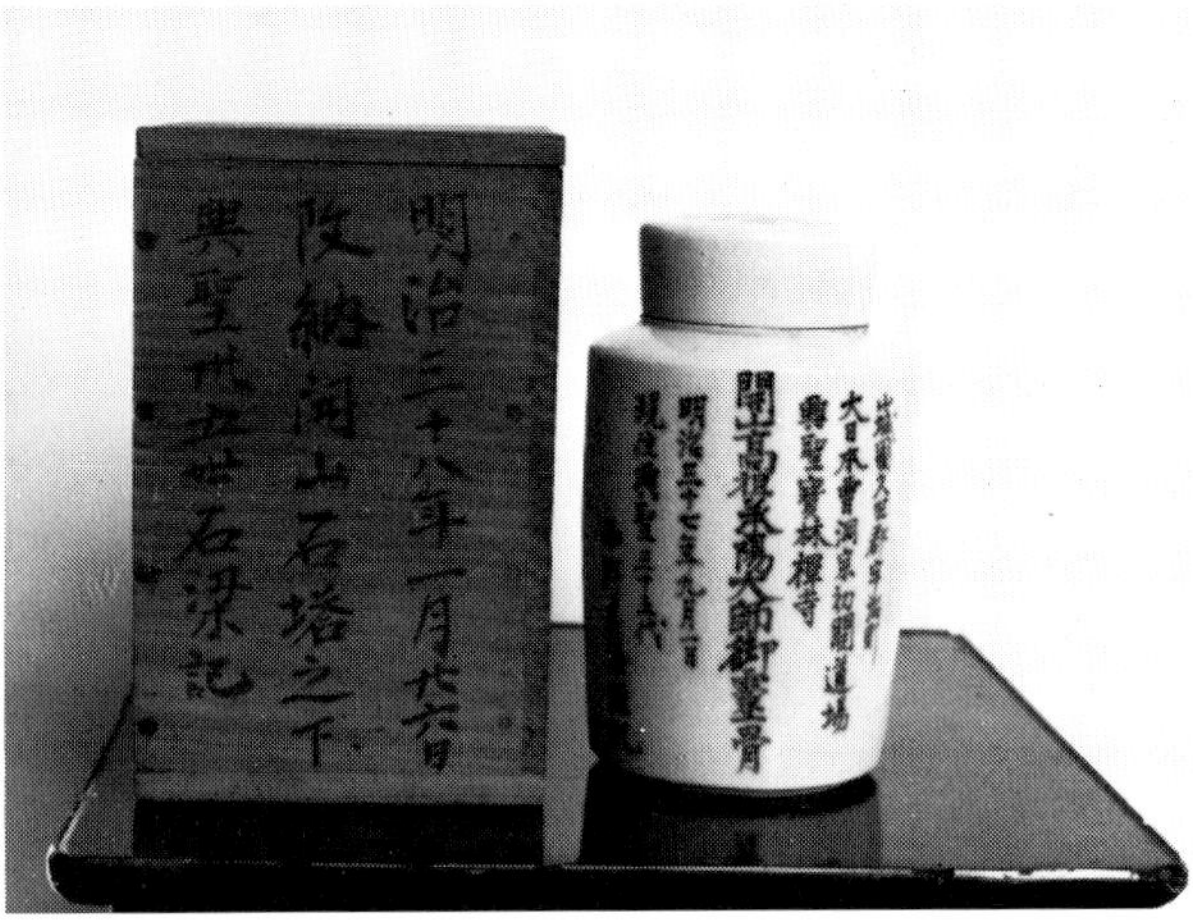

久我肩衝に模した骨壺

大師の霊骨を祖像旧壇の地下に発見せり。未曽有の勝縁に値遇することを得たり。依りて、当寺三十四世不二門眉柏和尚、幸ひに此の機に乗じて、屢々願ひて、自ら越本山に拝登して、親しく霊骨を分請して、公然として当寺に奉迎し来れり。云々。」（原漢文『興聖石梁語録』）

してやったりという興聖寺の喜びを率直に綴った文章で、中でも「公然として」という表現などは、何とも愉快な感じさえする。

霊骨は、先の霊鷲院持参のそれと並べて、しばらく老梅庵に奉安されていた。しかし、明治三十八年一月二十六日、道元禅師降誕の日を卜して、両《ふた》つながらこの開山塔地下深くに埋納されたという。

その時、埋納した骨壷と同型同物が、記念に今も興聖寺に保管してある。陶祖加藤景正より教えて第三十五代目の加藤亮吉氏の作になるものである。この骨壺は、茶入れの名品として世に知られた「久我《こが》肩衝《かたつき》」に似せて作ったのではないかと言われている。久我肩衝とは、いうまでもなく道元禅師が宋からご帰朝のおり、久我家への土産として将来されたと伝えられるものである。

いずれにしても、新しい祖蹟宇治の興聖寺は、勧請とはいうものの道元禅師開山の寺としての由緒を何とか具備したいものだと願う歴代住職の三百年近い執念のつみ重ねの結果、いわれ深い尊像と、まぎれのない霊骨を迎え得た。それによってこの寺は、「新興」のイメージをようやく払拭して、名実ともに祖蹟としての風格を備えた寺となったのである。

仏徳山興聖寺（ぶっとくざんこうしょうじ）——京都府宇治市宇治山田町二七番地

第十八章　六波羅蜜寺――在俗教化の地

六波羅蜜寺の側

『正法眼蔵』全機巻の奥書に、道元禅師は次のごとく記されている。

「爾《そ》の時、仁治三年壬寅（一二四二）十二月十七日、雍州六波羅蜜寺の側の雲州刺史幕下にありて衆に示す。」

ここにいう雲州刺史とは、いうまでもなく波多野義重公のことである。六波羅探題の評定衆の一として鎌倉幕府に重用されていた公は、六波羅蜜寺のかたわらに居館を有していたらしい。

六波羅蜜寺は、山号を補陀落山と称し、一般には西国十七番の札所として知られている。現在は新義真言宗となっているが、もともとは、応和三年（九六三）、空也《こうや》上人（九〇三―九七二）によって創建された西光寺の後身と伝えられている。

空也上人は、市聖《いちひじり》とか阿弥陀聖とか称せられた市井の念仏者である。寺伝によると、天暦五年（九五一）の頃、京都に悪疫が流行した際、その退散の祈願を込めて、空也上人は自ら十一面観音像を刻み、それを車に安じて市中を曳き廻り、さらに、青竹を八葉の蓮の葉の如く割り、茶を立て、中へ小梅干と結昆布を入れ、仏前に奉じた茶を病者に授け、歓喜踊躍しつつ念仏を唱えて、ついに病魔を鎮めたという。開創時の本尊は、もちろんその時の十一面観音像であった。したがって、六波羅蜜寺開創の淵源は、古くその時にまで遡ると考えられないこ

六波羅蜜寺本堂

ともない。そして、空也上人遷化の後は、その高弟中信上人によって西光寺は六波羅蜜寺と改称されその規模はますます広まり、荘厳美麗な天台別院として栄えた。

平安後期になって、伊勢から入洛した平忠盛は、平家重代の屋敷に入りきらぬ軍勢をこの六波羅蜜寺の塔頭に留めた。その後、清盛・重盛の頃になると、広大なこの寺の境域内に邸館が甍を競い始める。その頃、造作の家は百七十余を数え、小松殿（京都市東山区小松谷にあった平重盛の居館）まで二十余町の間、一門の住居は五千二百余家に及んだと記録されている。

しかし、寿永二年（一一八三）、木曽義仲の襲撃を受けて、平家が都を落ちる時、当然のことながら六波羅蜜寺も兵火を受けた。堂宇のことごとくは灰燼に帰してしまったのである。

文治二年（一一八三）源頼朝は上洛するやまず六波羅の復興に力を注いだ。平家の池殿の旧跡には旅館を建て、北条氏を探題に任じた。鎌倉幕府の代官所として京都全域ににらみをきかせたのである。ほぼ現在の本堂を中心に居館は、年々南北に増築されていき、両六波羅と称せられるようになる。

かくして六波羅の地は、鎌倉時代も政治の要衝として栄えた。しかし、それだけに、兵乱の中心ともなったわけで、何度も戦火に会って、堂宇は再建と焼失を繰り返す。その結果、今では往時のおもかげは皆目見当もたたぬようなことになってしまったのである。

だから、波多野義重公の居館が六波羅蜜寺の側にあったといっても、その「側」がいったいどのあたりであったかとなると、とんとわからぬ。まったく手がかりは失せてしまっているのである。

もっとも、現在の六波羅蜜寺のすぐ北側には、建仁寺がある。道元禅師が「六波羅蜜寺の側」と書かれて、「建仁寺の側」とは書かれなかったところをみると、これは恐らく両六波羅と言われた地域の内でも、建仁寺と反対の南側の部分に義重公の居館はあったのではあるまいかなどと想像してみるのだが、その推測が当たっている確信はない。よしそうであったとしても、南六波羅はまた途方もなく広い地域であったらしいから、結局はっきりしないという点では所詮同じことなのである。（波多野義重公と道元禅師の出会いについては、すでに第十三章で、私の考えを書いているので、今改めてここでは触れないことにする。）

眼蔵古仏心巻の示衆

私はまず本堂にお参りした。本尊の十一面観音立像は、格子戸の奥に佇立しておられる。詣ずる者は、遥か高いところにくりぬかれた丸窓からご尊顔を仰ぎみるわけである。

本堂は、だだっ広い板張りである。私の詣でたおりも、幾人かの老婆たちが黒光りした板の間にぺたりと畏《かしこま》り、ひたすらに念仏を誦していた。誰かの病気平癒を念じていたのであろうか。

ところで、『正法眼蔵』古仏心巻の奥書には、

「寛元元年（一二四三）癸卯四月二十九日、六波羅蜜寺にありて衆に示す。」

とある。この寺で、眼蔵の一巻が示衆されているのである。

けれども、今の本堂をもって眼蔵示衆の祖蹟であると即断すると誤りを犯す。室町時代の剛建な気風を留めた

寄棟造り、本瓦ぶきの今の本堂は、貞治二年（一三六三）に再建され、その後、南北朝時代に大規模な修復の手が加えられているのである。しかも、本堂での示衆かどうかも、奥書の一文からだけでは決められない。ただ間違いなく推定できることは、探題評定衆の一員であった義重公は、六波羅蜜寺に対してその影響力を駆使できるほどの大檀那であったということのみである。

それにしてもこの本堂は、外観もさることながら、内部が中々に古色を帯び、古い時代の雰囲気を今に温存している趣きがあってうれしい。

六月の午後のひととき、お参りの人も閑散とした本堂の板の間に坐し、私はじっと目を閉じた。

六波羅蜜寺で示衆された「古仏心」はごく短い巻である。そこにおいて語られているのは、時間とか空間とかを超越した古仏の真生命の具体的ありざまについてということであった。道元禅師は、

「いはゆる古仏は、新古の古に一斉なりといへども、さらに古今を超出せり、古今に正直なり。」（『正法眼蔵』古仏心）

とおっしゃる。それは、正師天童如浄古仏に見《まみ》えた道元古仏の確信の中から発せられたことばであった。六波羅蜜寺に集うた人びとは、古今を超出した道元古仏の示衆をまのあたりにして、そこに旧仏教にはない何やら新鮮な感動を感じとった。だが、現世利益を説かず、「世界崩壊」を古仏心なりとつっぱね、

「我身は寧《ねい》無《む》なり。而今を自惜して、我身を古仏心ならしめざることなかれ。」（同書）

と説かれる道元古仏の真意を、示衆を聴く人達が容易に理解し得たとは思われない。

思えば、「弘法救生を思ひ」（『弁道話』）として、積極的な布教を展開して来た興聖寺での十年余りであった。だが、静かに来し方を顧みるとき、胸に湧き上がって来るのはむなしいもどかしさではなかったろうか。

その前年には、はるばる海を渡って『如浄禅師語録』（二巻）が道元禅師のもとに届けられている。今は亡き如浄禅師の教えを繰り返し拝読しながら、内心忸怩《じくじ》たるものがあった。

「はかりしりぬ、天童の屋裏に古仏あり、古仏の屋裏に天童あることを。」（『正法眼蔵』古仏心）

ということばに込められた道元古仏の万感の思いに私どもは深く思いを寄せなければならない。だが、そこに秘められた深い含蓄は、おそらく聴く人びとの頭上をむなしくうわすべっていっただけに違いない。そのことを痛切に感じる時、道元古仏は「弘法《ぐほう》救生《ぐしょう》」ということのありようを改めて問い直す必要に迫られるのであった。

空也上人像の前で

どれほどそこに坐していたであろうか。足にしびれを感じる頃になって、私はやおら立ち上がった。

本堂の背後には、近年完成したらしい宝物館がある。定朝の作になる鬘掛《まげかけ》地蔵菩薩立像や、運慶の作になる夢見地蔵等の、藤原、鎌倉両期の秀れた仏像の数々がガラスケースの中に展観してある。

それらの仏像の中で、とりわけ私の心をひいたのは、空也《こうや》上人の立像であった。特に空也上人歿後二百五十年にして成ったこの痩身の立像は、民間伝承の中で育まれた空也上人のイメージが神秘的な雰囲気をたたえて描写されている。上人が念仏を唱えるときは、口から六体の弥陀仏が出入りしたという民間の伝承などもそのままに彫刻されており、そこから私たちは当時の民衆が求めた理想の仏者のありようをなまなましく受けとめることができる。

像の前に佇みながら考えた。道元禅師の仏法は、どう考えてみても、こうした現世利益を第一義とする空也上人の仏法とは対蹠的なところに立っている。例えば、後年になって永平寺で撰述される『知事清規』の中に、僧侶は、四邪命食五邪命食を離れなければならぬということを強調されていることをみてもそれはわかる。ちなみに「四邪五邪」とは、道元禅師の説明によれば、次のようなものをさす。

「謂はゆる四邪とは、一つには方邪。国の使命を通ずるを謂ふ。二つには維邪、医方卜相を謂ふ。三つには仰邪、星宿日月術数等を仰観するを謂ふ。四つには下邪、種々の植根五穀等を謂ふ。」（『知事清規』）

「五邪とは、一つには利養のためのゆえに奇特の相を現ず。二つには利養のためのゆえに自から功徳を説く。三つには吉凶を卜相し、人のために説法す。四つには高声に威を現じて人をして畏敬せしむ。五つには得る所の供養を説きて、以て人心を動ず。」（同書）

ところが、信者たちは、こうした四邪五邪を否定する道元禅師の仏法の真髄を正しくとらまえていたかどうか。

「この深草宝林寺は、王舎城に近くして、月卿・雲客・花族、車馬往来断えず。縁に随ひ説法の大家一百余、菩薩戒を受くる弟子二千有余輩なり。」（『建撕記』明州本）

というほどに禅師の身辺は信者で賑わっていた。しかし、信者が増えれば増えるほど、禅師は孤独な思いを深めていかれたのではあるまいか。どんなに力を込めてそれを否定されても、信者たちは、この空也上人に対して求めたと同じ性質のものを、道元禅師に期待し続けただろうということは、想像に難くないからである。無住道暁（一二二六—一三一二）の『雑談抄』は、それを証するかのごとく、次のように記している。

「一向禅院ノ儀ハ、時至ッテ仏法房（道元禅師）ノ上人、深草ニテ、大唐ノゴトク広床ノ坐禅ハジメテ行ズ。ソノトキハ坐禅メズラシキ事ニテ、信アル俗等、拝シ尊ガリケリ。」

「拝し尊がる」という行為は、あきらかに現世利益をめあてにしたものでなくて何であろうか。

後年、越前に移られた道元禅師は、「一箇半箇《いっこはんこ》の打出《たしゅつ》」ということをしきりに強調されるようになる。これは、「弘法救生を思ひとして」衆生教化に勤《いそ》しまれた興聖宝林寺における十年間において、心中深く堆積していった苦渋に満ちた思いの中からにじみ出て来たことばである。

道元禅師が越前に移錫された原因は、さまざまに取りざたされている。いずれの説も棄て難いものではあるが、こうした「弘法救生を思ひとして」説き続けて来られた正伝の仏法の真髄が、信者たちに一向に正しく受け入れられていかないことに対する深刻な反省ないしは挫折感が、相当に大きな内的要因となったのではあるまいかと私には思われる。

　空也上人の痩身は、全身これ意志といったすさまじい迫力と、不可思議な神秘性をただよわせて私の眼前に立っている。仏法の真理は、たしかに道元禅師の説かれるごとく、現世利益を否定する。けれども濁世を生きる民衆にとっては、たとえそれが束の間の救済であったとしても現世利益は否定できないものであった。古仏心を示衆する道元禅師に空也上人の再来のごときイメージを抱いた信者たちを私は一概に蔑視することはできない。

「一箇半箇の打出」という道元禅師の願いは、正伝の仏法に殉じようとされたその生涯において、必然に生じたものであった。だが、いつの時代の人びとにとっても、そのようなストイックな生き方は中々に普遍的なものとはなり得ない。七百余年後の現在、宗門人は、口でこそ「無所得無所悟」の「只管打坐《しかんたざ》の生活」を力説し、「一箇半箇の打出」を強調するけれど、大勢としては何らかの形で現世利益を肯定しながらその中に正伝の仏法の存続する道をまさぐろうとしている。現代においても、只管打坐の実践を通じて真実の意味での「一箇半箇の打出」をはかろうとする師家は、所詮孤独な道を歩まざるを得ないのである。

　空也上人と道元禅師、その対比は現代に生きる私たちに大きな宗教的な課題を提起しているような気がしてならない。

六波羅蜜寺（ろくはらみつじ）——真言宗智山派の寺。京都市東山区松原通り大和大路東入ル二丁目

第十九章　朽木興聖寺・小松妙覚寺など——京から越前への道中の遺蹟

京から越前へ

六波羅蜜寺で古仏心の巻を示衆された道元禅師は、その直後の五月五日、菩提薩埵四摂法《ぼだいさつたししょうぼう》の巻を記述される。奥書に場所の記述はない。その後、二カ月の間を置いて、七月七日には、興聖寺における最後の示衆として葛藤の巻を示される。

そして、その年の夏安居《げあんご》が解制になるのを待ちかねたような恰好で、「寛元元年七月十六日のころ」（『建撕記』）、京を発って、越前に下向されることになる。

そこで、「弘法救生《ぐほうぐしょう》」の拠点として、十年もの長い間、苦辛の経営を重ねて来た興聖寺を、なにゆえに弊履のごとく捨て去って、道元禅師は越前の深山幽谷に移られたのであろうか。その原因については、古くは『建撕《けんぜい》記《き》』が、次のごとく記している。

「度生方便は、仏祖ノ古風ナレドモ、吾が望むところハ安閑無事也トテ、常に山林泉石ノ便宜ヲ求メマシマスニ、有縁ノ檀那、安閑ノ在所トテマイラスル山林園地十二ケ所也。然れドモ何レノ地モ皆ナ和尚ノ御意ニ合はズ。波多野雲州太守藤原之義重参じて申さるる様ハ、越州吉田郡之内に深山ニ安閑の古寺アリ。某甲《それがし》知行ノ内也。御下向アリテ度生説法アラバ、一国ノ運、又当家ノ幸ナルベシト言上ス。和尚答へて云く、我が先師天童如浄古仏、大唐越州ノ人事ナル間、越之名ヲ聞くモナツカシシ、我が望む所也。則チ御下向アルベ

シト御返事アリ。」（瑞長本）

と。ところが、近代になって、そうした素朴ともいうべき越前下向の理由に疑義が出される。まず、大久保道舟博士が、比叡山僧の圧迫によって興聖寺は破却の憂きめに会ったという『渓嵐拾葉集』の記事をもとにして、法難を避けるために越前へ逃がれられたのではないかという意見を出される（『道元禅師伝の研究』）。それに対して、外面的要因よりも、もっと禅師自身の内面的なものにその原因を求めるべきだという意見もあって、この問

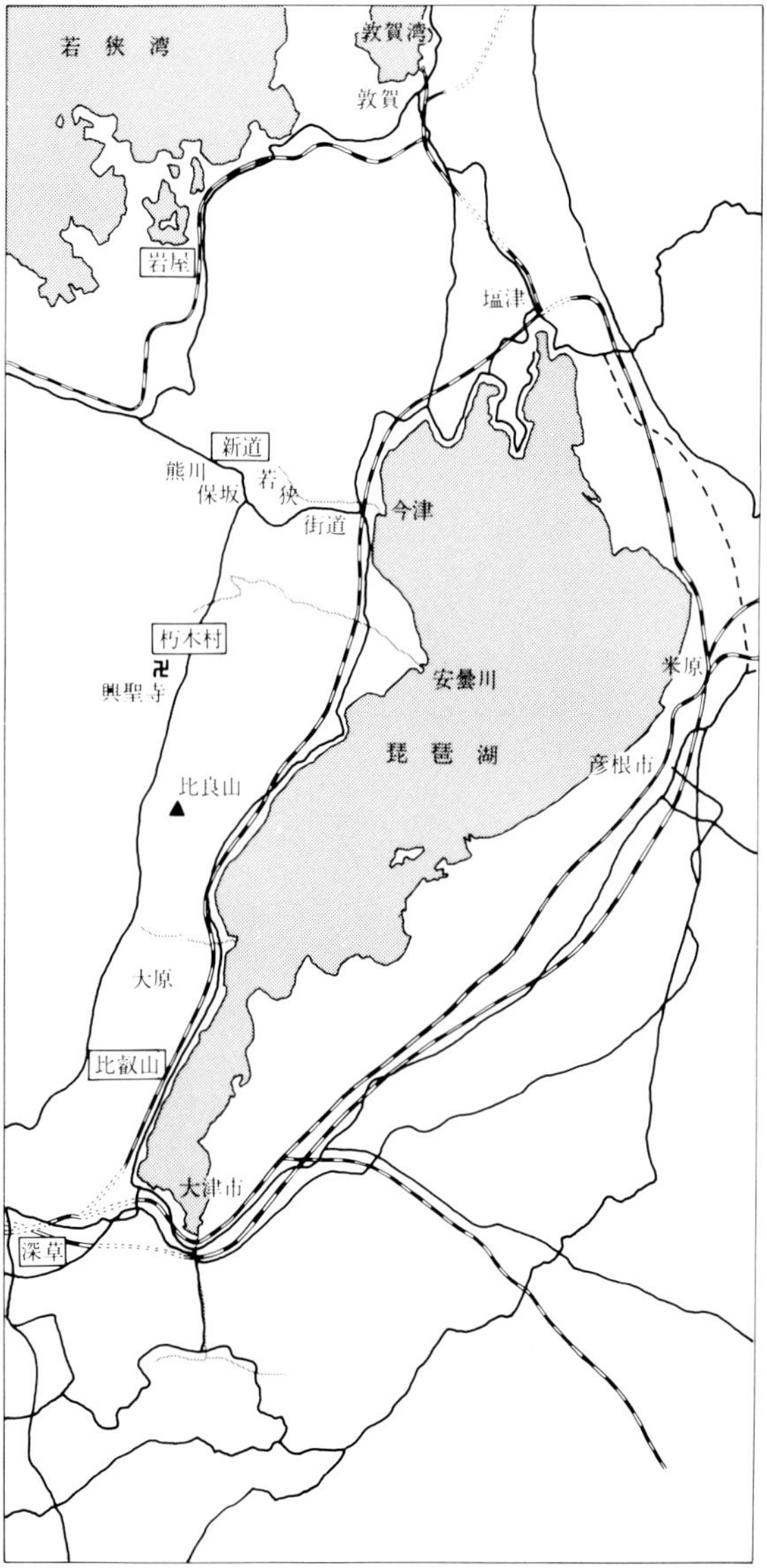

深草から敦賀への道程図

題についての論議は中々尽きないようである。

私は、さまざまな学者の説を、それぞれにもっともなことだと思う。だが、それらの説のことごとくが、私が先に六波羅蜜寺で考えたような、正伝の仏法がその信徒達に正しく理解されぬことに対する道元禅師の内面的いらだちという点に少しも焦点を当てようとしていないのが、何とも不思議に思われる。

仁治三年（一二四二）八月五日に宋の瑞巌義遠《ずいがんぎおん》から『如浄《にょじょう》禅師語録』が送られて来た。それを前にして、道元禅師はかつて天童山を辞し帰国する際に、先師がしみじみと語った言葉を彷彿としたに違いない。

「帰朝したなら国王大臣に近づかぬがよい。都会を離れ、深山幽谷に道場を構えなさい。修行者が多いのは考えもの。多虚は少実にしかずだ。一人でも半人でもいいから本物の仏道修行者を育てて、本物の仏道を絶えさせぬようにしてほしい」（『建撕記』意訳）

道元禅師は、空しいいらだちの根源にあるものを『如浄禅師語録』を再読三読する内に臍おちさせた。そして、如浄禅師の没した祥月命日（七月十七日）を期して、興聖寺を払い、越前の地へ出発することになったのである。（『建撕記』は、七月十六日ころと漠然と表現する）

ところで、洛中から越前まで、いったいどのようなコースを経て旅をされたのであろうか。もちろん、そんなことは、もの好きな詮索に属する。別段資料が残っているわけでもない。『建撕記』を始めとする古今の道元禅師伝も、路順のことなどとんと問題にしていない。ただ、柴田道賢氏が『禅師道元の思想』の中で、『義経記』に物語られている山伏姿の義経一行が通った道から類推して、大津から琵琶湖を船で北上し、海津または塩津に上陸して、追分・疋田・道口・敦賀と辿って行かれたのではないかという説を展開している。塩津・海津の両港と敦賀の津を結ぶ道路は、中世交通史上の大動脈とされているようだから、その説がまったくあり得ないものとも断言はできない。しかし、各地に伝わる道元禅師に係わる民間伝承がまったく顧慮されていないのがこの説の欠陥のように思われる。

そういう点を考慮に入れたなら、陸路を徒歩で行かれたと考えるべきではないかと私は思う。では、具体的にはどういうコースを辿られたか。私の想定するそれを、今どきの旅行会社が作る路程表になぞらえて作製してみると、おおむね次のようになる。

第一日　深草――八瀬――大原――朽木（興聖寺）一泊。
第二日　朽木――熊川――新道（真覚寺）休憩――岩屋（兵田家）一泊。
第三日　岩屋――敦賀一泊。
第四日　敦賀――木の芽峠――小松（妙覚寺）または府中一泊。
第五日　小松（または府中）――味真野――粟田部――戸の口峠――波著寺一泊。
第六日　波著寺――禅師峯一泊。

多少まゆつばの気配があるものも含まれてはいるにしても、とにもかくにもこの路程表の道中の要所には道元禅師にまつわる伝承が口碑として残っているのである。いうなれば、伝承の残る地を訪ねて歩き、それを単純に線でつなぎ、欠けたところを少々想像で補うと、右の路程表ができ上がったという次第。

一度、右のコースを実際に歩いてみたいと思っているのだが、一週間というまとまった時を捻り出すのは、今のところとてもできそうにない。だから、閑暇をみつけてポツポツと訪ね歩いた点の記録を、以下に少々綴っておきたい。

朽木の興聖寺址

朽木谷は隠れ里である。琵琶湖に面した近江路が、経済文化の重要なルートとして常に歴史の脚光を浴びて来たのに対して、南北二十キロに及ぶ長大な渓谷「朽木谷」の谷底を走る細い一筋の道は、めったなことで歴史の表面に顔をのぞかせることはなかった。
戦国の世に、越前の朝倉氏を攻めた織田信長が、思わぬことに妹お市の方の婿君浅井長政に裏切られて窮地に陥ったことがある。その時、近江路の退路をぴたりと断たれた信長は、京都出身の悪党松永久秀の進言によって朽木谷に逃がれ、まんまと京都に逃げおおせた。近江の浅井長政も、まさか信長がそんな間道を知るはずがあるまいとたかをくくっていたわけで、この話は、朽木谷の底を走る若狭街道が、陽のあたらぬ道であったことをよく示している。(司馬遼太郎、『街道をゆく』第一巻)

しかし、洛北大原の里から、途中峠・花折峠等を越え、比良の峰々を右手にみて、安曇川のほとり朽木谷に入り、さらに保坂《ほうさか》・熊川を経て、若狭の首邑小浜に至るこの街道は、相当に古くから開けた街道であった。いわゆる朽木越えと呼ばれるこの道は、京都・若狭間をおよそ七十キロで結ぶ。かつての時代、若狭湾で獲れた鯖を朝早くひと塩にして京都に運べば、夕方にはちょうどよい塩加減になって上京《かみぎょう》のあたりに着いたという。鯖街道などという名前がこの古道につけられているのは、この道が主としてその周辺の人びとによって生活道路として利用されて来たということを示す。越前とか若狭とかいうと、私達は何やら京都とはとてつもなく離れたイメージを抱くのだが、この道を利用する人びとにとっては、案外そんな隔絶感はなかったのではあるまいか。

朽木の町は、古い宿場町である。ひとすじの道路の両側に街を形づくり、その道の脇には小川が豊かな水を流している。日本の古い宿場町には、家並と道との間に必ず小川が流れているということを何かで読んだ。旅に疲れた馬を洗ったりするためらしい。

小浜から京都へ鯖を運ぶような屈強な男どもは、七十キロの道程をものともせず、一日で一気にそれをつっ走りもしようが、まず普通の旅人は、中間地点のこの朽木で一泊した。京から若狭・敦賀へ抜けるとき、この街道は距離的に一番近い上に、表街道の近江路と違って関所が設けられていなかったから、地域の人びとには結構盛んに利用されたもののようである。

さて、この朽木谷に、その名も奇しき興聖寺なる寺がある。もっとも、朽木谷の底に広がる安曇川に沿うた細長い盆地を一望の下にみはるかす現在の興聖寺は、享保十四年（一七二九）に移転したもので、もとは安曇川の対岸、上柏村指月谷（現在は合併して朽木村になっている）にあったという。加えて移転後の文政十一年（一八二八）には、本堂が焼失し、古い記録の類もことごとく灰燼に帰したから、その由緒や縁起があまり定かでない。しかし、『高島郡史』は、

「寛元元年八月、道元北国下向の途次、この地に到りしに、山岳の地あたかも宇治興聖寺に酷似せるを賞して、自ら指月谷の地を選み、御主佐々木信綱に勧めて一寺を創立せしめて興聖の号を与へたり。」（圏点筆者）

と伝える。指月谷の地が興聖寺に酷似しているとは、安曇川を宇治川にみたてて言うのであろう。しかし、道元禅師は、宇治の典聖寺の風致など知られる由もないのだから、この話は、語るに落ちた感がある。もっとも、だからといって、道元禅師と指月谷の地がまったく無縁であり、朽木興聖寺のこの縁起が火の無いところに立った煙とも言い切れない一面がある。

この寺の開創にまつわる縁起として、さらに別の一説もある。それは、越前下向に先だつ六年前、嘉定三年（一二三七）七月に、一度信綱の請を入れて、道元禅師はこの地に赴き、一寺の創建を奨められたという『朽木興聖寺年譜』の記録がそれである。この年譜は、資料としてはあまり信頼に足るものではないけれど、道元禅師の深草興聖寺時代の積極的な在俗教化の様子から考えて、そういうことがまったくなかったとも言い切れない気がする。

かつて、この寺には、永平寺三祖徹通義介和尚の直作と伝える道元禅師像があったという。ところが、いつのことかはっきりしないけれど、永平寺の開山堂が焼失した際、永平寺側から、その尊像を譲ってほしいという懇請がなされた。詳細な経緯は不明であるが、とどのつまりは、永平寺にあった二祖懐奘《えじょう》和尚の尊像と交換の形で、道元禅師像は永平寺に納められたらしい。

永平寺は、やたらに火災に相遇した寺である。しかも、その回禄によって道元禅師像を焼失するたびに、残っていた宝物を放出して各地に伝わる由緒の深い尊像を拝請したようである。金沢の名刹大乗寺の道元禅師像も永平寺に狙われた記録がある。その時は、現在国宝となって大乗寺に保管されている『一夜碧巌』を永平寺は手放した。それは、道元禅師が宋から帰朝される間際、一夜にして書写されたと伝えられる逸品である。

ともかく、朽木の興聖寺の開山堂には、永平寺二祖懐奘和尚のみごとな等身像が現在安置されている。この像のゆえに、道元禅師は、この寺の開闢《かいびゃく》となり、開山は懐奘和尚となった。どうやら由緒のある尊像が交替したために、寺の縁起すらも書きかえられてしまったらしい。私は、道元禅師像の人質になられた懐奘和尚の像に向かって焼香礼拝した。複雑な思いが胸中をしきりに去来するのであった。

住職は、あいにくご不在であった。しかし、せっかくやって来たからには、何とかして指月谷の旧址だけは確認しておきたいと思ったから、奥さんに案内方を願ってみた。奥さんは、電話でわざわざ寺総代を勤めているという人を案内人として呼んで下さった。

やがて、トラックに乗ってやって来た案内の総代さんは、餅田門助さん。頭韻を揃えたような名である。年の按配は五十そこそこだが、炭火の入った古風なタバコ盆と煙管《きせる》を片時も離さない。なんとも愉快な風格のおじさんである。

私は、餅田門助さん運転のトラックの助手席に乗せてもらって、早速に指月谷を訪ねた。興聖寺の旧址は、安曇川の対岸を少し山手に入ったところにあった。なるほど、安曇川を宇治川にみたてれば、たしかに宇治の興聖寺の面影がないでもないなと思いながら、タバコ盆をぶらさげた餅田門助さんの後をついて行く。

寺址は、すっかり荒れはてて夏草が茂っている。蛇の嫌いな私にとって、あまり気持ちのよいところではない。

「草がようはえて、世話が大変やから植林をしましての。」

朽木興聖寺址

タバコ盆の角で煙管をポンと叩きながら餅田門助さんが言った。まだ夏草の勢いに負けているような趣だから、五、六年生の杉である。しかし、杉が見事に成育して、夏草の心配をする必要がなくなると、今度は廃寺跡のイメージが、すっかり無くなってしまうに違いない。

「この廃寺跡を訪ねて来るような人がおりますか。」

「そやの。この頃NHKで『国盗り物語』をやるようになってから、朽木家の昔の墓を訪ねて、若いもんがやっと（たくさん）来るようになったようやの。」

大きな杉林の中の朽木家旧墓所は、きれいに除草されて、竹の花筒には、花枝が生きている。掃除は、すべて餅田門助さんの仕事らしい。

その昔、伽藍が建っていたというあたりには、苔むした五輪塔や宝篋印塔《ほうきょういんとう》が散在して、なるほど寺址を偲ばせる。

かつての碩学面山和尚も、若狭の空印寺と洛中を往来する旅の途次、必ずこの興聖寺にわらじを脱がれた。「宿朽木興聖寺」と題した詩偈数篇が今に残っているのでそれがわかる。ちょうど指月谷から現在の旧秀隣院跡へ移転した頃のことらしい。詩の中には、「新殿層巒《そうらん》に依り」といった表現が出て来たりする。

当時、朽木興聖寺は、永平寺の直末寺で、近江八十八ヵ寺の僧禄司の地位にあり、その末寺は三十六ヵ寺を数えたという。今でこそ、本堂と庫裡、それに鐘楼といった程度のものが主な建造物であるに過ぎないけれど、往時には相当な巨刹であった。

注目すべきは、面山和尚も、道元禅師が越前下向の途中、この朽木谷を通られたという伝承を承知していたらしいことである。「朽木興聖寺宿偶題」と題して次のように詠じている。

藝祖《げいそ》昔年越に隠るるより
洛南興聖この郷に徙《うつ》る
法燈不滅室中の盞《さん》
一点霊明五百霜

また、「宿朽木興聖寺」と題して

此の寺に登臨すること已に三回
門裏依然として点埃を掃く
五百年前真秘訣
激泉半夜風雷を動かす

とも詠じている。寺に伝わる道元禅師についての伝承を胸中奥深くに秘めて、山峡の古刹に一夜の宿をとる面山和尚の複雑な感動が惻惻として迫ってくるような風情がこの詩にはある。

ただ、面山和尚は、『訂補建撕記《けんぜいき》』の補注の中には、越前移錫に関連して、この朽木興聖寺のことは一言も触れていない。この寺の伝承に対して何かまゆつばな思いを抱かせるものがあったのであろうか。あるいは、面山和尚にとっては、文献に記述されていない単なる伝承は、資料として価値の低いものであったのだろうか。

それにしても、もし面山和尚が、一行でも朽木興聖寺に伝わっていたはずの縁起を『訂補建撕記』に書いて置いてくれたなら、近代の道元禅師伝研究にかなりの影響を与えたに違いない。碩学のちょっとした筆のまわし方で、その後の歴史研究が大いに影響を受けることを、私はいつも面白いことに思う。

なお現在の朽木興聖寺は、旧秀隣院に移ったものであるが、足利時代作庭のその庭園は、知る人ぞ知る名園である。

上中町新道村の真覚寺

朽木を後にした道元禅師の一行は、保坂を通り、水坂峠を越え、熊川を経て、新道《しんどう》に向かわれた。保坂は、西近江路の今津にも通ずる山の中の宿場町であり、熊川は保坂から若狭街道を福井県側に下ったところにある、これまた古からの宿場町である。

朽木から熊川までは、およそ三里半。十五キロたらずである。現在は、国道三六七号線、三〇三号線が走っていて、その舗装された道は、静かな渓谷の中を走る快適なドライブウェイとなっている。しかし、かつての古道は、山また山の中をうねうねと一筋の細い道が続く淋しい街道であった。

熊川から若狭街道を右に外れ、北川を渡ると、新道《しんどう》という古い集落に出る。これは、熊川と敦賀を短絡する、いわゆる新道越えの古道の起点になる集落である。ここから芝峠を越え、丹後街道に出れば、約二里半（十キロ）で、いずれ訪ねるはずの岩屋集落に出る。

この集落のことを私が知ったのは、実は偶然なことであった。上中町に寺を持っている永平寺の雲衲玉村耕雲君が、たまたま自分の寺で法要を開いた時、茶話の中で「新道という集落に、永平山新覚寺という真宗の寺があり、そこには我が道元禅師が揮毫されたと伝える永平山なる山号額が掲げられている」ということを聞く。耕雲君とは、大学時代に同じ釜の飯を食ったことのあるいささか因縁浅からぬ仲であった。だから、彼はその耳より な話を早速に私に教えてくれた。朽木の興聖寺を取材して三、四ヵ月後のことである。何となく道が向うから開

熊川の宿

けてくる感じでうれしかった。早速に、新道集落の永平山を訪ねることにしたのはいうまでもない。

新道は、山の中の集落である。今でこそ上中駅前から国道をタクシーで飛ばせば、十分そこそこで行きつくから、そんなに僻地の印象は強くないが、交通革命の起こる以前の新道村は、宿場町とはいうものの山の中にひっそりと孤立した村であったに違いない。周囲をすっかり山で囲まれているから、先祖伝来の谷底のわずかな土地を段々畑にして、口に糊《のり》しながら歴史の中を細々と生きのびて来たような村である。訪れた季節のせいもあるだろうが、何やら人の気配の少ない淋しい村の印象を私はまず抱いたのであった。

永平山真覚寺は、厳重な雪囲いの中にあった。暗い玄関の土間に佇んで案内を乞うと、坊守らしい婦人が応待に出て来られる。

「そやの。今、報恩講でしての。少し待っってくだされんかの。」

私は、とっつきの薄暗い一室に通されて、待たされること小一時間。やがて、本堂での法楽もやっと終ったらしく、住職さんが現われる。永平忠さん。永平姓の二十五代目という。永平寺に生活する私にとって、「永平山」に住職する「永平《ながひら》」さんなどという方と対面するのは、親しみを通り越してしまって何やらとまど

永平山真覚寺

いすら覚える感じである。

永平さんの出して下さった『熊川村史』(昭和四十三年刊)には、この寺の由緒を次のように記録する。

「往時、道元禅師近江高島郡朽木村弘照寺(興聖寺?)建立のため此地に巡錫し、一小庵を結ばれしが、中古頽廃し、後、延文二年(一三五七)永平参河守なる人これを修補して一禅寺を創立せしが、後、真宗本願寺善如上人(本願寺四代)に帰依し、本願寺の末寺となり、教如上人東本願寺創立に依り、大谷派に転じたり。寺宝、道元禅師山号額。」

私はこの一文を読んで、朽木興聖寺とこの寺が一つのつながりを持っていることを面白く思った。由緒とか、縁起とかいうものは、後でどのようにでも改変できるものであるが、その改変のあとかたらしきものを手繰《たぐ》って行けば、真実めいたものがのぞいてくることが多い。この場合、朽木興聖寺と新道真覚寺とを結びつける真実めいたものとは何か。それを解く鍵は、敦賀への短絡古道である。

「どうですやろ。今日は報恩講やいうて、村の年寄衆がみな本堂に集まっとりますわ。お宅さんが直接にいろいろ尋ねてみられますと面白いのやおまへんか。」

普段は京都の学校に勤めているという永平さんの勧めに従っ

て、私は本堂にまかり出た。本堂では、十四、五人の村の年寄衆が、三つ四つの火鉢を囲んで世間話の最中であった。私は、永平寺からの珍客として、予想外の歓迎を受けた。挨拶もそこそこに道元禅師の話を切り出すと、

「そやの。その話やったらわしはよう聞いとりますわい。」

と、受けてくれたのは松尾利一さん。七十八歳になるという村の長老である。

松尾さんの話によると、道元禅師は、京都と永平寺を往復されるつど、何度もこの寺に立ち寄って休息された。例の「永平山」の山号額は、その縁によって、道元禅師自らが揮毫して与えられたというのである。

その額は、今も本堂に掲げられている。寺宝というだけあって、相当に時代がかった立派な代物である。私は、とりあえず写真に写させてもらった。

後日、『道元禅師真筆集成』によって額の写真の字体を真筆と比較してみた。特に「山」の字は、比較の標本にこと欠かぬほどあった。それと較べてみると、山号額の「山」は、第三画目を内から外に何かって筆を運び、全体の字形を三角の形で止めているのに対し、真筆は、いかなる場合も、第三画を外から内へ、三本の縦の線が平行になるように筆を使っておられる。だから、「山」の字を見ただけで額の字は明らかに道元禅師の書体とは異なっていることがわかる。それに、関防印《かんぼういん》や落款印《らくかんいん》が麗々しく押してあるのも、なんとなく贋物くさい。

しかし、山号額が紛《まが》いものであったとしても、道元禅師がこの寺に何度も立ち寄って休息されたという話が、まったくまゆつばとも断定できない。松尾さんに聴いたところによれば、この寺には、道元禅師から与えられたと伝える托鉢用の鉄鉢もあったらしい。もっともこれは、大分以前に行方不明になってしまったという。

山の中にひそやかに伝えられた伝承というのは尊い。もちろん、伝承の過程で、話が相当に変質して来ることは当然考慮にいれなければならぬ。けれども、変質した話の表面に幻惑されて、その奥に潜む真実めいたものを見失わぬようにしなければならぬ。私は、朽木と岩屋の伝承を連動させて考えるとき、越前下向の際、この地に

「永平山」の山号額

道元禅師が立ち寄られたという話は、ほぼ信じておいてよいのではないかと思った。朽木を出発して歩き続ければ、まずこのあたりで昼食休憩という段どりになるのは、ごく自然なことだからである。

それにしても、「新道」という名前は、何としても新しい道路のイメージが強過ぎる。その点についてただしてみると、

「古いも古い、大古《おお》い道でしての。」

と松尾さんは力説した。鎌倉時代には、とっくに開かれていたというのである。何でも、敦賀から京都に徒歩で向かうには、七里半越えの今津経由よりか、芝峠を越え、新道・熊川・保坂を経て若狭街道を行くコースの方が通算五里の得になるらしい。五里、つまり二十キロの近道となると、これは大きい。しかも、道の状態も、今津経由よりか良かったと松尾さんは断言する。

これは近世の話だろうが、北海産のニシン等が敦賀に陸揚げされると、馬に積んでこの道を京へ運んだ。少なくとも、馬がすれ違えるだけの道がついていたわけであろう。

「ご維新まではやの、倉見・岩屋あたりから、馬に年貢米を積んでやの、この新道越えで熊川まで運んどったんやの。」

明治維新と鎌倉時代は、とても一緒にならぬ沙汰だけれど、相当に古い道であったことだけは想像できる。例の面山和尚も「新

道村懐古」なる一偈を残しているから、新道越えをして敦賀に向かうのを常としていたようにみえる。

そこで、私どもは、道元禅師が越前へ入られて後、鎌倉へ一度と、最後病気療養のためと、都合二度しか越前を離れて上洛されることはなかったと思っている。諸伝ともにその点では一致している。ところが、新道村に伝わる伝承を最大限に信用すれば、道元禅師は、それ以外にも、時おり上洛されることがあったのではないかという仮説も検討してみる必要が生じて来る。越前と京都とは、そんなに隔絶された地ではなかったのだから、絶対にそんなことはあり得ぬと断言することもできまい。道元禅師伝の研究者に残された一つの研究課題であると私は思っている。

三方町岩屋の兵田家

新道越の道は、芝峠を越えて約一里で、末野という集落に出、そこで丹後街道と合流する。末野からさらに約一里半（六キロ）のところに、岩屋という集落がある。もっとも、末野にしても、岩屋にしても、その在所《ざいしょ》（集落地のこと。新道の古老松尾利一さんの表現による）は、現在の街道筋からかなり外れたところにある。そのことは即、古街道が、現在の街道とは異なったルートで走っていたことを示すのかどうか。肝腎のその辺のところになると、松尾さんの話はあいまいであった。

「せっかくおいでやから、車で新道越の道が、本街道と落ち合うところまで、ご案内させて貰いましょ。」

帰り仕度をした私に、永平さんが親切に申し出て下さる。もちろん、現在の新道越の古道は、とても自動車の通れるような状態ではない。だから、国道三〇三号線を上中《かみなか》まで遠まわりして行くのである。

二十分も走ったであろうか。自動車が止まったところは、国道二十七号線の山の中であった。

「ちょうどこのあたりに、新道越えの道は出て来るんやと思います。」

永平さんの話によると、芝峠の近くにゴルフ場ができて、そこまではかなり広い林道が通じているらしい。右も左も前も後も、山ばっかりである。しかし、山脈はおしなべて低く、山容は何となく丸やかで、深山幽谷といった趣きではない。

「せっかくやから。」

と永平さんは、また車を先に走らせて、倉見集落を越え、本街道、つまり国道二十七号線からかなり外れた岩屋集落の兵田家に寄り道し、最後は、三方の駅まで私を送って下さった。

実は、それ以前に一度、この岩屋集落に、「道元大和尚御宿」という古ぼけた標札を掲げた一軒の旧家があることを聞いて、その家を訪ねたことがある。兵田はるさんの家である。聞くところによると、道元禅師が越前へ下向の途次、この家に立ち寄られ、一夜の宿をおとりになったということが、いつの頃からか、代々当主に伝えられて来たということであった。

かつて、江戸時代には、集落内にある曹洞宗の名刹円成寺の十三世仁長大和尚の洗濯親をつとめたという記録が寺に残っているほどの旧家である。洗濯親というのは、安下処《あんげしょ》をつとめることらしい。新命住職が、一旦わらじを脱ぐ家で、そこから威儀を具して新しく晋山《しんざん》する寺に乗り込むわけである。安下処は、昔も今も、たいていは檀家の中で最も力のある名家がそれをつとめるのが普通である。

もっとも、現在の兵田家は、相当に逼塞《ひっそく》してしまって、年老いた兵田はるさんが一人ほそぼそと暮らしている。家の造作も、古くてガッシリしたものではあるが、豪壮という感じからはほど遠い。ともあれ私は、奥の間に通していただいて仏壇にお灯明をあげた。とてもみごとな仏壇であった。

はるさんは、私の問いかけに対して、

「私の主人が十一歳の時に、先代の重右衛門が亡くなってしまいなさったということでの。」

と言った。要するに詳しいことはさっぱりわからぬというのである。おまけに、はるさんの主人嘉太郎さんも、

三方町岩尾の兵田家

先年亡くなってしまったそうだから、伝承の糸は、そこでブッツリと切れる。

古文書のようなものでもありはしないかと思って尋ねてみたが、はるさんはあまり気のない素振りであった。後で、円成寺の方丈さんにこの伝説のことを伺ってみたら、相当な旧家だから、蔵の中に何か資料になり得るようなものがありそうに思うのだが、はるさんが調査をうんと言わぬので困ると話しておられた。

とにかく、玄関口には、すっかり古ぼけて黒ずんでしまった「道元大和尚御宿」という小さな木札が、ご丁寧に二枚も掲げられている。唯一の資料である。同じ文句の二枚の標札は、この家の当主が、代々そのことを誇りに思うこと並々ならぬものがあったことを象徴しているように思われた。

新道村の真覚寺のことをまったく知らなかった第一回の訪問の時は、正直なところこの伝承をとるに足らぬ話だと思った。けれども、真覚寺を訪ねた後で、永平さんの案内で、再びそこの門口に立った時は、大分印象が変わっていた。案外、道元禅師は、この道を通って行かれたのかも知れぬぞという思いが、私の胸中で、だんだん確信にまで高められていくような興奮すら覚えた。朽木――新道――岩屋――敦賀のコースは、何となく当時の自然なみちゆきのような気がしたからである。

上小松の妙覚寺

武生《たけふ》市上小松の妙覚寺は、道元禅師と相当に深い縁のある寺らしい。しかし、大正年間に、京都伏見の誕生山妙覚寺が開創された際、たまたま無住の荒れ寺であったが故に、その寺号と由緒あるご尊像は京都に移され、以後すっかり荒れはてて、誰も顧みるものがなくなってしまった。

村の古老達の伝えるところによれば、妙覚寺は、元真言宗の名刹で、二百余坊の堂塔と、二十五宇の別院があったという。今訪れてみると、小さな本堂が一棟、しかもそれは荒れ放題に荒れて、そのような大刹の面影は微塵もない。二百余坊の堂塔と、二十五宇の別院とは、いささか荒唐無稽な感じさえする。

総じて、この村の伝説は、聞く人に最初から信用を拒ませるようなおおげさな誇張がある。そのために、うっかりすると、中に含まれていたはずの小さな真実を見落としてしまう心配があるかもしれぬと私は思った。もちろん、この村に伝わる道元禅師にまつわる伝説も例外ではない。

道元禅師は、この寺に一ヵ年在住なさったが、この地は、谷浅く、里が近いというので、理想の寺地を求めて志比谷に移られた。その時、妙覚寺の僧たちが別れを惜しんだので、御自像《ご》と、十社権現のご尊像を自ら手ずから刻んで残して行かれた。そのご木像は、現在の梅田彰氏の庭の梅の木で刻まれ、梅田氏の祖先は、それまで山田と称していたのに、この因縁によって、禅師から梅田の姓を賜わったという。

実証を重んずる歴史学というようなものからみれば、何ともばかばかしくなるような話である。かの面山和尚も、そんな話は、まゆつばで信じられぬと思ったらしい。享保十九年（一七三四）、永平寺を訪ねる途次、この妙覚寺に立ち寄ったときの感想を次のごとく記している。

妙覚寺

「(九月十一日) 晡時《くれがた》、古松邑《むら》の妙覚寺に到る。伝へて謂《い》ふ。此の寺もと密場にして吾が祖、初めて越に入る時に此に寄宿して、後に密(教)を改めて禅と為す。祖像を彫刻して安ずと。その像今在り。その様、祖山(永平寺)承陽の尊儀と太《はなは》だ別なり。伝へ高祖の手づから造る所と謂ふは信じ難し。暫時、茶を喫して出づ。初夜に府中に到りて宿す。」(『傘松日記』原漢文)

面山和尚は、この話を『訂補建撕記』の中には取り上げていない。その原因は、伝説の秘める荒唐さを嫌ったことにあると考えていいのではあるまいか。

もっとも、前述の十社権現は、道元禅師とかなり因縁の深いものであったらしい。面山和尚も、当時の妙覚寺に、明らかに道元禅師の真蹟として、次のような六十九の細字を十五行に列書し、横板に彫りつけたのがあったということを『建撕記』の補注に記している。

「妙覚寺鎮守/奉勧請十箇所権現/第一熊野山/第二日照/第三金峰山/第四賀茂/第五八幡/第六祇園/第七赤山/第八日吉/第九貴船/第十白山/右所奉勧請如件/天福元年四月　日」

天福元年(一二三三)というのは、道元禅師が、宇治の興聖寺を開創された年である。もちろん、越前移錫のことなど思いもよらなかった頃のことだ。だから、さすがの面山和尚も、この年月のつじつま合わせには弱ったらしく、

「天福ノ比《ころ》ハ、永平未開已前ナレドモ、コノ妙覚寺ハ、モトヨリ真言宗ノ伽藍ナレバ、波著寺ノ懐鑒・徹通等ノ請ニテ、書セラレタルカ。」（同書）

と、疑問を投げかけている。しかし、天福元年という年は、懐奘和尚も、まだ正式には弟子の礼はとっておられないし、いわんや、懐鑒等が集団で改衣する仁治二年（一二四一）は、この年から教えて十三年の後のことである。したがって、面山和尚の推定は、まずとんでもない見当外れというべきだろう。ならば、これはどう考えたらよいか。

村に伝わる十社権現にまつわる話によれば、十社権現の御像は、禅師が宋に渡られる際、十社権現に「帰朝の上は、十社権現の尊像を彫刻し、長く伝法の興隆を仰ぐ」と、お祈りになったので、帰朝後直ちにそれを彫刻し、点眼供養を厳かになさったのだという。これならば、まず年月のつじつまは合う。ところが、天福元年の書であるはずの額に「妙覚寺鎮守」と、具体的に名があるのは、どういうことであろうか。面山和尚の鑑定を信じて、確実にそれが道元禅師の筆痕であったとするなら、興聖寺開創の頃、すでに何らかの縁で、越前妙覚寺から道元禅師の噂を聞いてその会下へ聞法に訪れていたものがあると考えねばなるまい。

もしそうであるとするならば、木の芽峠を越えた道元禅師の一行が、上小松の妙覚寺で一夜の宿をとられたか、あるいは府中で宿泊されたにしても、その道中ここで休息なさった可能性はすこぶる強いものとなる。その場合、伝えられた説話の不自然な誇張は、かえってその中に村人の道元禅師がお立ち寄りになったということに対する大いなる誇りの情が秘められているあかしともなり得るのではないか。

上小松の集落の人は、今ではほとんどが門徒衆である。けれども、妙覚寺とその開基たる道元禅師に寄せる愛着は並みたいていではない。鉄道が開通して、日本の田舎の多くに文明開化の波が押し寄せたが、この集落は、

駅からあまりに遠く隔てられた僻地に甘んじていたがために、古風をいつまでも温存していたようだ。伝説もふんだんに残っている。試みに道元禅師の尊像にまつわる伝説を拾って歩いてみると、おおよそ次のような話が伝えられている。

禅師は、像ができ上がると、「この像に、われに代わって勤めよ。言語・応待も同じにするがよかろう」と仰せられた。そのお顔、お姿を見ると、生身そのままであったので、生身の尊像と仰いでお仕え申した。

その禅師ご坐像の前には、履《くつ》が置いてあるが、毎日、三、四町離れた毘沙門様へご参詣になるので、履に赤土のつくことがあり、時々お洗い申しあげた。

また、禅師がご在住中、毎日ご使用になった湯風呂をお沸かしすると、浴場へお通いになる履《くつ》音が聞えた。ところが、ある日、尼さんが入浴されてからは、もうお入りになる履音が聞えなくなった。

村の山かせぎのいたずら子供達が来て、禅師の尊像に近づいて汚すと、子供達の鎌をことごとく隠されてしまう。罪を悔いて謝ると、自然にその鎌は出て来た。そこで子供達は、「意地悪道元かまたくり」と悪口したという。

元禄年中大火災に罹った時、禅師の尊像は、「宮へ行く」とお呼びになった。その時、大阪落城の浪士が小松村に留まっていた。その浪士が行って、尊像の前へ背を出すと、負われなさって数十歩行ったかと思うと、堂塔残らず焼失した。

その後、例の梅田彰氏の先祖が、瑞泉谷に小宇を建てて尊像を安置したが、恐れ多いというので永平寺から迎えに来た。府中の領主本多富正公が供奉《ぐぶ》申しあげたが、村境まで来ると、磐石のように重くなって動かないので、しかたなく元の所へ安置した。その他、賊を縛られたり、おそばの者の不法を罰せられたり、その霊験は数えきれないほどであった。

またこの木像は、禅師の御自作というので、各地の曹洞宗の巨刹から所望された。ところが、運搬しようとして村端まで出ると、村人が腹痛を起こすので、村境からお出しすることができなかった（杉原丈夫編『越前若狭の伝説』）。

近くは大正年間に、そのご尊像を京都誕生寺にお移しする時にも、長持にお入れして縄で縛って持ち進んだそうだが、村内でその縄が三度も切れたという。

「道元禅師さまはの、この集落から外にお出になりたくなかったんでないのかの。」

いかにもお労《いた》わしいというふうに語る村の古老達の心根を私は尊いことに思った。京都の誕生寺が中々に寺運隆盛とならないのは、ご尊像が小松へお帰りになりたいと思うておられるからだというようなことまで村人はいう。

荒れた本堂の内陣には、ご尊像の複製が安置してある。また、中興開山玄透和尚揮毫の聯や額も掛っている。壁は落ち、障子は破れ放題で、埃だらけの、さながら化物屋敷のような古寺ではあるが、由緒ある寺の名残りだけは、かすかに留めているのである。

本堂左脇の窪地には、白山権現から茶清水として霊水を賜わったと伝える清水が、今もこんこんと湧き出している。

なお永平寺の記録によると、小松妙覚寺の開山は、永平寺三十九世承天《じょうてん》則地和尚（？—一七四四）となっている。

府中界隈

福井藩の郷土史家村田氏春（一七一三—一七八八）の著述した『越藩拾遺録』なる書がある。その下巻「国中寺院古墳之事」の中にある永平寺に関する記述は、『建撕記』を中心とした従来の道元禅師伝と趣きを多少異にしていて面白い。越前入国後の道元禅師の動向については、次のごとく記している。

「(前略) 当国守護波多野義重ノ招待ニ依テ、当国ニ下り、府中ノ南白崎村ニ住シ、後、大塩村ニ移り、又味見村ニ移り、其後志比ノ庄寺本村ニ移り、又今之寺ヨリ五十丁奥ニ大仏寺ヲ開闢シ、云々」

この「国中寺院古墳之事」は、宝永・正徳年間(一七〇四―一七一五)に成る「寺院書上」を基にしたと考えられているが、面山和尚(一六八三―一七六九)が『建撕記』に詳細な検討を加えているほぼ同じ時期に、民間での伝承をまとめたものとして興味深い。特に、同書下巻の「城地城跡」の章にある「府中の城」についての次のような記述と読み合わせる時、いっそうの興味が湧いてくる。

「府中ノ城、南条郡ニ在リ。王代ノ時ハ、国司代々ノ在住ノ官府也。凡毎国ニ府アリテ、府毎ニ惣社・国分寺・安国寺・新善光寺アリ。当城ハ古昔波多野氏代々在府ナルニ、暦応年中足利尾張守高経領国トナリ、云々」(圏点著者)

府中というのは、現在の武生市。ここは、明治に至るまで「越前府中」の名で呼ばれていた。少なくとも、奈良・平安の時代には、越前国の政治・経済・文化の中心地であったと考えていい。越前国に任ぜられた父藤原為時に従って、紫式部も一年ばかりこの府中で過ごしたというのは有名な話である。数首の歌も残っている。

従来、波多野義重公の居館は、志比郷花谷村の城跡がそうだと考えて、誰一人疑うものがなかった。もちろん、義重公は、志比庄地頭ということであったから、あるいはそれは当然のことなのかもしれない。しかし一説によると彼は、越前の守護代を兼ねていたとも言われている。もしそうだとすると、府中の城に居館があったとしても一向に不思議なことではない。むしろ、花谷村の居館がたとえあったとしても、それは誰か他の家来の者に任せて、義重公は、府中と京都六波羅とを時おり往き来していたと考える方が自然なのではあるまいか。

してみると、道元禅師が府中にしばらく逗留し、後に小松村(妙覚寺)に移り、また味見村に移り、その後、志比の庄に移られたとする『越藩拾遺録』の記述を、むげに斥けるわけにはいかないような一面があるのであ

武生市役所前の越府址碑

る。二祖懐奘和尚は、その晩年閑居の身を美味山に住庵したと伝えられているが、ひょっとするとこの味見村の旧蹟を慕うてではなかったろうかなどと想像してみるのだがどんなものであろうか。それにしても不思議なことには、この足羽川筋には現在曹洞宗の寺籍を有する寺は一院もない。

私どもは従来、『建撕記』とか、あるいは面山和尚の考証とか、いわゆる宗門人の中に伝えられて来た道元禅師伝のみをあまりに重視し過ぎていなかったかということを反省する。もちろん、それはそれで決して悪いことではないし、『正法眼蔵』の奥書等を援用したそれは、まず信ずるに足るものだと考えて誤りはない。しかしまた一方では、宗門人とはまったく別の次元で民衆の中に伝承されて来た道元禅師の逸話にも、もう少し光をあててみる必要があるのではないかという気もする。あえて奇を衒うわけではないが、そうしたどろ臭い口碑の類が、今まであまりに軽視されておりはしなかっただろうかと反省するのである。

ところで、『越藩拾遺録』にいう府中の南白崎村は、妙覚寺のある小松村から、北側に山一つ隔てた村である。武生の市街地からは相当に外れた山間の集落である。しかし、それは小松から府中への道中にあるのはたしかである。

味見村は、よくわからない。常識的に考えれば、現在の足羽郡

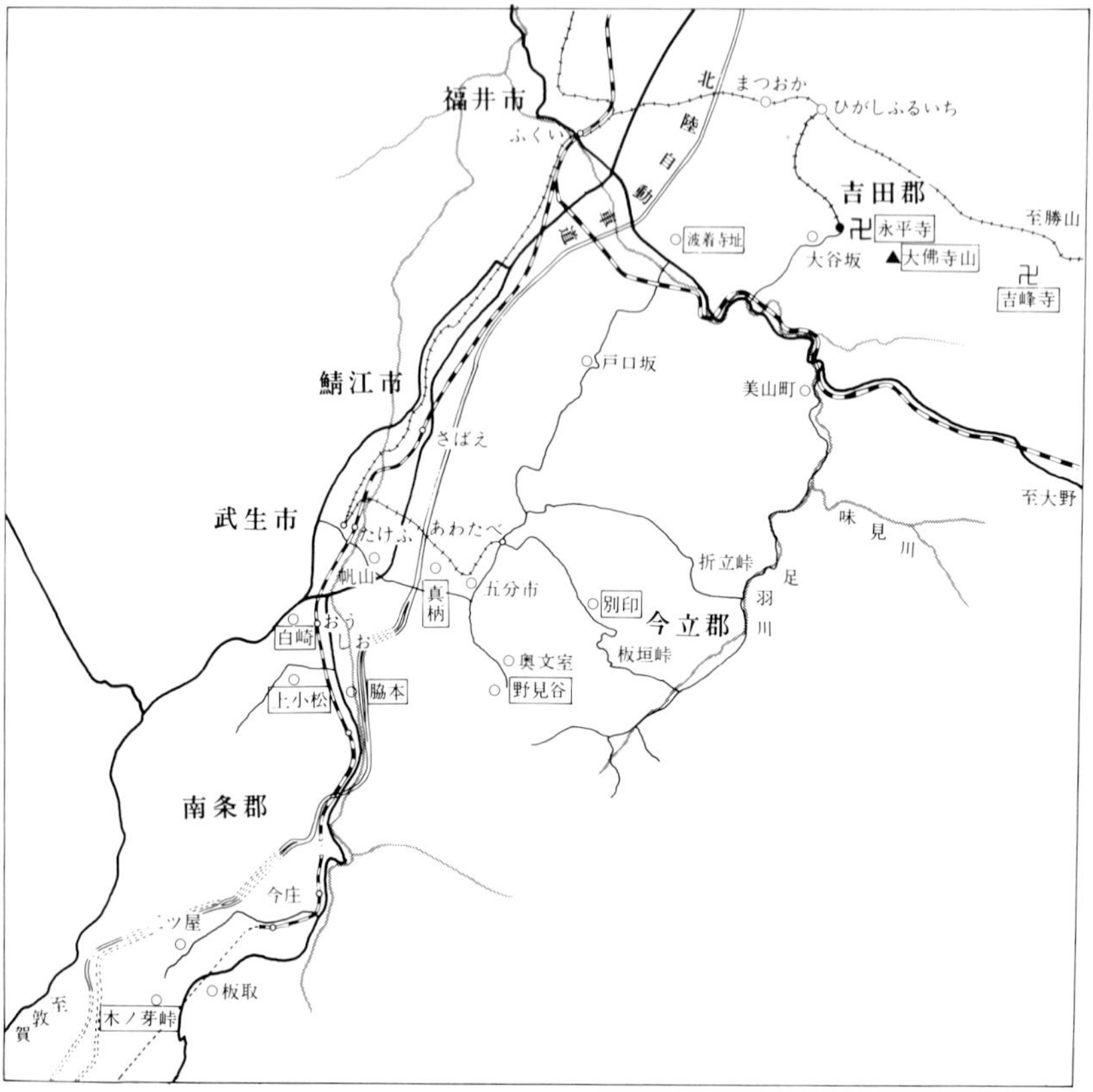

木の芽峠から永平寺への道程図

美山町に属する足羽川上流の山間の村をいうのであろう。神当部《かんとべ》・河内《こうち》・赤谷《あかたに》・折立《おりたて》などの集落をひっくるめて、以前は上味見村・下味見村と呼んでいたらしいのである。今も、味見川なる名の川が流れている。元禄年間(一六八八―一七〇四)に成立したとされる地誌『越前鹿子』には、この「味見」について、

「府中辺ヨリ大野通ル道ノ脇也」

と記している。府中と、足羽川の上流、現在の池田町・美山町との間には、海抜四、五百メートルの山塊が横たわっているのだが、それを越える峠道のようなものがあったのであろうか。

もっとも、『越前鹿子』の異本には、「味見」を「味真《あじみ》」と記載し、

「福井ヨリ大野へ通ル道ノワキナリ。王迹部《アハタベ》ノ中ナリ。」

と記したものがある。王迹部は、粟田部と考えて間違いなさそうだから、これによれば「味見」は、武生の近く今立町にあった地名になる。しかし、この異本の説については、現在の味真野《あじまの》と味見を混同しているのではないかというふしも窺われる。それに、この説で行けば粟田部村の中の地名であって、村名ではないということにもなる。

してみると、やっぱり味見村というのは、「府中辺ヨリ大野通ル道ノ脇也」と考えるのが一番妥当である。地図で見ると、それに該当する峠道も二つ三つある。鞍谷川に沿うて千石谷を行く道とか、河和田川を遡って折立峠を越える道とかがそれであったのだろうか。あるいは、粟田部から月尾川を遡って板垣峠を越える道などは、大仏寺建立に際して活躍し、道元禅師の最期をみとった左金吾禅門覚念にまつわる伝説が伝えられているだけに面白いと思う。つまり、その伝説というのは、道元禅師が、京都高辻西洞院の覚念の屋敷でご入滅になったとき、その直前に手づから「妙法蓮華経庵」とお書きつけになったと伝えられている柱のその後のことについてである。『建撕記』は、それを次のように記す。

「其後チ、覚念、妙法蓮華経庵ト書付マシマス柱ヲユリヌイテ以テ、越前ノ国今南東ノ郡月尾山の下ニ始テ

板垣峠から別院集落を望む

塔婆ヲ建立シ、此柱ヲ則チ中心柱トシテ日々供養し奉るト云々」（瑞長本）

と。別本には「今ノ別院是也」とも記す。これについて月尾川の上流には、別院という名の集落も所在するから、そのあたりに「妙法蓮華経庵」の柱が建てられたのではないかと大久保博士は推定する。『建撕記』の記述を信ずる限り、その推測は正しいと私も思う。してみると、覚念と何らかの縁があるのだから、足羽川を渡って府中方面へ出るこの板垣峠越の道というのは、現在の永平寺からなら戸の口峠越えの道より少々距離的に遠いけれど、道元禅師が京洛へ向われる際、時には利用された道であったかも知れない。ただし、初めて越前へ向われた時には、波著寺という一つの目的地があったから、おそらくこの道は通られなかっただろうと私は推定しているのだが。

板垣峠越の道には、もう一つ面白い伝承がからんでいる。それは、その道筋からわずかに南に外れた文室町野見谷に残っている伝説である。

ここは、四方をすっかり山に囲まれた山の中の村である。こういう山峡の僻地のことを私の生まれ故郷ではほいとがえりと呼ぶ。ほいと（乞食）も途中で引き返してしまうというわけであろうか。野見谷もまさにそのようなところである。しかし、地図で見る限りでは、海抜六百メートル少々の太平山を越して千石谷に通じる細い道もあるようだから、まんざらどんづまりでもない。そこに残る伝承というのは次のようなものである。

野見谷は、道元禅師が永平寺を建てられるときの候補地の一つであった。ところが、永平寺は、八千八谷あることが条件となっていたのに、野見谷は八千七谷しかなく、口惜しくも一谷足りなかった。これを無念に思った集落の衆は、後日、坊が谷という谷を二つに分けて、尼が谷という谷をこしらえた。八千八谷としたのである。しかし、尼が谷は、掻き裂いてこしらえた谷だから、かきさき谷ともいうようになった。

とるに足らぬと言ってしまえばそれだけのものだが、思いもよらぬところに、道元禅師の話が残っているというのが、私には不思議に思える。もし、こんなところにまで寺の候補地探しの足を運ばれたとすると、いったいこれはどういうことを意味するのであろうか。

もちろん私は、『建撕記』に大筋のよりどころを求めた従来の道元禅師伝を否定しようというのではない。それに私には、伝説の地へ深く潜入して徹底した民俗学的調査をやってのけるほどのひまもない。たまたま『越藩拾遺録』を繙《ひもと》いている間に、『建撕記』所伝の道元禅師伝が、必ずしも完璧なものではないのかもしれぬぞという疑念をちらと抱いたので、そのことをちょっとここに記しておくまでの話である。

なお、今一つ府中界隈のことについて記しておかなければならないのは、先に一寸ふれた左金吾禅門覚念の出身地のことについてである。『建撕記』の寛元元年の条には、

「雲州大守并今南東の左金吾禅門覚念相い共ニ寺を建立せんと欲して、庄内ニテ山水ノ便宜ヲ尋ヌ。」

とあるのだが、この「今南東」は大久保道舟博士の考証によれば、今立郡のことを指すのだという。左金吾禅門覚念というのは、道元禅師がご入滅になったとされる京都は高辻西洞院の覚念屋敷の主と同じだと考えられているが、その邸宅は、出身地の越前今立の界隈にもあったらしいのである。『建撕記』が、建長五年の条に、

「覚念とは、今の北村の先祖也、即ち真柄也。」

と記しているのが間違いなければ、それは、現在の武生市真柄（旧今立郡）の近辺にその館址を推定できそうである。あるいはそれは、寛文七年（一六六七）頃まとめられた『越前国古城跡并館屋蹟』に、

「一、館跡、真柄十郎左衛門、上真柄村ヨリ巽方畑之中在、自福井六里計。」

「一、屋敷跡、真柄勘助、下真柄村之内南方二一町四方計之所、自福井五里半計。」

とある二つの館址のそのいずれかであったのかもしれない。

この地方一帯に相当な勢力を張った豪族のように想像されるから、おそらくここで休息ぐらいはされたに違いない。『越藩拾遺録』の記述如何にかかわらず、妙覚寺から真柄までのコースは、まず間違いのないところだと私は思っている。問題は、そこから先の路程なのである。

波著寺まで

『越藩拾遺録』の記述を信ずるか、信じないか。それによって道元禅師の志比谷への足どりも相当に変わってくる。しかし、私自身は、一応従来の『建撕記』等による道元禅師伝を大筋で認めざるを得まいと思っている。

その場合、妙覚寺（または府中）で一泊された道元禅師の一行は、どういうコースを辿って志比谷へ向かわれたのであろうか。私の想像では、おそらくそこから道を東へとって、帆山から真柄を通り味真野に出、粟田部を経て戸の口峠を越えられたのではないか。目的地は、波著寺《はじゃくじ》である。日本達磨宗の最後の根拠地とされるこの寺について、『建撕記』はあまり問題にしていないようだけれども、道元禅師の入越とかなり深い関わりがあるのではないかと私は睨んでいる。いずれ、その点については私の見解を述べる機会もあろうが、ともあれ戸の口峠を越えて足羽川を渡れば、すぐに波著寺である。

妙覚寺を起点にすれば、全行程は約四十キロ。昔の人の足なら何とか一日で歩けそうである。もし、府中から

とすれば、三十キロたらず。いずれにしても手頃な距離である。

ところが、今これを実際にわらじで歩こうとすると私にはとてもその閑暇がない。いや、本当のところは、忙しさを口実にして安きについているきらいがなきにしもあらずだが、ともあれ福井在住の知人Tさんに三月初旬の一日、乗用車の運転を頼みこむ。せっかくの休日だというのに、親切なTさんは、二つ返事で、雪のまだ相当に残っているこのコースを走ってくれた。

武生から国道八号線を左に折れて、武生の市街地を抜け、日野橋を渡るとすぐに帆山《ほやま》。瑩山禅師の生誕地と伝えられ、今では山裾の地にみごとな記念碑が建っている。さらに、東へ車を走らせると真柄を経て五分市《ごぶいち》。道は、古い街道筋を偲ばせて、あまり広くはないが、平坦で、なにがなししっとりとした雰囲気がある。

五分市から南の山中に入れば、永平寺の候補地の一つであったという伝説が残る、例の文室町野見谷である。

「どうです。行ってみましょうか。」

Tさんは親切に言って下さったが、休日に無理を頼んでいる私の方にはひけめがある。それに、わざわざ行ってみたところで、話に聞いた伝説以上のものがあるあてもない。もちろん逡巡する心がないわけでもなかったが、私は潔く遠慮した。

五分市から、今度は北へ進路をとって、三キロばかり車を走らせると、粟田部《あわたべ》。この町は、古くから天神様と縁のあるところらしい。佐山天神とか、稚子《ちご》の天神とかが祭られている。もっとも、佐山天神は、菅公とはもともと無縁のもので、継体天皇が若い頃この地に遊び、天神七代の尊像を彫って祭ったのがもとだという。

稚子の天神は、了慶寺に祭られる。浄土真宗の寺である。この天神は、れっきとした菅原天神で、中々に面白い縁起が伝えられている。

昔、菅原道真公が、太宰府に流された時、道真の第八女は幼少であったため、流罪を免れて、今の了慶寺に預けられた。了慶寺では、手厚くもてなした。おのれの姓までも菅原と改め、代々この方を尊敬し、肖像画を作ってお祭りするようになった。それが今に伝わる稚子の天神だというのである。

粟田部の市街地をわずかに外れたところに了慶寺はあった。稚子の天神は、本堂の右脇の一室、曹洞宗の寺になぞらえれば、東の室中《しっちゅう》の間に安置してあった。年に一度、正月にご開帳になるだけという秘神である。

「お酒をお供えしますと、天神様のお顔がほんのり赤うなるといわれてましての。」

留守番の坊守の話である。昭和三年の町の大火で本堂も類焼したのだが、この天神様だけはかろうじて難を免れた。昔から相当大切にされている天神像なのである。

私はお願いして、白木の厨子の扉を特別に開いてもらう。菅公の第八女の伝説にもとづく稚子の天神というのだから、てっきり童女の像を思っていたのだが、立派な青年菅原道真公の坐像であった。色紙《しきし》よりやや大きめの古色を帯びた絵像である。できもいい。

実は、『永平広録』巻十の中に、天満天神の諱辰に「月夜に梅花を見る」と題して、菅公十一歳の時の詩に和韻した道元禅師の偈頌がある。

妙年の韻宇清くして雪の如し
老樹の梅花飛んで星に似たり
天上人間蔵することを得ず
長く鼻孔を穿ちて幽馨有り

というのがそれである。面山和尚は、この偈について、天神社の所在を、

「吉峰ノ同ジ渓ニアリ、庵ノ向ヘノ村ニテ、今ニ神殿アリ。コレ吉峰ヨリノ参詣ナルベシ。」(『訂補建撕記』補注)

としている。その所在を確かめたわけではないけれど、私も、この説をあながちに否定する気はない。しかし、『永平広録』巻十のこの偈のまえがき末尾に、

「此より已後、皆越州の作なり。」

とあるのに私はこだわる。

当時の天神信仰の実態が、はたしてどのようなものであったかについてはよく知らぬし、加えて、稚子の天神像と了慶寺が、その頃まで時代を遡り得るのかどうかといったややこしい問題をぬきにして、妄想をたくましうするのもどうかと思う。しかし、ひょっとすると、道元禅師は、波著寺への旅の途中、粟田部のこのあたりで休息されたことがあったのかもしれぬという思いを私は打ち消すことができなかった。さしあたり、この天神の詩に和韻された一首などは、この稚子の天神像を回想してのものではなかったのか。あるいは、例の『越藩拾遺録』の信憑性が高いもので、府中界隈に道元禅師が万一しばらく逗留されたとすれば、ますますこの稚子の天神と道元禅師との関わりはただならぬものとなるのではないか。次々とそんな妄想を起こさせるほどに、了慶寺の菅原天神の像は、いいできのものであった。

了慶寺を後にして、五キロばかり北へ走ると、戸の口峠である。海抜三百十八メートルというが、この程度の峠道なら、さしたる難所ではない。今では、一キロ足らずのトンネルによって、わけなく峠を抜ける。自動車がトンネルを出ると、視界は忽然として開ける。眼下に足羽川が横たわり、福井平野を一望のもとに見はるかして、見事な眺めである。

峠を下ると、ふもとは、篠尾・高尾・天神の集落に入る。このあたりは、昔からたくさんの古墳群があるので知られたところ。古墳時代には、相当に繁栄したらしい。

しかも、ここにも天神なる集落があるのは奇縁というべきか。足羽川を渡れば、波著寺のあったという成願寺集落は、すぐそこである。

〈補遺〉

平成十二年九月、道元禅師七百五十回大遠忌を奉讃して宇治興聖寺から永平寺までの約二百五十キロの道程を歩く「慕古の道」七街道ウォーキングが日本ウォーキング協会等の主催で開催され、平成十三年十月二十八日完結した。それを記念して、木の芽峠登り口、峠の道元禅師碑前、松岡町越坂峠登り口、宝林庵近く等の五ヶ所に記念碑が建立された。

高巌山興聖寺（こうがんざんこうしょうじ）――滋賀県高島郡朽木村岩瀬
永平山真覚寺（えいへいざんしんがくじ）――福井県遠敷郡上中町新道
兵田家（ひょうだけ）――福井県三方郡三方町岩屋
妙覚寺（みょうかくじ）――福井県武生市上小松

第二十章　波著寺旧址——日本達磨宗最後の拠点

日本達磨宗のこと

ある意味では、道元禅師の教団の母胎になったと考えられる日本達磨宗の最後の根拠地波著寺《はじゃくじ》が、越前足羽の地にあった。

日本達磨宗というのは、大日坊能忍（生卒年不詳）なる僧によって首唱された日本禅宗黎明期の教団である。彼は、天才的なある種の禅定《ぜんじょう》家であったらしく、独学で数多の経論を研究し、禅を修し、遂には悟りをも開いたという。無師独悟である。しかし、その教団が多少の勢いを得てくると、彼に師承《しじょう》のないことを非難する者も出てくる。そこで能忍は、文治五年（一一八九）、二人の弟子を宋に遣わし、いわゆる臨済宗楊岐派の大慧宗杲（一〇八九—一一六三）の法嗣たる拙庵徳光（一一二一—一二〇三）に、書幣と所悟とを呈した。徳光は、それに対して印可証明を与えたという。

この能忍の日本達磨宗は、一時かなりの勢力があったらしく、その証拠として、旧仏教側からの排撃の記録が相当に残っている。また、その根拠地が、摂州吹田、京都東山・大和多武峯《やまとうのみね》、そして越前波著寺と、転々と流浪したのも、あるいはそういうことが原因ではなかったろうかと推量される。

道元禅師の嗣法の高弟で、私たちが二祖と仰ぐ孤雲懐奘《えじょう》和尚は、最初、この日本達磨宗の二祖である東山覚晏について、大和多武峯で修行された方であった。大日坊能忍の孫弟子である。

そして、さらにこの懐奘和尚のおそらくは強い勧めによってと思われるが、越前波著寺に拠っていた懐奘和尚のかつての師兄で、覚晏亡き後の日本達磨宗第三祖を嗣いでいた懐鑑《えかん》和尚も、弟子の義介・義演・義準・義荐らを引き連れて、集団的に道元禅師門下に改衣する。仁治二年（一二四一）のことであった。道元禅師の深草興聖寺の教団は、これによって勢力を一挙に拡大した。後年になると、これら日本達磨宗から改衣した人達が、よきにつけ、悪しきにつけ、道元禅師教団の主流として、その正伝の仏法を相承して行くことになるのである。

もっとも、集団で改衣したこれらの日本達磨宗一門を興聖寺教団に受け入れるについては、道元禅師も相当に腐心されたようである。例えば、大慧宗杲や拙庵徳光に対する厳しい批判が、『正法眼蔵』中に表われて来るのは、そのことと関係しておりはしないかと説く人もある。ありうることだと私も思う。

越前移錫と日本達磨宗

ところで、道元禅師の越前移錫《いしゃく》については、その原因がさまざまに憶測されている。私自身の見解もすでに若干述べて来た。

それについて、越前の地を選定した理由も考えてみなければなるまい。一般には、

「波多野雲州太守藤原之義重参〆被申様ハ、越州吉田郡之内に深山ニ安閑の古寺アリ。某甲知行ノ内也。御下向アリテ、度生説法アラバ、一国ノ運、又当家ノ幸ナルベシト言上ス。和尚答云、我先師天童如浄古仏、大唐越州ノ人事ナル間タ、越之名ヲ聞クモナツカシシ。我所望也。則チ御下向アルベシト御返事アリ。」（瑞長本）

という『建撕記《けんぜいき》』の記述が信ぜられている。しかし、今一つ、かつて越前の波著寺に修行の本拠を置いていた懐鑑和尚ら旧日本達磨宗一門の弟子達の積極的勧奨があったのではないかということを考えねばならぬ。京洛の地

を離れ、一箇半箇の打出に専念したいと決意を披瀝する師を前にして、日本達磨宗を挙げて改衣した感のある側近の弟子達の脳裏に、越前波著寺のことが浮かばないはずがないと私は思うのだ。

『建撕記』の瑞長本には、次のようなことを記述している。

「波著寺ニ置給物ハ、一、涅槃像、一、十六善神画像、一、伝燈録一部、一、鐵鉢。」

「十六善神ハ、盗人取テ、今ハナシ。」

「永平寺住持五十代之後、彼ノ波著寺ヱ開山和尚再来有るべしト云フ事ヲ、波著寺の住僧達昔ショリ申伝フ。然りと雖も本記録ナシ。後来よくよくに尋ぬべし。此の波著寺ニ御座セシ年号・月日更ニ見出せず。」

道元禅師が、その年号月日は不明だけれども、波著寺を訪ねられたことがあるというのである。この一文をいかに解すべきであろうか。

私は、従った主な弟子の顔ぶれから考えて、越前へ入った道元禅師の一行は、まず何はさておき波著寺に立ち寄られたのではないかと考える。そこに暫く逗留されたとしても不自然なことではないとすら思える。しかし、従来の道元禅師伝を尊重する立場に一応立って考えると、吉峰寺への途次、一夜の宿をとられたとするのが無難なところかもしれない。

いずれにしても、その時期には若干の問題がありはするけれど、道元禅師の確かな足跡を留める旧蹟として、波著寺は決して忘れてはならないところなのである。

波著寺旧址

では、波著寺はいったいどこにあったのであろうか。『福井市史』を繙《ひもと》いてみると、

「コノ寺、今ハナイ。」

と、実にすげない。しかし、福井市愛宕坂には「波著寺観音《なみつきでら》」というのが現存しているようで、それについて『越藩拾遺録』は、

「養老年中一乗ニテ泰澄開基。天正年中長谷川藤五郎秀一当所ニ移ス。三国滝谷寺末寺也。」

と記している。問題は、「当所ニ移ス」以前の一乗の波著寺の所在である。それについて、『福井県足羽郡史』(昭和十八年刊)は、

「波著観音跡―桜谷垣内ヨリ山上約七、八町ノ山腹ニアリ。本尊ハ十一面観音ニシテ、足利時代ニハ加賀ノ国ノ那谷寺此地ニアリシヲ、応仁ノ乱ニテ焼キコボタレ、住僧ハ辛クモ本尊ヲ負ウテ彼地ニ逃レ再興セシナリト口碑ニ存ス。其ノ証トシテ山上ニハ、本堂・経堂・鐘楼ノ跡アリ。皆石垣ヲ以テ高ク積ミ重ネタリ。」

と記している。

私は、この『足羽郡史』の記述をたよりにして、とりあえず現地を訪ねてみることにした。

そこは、福井市成願寺町のはずれにあった。足羽川が福井平野に一挙に開く感のあるこのあたりは、相当に古くから開けたところらしい。たくさんの古墳群が横たわっており、この地帯に在地豪族の活躍があったことを窺わせる。正倉院文書にも頻出する生江臣東人《いくえのおみあずまひと》は、このあたりを拠点にしていたのだと話に聞いた。彼は、東大寺領荘園をこの地に経営するにあたって、開墾寄進に貢献したとされる在地豪族である。

近年、近くの篠尾《しのお》地区の水田からは、大塔の礎石らしい心柱の穴を持った遺物が発見された。その界隈からは、さらに次々と瓦片が出土しているという話だ。今では、ごくありふれた福井市郊外の農村地帯に過ぎないこの地域一帯も、かつては、この地方の政治経済の要衝として相当に繁栄したところと考えてよさそうである。

波著寺の旧址は、土地の人達からは、「なみつきかんのん」と呼ばれている。しかし、すでにすっかり忘れられてしまった存在で、土地でも、よほどの老人に尋ねないことにはらちがあかない。おまけに住民のほとんどは昼間、福井の街に勤めに出るらしく、山裾に連なる成願寺の集落は、白日の中にひっそり閑としていた。私は、

波著寺山道入口の石の鳥居

何軒も何軒も民家を尋ね歩いた末、ようやくに一人の留守番の老婆から「なみつきかんのん」の所在を探りあてた。八十歳になるというその媼は、佐藤秋尾《ときお》さんと言った。亡くなった主人が、昔学校教員をやっていて、村誌の編集に携わっていたとかいう話であった。

「うら、うっくそう（すっかり）年をとってしもうての。」

と言いながらも、媼は私を山道入口までわざわざ案内してくれた。

参道入口とおぼしき叢の中には、「波著寺」と刻した石の鳥居が立っている。いつ頃建てられたものかは定かでない。しかし、そんなに古いものではない。

波著寺がこの地からあとかたもなく消えてしまったのは、天正二年（一五七四）の一向一揆で焼き払いに会ってから後のこととされる。それ以前にも、朝倉氏支配の初期、文明六年（一四七四）五月、波著寺を主戦場にした「波著・岡保の合戦」というものがあった。しかし、その合戦の後には、まだ若干の伽藍が残っていたと想像される。なぜなら、その百年ばかり後、天文十七年（一五四八）三月二十二日、朝倉四代孝景が、波著寺に参詣の帰途頓死したという記録が残されているからである。

一向一揆の焼払いの後も、観音堂だけは再建されて、ごく最近まで村人によって細々と信仰生活が営まれていたのであろうか。石の鳥居も、おそらくそうした中で、村人たちによって寄進されたものに違いあるまい。

鳥居をくぐって急坂を距離にして六、七百メートル登ると、あきらかに寺院の跡を偲ばせる平坦部に出る。相当に広い。しかも、画然と整地した台地が何段も残っている。かつて、かなりの大刹がここに営まれたことは明らかである。

現在は、一面に杉が植林してあり、その樹齢は五十年を越している。だから、台地からの見はらしはあまりよくない。しかしもしそれを切り倒せば、南面して足羽川と、一帯の平野部が見渡せるすばらしい景観が予想できる。しかも山麓には、古くから開けた荘園地帯が横たわっていたのだ。明らかに大刹の立地条件は整っている。

一面に咲きほこったシャガの花の中にたたずみながら、この地が祖蹟としてすっかり忘れられた存在になっていることの不思議を思った。もちろん、この地がはたして波著寺の旧址に間違いないものかどうかという点については、まだ若干の歴史学的検証を必要とするかもしれない。だが、そういうことの必要性すらが忘れられてしまっている感があるのは、これはいったいどういうことなのであろうか。

たしかに、道元禅師は、日本達磨宗そのものに対しては批判的であった。大慧宗杲や拙庵徳光に対する厳しい批判によってそれはわかる。けれども、衣下に投じた旧達磨宗一門の弟子たちに対する愛情といった点からいえばそれは一段と深いものがあったに違いない。そこのところに深く思いを寄せれば、道元禅師にとって、波著寺がどんなに縁の深い寺であったかということが偲ばれるのである。

鬱然とした杉の木立の間を往きつ戻りつしながら、私は師と弟子とのかかわり方についてしきりに考えていた。

旧日本達磨宗から改衣した懐鑒和尚などの強い勧めによって越前に下向した道元禅師の一行は、とりあえず波著寺にわらじを脱いだ。しかし、久方ぶりに古巣に落ち着いてみると、道元禅師の教団にようやくなじんで来ていたはずの旧達磨宗の衣下の者達が、にわかにいきいきと際だち始める。おらが地元の意識が知らずしらずの間に強く出て来るのである。それが単純な地元意識に留まっていれば、他愛もない話であるが、もしそこに日本達磨宗の思想的残滓が多少でも蘇る兆候が窺えるとすると、波著寺は辦道の場としてはきわめて好ましくないことになる。

道元禅師は、波著寺の一夜によって早くもその危険性を感じられたのではあるまいか。洛中を出立するに際して、あらかじめ予定していた道場の候補地は一つに留まらなかったはずである。妙覚寺もその一つであったろうし、この波著寺もそうであった。けれども、波著寺は、聚落に近い上、さらに旧達磨宗衣下の者たちとの間にそういう危険性までが予測されるとすると、これはとても理想の辦道の地とは言えない。

道元禅師は、早々に波著寺を発ち、次の候補地へ向かう決意を固められた。もっとも、旧達磨宗一門の弟子達には、禅師のそのような深いおもんばかりは、おそらくわからなかったのではあるまいか。中には、波著寺を後にすることに対してあからさまに不満な態度を示すものもあったはずである。

私は、妙に下世話《げぜわ》めいた連想にふけりながら、時の移るのを忘れていた。ふと、眼を遠くに転ずると、木の間がくれに、緑の田野の中に横たわる足羽川の白い流れが、ちかちかと輝いていた。夏の陽は、依然として高くにあった。

波著観音（なみつきかんのん）——福井市成願寺町

第二十一章　禅師峯寺と吉峰寺——入越最初の道場

波著寺から禅師峯寺へ

『建撕記』によれば、寛元元年（一二四三）七月の末頃、道元禅師の一行は、「志比庄ニ下着」された。しかし、その翌月、つまり「閏七月初一日」に説かれたとする『正法眼蔵』三界唯心の巻の奥書には、

「越宇禅師峯頭に在りて示衆す。」

とあるから、波著寺を後にした一行は、足羽川を遡って、禅師峯を訪ねられたと想像される。

もっとも、同月三日には、懐奘《えじょう》和尚が、柏樹子の巻を「吉峰寺院主房」において書写した記録が残っている。その点からすればまず吉峰寺を訪ねられたとする通説も一概には捨て難い。けれども、洛中出発の際に予め想定していた候補地を一応すべて検分されたのではないかと考えればどうか。閏七月一日に禅師峯で示衆があり、一日置いて三日には、吉峰寺へ移っておられたと考えても別段の不思議はないことになる。その理由はよくわからないが、禅師峯も吉峰寺も共に有力な移錫の候補地の一つであったからである。

この三界唯心の巻というのは、「三界唯一心、心外無別法。心仏及衆生、是三無差別。」〈三界唯一心、心外に別法なし、心と仏と及び衆生と、是の三は差別なし〉という「華厳経」の一句を拈提したものである。

では、この時期に、何故このような巻が説かれたのか。その問に答えることは相当にむずかしいことだけれど、私は、道元禅師の真意を、理想的な師資関係、つまり師と弟子とのありようを探る中に見出さなければなら

ないのではないかと思っている。

この巻の最後に示されている、玄沙院宗一大師と、地蔵院真応大師の、一脚の椅子を捉えてそれをどう呼ぶかという問答等は、まさに師資のありように対する問題提起にほかならない。師の宗一大師が「遮箇《これ》」を喚《よ》んで「竹木」と言えば、資の桂琛（真応大師）もまた喚んで「竹木」という。その間のぴったりした呼吸を、

「しるべし、師資の対面道《ついめんどう》なりといふとも、同参の頭正尾正《ちょうしんびしん》なるべし。しかありといへども、大師道の喚遮箇作竹木と、真応道の亦喚作竹木と、同なりや、不同なりや、是なりや、不是なりやと参究すべきなり。」

と、道元禅師は拈提される。師資の個性を認めないというのではない。各々の人格的独立を認めながらも、根っこの部分でしっくり一枚に融けあった師資のありかたこそは、越前移錫の道元禅師が求めてやまぬところであった。しかし、すでに訪れた波著寺は、日本達磨宗の残滓が、その障りとなる恐れがあった。

禅師峯寺山道入口

ならば、禅師峯《やましぶ》はどうか。ここは、もと山師峯と書いたらしいところである。面山和尚の『建撕記』に注するところによれば、山師峯とは山法師の居する峰の意ではないかという。白山天台の拠点平泉寺と何らかの関係があった寺ではないかと言われる所以である。してみれば、平泉寺に近い禅師峯は、白山天台の影響をすこぶる受けやすいところである。師資の親密なありようを、純一なかたちで求める道元禅師にとって、そこは当然のことながら充分に満足すべき立地条件のところとはいえないことになる。

そこで、さらに理想の地を求めて、最後の候補地吉峰寺へ向かわれたのであろう。

吉峰寺

吉峰寺は、今も深山幽谷の寺である。「高祖入越最初之道場」と筆太に墨書された山麓の簡素な総門を通ると、たちまちにつづら折りの急坂を登らねばならぬ。しかし、樹齢こそ五十年そこそこではあるけれど、見事に生い茂った杉木立の中の細い道を登って行くと、全身に爽涼の気が漲《みなぎ》ってくる。

「いささか道が険しいから、ゆるゆると登られよ」

草臥《くたび》れかけた頃合には、山道のかたわらに住職の老婆心が、素朴な板に墨書されていて心をほのぼのとさせる。

「冬安居、師（徹通義介）典座と為り、歓喜奉仕す。寛元元年癸卯《きぼう》冬、殊に雪深し。八町曲坂《まがりざか》、料桶《りょうよう》を担ひて二時の粥飯を供す。」（『三祖行業記』）

はたして今私が登っている急坂が、当時のままの八町曲坂であるのかどうか、それは定かでない。けれども、三代徹通和尚が水桶を担って毎日通われたと伝える徹通坂の尊さだけは、知らず知らずの間に我がからだが味わっている。そんな坂道である。

吉峰寺は、「安閑の古寺」であった。とりあえず一箇半箇打出の仮の道場として間にあいそうであった。道元禅師は、すっかりこの寺が気に入られた。到着するや早速に、しかもかなり精力的に『正法眼蔵』の選述と取り組み始められたらしいことからもそれはわかる。その月日は明らかになっていないけれど、まず「説心説性」の巻を衆に示された。

「仏道は、初発心のときも仏道なり、成正覚のときも仏道なり、初中後ともに仏道なり。たとへば、万里をゆくものの、一歩も千里のうちなり、千歩も千里のうちなり。初一歩と千歩とことなれども、千里のおなじきがごとし。」（『正法眼蔵』説心説性）

吉峰寺本堂

とりあえずここ吉峰寺を辦道の場として定めることを決断されたような趣きが言外に窺える示衆である。この深山幽谷の地で、師資一枚となって行住坐臥を行じ抜き、正伝の仏法を密々に実践しようではないかという説示である。しかも、この巻では、例の大慧宗杲の批判が相当に手厳しい。これは、懐鑑《えかん》和尚以下の旧達磨宗門下の弟子たちを如何にして正伝の仏法の相承者として打出するかということが、道元禅師の最大関心事であったことをあからさまに示している。

やがて、寛元元年（一二四三）の秋も深まって行った。洛中のそれと異なって、深山幽谷の草庵吉峰寺の秋はさわやかであった。木々の目のさめるような紅葉の中に、まこと爽涼の気が満ちあふれていた。

数箇月前まで、洛中興聖寺にあって、やれ山門がどうの寺門がこうのと心にかけ、天台宗だ禅宗だと宗派のしがらみの中に、何やら気の重い日々を送っていたことがうそのようであった。現世利益のみをやみくもに求めて近づいてくる信者の群から離れたこともありがたいことであった。弟子達も、数こそ少ないが落ち着いて只管打坐の暮らしに打ち込んでいる。かねてから、宗派意識に囚われることのない正伝の仏法のありかたを心に温め続けて来たが、ようやくそれが具体的な形をとって行住坐臥に現成して来つつあるというたしかな手応えを感ずることができた。

九月十六日、道元禅師は、「仏道」の巻を示衆された。

「大宋の近代、天下の庸流《ようる》、この妄称禅宗の名をききて、俗徒おほく禅宗と称し、達磨宗と称し、仏心宗と称する妄称きほひ風聞して、仏道をみだらんとす。これは仏祖の大道かつていまだしらず、正法眼蔵ありとだにも見聞せず、信受せざるともがらの乱道なり。」(『正法眼蔵』仏道)

一見、孤高な激しさを秘めた既成仏教に対する厳しい批判である。けれども、吸い込まれていくような寂けさに満ちた吉峰寺の秋気の中で、枯淡そのものの只管打坐の日々を重ねつつ聴く時、こうした激越なことばも、妙にしみじみとした味わいで弟子たちの心の中にしみ通って行くのであった。

「諸法実相」「密語」「仏経」「無情説法」「洗面」「面授」「法性」「梅華」「十方」「坐禅儀」「陀羅尼」と、二、三カ月の間に、たて続けに『正法眼蔵』の多くの巻々を示衆された。そのことは、吉峰寺の秋の辦道が、どんなに充実したものであったかということを私どもに如実に語りかけてくれる。

再び、禅師峯へ

だが、吉峰寺の秋は短かった。紅葉散り敷くいとまを待たず霰《あられ》が降り、やがて雪が積っていった。

都には紅葉しぬらん奥山の　今夜《こよい》もけさも霰《あられ》ふりけり（傘松道詠）

必ずしもこの時期に、吉峰寺で詠まれたものとは断定できない歌ではあるが、初めての越前山中の晩秋の一夕、道元禅師がふとこのような郷愁をもらされたとしても、不自然なことではない。

その年、十一月六日には、大雪が降った。「梅花」の巻の奥書には、その驚きを次のように書き留められた。

「爾時日本国寛元元年癸卯十一月六日、在越州吉田県吉嶺寺。深雪参尺、大地漫々。」

吉峰寺山道徹通坂

時雨の季節は、心をいたく淋しく感じさせる。けれども、それが一転して雪になると、白皚皚《しろがいがい》とした世界は、人の心を清浄にする。「深雪参尺大地漫々」という表現の中に、道元禅師の清澄で、充実しきった心意気が窺えるような思いがする。

雪は根雪となった。しかし、道元禅師は、すばらしいこの安閑の古寺を離れる気はさらさらになかった。

十一月十三日、「十方」の巻を示衆された。

ところが、深い雪は、吉峰寺の人びとにさまざまな圧力を加えた。まず、食料の手当てが危機的状況に陥っていった。典座職の義介和尚は、前述の如く、「八町曲坂、料桶を担いて粥飯を供」したが、その努力にも限界があった。粗末な堂宇は、連日の雪おろし作務にもかかわらず、雪の重みで押しつぶされる危険があった。

もうこうなれば避難するよりほかはない。かくして道元禅師は、再び禅師峯に赴かれる決意をされる。

とはいうものの、禅師峯も越前の地に変わりはない。程度の差こそあれ雪は多かった。だが、道元禅師の気力の充実は継続していた。

十一月十九日、「見仏」の巻を示衆されたのを始めとして、翌寛元二年春二月、再び吉峰寺へ戻られるまでの間に、「遍参」「眼睛」「家常」「竜吟」の諸巻が説示された。

現在の禅師峯寺は、明治四十年（一九〇七）、田中仏心和尚によって再興されたものである。今の禅師峯寺の地が、はたして往古の禅師峯の地かどうかは明らかでない。面山和尚が「今も禅師峯《やましぶ》村と云ふ」地が残っていると『建撕記』の補注に示されているのをたよりに、明治の宗門人達が場所を選定したものであろうか。だから、往時の禅師峯は、現在地よりも、もっと山頂近くにあったのではないかという人もある。坐禅石などというわくありげな石もあるので、あるいはそのあたりであったのではなかろうかというのである。

しかし、雪を避けて吉峰寺を降りて来られたに違いあるまいから、あまり山頂近くの場所ではなかったはずである。「禅師峯」という地名が、明治の頃、たしかにこの地に残っていたのなら、禅師峯の祖跡も現在地とそうかけ離れたところではなかったであろう。

それにしても、土地の人達には、「ぜんじぶじ」とか「やましぶ」と言っても、今では全然通用しない。誰もが、禅師峯寺のことを「大月の吉峰寺」と呼ぶのである。道元禅師もさることながら、偉大なる近世の道心家田中仏心和尚の伝説的な偉徳を慕う気持の方が余程大きいみたいな印象を私はこの地方の人びとから受けた。

今の禅師峯寺は、山村にある平凡な小庵である。本堂も、庫裡も、みな棟続きの、一寸大きめな民家といった趣きである。もちろん道元禅師の時代を偲ばせるものは何一つない。

面山和尚は、禅師峯の地が平泉寺の近所だと記しているが、平泉寺までは五キロになんなんとする。だから、「祖師モト叡山ノ僧ナレバ、コノ禅師峯ニ、天台ノ僧多キユエ、聞法ノ為ニ請セシナルベシ」（『訂補建撕記』）という説も、無条件に信ずるわけにはいかないような気がする。もちろんこの説を受けて白山天台と道元禅師との親密な関係をことさらに強調する現代の学者も多い。しかし、道元禅師の越前移錫の心境に思いを寄せれば、宗派意識のかなり強い既成教団とのかかわりはできるだけ避けて、純一無雑な正伝の仏法に徹した生活を行じたいというのが真意ではなかったろうか。

禅師峯に多少の衆徒がいたとしても、よしそれが白山天台の流れを汲む者であったとしても、あくまでも白山天台のアウトサイダーであったのではあるまいか。

再び、吉峰寺へ

寛元二年（一二四四）一月上旬には、禅師峯の生活を切りあげられた。一月十一日には、懐奘和尚が吉峰古寺で「説心説性」の巻を書写されていることからの推定である。

いずれにしても、完全な雪解けを待ちきれずに、春早々と吉峰寺へ帰錫された感じである。よほど吉峰寺の「安閑」さを気に入っておられたに違いない。

だが、吉峰寺は、予想以上に雪で傷められていたようである。環境を整えるための手数が相当に要した風で、帰錫後しばらくは本格的示衆が行われていない。わずかに「春秋」が再示衆され、「大悟」が「書而示衆」されただけである。もっとも、懐奘和尚は激しい雪片付けの作務の間に、夜な夜な『正法眼蔵』の書写を続けられたらしい。

本格的な春の訪れと共に、二月四日から、再び精力的に『正法眼蔵』の撰述が行われるようになった。「祖師西来意」「優曇華」「発無上心」「如来全身」「三昧王三昧」「三十七品菩提分法」「転法輪」「自証三昧」「大修行」と、三月九日までのおよそ一箇月間に、実に九巻もが矢次ぎ早に示衆されている。さらに、三月二十一日には、門下の者達が、集団で生活するについては、秩序というものを大切にする必要があるとしてだろうか、『対大己《たいこ》五夏闍梨《ごげじゃり》法』を示された。長上の者に対する儀礼六十二条を定められたのである。

『建撕記』によれば、この年四月二十一日には、大仏寺法堂の上棟式が行われたことになっている。ならば、大仏寺造営の方針は、いつ頃、どのようにして定められたのであろうか。

それは、寛元元年の冬、禅師峯へ再び移錫される以前に場所の選定等が行われていたと考えるべきであろう。つまり、その年の秋の間に、周辺の地が検分されていたのである。寛元元年のこととして『建撕記』が、

「雲州大守并今南東ノ左金吾禅門覚念、相共ニ寺ヲ建立セント欲シテ、庄内ニテ、山水ノ便宜ヲ尋ヌ。則チ一野山ノ東、笠松ノ西ニ寺庵相応ノ地ヲミヲテ歓喜ス。」

と記していることからもそれはわかる。

私は、十二月中旬、初雪の後に、大仏寺山から尾根伝いに吉峰寺へ歩いてみたことがある。里の方にはほとんど雪のない日であったが、雪に足をとられて尾根歩きは難渋を極めた。だから、禅師峯寺から再び吉峰寺へ帰錫された寛元二年の春になって、寺地候補地を検分する等ということは、雪国においてはおよそ考えられないことなのである。

では、なぜ吉峰寺から新しい修道の地へ移る必要があったのであろうか。

それについて、まず吉峰寺に先住者が居たのではないかということが考えられる。また、建物が相当に老朽化していたことも予想される。その場合、改築ということも思うのだが、仮の道場をとりあえず確保し、しかる後にしっかりとした新しい叢林を理想の形で建築する方が現実的なやり方であったに違いない。

大仏寺へ移錫された後の吉峰寺はどうなったのであろうか。不思議なことにそれが一向にわからない。おそらく誰も顧みる者はなかったのであろう。杳とした長い歴史の中に、その跡地さえも定かではなくなってしまうのである。

ようやく正徳年間（一七一一―一七一五）に至って、面山和尚の考証と実地踏査をもとにして、松岡（福井県吉田郡松岡町）の天竜寺二世雄峯英公なる和尚が、松岡城主の力を借りて、祖跡顕彰のための一庵を創建する。

ところが、不便な地であったためか、そこに住する者も長くは続かなかったらしく、いつの間にか再び荒廃に帰してしまう。

明治二十五年（一八九二）になって、例の禅師峯を後年再興することになる田中仏心和尚が吉峰寺跡を訪ねる。二十五歳の時であった。その時、山上の寺跡とおぼしきところは竹薮となり、その一隅には朽ちかかった小さな堂宇が一棟佗しく建っていたという。

その時から吉峰寺再興は、仏心和尚の誓願となった。托鉢が始められた。そして、明治三十六年（一九〇三）、発願の年から教えると十二年目にして、ようやく本堂落慶にこぎつける。

すでにして伝説化した仏心和尚の徹底枯淡な生活と道力とは、吉峰寺を拝登する私どもの心を今も強く打つ。もっとも、現在の吉峰寺は、山麓から山上へ荷物を運びあげるためのリフトが設けられているのを始めとして、かなり近代的設備が整えられている。その点、道元禅師の頃のいわゆる「安閑の古寺」のおもかげを慕うには、いささかの不満が無いでもない。だが、実際に無檀無禄のこの寺に住して、この伽藍を維持し、祖跡の地を顕彰し続けようとする段になれば、センチメンタルな慕古の思いだけではどうにもならないものがあるはずである。

夏の吉峰寺は、ハイカーや参禅者で結構賑わっている。けれども、冬の吉峰寺は、深い雪の中に息を潜めてしまう。かつて初冬の頃、大仏寺跡から尾根伝いに吉峰寺を訪ねた時のことを思う。やっとの思いでそこにたどりついた私は、大仕掛けな雪囲いにすっぽり包まれた大伽藍の薄暗い玄関先に佇んで来意を告げた。しかし、呼べども呼べども内からの応答はなかった。その時のひえ冷えとした思いが胸底にこびりついているためであろうか、吉峰寺といういつも、そこに住する者に要請されるしたたかな道心のことが思われてならないのである。吉峰寺は、深山幽谷の中に、信仰の力の偉大さを今もひっそりと示す名刹である。

禅師峯寺（ぜんじぶじ）――福井県大野市西大月一三の一七
吉峰寺（きっぽうじ）――福井県吉田郡上志比村吉峰

第二十二章　伝大仏寺旧蹟——永平寺の前身があったと伝える地

まず登る

寛元二年（一二四四）七月十八日、道元禅師は、吉峰古寺から大仏寺に移錫《いしゃく》し、開堂の法会を営まれた。大仏寺という寺号は、二年後の寛元四年六月十五日に永平寺と改められるから、大仏寺は現在の永平寺の前身である。

ところがここに厄介な問題が一つある。それは、現在の永平寺門前を流れている永平寺川のほとりに嘉永四年（一八五一）に建てられた「大仏寺旧蹟・従是五十丁」と刻まれた石柱にまつわることである。つまり、いわゆる大仏寺の旧蹟から、現在地へ、いつの頃か永平寺が移転したのだという口碑が、相当古くから伝えられているのに、それが根も葉もない話なのか、あるいは史実なのかということが未だにすっきりとした結論が得られていないのである。

かつて、永平寺で修行生活を送っていた私自身の立場からすれば、この今の永平寺の地こそが、道元禅師の創建された大仏寺そのままであってくれた方がまことにありがたい。あながちにそれは私ばかりの願望ではない。永平寺を大本山と仰ぐ宗門人のおしなべての願いと言ってもよい。だが、すべての人の願いだからと言って、それがそのまま史実であると認められるわけのものでもない。

そのことについて、いろんな人の、いろいろな論を相当に漁ってみた。ところがその結果は、いずれの論も、

水無川上流の虎班の滝

確たる史料にもとづいているのではないことがはっきりしただけである。むしろ、なまじさまざまな所説を調べたばかりに、自分の決断が下しにくくなってしまったような気さえする。

　そこで、私の結論を出すのはしばらくお預けにして、まず大仏寺旧蹟を訪れてみることにした。しかし、一人では心もとないから、誰か適当な先達はいないものかと案じていたら、永平寺の雲衲浩仙君が案内役をかって出てくれた。彼は日頃、行脚こそ禅僧の土性骨を培うものだと豪語してはばからぬ男だから、吉峰寺から大仏寺旧蹟を経て永平寺まで、何度もわらじ履きで歩いている。得難い先達である。

　昭和五十一年の初冬の一日、私達は大仏寺旧蹟を訪うた。浩仙君は、熊が出没するからとて、北海道仕込みの大きな鈴を腰につけ、それをチリチリンチリチリンと鳴らしながら歩く。道は途中から相当な急坂になるのだが、浩仙君の足もとは一向に乱れない。ところが私はというと、半時間も経たぬうちにはあはあと荒い息。いくら行脚の大切さを認めていても、所詮、書斎派の域を抜けてはいないことがはしなくも露呈されたわけである。

　水無川に分かれたあたりから道はにわかに険しくなる。かつて大久保道舟博士が「道らしい道はなく、無軌道の谿間を攀《よ》じ上るといった調子で難渋を覚えた」道である。やがて、永平寺六十六世日置黙仙和尚（一八三七―一九二〇）の時代に急坂の歩行を助けるために設けられたと伝える細く長い一直線の自然石の石段を登る。ひとしきり汗をかいてそれを登りきり、やや平坦になった細い道を左手にしばらく歩く。寺跡らしきものは一向に見えて来ないが、まだずいぶん遠いのだろうかなどと思っていると、浩仙君が私の足もとを指さす。見ると、「御開山硯の水」と刻した小さな石柱が建っている。季節によっては、ここに清水が湧き出るのであろうか。しかし、その時には、水らしきものは少しも湧き出してはいなかった。いずれにしても、こんな小細工じみたなしわざは、今様である。

総じて伝大仏寺旧蹟にある人工のものは、ことさらに旧蹟らしさを演出するために後人が按配したのではないかというさまが窺える。自然石を積んでこしらえた祠《ほこら》に、道元禅師像と懐奘《えじょう》和尚像が安置してあるのも、大正以後のなしわざと聞いた。他に、いかにも古びた観音像や弁天像が祭祠してあるが、これもそんなに古いものではない。あるいは、大久保博士が「各処に礎石らしいものが点在していて、確かに伽藍址であることが首肯される」（『道元禅師伝の研究』）と書いたその礎石らしいものも、はたしていつ頃の時代まで遡り得るものなのかとなるといささか怪しさを免れない。なまじこういうものがあるために、ここを訪れる人の第一印象に狂いを来す。もちろんそれが大仏寺旧蹟肯定論者を増やすだけなら、それを設けた人の意に沿うわけだから仕方がない。しかし、実際は皮肉なことにそれがかえって、大仏寺旧蹟否定論者に与《くみ》しているような趣きがあるのは面白い。

いわゆる伝大仏寺旧蹟の地はあまり広くない。かつて建築家の横山秀哉氏が実測したところによると、東西の最も広い場所で二十三間（約四十メートル）、南北の奥域は二十間（約三十六メートル）しかなかったそうである。確かに私の印象でも、全く余裕のない窮屈な地相である。

行脚の直観

浩仙君は、しきりに「行脚の直観」ということを強調する。彼が、吉峰寺から永平寺へ尾根伝いに幾度となく歩いてみての直観によれば、大仏寺旧蹟論なるものもあながちに否定し去ることはできないというのだ。彼が、私の誘いに一も二もなく乗って、大仏寺旧蹟へ案内してくれたについても、案外のところ行脚の直観にもとづく彼の大仏寺旧蹟論を鼓吹したいという気のなせるわざであったかもしれない。

ならば私の直観はどうか。正直なところをいうと、ちょっと狭すぎる感じである。もちろん、地狭隘なるがゆえにこの地を大仏寺旧蹟でないということはできない。なぜか。それは、『建撕記』等が、

「師、大梅山法常禅師ノ再来ト云フ。」（瑞長本）

という伝承を記録しているからである。大梅山法常禅師は、道元禅師が敬慕された祖師。徹底枯淡な生涯を送った方で、

「ちなみに大梅山の絶頂にのぼりて人倫に不群なり、草庵に独居す。」（『正法眼蔵』行持）

と、道元禅師は記されている。大梅法常禅師の古蹤を慕うような生活をされていたからこそ、「法常禅師の再来」という伝承が生じたと考えれば、大仏寺の旧蹟がこの山頂に近い狭隘の地にあったとしても別段不自然ではない。

私たちは、南面した旧蹟の地の端《はな》まで出る。

「どんなものでしょう。崖の土なんかは相当に崩れているみたいな感じですが、高祖様の頃から七百余年の間に、地相の変化は全然なかったものでしょうか。」

浩仙君に問いかけられても、私には答える術がない。

「今の登山道にしても、昔はきっと別の道があったと思いますね。」

伝大仏寺跡の道元禅師の石像

そうかもしれない。現在の登り道は、たしかに現在の永平寺を中心にしてできたものに間違いあるまい。そもそも寺の山道というものは、聚落に通ずるために設けられたものである。してみれば、当時のこの界隈における聚落というべきものになるべく短絡する道でないと不自然である。そういう点を考えると、大野あたりを中心とした足羽川の流域に通ずる道こそが自然な道と考えなければならない。鎌倉時代の生活文化圏のことに思いを寄せれば、浩仙君の直観も案外いい線を出しているというべきだろう。だが、私は浩仙君の問いかけに対してずっと沈黙を守っていた。うかつにものをいうと、私自身の発したそのことばによって、大仏寺に対する私の結論が左右されてしまいそうな危うさを感じたからである。

黙したままの私を案内して、彼は背後の大仏寺山山頂に導く。つづら折りの木下道《こしたみち》には初雪がはだらに残っている。チリチリンチリチリンとしばらく登った後、大仏寺山山頂に立って私はうなった。すばらしく雄大な風景が眼前に展開しているのだ。眼下には、九頭竜川が横たわり、はるか遠くには、白山連峰が白く雄大な山容をみせる。現在の永平寺に生活している限り、白山はどこか遠くの山の印象しか持てないけれど、大仏寺山に住していると、白山はごく身近な山であったに違いない。

我が庵は越《こし》の白山《しらやま》冬籠り　氷も雪も雲かかりけり（傘松道詠集）

道元禅師の詠歌がふと口端にのぼり、なるほどと肯えるような、そんな雰囲気がこの山頂にはあるのである。一尺以上の新雪が積もった山頂で、私たちは、大庫院の雲衲衆が作ってくれた特大のにぎり飯二つずつをほおばった。たくあん以外の副菜は何もついてはいなかったが、実にうまかった。しばらく山頂からの眺めを楽しんだ後、尾根伝いに吉峰寺まで歩いた。新雪は長靴を越し、伸び放題に伸びた熊笹が冷めたく顔をこすった。決して楽な道中ではなかった。だがその間に、大仏寺旧蹟論は、あながちに否定できないという浩仙君の行脚の直観が、すっかり私の直観として胸底にしみ込んでしまったのである。

いろいろな説

それがいずれも主観の域を抜けないにせよ、大仏寺の旧蹟について論じた文献には次のようなものがある。

大仏寺旧蹟肯定説

1、大久保道舟『道元禅師伝の研究』（昭28、岩波書店刊）

2、小林準道『永光寺五老峰の現代的意義』（昭49、北海道・総泉寺刊）

3、柴田道賢『禅師道元の思想』（昭50、東京・公論社刊）

大仏寺旧蹟否定説

1、面山瑞方『傘松日記』

2、横山秀哉『永平寺伽藍随想』（昭35、「傘松」第二七〇号）

3、笛岡自照『道元禅師御旧蹟めぐり』（昭36、埼玉・古径荘刊）

私は、そのいずれにも一応目を通してみた。大久保博士の説は、自らの仮説を強烈に印象づけようとするあまりに、実際にその地を訪れた時の感想をいささか大仰な表現で描写しているために大分損をしている感じである。例えば、大正期に設けられたらしい急坂の石組みを、昔のままの山道ではなかろうかと想像しているあたりがそれ。そんな点を笛岡師の著書で鋭く指摘されて、いささか株を下げたみたいであるが、『永平広録』等を援用しての文献的な考証はさすがなもので、旧蹟肯定説の嚆矢として高く評価される。柴田氏の論も、大筋においては大久保博士の説に従っているというべきものである。

小林師の説も、その延長線上に立つ。しかし、これがユニークなのは、瑩山禅師の開かれた「大榎峯永光寺」と「傘松峯大仏寺」との関連に着目して、瑩山禅師の著述を引用しながら大仏寺旧蹟を肯定した点にあると言えようか。特に、否定論の代表とされる笛岡師の説を一々に論破していて、なるほどと思わせるうがったところが多い。また、現在の永平寺は、三世徹通義介和尚のいわゆる養母堂の跡ではないかと、三代相論と永平寺移転説をからめて考えるべきことを主張しているが、その点についてもうなづける点がある。

一方、否定論では笛岡師の説が旗頭。しかし、この師の説は、現在の永平寺こそ道元禅師以来の由緒ある根本道場なのだという信仰的な確信がなによりも常に先行している感じは否めない。例えば明治十四年祖廟承陽殿を再建する際、旧祖廟の祖壇の下部を掘り起こしてみると、そこから禅師のご霊骨を納めた陶器の壺が出て来たということが永平寺移転説否定の有力な根拠になっているが、それはかなり主観的な判断なのである。なぜかといえば、祖廟を移転する場合には必ず霊骨も掘り起こすのが普通であって、明治十四年にそうしたように、もしかつて移転しておれば、やはり霊骨も移されていたはずだと考えなければなるまいと私は思う。

横山氏の説は、伝大仏寺旧址の場所の狭さを指摘したもので、氏が禅宗建築の専門家であるだけに、一応の説得力を持っている。

面山説の旧蹟

従来、誰にも注目されていなかったけれど、面山和尚の大仏寺旧蹟否定説がある。大仏寺旧蹟について論じた説としては、一番古いもので、私は大いに関心をそそられた。

それによると、現在の伝大仏寺旧蹟の地は面山和尚の当時伝えられていた地とはどうも異なるらしいのである。

面山和尚の大仏寺旧蹟否定説は『傘松日記』の中に出てくる。これは、享保十九年（一七三四）秋、面山和尚が永平寺を訪ねた時の日記である。その九月十六日の項に、大仏寺旧蹟に関する記述はある。

「古来、大仏寺の旧跡と謂ふは怪しむべきなり。山僧かつてその旧跡に登るに、地はなはだ狭隘にして諸堂を建つべき平坦なし。」（原漢文）

という出だしは、まず現在の伝大仏寺旧蹟地をイメージに置いて読んでも間違いない。ところが、次の一文はどうだろう。

「又謂ふ、この一片の地、主山は高く、案山は低しと。今旧跡と謂ふの処、ただ一峰の頂にして、主及び案と謂ふべきは見えず。」（圏点著者）

この文中にある「主山・案山」というのは、道元禅師が大仏寺法堂開堂の後で、その地が勝地であることを讃えて波多野義重公に対して語られたという言葉の中にある。

「この一片の地、主山は北に高く、案山は南に横たふ。東岳は白山神廟に連り、西は流れて滄海の竜宮を曳く。」

とあるのがそれ。主山は背面の山であり、案山は前方の台地となる山であろう。

ところが、面山和尚が大仏寺旧蹟の地と伝え聞いて登ったところは、「一峰の頂」であった。背面の山も無ければ、前方に台地となる低い山も見えなかったというのである。

現在の大仏寺旧蹟は、大仏寺山頂を背後に控えた地である。面山和尚がいう「一峰の頂」でないことは誰の目にも明らかだ。加えて、現在の大仏寺旧蹟から「案山」に相当する低い山を見ることも困難ではない。してみれば、面山和尚が視察した大仏寺旧蹟の地と、現在のそれは、明らかに異なっていたと考えるのが妥当のようである。いったいこれはどういうことなのか。面山和尚が誤ったのか。現在地がその後に誤って伝承を相続したものなのか。

結局のところ、大仏寺旧蹟なるものは、伝承の過程の中でいつのまにか消息不明になってしまったというのが真実なのではなかろうか。「一説によれば」というカッコ付きで伝えられた旧蹟の地が、大正の頃、道元禅師像や懐奘和尚像が安置された時点で、不動の伝承地となってしまったというのが真相ではあるまいか。

結局はわからない

寛元二年（一二四四）七月十八日に開堂説法がなされた吉祥山大仏寺の地は、現在の永平寺の地にほかならないのだという説は、相当に根強い。否、それこそが宗門人の正統的な認識と考えても間違いではない。

しかし、現在の永平寺の地が、吉峰寺からあまりに離れ過ぎているという点はどのように解すればいいのであろうか。吉峰寺の所在地についての面山和尚の考察に誤りがないとすれば、吉峰寺から法堂の建設現場へ通われるためには、山越えにしても、東古市を迂回するにしても、現在の永平寺を考えるとあまりに遠い。加えて、前項で触れたごとく、道元禅師は吉峰寺の地をこよなく愛された趣きが窺えるのだから、新しい理想の道場たる大仏寺の地も、吉峰寺の環境と似たところと考えた方が自然である。その点で、現在の永平寺の地は、いささか谷底のイメージが強過ぎるような気がする。

あれやこれや考え合わせると、大仏寺の地は、現在の永平寺とは別にあったとする説は、決して荒唐無稽なものではないと思われる。ではいったいそれはどこにあったのか。現在に伝えられている伝大仏寺旧蹟の地がそうであったのか。あるいは、さらに別の地であったのか。ところが、その点もまた七百年の歴史の中にすっかり曖昧模糊としてしまった。

その気になって大仏寺山の近辺を歩いてみるといい。寺地を偲ばせる、あるいは寺地にふさわしい台地は他にもある。例えば、大仏寺登山道の山裾部を流れる水無川の上流には、永平寺十境の一にあげられていると称する小さな滝があるが、その上に広がるすすきが一面に生い茂った台地などは寺地としてふさわしいところ。第一水利が大変によいのが魅力だ。いわゆる伝大仏寺旧蹟の地からは、山の腹を歩いて約四キロの地点。その途中、ちょうど真中の地点には、道元禅師が血脈を与えて亡霊をしずめたという伝説を秘めた血脈池もある。

もっとも、現在の伝大仏寺旧蹟の地の近辺に、「寺庵相応の地」として適当なところがまだあるのではないのかという私のふとした思いつきは、逆に大仏寺移転を否定する材料にもなり得る。

つまるところ、その問題に明確な黒白をつけようとするならば、大仏寺山近辺の寺地となり得るような相応の地を発掘調査してみる以外に方法はない。現代の発達した考古学の技術をもってすれば、そこが寺地であったかどうか、火災に会った地かどうかといった点を明らかにするのはそんなに困難なことではない。

しかし、それがはっきりした時に、どれだけ信仰上の利点があるか。まずたいしたことはないのだ。ならば、今のままに曖昧にしておいていっこうにさしつかえないではないか。

「行脚の直観」などと恰好のいいセリフを吐いてはみても、とどのつまりは、何にもわからぬというところに落ち着かせてしまうのが一番無難な話なのである。

伝大仏寺旧蹟（でんだいぶつじきゅうせき）——福井県吉田郡永平寺町

第二十三章　永平寺――今に生きる根本道場

新しい伽藍

宋朝様式の七堂伽藍が完備した「曹洞第一道場」永平寺も、その建築物は意外に新しい。最も古い建築とされる山門すら寛延二年（一七四九）の造立というから、二百年余りの歴史しかない。なかんづく道元禅師のご尊像とご真牌を安置する祖廟承陽殿のごときは、明治十二年（一八七九）の火災で焼失し、同十四年に再建されたときは、その位置すらをも従前の地から移動させている。

それにしても、永平寺は驚くほど火災に見舞われた寺である。今まで明らかにされているだけでも、永仁五年（一二九七）を第一回として、前述の明治十二年まで、都合十回を数える。もちろん、永平寺の歴史を語る貴重な資料の類も、そのつど灰燼に帰した。これだけの由緒ある大刹でありながら、しっかりとした寺史が中々にまとめられないのは、そういうところに起因していると考えていい。

ともあれ、私はこの永平寺に六年近く生活していた。その中で気づかされたことの一つに、宗門人一般の、古い建物に対する恬淡《てんたん》さということがある。屋根瓦は雪に弱いとなれば、あっさりと銅板に葺き換えられる。その他建物の内外に部分的改造がこだわりなく施されるのは日常底のことであって珍しくはない。福井県下でまず最初にエレベーターが設備された建築は永平寺の大庫院であるという事実がそのことを端的に物語っている。

近年では、僧堂のたたきの床が改造された。これは、明治三十五年（一九〇二）改築以来、名もなき多勢の雲水たちによって、磨きに磨きぬかれて鏡のごとくに光っていたのだが、部分的にかなり大きなひび割れなどが生じて、応急修理では一寸まにあわなくなったもの。私なんかは、あの雑布で磨きぬかれた見事な艶がいとおしくて、何とか保存する方法はないものだろうかと案じたのだが、そんなことはほとんど問題にされることもなく、あっさり全部が新しくたたき直されてしまった。「なあにまた最初からみんなで磨けば、やがて同じように光り始めるさ」というわけ。事実、数年経ってみると、すっかり磨きがかけられて、艶もかなり生じて来た。

こういう古い建物に対する恬淡とした気風は、いったいどこから生じるのであろうか。もし、宗祖以来の伝統ある土地と建物を護持して来た場合には、とてもそうはいかないのではないか。建物もまた無常であるというしたたかな山風《さんぷう》（伝統）は、幾度もの祝融《しゅくゆう》（火災）によって培われたのであろうが、逆にその祝融を招いた原因がまた、もっと深くつきつめて行けば、山風の中に潜んでいるのではないかという気がする。

中雀門頭にて（八木源二郎氏撮影）

つまり、古い建築物に対する執着心といったものが、ほとんど感じられない現代の宗門人の気質は、相当に根が深いとみなければならないのである。もちろん、その深い根っこの一番太いところは、教義的な宗風とみていい。だが、単にそういうもののみに留まらず、もっと感覚的なものもありはしないか。例えば、これは私の一つの直観に過ぎないけれど、永平寺が道元禅師以来ずっと現在地にあったかどうかという問題にからめてこれを考えてみれば、永平寺を大仏寺旧址なるところから山麓の地へ移転した時点で、建物や土地の由緒に対する尚古の気風がすっかり取り除かれてしまったということは考えられないであろうか。日常の行持の面では古風を慕うということをやかましく言うのに、こと建築物に対しては、辧道生活における実用を第一義に考える宗門人の気風は、あるいはこうした転機によって生じたのではあるまいか。私は、そんなうがったことをつい考えたくなってしまう。

道元禅師寂後、しばらくして永平寺では、その第三代相続をめぐって、いわゆる三代相論なる争いが起こったとされる。その原因と実体については、史家がさまざまに論じているけれど、あまりに不明なことが多いのも事実である。ある人は、懐奘和尚の法嗣である三祖徹通義介和尚が、日本達磨宗の嗣書をも帯して、いわゆる洞済両家を嗣承したという嗣法上の問題から論争が生じたのだと論断し、またある人は、後々の教団の発展の様相から推量して、弘法救生を前面に押し出して永平寺の発展を企図した義介和尚と、ストイックな貧学道に徹するとこそが道元禅師の宗風を相承することにほかならないのではないかと考える対派との相剋ではなかったかとする。たしかに、道元禅師自身の内面にあったと想像される葛藤が、さまざまな印象を与えて弟子達に相承され、禅師寂後に至ってそれが弟子対弟子の形で人間的葛藤として火を吹いたのが三代相論であったと考える時、これらの説は、いずれもなるほどと首肯される一面を持っている。もちろん、そこには弟子達相互の利害打算や感情的軋轢《あつれき》や、さらには派閥的対立といったすこぶる人間臭いどろどろしたものも当然加わっていたに違いない。

かくして、永仁五年（一二九七）には、山門方丈を残すのみという大火災に会い、永平寺は遂に「大破滅の法に及ぶ」（『宝慶由緒記』）事態となる。

永平寺移転説というのは、こうした歴史的背景の中から生じて来た後世の仮説である。ある人は、三代相論にからめてそれを論じ、三祖義介和尚が二祖懐奘和尚の命を受けて国内の禅刹はもとより遠く宋土の大山名刹をも調査した挙句、叢席を一興せんがために山麓の現在地に移したと言い、ある人は、五世義雲和尚が大破滅の状況にあった永平寺を再興せんがために現在地に移転させたと主張する。はたして真相はどうなのか。もちろん、その解明は私の手に負える問題ではない。けれども、そのことを考えるとき、いつも前述の古い建築物に対する宗門人のこだわりのない気風のことがなんとなく思われるというわけである。

もっとも、実際に天童山を訪ねた私はその点についてまったく否定的な考えを持っているのだけれど、現在の永平寺の地が中国の天童山とすこぶる似ているからというので、永平寺移転説を否定する人も多い。道元禅師が天童山を慕うて現在地を選定されたのに間違いあるまいというのである。

しかし、こういう印象批評ほどあてにならないものは実はない。例えば、三祖義介和尚が入宋して天童山に拝登し、あるいは五山十刹を巡った後、南宋の禅院の伽藍配置にできるだけ忠実に永平寺を整備しようと構想されたとする。その場合、大仏寺の地はあまりに僻遠の地であり、かてて加えて狭隘に過ぎるから、もっと適当な寺地を探索されたということは十分に考えられる話である。その時、新しい寺地が天童山とよく似ているということは移転を強行する大義名分として恰好なことである。むしろ、意図的にそういう相似説を強調することだってあり得る。

逆にまた、天童山に修行し、南宋の五山十刹を巡歴された道元禅師には、禅刹の立地条件に対する大陸的なスケールの大きな視点が自ずと備わっていたとも考えられる。深山窮谷といえども大陸的な規模でのそれであって、決して日本的な狭隘な谷間を意味していたとは考えられない。深山窮谷の理想と考えてもよい、かの大梅法常禅師ゆかりの大梅山護聖寺も、一時は衆徒六、七百を数えたと伝えられていることからもそれはわかる。そういう点に思いを巡らしてものを考えれば、現在地を寺庵相応の地として選定されたということをむげに否定することもできない。

私は、消息不明の地である大仏寺旧址から現在地へ三祖義介和尚によって移転されたのではないかということを信じてみたいような気にはなっている。しかし、正直なところは永平寺が後世移転したものかどうかということの真相は、一向にわからないというのが正しいようである。

北陸観光の拠点

現在の永平寺は、北陸観光の拠点として、年間百万人を越える参拝者で賑わっている。特に春秋の観光シーズンの日曜日ともなれば、一日一万人の参拝者も珍しいことではなく、山門界隈の廊下は、ごった返す人いきれでむんむんとする。

永平寺は「こころの観光地」であるという。たしかにキャッチフレーズに違わず、一夜参籠した人などは強烈な感銘を覚えるようである。しかし、それにしても、こう大勢の人間が押しかけて来たのでは、修行生活にかなりの影響が出るのも正直な事実である。

道元禅師は、修行生活において最も肝要なものとして「貧」ということをしきりに強調された。

「夜話に云く、学道の人は尤も貧なるべし。世人を見るに、財有る人は、先づ瞋恚・恥辱の二難、定《さだまっ》て来るなり。……仏法者は、衣鉢の外は財を持つべからず。」(『正法眼蔵随聞記』巻四)

「一日僧来て学道之用心を問ふ次《ついで》に、示に云く、学道の人は先づすべからく貧なるべし。財多ければ必ずその志を失ふ。」(同書巻四)

「学道は先づすべからく貧を学すべし。なほ利をすてて、一切へつらふ事なく、万事なげすつれば、必ずよき僧となるなり。」(同書巻六)

「仏言《のたまは》く、衣鉢の外は寸分も貯へざれ。乞食の余分は、飢えたる衆生に施す、と。直饒《たとい》受け来るとも寸分も貯ふべからず。況んや馳走あらんや。」(同書巻二)

「伝へ聞く、雪峰山開山の時は、寺貧にして、あるいは絶烟《ぜつえん》、あるいは緑豆飯をむして食して、日を送って学道せしかども、一千五百人の僧、常に絶えざりけり。昔の人もかくのごとし、今もまた此《かく》のごとくなるべ

し。」(同書巻二)

こうした道元禅師のお示しを拝読していると、仏道修行というものが、にっちもさっちもならない貧の極みに自らを追い込んで行って初めてほんものとなりうるのだということがわかってくる。もし豊かな生活の中でそれを行ずるのであったならば、いくら厳しく身を律したとしても、所詮は道楽的な修行の域にとどまるものであって、道元禅師の仏法の真髄からは遠いと言わなければならぬのである。なぜか。それは、「得道の事は心をもて得るか、身を以て得るか」という学人の問に対する道元禅師の答を拝読すればよくわかる。

「今我が家は、身心倶に得るなり。その中に、心をもて仏法を計校《けこう》する間は、万劫千生にも得べからず。心を放下して、知見解会を捨つる時、得るなり。見色明心、聞声悟道のごときも、なほ身を得るなり。……然れば道を得る事は、正しく身を以て得るなり。」(『正法眼蔵随聞記』巻三)

豊かさの中で質素であろうと努めることとは、修行に心を優先させることである。「正しく身を以て得るなり」という身心一如の修行を理想とするのであったならば、心の持ちようだけではどうすることもできない。背水の貧に身心を追い込むことこそが王道であろう。それでこそ、枯淡とか、質素とかいう生活の本質を比較的容易に我が身心で肯いきることができるのである。

私はかつて永平寺に六年間安居していた。その時のことを回想してみると、いくら骨山とは言え最低限度の生活を保証された自坊を背景にしての安居であった。しかも、そこからは衣資《えし》料と称するなにがしかの給料をすら得ていた。どんなに厳しく身を律し、どんなに心をふるい立たせて永平寺の行持に身を任せるようにしていても、何やら心底にうごめく甘さがふっ切れていないような気が時々してならなかったのは、結局そこのところに原因があったらしい。つまり、背水の貧に自分を追い込んでいなかったからなのである。

たしかに、永平寺の雲水の修行生活は、現在でも、質素を旨とし、枯淡を理想として日々行ぜられている。豊かさにどっぷりと身を浸して太平を謳歌している一般世俗の日本人の生活に比較すれば、粥と麦飯と一汁一菜に明け暮れる永平寺の日々は、驚くべき質素な生活である。だが、過疎地の貧乏寺は別として、相当数の檀信徒を抱えて葬式と法事でなりわいを支えているかなりの寺院の経済は現在のところ存外豊かである。そういう豊かな寺院の後継者を約束されて永平寺に安居している大半の雲水は、資格を具備するまでの一、二年間を、せめて道元禅師の爪の垢でも煎じて飲ませて戴こうかといった心構えでいる。もちろん、頭燃を救うがごとき道心を起こして無一物で永平寺に飛び込んだ者もいないわけではないし、豊かな寺の後継者にも道心堅固な者も少なくない。けれども、まず叢林の構成員の大勢としては背水の貧からほど遠いということだけはまぎれもない事実である。

ＮＨＫ特集のドキュメンタリーで「永平寺」が放映された。それを観ていたく感動したある作家が、雲水たちは、永平寺であれだけ厳しく身を律した修行生活を続け、若くしてあれだけすばらしい風貌を形成しているのに、一般寺院の坊さんの風采は、おしなべて魅力的に感じられないのはいったいどうしたことなのだろうか、といった素朴な感想をある雑誌の随筆に書いていた。その理由もどうやらその辺に潜んでいるのではあるまいか。

加えて、観光客の増加とともに、永平寺自体の経済も、正直なところかなり豊かになっている。もちろん、壮大な伽藍を維持するための出費も莫大なものであるが、巨大な組織には目に見えない無駄も多い。したがって、そこでの修行生活を厳格に維持するためには、「道心」とか「道念」とかいった、いわゆるやる気がしきりに強調されなければならぬ事態に立ち至っているのはたしかである。修行のありようは、本来身心一如でなければならないのに、現実の修行の環境は、心を奮い立たせなければとかく易きにつき易いような状況なのである。ある意味では、昔に比較するとそれだけ修行が困難になっているとも言えるわけである。宗門人が口を開くたびに人材の払底をかこつのは、そういう徹底した貧の状況に身心を封じ込めて人を育てることができなくなったことと大いに関係しているのだ。

越前移錫と貧の問題

もちろん、時代性というものがある。今、忍び寄るインフレと不況の影に怯えながらも、日本の社会は、道元禅師の時代には予測もつかなかったような豊かさの中にある。人びとは、大概の本能的欲求はことと次第によっては満たされ得るのだという幻想を抱きつつ、全体的には現世における束の間の太平を謳歌している。当然のことながら、日常の生活にも、文化にも、ある種の頽廃的気分がにじんで来るのは否めない。それを鋭くかぎとった心ある人びとは、人間の未来に一種の危機感を嗅ぎとっている。否、漠然とした不安感は、現代社会の底流として音を立てるようにして流れ始めているのである。

そういう時代的背景を考えたなら、たとえそれがかりそめのものであっても、正伝の仏法の担い手を自負し、古風を慕うて日々の行持が修せられている永平寺の生活は健全である。たった一年間入門して修行生活を送るだけで誰もがその身心に一本の筋金が通ったことを認めることのできるような教育の場を、現代の公教育の中に求めてもまず見あたらないといってもいい。ただそれだけの事実からだけでも、永平寺が現代社会に主張し得る大きな存在価値はあるのである。

十数年の在俗生活を経て、永平寺に投じた私は、そこにある生活のすべてをこよなく尊いものに思った。尊いと思うが故に、内包する欠陥は謙虚にそれを認めた上で、現代に生きる叢林としてさらによりよいあり方を求め続けなければならないと考える。

そのためには、私たちは常に道元禅師に帰り、道元禅師の仏法に即してことを考えなければならない。現在の永平寺のあり方を云々するには、まず、道元禅師がどのような意図で永平寺を開創されたかに思いを寄せなければならないのである。

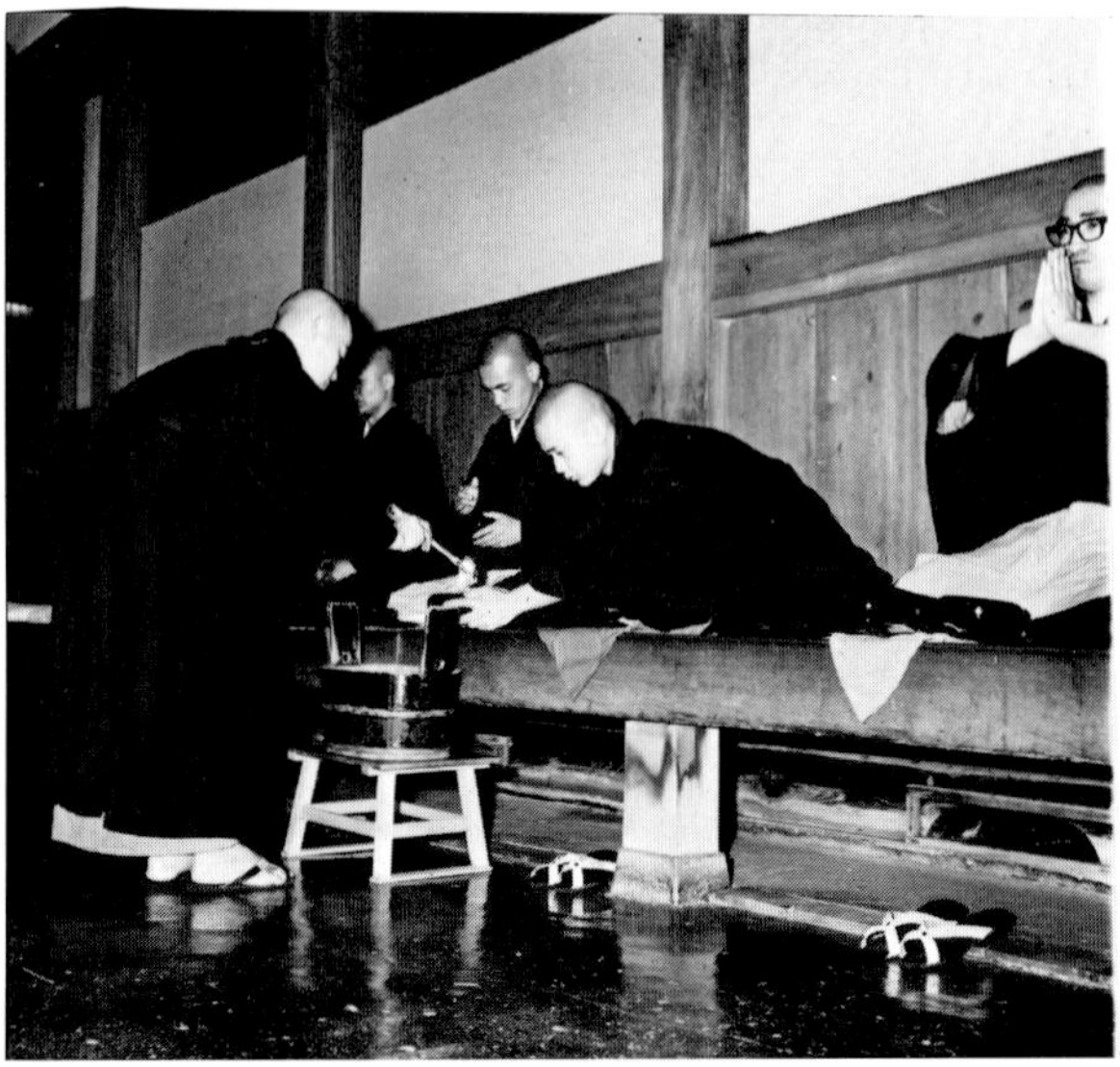

行粥風景（永平寺僧堂）（八木源二郎氏撮影）

宋からご帰朝の後、十年間の教化によって深草の興聖寺は隆盛を極めかけていた。しかるに道元禅師は弊履《へいり》のごとくそこを捨てて、越前の地へ錫を移された。いったいなぜか。そのことについては、すでに私の考えを披露した。結局は、信者の数を獲得することよりも手応えのある一箇半箇を打出することの方がより肝腎な問題であると決断されたのではないか。それが私の結論であった。

そのことは、吉峰寺在錫中に示衆された『三十七品菩提分法』等に、

「たとひ破戒無戒の比丘となりて、無法無慧なりといふとも、在家の有智持戒にはすぐるべきなり。」

「一代の化儀、すべて在家得道せるものなし。これ在家いまだ学仏道の道場ならざるゆゑなり、遮障おほきゆゑなり。」

「出家人の破戒不修なるは得道す、在家人の得道いまだあらず。」

と、出家の功徳を力説されるようになってくることによっても窺われる。

つまり、深草興聖寺は、一箇半箇打出の道場としてあ

まりふさわしい雰囲気とは言えなくなりつつあったのである。「弘法救生を思ひ」とした十年間の教化の結果、信者の数は相当な数に上るようになっていた。おそらくは、興聖寺教団の経済力もかなり豊かになっていたはずである。しかし実はそのことが、弟子達に思わぬ影響を与え始めていた。

さきに抄録したごとく、『正法眼蔵随聞記』の中では、繰りかえし繰りかえし、くどいほどに「貧なるべし」ということが強調されていた。これはいったい何を物語るのであろうか。裏を返せば、これは興聖寺の道場に豊かさの弊害が顕著になりつつあったということの例証とも受けとめられる。

弟子達の修行のありようをつぶさに点検しながら、おりふしに道元禅師の胸中に去来する不安は、だんだんにふくらんでいった。このままではいけない。「貧なるべし」とことさら強調しなくても済むような、貧そのものの道場に移らなければ、正伝の仏法の相承者を打出することは不可能なのではないか。

越前の辺地に新道場を建立するということは、たとえ波多野公の支援があるとしても、貧そのものに身を投ずる覚悟ができていなければとてもやれることではない。越前移錫を現実からの逃避であると説く学者もいるが、それは貧の過酷さを知らない者の机上の空論であろう。道元禅師は、一箇半箇の打出という積極的な意図をもって、ことさら僻遠の地に貧の道場を求められたのである。

道元禅師は、越前の地で、終始極貧の生活に甘んじられた。今も越前宝慶寺に残る月見のご尊像から想像すると、相当に頑健なおからだであったはずなのに、五十四歳という短い生涯で終わられたのは、越前移錫以後の極貧生活が影響してではなかったろうか。弟子を育てるためには、生命を縮めることも恐れずに極貧の生活に生涯を沈めて行かれた道元禅師のストイックな生き方を思う時、豊かな時代に、豊かな寺を背景にして、限定されたわずかな期間を、ささやかな道心がたよりで支えられている擬装の貧の中で辦道修行している私どもが恥ずかしくなったとしてもこれは当然なのである。むしろ、雲水の一人ひとりがそういう謙虚な反省を常に忘れず精進する時、永平寺は現代に生きる根本道場として一層の輝きを放つのではあるまいか。

弄精魂の叢林

道元禅師の時代の永平寺は、豪壮な大伽藍を誇る現在の「曹洞第一道場」永平寺とはまるっきり異質なものであった。その意味では、永平寺がはたして現在地に当初からあったのかどうかという問題は、取るにたりないことだと考えていい。

それはさておき、寛元二年（一二四四）九月一日法堂が竣工する前後から、引き続いて僧堂の建立が企てられた。貧学道を理想としてこの地に移錫された道元禅師であったけれど、昼夜の辦道の場となる僧堂だけは、最低限必要な道場であった。僧堂建立の事業は順調に進捗したようで、その年寛元二年十一月三日には、僧堂上棟の式が挙行された。その様子を『建撕記』は、次のように記述する。

「此時モ竜天小雨ヲ降シ、小風ヲ吹ス。吉例也。建立信心ノ檀那左金吾禅門覚念ハ、庫裡ノ南ノ簷《のき》ニ鹿皮ヲ敷カ令テ行事ス。子息右兵衛尉藤原時澄ハ、庫下ノ西簷ニアリテ行事ス。開山大和尚庫裡ノ前ニ在テ上棟ヲ見給ウ。大工弊ヲササグ。其ノ色五色也。三拝ス。大工ハ馬二疋賜ウ。引頭已下皆賜ウ。鍛冶・杣人《そまびと》・壁塗ハ皆各馬一疋ヅツヲ賜ウ。見聞ノ男女一千余人、皆白餅一枚ヅツ賜ウ。一年ノ中ニ、法堂・僧堂共ニ功成ル也。」（瑞長本）

ずいぶん盛大な上棟式のように描写してある。しかし、実際のところはおそらくもっと質素なものであったに違いない。

ところで、一年の間にたて続けに法堂・僧堂を建立されたのであるが、それが落成の後は、ほとんど伽藍の増築がなされることはなかった。それは『三祖行業記』が「堂閣僅かに両三」と記していることでわかる。

こうした小規模で簡素な深山幽谷の道場は不便きわまりないものであった。その頃、道元禅師は、

「土木未だ備はらず、万事蕭疎《しょうそ》として人の堪忍する無し。」(『永平広録』)と感懐をもらしておられる。だが、そのような貧学道の道場こそ、一箇半箇の学人打出のために求めてやまない理想であった。

翌寛元三年(一二四五)四月、九旬禁足の夏安居《げあんご》が結会《けっえ》された。「四方の学侶、座下に雲集す」と『永平広録』には記録してあるが、雲集という語にふさわしいほど多勢の学人が集うたとは思えない。それは、ちょうどその頃、薬山・趙州・汾陽や、さらには先師天童如浄禅師の故事になろうてなされた晩間の上堂で、次のごとく述べておられるのをみればわかる。

「衆多く院闊きを以て大叢林と為すべからず。院小く衆寡きを以て小叢林と為すべからず。縦ひ衆多くとも道人無くば実に是れ小叢林なり。縦ひ院小くとももし道人有らば実に是れ大叢林なり。」(『永平広録』)

大仏寺は院小さく、衆寡き道場であった。けれども、衆の寡多などは道元禅師にとって二の次であった。この越前の山中の「人の堪忍する無し」というような極貧の道場へ、京洛の地から身を運んで辦道精進しようと志す一箇半箇が存在するということが尊いことであった。何としても、この大仏寺を真の鉄漢打出のための大道場としなければならぬのである。道元禅師の内に秘めた決意は、綿密なる清規の選述となって具体化されていった。まず、『正法眼蔵』安居の巻が選述された。九旬禁足の夏安居を厳格に修行するためには、何はさておき安居そのものの意義づけを明確にする必要があったし、そこでの行持の具体的ありようを詳述しておく必要があった。

「安居を見るは仏を見るなり、安居を証するは仏を証するなり、安居を行ずるは仏を行ずるなり、安居をきくは仏をきくなり、安居をならふは仏を学するなり。」(『正法眼蔵』安居)

と、高らかに宣言された道元禅師の胸中には、大仏寺の夏安居を何としても仏制のままに行じ抜かなければならぬという決意がみなぎっていた。

すでに越前移錫を決意されたときから、道元禅師の関心は、辦道の具体的ありようはどうあるべきか、またどうあらねばならないのかといったことがらにより深く傾斜して行っていた。

「僧業といふは、雲堂裏の功夫なり、仏殿裏の礼拝なり、後架裏の洗面なり。乃至合掌問訊、焼香焼湯する、これ正業なり。」（『正法眼蔵』三十七品菩提分法）

「正命道支とは、早朝粥、午時飯なり。在叢林弄精魂なり、曲木座上直指なり。老趙州の不満二十衆、これ正命の現成なり。薬山の不満十衆、これ正命の命脈なり。汾陽の七八衆、これ正命のかかれるところなり。」（同書）

こうした雲堂裏の功夫とか、叢林に在って精魂を弄するとかいった事柄を重視しようとすれば、叢林内での具体的な生活規範となる清規の類を整備しなければならぬようになるのは必然のなりゆきであった。

安居の巻に引き続いて『辦道法』が選述された。僧堂内での一日の生活が具体的にことこまかに定められたのである。

寛元四年、大仏寺は永平寺と改称され、さらに宝治二年（一二四八）には、山号が傘松峯から吉祥山に改められた。これは、新しい道場大仏寺の整備が一段落して、弄精魂の理想の叢林として落ちついた運営のなされる目途がついたことを示す。

しかし、道元禅師の清規類の選述は一層積極さを加えて行く。この年『赴粥飯法《ふしゅくはんぽう》』が選述され、僧堂内の食事作法がきちんと制定される。またこの年には『知事清規《ちじしんぎ》』も選述された。叢林大仏寺が小なりといえども、一つの組織体として運営されて行くようになったことを偲ばせる。

特に、『知事清規』は、貧学道の具体的ありようを形をかえて説いているような趣きがあって興味深い。この頃示衆されたはずの、食料の扱いを特に丁寧にせよと指示した『示庫院文《じくいんもん》』と併せ読むとき、道元禅師が大仏寺における背水の貧学道の中に、いかに多くの期待を寄せられていたかが思われて襟を正させられる。

もちろん現在の永平寺にも、こうした各種清規は生きている。だが如何せん、時代そのものがあまりに豊かになってしまった。いざという時の貯えは所持しつつ、貧学道の軌範に従うということは、それはそれできわめて意義のあることに違いないし、私はそれを否定しようとは思わない。だが、たてまえとしての貧学道を、道元禅師の背水の貧学道と比較すれば、あまりに遠くして遠しの感が深いのも又たしかなことである。私たちは、そのことを常に謙虚な心で反芻し続けながら、豊かな時代に生きる叢林とそこでの辦道の現代的なありようを求め続けなければならないのである。

大本山永平寺（だいほんざんえいへいじ）――福井県吉田郡永平寺町志比

第二十四章　名越の白衣舎跡など——鎌倉行化の祖蹟

鎌倉下向

越前の地へ移錫《いしゃく》されて四年の後、つまり、宝治元年（一二四七）八月三日、道元禅師は鎌倉に下向すべく永平寺を発たれた。前年の寛元四年（一二四六）六月十五日には、大仏寺が永平寺と改称されているから、新しい越前の道場も、その運営が一応軌道に乗った時と考えてよい。

ところで、かつて深草興聖寺に在られる頃も、「仏法興隆のため関東に下向すべし」と勧めた人があったらしい。しかし、道元禅師は、それをにべなく斥けられた。

「答へて云く、然らず。若し仏法に志あらば、山川江海を渡っても来って学すべし。その志なからん人に、往き向ってすすむとも、聞き入れんこと不定《ふじょう》なり。ただ我が資縁のため人を誑《わう》惑せん、財宝を貪《むさぼ》らんためか。それは身の苦しければ、いかでもありなんと覚ゆるなり。」（『正法眼蔵随聞記』巻三）

と。こうした学道に対する純粋な態度は、越前移錫後は、さらにより深く、より鋭く、とぎすまされていったはずである。してみれば、この鎌倉下向ということは、あくまでも道元禅師自身の本意にもとづくものではなかったとみなければならない。それは、翌宝治二年三月十四日、久方ぶりに永平寺へ帰山された時の上堂法語にある苦衷に満ちた表現をみてもわかる。

「山僧昨年八月初三日、山を出でて相州鎌倉郡に赴き、檀那俗弟子の為に説法す。今年今月昨日帰寺し、今朝陞座《しんぞ》す。この一段の事、あるいは人有りて疑着《ぎじゃく》す、幾許《いくばく》の山川を渉《わた》りて俗弟子の為に説法する、俗を重んじ、僧を軽んずるに似たりと。又疑ふ、未曽説底の法、未曽聞底の法有りやと。然れども未曽説底の法、未曽聞底の法無し。只他の為に法を説く云々」(『永平広録』巻三)

深山幽谷にあって、一箇半箇の打出を強調されていた道元禅師が、たとえ弘法救生《ぐほうぐしょう》のためとは言え、鎌倉へ下向されるについては、弟子たちの中にもかなり「疑着」するむきもあったらしい。「未曽説底の法、未曽聞底の法ありや」という弟子たちの難詰の語には、出家仏教に徹して、一箇半箇の打出に打ちこむことこそが、正伝の仏法を相承して行く道のはずではなかったのかという疑問が率直に語られているとみていい。もちろん、道元禅師自身の内面におけるそのことについての葛藤は、随身の弟子たち以上に大きかったはずである。

では、なぜ鎌倉に下向されたのか。私にもその真意はよくわからない。しかし、結局は大檀那波多野義重公の懇請を拒みきれず、腰を上げられたのではあるまいか。波多野公にしても、永平寺の安定した存続を計るためには、どうしても一度道元禅師に鎌倉下向を果たしてもらわなければならぬ事情があったに違いない。あるいは、さらにそれによって、彼自身の政治的立場を強化しようという意図も含まれていたかもしれない。

考えてみれば、それも致し方のないことであった。大檀那というのは、常に大なり小なり横暴な一面を持っているものなのである。それは今も昔もおそらく変わりはあるまい。そうした大檀那に経済を依存する無一物の出家の立場というものは、たてまえとほんねの相剋に苦しみながらも、ある程度は大檀那のことを考慮せざるを得ない弱い一面があるのである。道元禅師の場合も、おそらくことは同じであったのではあるまいか。

名越の白衣舎

道元禅師は、どういう経路を辿って越前から鎌倉に赴かれたか。現在のところそれはまったくわからない。し

建長寺山門

かし、当時の交通事情から類推すればおそらく一旦京都に出て、陸路を行かれたのではあるまいか。日程は二十日前後を要されたであろうか。八月下旬に鎌倉に到着し、翌年二月下旬までのおよそ六カ月ばかり、そこに錫を留められたと想像される。

当時の鎌倉には、宝治合戦の余燼がまだくすぶっていた。青年執権北条時頼が、二十一、二歳の頃である。

『建撕記《けんぜいき》』によれば、鎌倉滞在中に、道元禅師は、西明寺殿時頼を始めとして、数多の人びとに菩薩戒を授けたという。時頼は、「寺院ヲ建立シテ、開山祖師ト仰ギ奉ルベキ由ヲ再三言上」(同書)したが、「越州ニ小院ノ檀那アリ」(同書)とて固く辞退された。現在の建長寺がその建立の寺院だと伝える。

はたして史実としてその話がどれだけ信用し得るものなのかよくわからない。だが、「宝治元年在鎌倉西明寺殿、北ノ御方ヨリ道歌ヲ御所望ノ時、教外《きょうげ》別伝《べつでん》ヲ詠ジ給ウ」と題して、

荒磯の浪もゑよせぬ高岩に　かきもつくべき法《のり》ならばこそ

の歌一首が『建撕記』に収載されているのから推すならば、少なくとも、時頼の夫人北御方に対して教化《きょうけ》にあたられたのは事実と考えられる。

では、道元禅師は鎌倉のどこに錫を留めていられたものであろうか。その点に関して一つの手がかりを与えてくれるのは、永平

名越の四つ辻

寺六世曇希《どんき》和尚が護持していたと伝える『鎌倉名超白衣舎示誡』なる文書である。これは、懐奘《えじょう》和尚が代筆したものとされているが、その識語には、

「宝治二年戊申二月十四日、書于相州鎌倉郡名超白衣舎」

とある。それをもとにして、私どもは「名超の白衣舎」こそ道元禅師留錫の館と推測するわけ。白衣とは、いうまでもなく在家人のことをさす。名超は、現在の「名越」。古くは「なごや」と呼んだところである。北条時政や義時などの邸はここにあったとされ、『吾妻鏡』には「名越殿」とか、「名越御亭」の名がしきりに出て来る。

さて、私は、その程度の予備知識を持って、ある春の一日、鎌倉を訪ねた。

鎌倉は雨であった。駅に降り立つと、まず沢寿郎さんに電話をした。鎌倉の生字引と言われている郷土史家である。かつて作家の大仏次郎さんの資料蒐集を手伝ったこともあるということも聞いた。もちろん一面識があるわけのものはでないが「大本山永平寺」の看板を背負わせてもらっているおかげで道はどんどん通じて行く。そういう点はまことに有難い。

指示された停留所でバスを降りると、沢さんは雨の中、傘一本を小脇に抱えてわざわざ出迎えて下さっていた。大分年配の方である。

堆《うずたか》く参考書籍の積み重ねられた書斎に案内されると、挨拶もそこそこに「名超」の白衣舎の話を持ち出した。

ところが、沢さんは、

「そのことにつきましては、鎌倉竜宝寺の団野弘之先生に呼びかけられましてね、郷士史家を動員して研究しました。実地にあたってずいぶん探索もしました。しかし、名超の白衣舎跡は、結局今のところ何もわかっていないというのが実情でして」

と、気の毒なような顔をされる。

名超は、想像以上に広範囲な地域をさすらしい。北条政子が実朝を生んだのも「名越御館」とされているが、これは「浜御所卜号ス」と註記があるから、山の手にある現在の名越の範疇を越えている。往時は、もっと海岸沿いの一帯も名越と称したらしいのである。

「わからないところを想像しながら歩いてみるのも一興でしょう。」

とどのつまりは、沢さんの言葉に従うより方法はない。沢さんの宅を辞去した後、あてどもなく名越の地名の近辺を彷徨した。しかし、一帯はことごとく住宅街と化していて、正直なところ何の得るところもなかった。

夕方には雨もやんだ。重い足を引きずりながら名越四つ角に戻った私は、やがてやって来たバスに乗った。通勤の帰り客で満員である。名越の切り通しなどという何となくゆかしさを感じるような峠を越えて、薄暮の中をバスは逗子に向かって走り続けた。

波多野城址と実朝首塚

資料的には、どこまで信用できるものかどうかいささかあやしい点がないでもないのだが、道元禅師の「波多

波多野城址

野義重宛書状」なるものがあったとされる。それによれば、永平寺は義重公によって「二位殿（北条政子）・右大臣殿（実朝）御菩提のために」建立されたのだという。もしそれが事実であり、しかも義重公の懇請もだし難く鎌倉へ赴かれたのならば、その帰途にでも、波多野氏の出身地であり、実朝公の首級を葬った地として伝承されている秦野へおそらく立ち寄られたのではあるまいか。名越の界隈をなすこともなく逍遥している間にふとそんな念が萌して来て、私は秦野へ足を伸ばした。

秦野も雨であった。名刹太岳院の安本利正師に案内を乞うて、まず波多野城址を訪うてみた。

一帯には夏草が鬱蒼と生い茂っている。しのつく雨の中を歩くので下半身はびしょびしょに濡れて、えらく難儀な思いをした。丘陵の真中あたりに「波多野城趾」と刻まれた相当大きな自然石の碑が建てられている。

「おそらくこのあたりだろうと、郷土史家達は見当をつけているわけですがね。しかし、間違いなくここが城址だという証拠は、今のところまだ確かめられていません。」

大学では歴史学を専攻していたという安本師は、郷土史には相当詳しいようであった。

波多野氏は、藤原秀郷五代の後胤公光の二男公俊（経範）が相模守に任ぜられ、寺山地内に波多野城を築いて住んだのが初代ときれる。以後二代経秀、三代秀遠、四代遠義、五代義通、六代忠綱と続き、七代義重公が越前守護職に転封されるまで、およそ二百年間波多野荘の治政にあたったという。

特に義重公の父忠綱は、実朝と昵近《じっこん》の御家人であったらしい。それは、実朝が鶴岡八幡宮の社前で、甥の公暁に暗殺された際、郎等の三浦介常晴が、波多野氏を頼ってひそかにその首を持参したという伝承が残っていることからの想像である。

いわゆる実朝公の首塚というのは、例の波多野城址からほど遠からぬ東田原にある。すぐ近くには、実朝が帰依していた退耕行勇を請じて実朝の菩提を葬うために忠綱が建立したと寺伝に残る金剛寺もある。

実朝公首塚

実朝の首塚にまつわる伝説は、実朝の首級の行方を追及していくと、かなり信憑性が強いもののようである。つまり、暗殺者公暁は、実朝の首を持って、備中阿闍梨が住む雪の下の北谷の坊までまず逃がれた。その後、三浦義村の子が阿闍梨の門弟であったのをたのみに義村の館に向う。ところが、その途中で討手の長尾定景に出会って討ち取られてしまう。その時点で実朝の首級は行方不明になったとされる。一方、遺骸は、勝長寿院で葬られたのだが、所在は結局わからず、五体の不具を憚って、以前他に与えていた毛髪を棺に納めたと伝えられた。だからして、実朝の首塚の伝承は、あながちにまゆつばとして片づけられないのである。

安本師の案内で金剛寺を訪ね、さらに実朝公の首塚に詣でた。毎年一月二十八日には、全市をあげて実朝祭が行われるという。地域の人達が実朝の伝承を大切にしているしるしであろう。

金剛寺の寺伝によれば、この寺は実朝公の三十三回忌に当る建長三年（一二五一）に、波多野忠綱によって建立されたという。もしそれが事実とすれば、道元禅師が鎌倉に下向された時、忠綱は生存していたわけである。子の義重公が道元禅師を伴うて故郷の地を訪れるということはありうることだし、むしろ六カ月間も鎌倉に滞在されていて、一度もそういうことを思いつかぬ方が不自然なことのように思える。

雨は相も変わらずしのついていた。薄暗い大樹の蔭の首塚は苔の緑がひときわあざやかであった。

〈補　遺〉

郡司博道氏が「鎌倉下向と名超白衣舎」（『傘松』平成八年四～七月号）及び「鎌倉下向の真相・名超白衣舎西阿入道邸説」（『傘松』平成九年十二月号、平成十年一・二月号）の論稿を発表して「名超白衣舎」は、新しい段階に入ったようである。

その独自な視点での考察を要約すると次のようになる。

(1)鎌倉下向は、道元禅師の本意にもとづくものではなかった。執権北条時頼が、招請に心よく応じない道元禅師を策を巡らして強引に鎌倉へ呼び寄せた。

その策というのは「勾引《こういん》」。『雑務沙汰』の中の「勾引」は「何らかの子細《トラブル》があり、問注所が必要と判断した場合、本人の意志に関係なく証言者として喚問すること」である。

鎌倉から京都泉涌寺に滞在中の蘭溪道隆に送った道元禅師の書簡に、

「期せざるに今年八月檀那に勾引せられて忽ちに相州鎌倉郡に到る」（原漢文）

とある。この書簡の真偽には、若干の問題があるにしても「勾引」は事実に違いない。

勾引の理由。二位殿（政子）・右大臣殿（実朝）を供養のための宝治元年正月十五日の布薩説戒の時、方丈の正面に瑞雲がたなびいたことを道元禅師が自ら書き記しているが、その点について鎌倉へ出頭して証言せよ。波多野義重が命を受け、勾引の役をはたした。法には逆らえないので道元禅師は苦笑の態で鎌倉に下向した。（一種の言いがかりだから事件は何でもよかった。）

時頼は、礼を尽くして道元禅師をお迎えした。
(2)時頼が用意したのが「名超の白衣舎」
(3)名越は、狭い範囲の地名（固有名詞）ではなく、いわゆる鎌倉郷全体を指す汎称（普通名詞）である。『角川日本地名大辞典・神奈川県』に「古東海道の一部にあたる地名で地名に関しては、難越（こえがたし＝なごし）ということにちなむとする伝承がある」と記してあるのも、鎌倉郷全体を名越と称したことを示唆する。
今一つ。居住する御所の別称として「名超（ナコヘ）」ということが言われたのではないか、と郡司氏は言う。その論証は煩瑣なので省略。
(4)白衣舎は北条一門またはそれに準ずる重臣邸で左記の条件を充たすこと。
(ア)執権時頼と公私とも深い関係がある重臣邸。
(イ)留錫中、波多野義重の給仕を受けたはずだから義重と関係のあった重臣。
(ウ)礼を尽くす意味で白衣舎は御所または幕府にとって由緒の深い地域にあった。
郡司氏は、右の三条件を完全に充たすのは毛利季光《すえみつ》こと西阿入道邸以外に考えられないとする。

毛利季光は、北条時頼の妻（北の方）の父である。北の方は、時頼より八、九歳年長の姉女房で、道元禅師に道歌を所望し、「教外別伝」と題して詠じた一首を給わったことが『建撕記』瑞長本に記されている。

季光は、法然の高弟隆寛の弟子となって出家し、西阿と称した。宝治元年（一二四七）三浦泰村が時頼に対峙《たいじ》したいわゆる宝治の乱に関わってその息（北の方の兄）と共に法華堂で自害したとされる。

宝治の乱によって時頼の独裁体制は確立したが、近親相剋の悲劇は、北の方はもとより時頼にとっても深刻な苦悩葛藤をもたらしたはずである。道元禅師が鎌倉へ赴かれる二カ月ばかり前のできごとである。時頼のその苦悩葛藤を救済するという視点も鎌倉下向の動機として忘れてはならないだろう。

そういう点で、道元禅師七百五十回大遠忌奉讃の歌舞伎「道元の月」（立松和平作、板東三津五郎主演、平成十四年三月公演）は、面白かった。鎌倉の政情安定して、北条氏の独裁体制が確立したことを見越して、時頼は執権職を子の時宗に譲る。三十一歳の若さで出家し、最明寺入道を名乗ったのである。そして全国を遍歴して治政民情を観察したとされる。能の「鉢の木」は、最明寺入道の遍歴の伝説を元にした話である。「道元の月」ではそういうことを伏線に置いて、三津五郎の道元が時頼に対して「捨てる」ことが安心の基本だと説く。私は立松氏のいかにも作家らしい発想でのストーリー展開になるほど、と感心した。

それはさておき西阿入道邸は、主を失った後、足利義氏に伝領された。義氏邸は、もともとその西隣にあったらしいから、義氏が併せて管理していたということだろう。北の方の父の邸宅であることを考えれば、これを鎌倉滞留中の道元禅師の仮寓にあてるという発想の蓋然性は高い。

平成十二年一月。私は東京出張の帰途、西阿入道邸址を探索すべくブラリ鎌倉を歩いてみた。

西阿入道邸は、大江広元邸を伝領したものだとされている。「伝大江広元邸旧跡」碑は十二所明石橋の近くにある。しかし、その地は、往時湿地帯であって、とても住宅地にはなり得ないから、そこに大江広元邸があったとは考えられないと専門家は指摘する。

では、どこが西阿入道邸であったか。『吾妻鏡』等にあたって調べた郡司氏は「浄明寺の東、五大堂明王院の西」という。かなり漠然とした広い地域である。郡司氏の詮策の過程は相当に煩雑なので省略するが、現在の地名で言えば

浄妙寺山門

「浄明寺三丁目十一番地、十二番地（字稲荷小路）から四丁目四番地（字御所内）にかけての地域にあたる」のではないかと推定している。

私は、その程度の予備知識をもってまず浄妙寺を拝登した。足利義兼が退耕行勇を開山に請して開創した寺である。いうまでもなく鎌倉五山の一である。

鎌倉幕府のあったいわゆる大倉御所は、浄妙寺の七、八百米西南にあった。現在の雪ノ下三丁目あたりで、清泉女学院付属小学校の校地の西南の一隅に「大倉幕府跡」の碑が立つ。

浄妙寺は、大倉御所の艮《うしとら》（東北）の方角に鬼門除《きもんよけ》として建立されたという。おかげで浄妙寺はしばしば戦火を受けて焼失した。境内は清清として明るい。老梅樹があちこちに大きく枝を張り、花塚には牡丹《ぼたん》、木槿《むくげ》・百日紅《さるすべり》などの花木が植栽されていて花の寺といった趣きさえある。

山門を出て、山裾の道を歩きながら、西阿入道邸の跡という浄明寺三丁目・四丁目の界隈を探索してみた。静かな住宅地である。丘陵の裾の小径の脇のところどころに「歴史的風土浄妙寺特別保存地区・神奈川県」と墨書した白い角柱が建っている。

該当の番地を探索して歩いている内に、迷っていつの間にか谷あいの山道に入り込んでしまう。これがいわゆる「谷戸《やと》」なのかも知れない。崖の側面にやぐらと呼ばれる鎌倉特有の古い墓があったりして迷中に風情を味わったりした。

結局のところ、西阿入道邸の跡に比定される地を捜し出すことはできなかった。しかし鎌倉の昔を偲ぶ情感だけは、たっぷり味わうことができた。

最後に浄妙寺に戻り、それから山門の西側の道をずんずんと行き、鬱蒼とした樹蔭の石段道を登って、村の鎮守熊野神社を拝し、白衣舎懐古の散策をしめくくった。

その後、平成十四年三月には、鶴岡八幡宮の北西に隣接する、近代美術館別館のすぐ南側に「鎌倉御行化顕彰碑」が建立された。その地は、面積およそ百五十平方メートル。築地塀に囲まれた地に、アラカシ、ヤブツバキ、シャラ、サワラ、マンサクなどが植栽され、瀟洒な庭園として整備されている。正面中央には、基壇を含めると高さは五メートル近い巨大な御影《みかげ》の自然石《じねんせき》に「只管打坐」と刻されている。揮毫は、永平寺七十八世宮崎奕保貫首。道元禅師鎌倉行化のいわく因縁を撰した碑文は、時の永平寺監院南沢道人師。

「名越」を鎌倉郷全体を指す汎称と考えたがゆえに、鎌倉の心臓部ともいうべき鶴岡八幡宮に隣接した地が顕彰碑建立の適地として選ばれたのであろう。道元禅師七百五十回大遠忌の報恩行として神奈川県祖門会の発起により一億円の浄財を全国に勧募して完成したという。

名越（なごえ）――神奈川県鎌倉市大町

波多野城址（はたのじょうし）――神奈川県秦野市寺山

実朝公首塚（さねともこうくびづか）――神奈川県秦野市東原

道元禅師鎌倉御行化顕彰碑――鎌倉市雪の下二丁目七五の一

第二十五章　羅漢松の旧跡・聞鐘の旧蹟──永平寺界隈の祖蹟

羅漢松の旧跡

道元禅師が、鎌倉から永平寺に帰山されたのは、宝治二年（一二四八）三月十三日のことであった。翌日、上堂して、その感懐を次のごとくに詠じられた。

山僧出で去ること半年余
猶は孤輪の太虚に処《お》るが如し
今日帰山すれば雲喜ぶ気あり
山を愛するの愛は初めよりも甚し

鎌倉行化《ぎょうけ》は、苦渋に満ちたものであった。偈《げ》はそのことを言外に偲ばせる。

帰山後の道元禅師は、おそらくより徹底して一箇半箇の接得にあたられたに違いない。その年十二月二十一日には、「庫院《くいん》の規式五箇条」を制定。施主から供養された銭は速やかに米に換え、他に用いてはならぬとか、公界の米を費して菓子や薪炭を購うてはならぬとかいった内容のもので、当時の永平寺がいかに徹底した貧学道の道場であったかを窺わせる。この「五箇条」は、今も永平寺大庫院の典座寮に、いつの頃からか欅板《けやきいた》に禅師の真筆を模刻して掲げてある。

翌宝治三年一月十一日には、衆寮内での古教照心のあり方を詳細に示した『衆寮箴規《しゅりょうしんぎ》』を制定される。これは、修行者のあるべきようを一々相当具体的な形で指示されたもので、永平寺では、今も毎月十一日と二十一日に、「宣読《せんどく》箴規」と称して、導師が励声にそれを朗読するのを銘々箴規を眼前の机上に広げて全員で拝聴する式が行われている。

ところで、このような徹底した貧学道の叢林に身心を追い込んだ修行者達は幸せであった。生活はたしかに苦しみの極みであった。しかし、それに耐えて日々の行持を続けていく時、不思議なことに誰もがえも言われぬ満足感に似た思いを覚えて来るのであった。

その頃の永平寺僧堂には、不可思議な異香が常に漂っていたという。おそらく、充実しきった貧学道の中に生きる人達が、自ずと抱いた満足の思いがたくまずしてそうした伝承となって今に伝えられたものであろうか。

鎌倉から帰山された翌宝治三年正月一日に行ぜられた十六羅漢の供養式も、人びとに清浄な感動を呼び起こすものであったようだ。『建撕記《けんぜいき》』の伝えるところによると、この時、供養を受け給うべき生《イキ》羅漢達が、光を放ちながら山の奥から法会の道場へ降臨して来られたという。まさに奇瑞である。

羅漢松旧跡碑

このごろは、とかく近代の合理主義で道元禅師の仏法を把えようと考えがちである。だが、こうした奇瑞を否定しない雰囲気もその道場にはあったらしいことを見落としてはなるまい。また、見方を変えれば、当時、道元禅師会下《えか》の修行者達の中に、奇瑞が現じてもそれを不思議としないだけの真底真摯な辦道生活が維持されていたということを示すものでもあろう。

面山和尚は、『訂補建撕記』の補注で、この時、羅漢が降臨されたのは、「寺の東岩の長松の上であった」と記している。あたかも面山和尚の頃には、羅漢松と呼ぶ老松が実在していたかの感を抱かせる書きぶりだ。

もちろん、現在の永平寺に、羅漢松はない。「羅漢松の旧跡」と刻した石碑一基が、山門に向かって右側の山上にある仏祖坂の上に建っているが、これは昭和二十七年、道元禅師七百回大遠忌の際に建立されたものであってごく新しい。

羅漢降臨のことは、多分史実であろう。それをあえて否定する気はない。しかし、はたしてその地が現在の旧跡碑の建つところかどうかという段になれば話は別である。しかし何はともあれ、経蔵から仏祖坂を登り、羅漢松の旧跡碑に至る道は、永平寺の知られざる景勝地である。私は、古教照心の看読に倦《う》んだおりなどに、一人でぶらりとこの道を登った。七堂伽藍《がらん》を眼下に見下ろしながら、木漏《こも》れ日の中をゆっくりゆっくり仏祖坂を登っていると、何かしら不思議な古聖先賢の霊気のようなものを肌で感じとることができたからである。

霊山院《れいぜんいん》・聞鐘の旧蹟

奇瑞と言えばまだある。建長三年（一二五一）には、永平寺の奥で常に不思議な鐘の声が聞えることについて檀那から問い合わせがあり、それに対して道元禅師は、次のような返事を認められたという。

「御尋ニツイテ申し候。此の七八年之間ハ度々ニ候也。今年正月五日子ノ時、花山院宰相入道ト希玄ト霊山院の庵室ニ仏法ノ談議シ候処ニ、鐘声二百声斗聞へ候。其の本京の東山清水寺ノ鐘、若シハ法勝寺ノ鐘ノ声カト聞ヱ候。随喜シテ聞キ、ソゾロニタウトクヲボヱ候。宰相モ不思議ノ霊地ナリト随喜シ入テ候キ。入道グセラレ候、中将兼頼朝臣、一室ニアリナガラ聞かずトアリ。メノトコニ右近蔵人入道経資法師、コレモ聞かずト候。其外女房三人、侍七・八人候モ、皆ナウケタマワラス候ヨシ申候。」（瑞長本）

霊山院

面山和尚は、平仮名で書かれたご真蹟の断簡を確かめたように書いている。しかし、無条件にご真蹟と認めることもできなかったらしく、「コノ一件、記の文言具ラズ」と疑問を率直に表明している。

実際のところこの手紙はさまざまな疑問点を秘めている。まず花山院宰相とはいったい誰のことなのかが問題である。しかし、道元禅師の高弟詮慧和尚の弟子で正法眼蔵の最古の注釈である御聞書抄を著した経豪和尚は、花山院宰相入道五辻《いつつじ》教雅《のりまさ》の舎兄五辻宣経《のぶつね》の子と言われている。花山院教雅が永平寺で道元禅師の教えを受け、それが縁で経豪和尚は道元禅師の門に投じ、後詮慧和尚の会下《えか》に入ったという。そういう点を考慮に入れれば、この手紙の内容がまったく荒唐無稽というわけでもない。しかし、それにしても正月五日というような積雪時に、花山院宰相はどうしてこんな越前の僻遠の地に滞留していたのだろうか。しかも永平寺でなく、なぜ霊山院で仏法の談議をしていたのだろうか。当時の永平寺には梵鐘はなかったのかもしれないが、ではなぜ真夜中に近い子《ね》の刻までも客人である花山院宰相と談議をされていたのであろうか。疑わしい点は次々に列挙される。従ってこの話が史実とするにはかなり問題がある。しかし、少なくとも『建撕記』がまとめられた頃には、こうした道元禅師と永平寺にまつわる奇瑞の話が伝承されていたことだけは間違いない。

霊山院のあった霊山谷について、面山和尚は、永平寺十境の一にあげ、次のごとく記している。

「霊山は院の名。寺の西北一箭道ばかりに在り。昔、吾が祖、席を奘祖に譲るの後、此の院に歇息して洛に赴く。院、此の谷に在り、故に名づく。」(『吉祥草』原漢文)

聞鐘の故事もさることながら、永平寺の住持職を二祖懐奘《えじょう》和尚に譲られた後、しばらくこの霊山院に静養されたという点は面白い。面山和尚が何を根拠としてそういうことを言われたのか定かでないが、もし事実とするならば、越前で最後の二十日間ばかりを過ごされた地ということになり、きわめて重要な祖蹟となる。

現在の霊山院は、永平寺町荒谷にある。もとからこの地にあったものではなくて、永平寺四十五世湛海《たんかい》和尚(?—一七七一)の宝暦八年(一七五六)に、三明ヶ谷から移転したものと伝えられている。三明ヶ谷は、現在永平寺門前の塔頭《たっちゅう》地蔵院の裏手の谷である。面山和尚の『吉祥草』が刻されたのは、宝暦二年(一七五〇)であるから、そこにある霊山谷は三明ヶ谷の地をさすのであろう。「寺の西北一箭道ばかり」という位置関係もそれならしっくりする。

おそらく、その頃すでに霊山院は廃絶されてしまってあとかたもなくなっていたに違いない。それを面山和尚の説や、村に伝わる伝承を根拠にして、霊山院の祖蹟を顕彰すべく荒谷の地に新たに再興したのであろうか。

ともあれ、現在の霊山院山道の入口には、「承陽大師《じょうようだいし》聞鐘古迹《もんしょうこしゃく》霊山院《れいざんいん》」の古びた石碑がひっそりと建ち、なだらかな石段の山道を少しばかり登ると、「正法山」と古風に刻んだ永平寺五十世玄透《げんとう》禅師の山号額が掲げられた小さな山門がある。それをくぐると、本堂が聞鐘の故事を偲ばせて山間に寂かなたたずまいをみせる。夏には、せみしぐれのみがひねもす降り続けている寺である。

羅漢松の旧跡（らかんまつのきゅうせき）――福井県吉田郡永平寺町志比、大本山永平寺内

正法山霊山院（しょうほうざんれいぜんいん）――福井県吉田郡永平寺町荒谷

第二十六章　脇本の旅宿――徹通和尚と離別の地

脇本の宿

秋の一日、永平寺の雲水《うんすい》達は、一台のバスをチャーターして祖蹟拝登の旅をする。いつの頃からか毎年恒例となっている行事だ。本当は、文字通りの行脚によって、道元禅師の足どりを慕いつつテクテクと洛中まで歩き抜けばいいのだが、忙しい時代になると、雲水とて中々に行雲流水の風雅に身を任せることがむずかしくなる。

広々と広がる北陸路の豊かな穀倉地帯を一直線に貫いたバイパスを、バスは武生から今庄へ向けて走る。坦々とした広い道である。武生からかれこれ十分も走った頃であろうか。右手の田圃の彼方に、越前富士の名で北陸路の人びとに親しまれている日野山が見えてくる。その山裾の一点に、濃緑の杜《もり》に覆われて百戸ばかりの小さな集落が存在する。それが、脇本の宿《しゅく》である。

脇本は、古くは湧本とも書いた。臼清水とよぶ清泉が湧き出ていたからという。江戸時代までは、宿場町として大いに栄えたところらしい。西行法師が旅の途次、この地にやって来て、村人に水を請うたところが、断わられてしまったので、

　　名にしおふわきもとなればこの里の　沢には水もあらましものを

と一首詠じた話を『帰雁記』は伝える。『越前鹿子』にも「古記ニ出ル所」として「脇本」の名を上げている。

もっとも、現在の脇本集落が鎌倉時代まで遡り得るかどうかということになるとかなり問題があるらしい。脇

本の旧家中山兆平氏の歴史を調べてみても、三百年程度が限界で、それ以前のことは杳として判らないのが実態。加えて、この中山家にはごく最近まで一艘の高瀬舟が保存されていたという。昔は、この脇本集落の前を流れる日野川の川幅が相当に広かったことを想像させる。だから、宿場町としての古記に出る脇本はもっと木の芽峠寄りにあったのではなかろうかと想像する人もないではない。

しかし、昭和四十一年、「道元禅師脇本旅宿御遺蹟顕彰会」が発足、大久保道舟博士を中心とする学者達が検討に検討を加えて、結局、現在に残る地名を尊重した形で、翌昭和四十二年、旧蹟としての脇本旅宿が、旧家中山兆平氏の敷地の一部に定められ、顕彰碑が建立された。土地は中山兆平氏が無償で提供された。

永平寺を後に

道元禅師は、永平寺にあって、清貧の中に一箇半箇の道人打出《たしゅつ》に精魂を弄されることおよそ十年。建長四年（一二五二）の夏頃から四大に不調を覚えられるようになった。『建撕記《けんぜいき》』は、さりげなく「微疾マシマス」と記しているだけだが、禅師ご自身は、その病状のただならぬことをひそかに自覚されていた。

翌建長五年一月、「正法眼蔵八大人覚」を開示される。『正法眼蔵』全百巻の選述を念願とされていたのであるが、それのおぼつかないことを自覚されたらしい。なぜなら「八大人覚」は、釈尊最後の説法である『遺教経《ゆいきょうぎょう》』にならって選述されたもので、遺稿を浄書した二祖懐奘《えじょう》和尚も、この巻の最後に、

「先師最後之遺教也」

と識語を残しておられる。

その後、病状は急速に悪化して行ったようである。半年ばかり経った七月十四日には、永平寺の法席《ほっせき》を懐奘和尚に譲られる。余命いくばくもないことをはっきりと予感されたのであろう。

道元禅師の病ただならぬことを伝え聞いた洛中に在る信者たちは、上洛して十分な医療を尽くすようにしきりに勧めた。もちろん、

「尽未来際永平老漢、恒常《つね》に山に在りて昼夜に当山の域を離れず。国王の宣命を蒙ると雖も、亦誓って当山を離れず。」（『建撕記』）

と宣言された道元禅師のことである。容易なことで上洛の勧めを受け入れられることはなかった。

だが、捨聖《すてひじり》と呼ばれ、生涯を遊行《ゆぎょう》に生きた一遍上人は、おのが死を密かに予感した時、故郷の伊予を最後の遊行の地として選んだ。一種相通ずるような心情が、おそらく道元禅師にも萌したのではあるまいか。生命の力衰えて行くとき、おのが生命の故郷の地へ回帰したいと願うのは、日本人の共通の心情ではないかと私は思うのである。

ともあれ、道元禅師は療病のための上洛を決意される。

「建長五年八月初五日、京城ヘ御上洛在リ、御病起ニ就イテ檀那雲州太守ヨリ御上洛有ルベシト頻ニ望ミ申サル間、二代奘和尚御伴在ルナリ。」（『建撕記』明州本）

随行の責任者は懐奘和尚であった。道元禅師は、永平寺を去るに当たってその感懐を、

十年飯を喫す永平の場
七箇月来病牀に臥す
薬を人間に討ねて暫く嶠を出ず
如来手を授けて医王に見《まみ》えしむ

と詠じられた。もちろん、上洛しても、療病の成果に期待できるとは微塵も考えておられなかった。徹通義介和尚の編した『永平室中聞書《えいへいしっちゅうききがき》』の中には、義介和尚を枕頭に呼んで、

「今生の寿命は、この病必ず限りありと覚ゆ、凡そ人の寿命は必ず限りあり、然れども病に任すべきにあら

ず。日ごろ見られしの様は、我れ随分に人に合力せられ、彼此医療を加ふ。然りと雖も全く平愈せず、此れ又驚くべからず。」

と、仰せになったことが記録されている。刻々に迫ってくる死の影を冷静に見つめられていたがゆえに、故郷の土に回帰したいというひそかな人間的心情を抱いての上洛であった。けれども禅師は、そのような心情はおくびにも出されることはなかった。ひたすらに道元禅師の身の上を案ずる弟子や信者達のことを慮《おもんぱか》って、ただ感謝の気持のみを表出されたこの七言絶句は、それゆえに余計沈痛な趣きがある。

永平寺の留守居役は、徹通和尚に命じられた。

「路次の間及び京中にて、随身之れ然るべしと雖も、寺院一向に然るべきの人無きに依て、今度は留守を為すべし。」(『永平室中聞書』)

というのが道元禅師の命令であった。しかし、せめて越前の国境まではと徹通和尚も禅師の一行を見送ったらしい。

八月五日、一行は出発した。永平寺から足羽川畔に出、それを遡って板垣峠を越え、別院の集落を通り、粟田部を経て脇本までを一日で歩かれた。旅の第一夜は脇本の旅宿でとられたのである。

徹通和尚との別離

今、脇本の旅宿跡と伝える地は、脇本集落の中の、すっかりさびれきった旧北陸街道沿いにある。明治天皇が行幸の際、小休止をなされたと伝える史蹟の左隣りである。間口三間、奥行十間ばかりの、ブロック塀に囲まれたその境域は、こんもりと樹蔭に覆われた明治天皇の史蹟に比較するといささか手ぜまな感じもする。しかし、確実な史蹟の傍に推定の祖蹟が割り込んだ形なのだからそれもしかたがないというべきか。

それでも、前方中央の顕彰碑は全体の高さ二メートルを越す。石段を組み、石の玉垣で囲み、御影石の基壇の上に自然石の台座が置かれ、その上にどっしりとこれまた自然石の碑が建てられている。正面の「道元禅師御旧蹟」の文字は、永平寺七十三世熊沢泰禅和尚の筆。

顕彰碑の前方右側には、高さ三尺、幅二尺ばかりの仙台石の脇石が「御旧蹟由来」を刻んで自然石の台座の上に立つ。

「此ノ地ハ道元禅師が建長五年八月五日永平寺の檀那波多野義重公ノ懇請ニヨリ京都へ上ラレタル途次ニ宿泊セラレタ処デ弟子義介和尚ニ永平寺ノ監理ヲ依嘱シ訣別ヲ行ハレタ御旧蹟デアル云々。」

『永平室中聞書』には、その時の義介和尚と道元禅師との別離の場面が切々と綴られていて今も心打たれる。

「八月六日、義介脇本御旅宿に於て暇を賜りし因みに、拝問して云はく、今度の御共、尤も本望なりと雖も、仰せに随ひて帰寺せん。若し御延引有らん時は、拝見の為参洛せんと欲《おも》ふ。御許しを蒙るべきや。

和尚示して曰く、応諾、尤も然るべし、左右に及ばず。ただ我は寺院を思ふが故に、儞《なんじ》を留め置くなり、相構へて寺院を能く能く照顧すべきなり。汝は当国の人故、故鑒師の弟子故に、国中多く之が付を知る。内外に付いて子細を存ずること有るが故に留め置くなり云云。」

師資の間の哀切きわまりない別離の風光が眼前に彷彿とする描写である。傍にあって聞く懐奘和尚の悲涙を湛えた沈痛な面持も紙背にちらちらと浮かんで来る。

「義介畏て之を承りぬ。是れ則ち最後の拝顔、最後の厳命なり。尋常肝に銘じて忘れざるなり。」(同書)

七百年余を経た今、祖蹟を拝登した雲水たちは黙々と竹箒で地を掃く。草を取る。石碑を洗う。たちまちにして一角は清浄感に満ちみちてくる。

このごろの雲水たちに、徹通和尚の心情がはたしてどの程度の共感を与えるものなのであろうか。私も例外ではないが、出家という節なしに、親子の恩愛の中にどっぷりと浸ったまま成長した寺の後継ぎ息子たちには、ど

道元禅師碑前で読経する雲水

うも師資の間の信頼感が薄いようである。甘えを排除した厳しい鞭によって鍛えられてこそ、面授面稟《めんじゅめんぽん》というような、文字通りの師資一体感が肯われるようになるはずのものなのに、現代の肉親の師資の間には、それが大いに欠けているきらいがあるのだ。宗門の生命である面授面稟がたてまえにのみ留まるとき、正伝の仏法は命脈《みょうみゃく》を断つ。もしそうなってしまったなら、道元禅師の仏法が思想的にいかほど深く参究されていくようになったとしても、およそ無意味なことになってしまう。

永平寺の雲水が毎年秋、必ずこの脇本の宿に拝登する意義は大きい。それは、宗門の生命を相承することの重大さを銘々が肌で感じとることを意味する行持なのだ。掃除を終えて、石碑前に整列した草鞋《そうあい》姿の雲水たちは、『大悲呪』一巻を低声に誦す。堂行《どうあん》和尚の鳴らす手磬《しゅけい》の音が、時おり涼風に乗ってケーンと響く。と、紅葉した櫟《くぬぎ》の葉が頭上より一ひら二ひらと散って、晩秋の日ざしにちかちかと輝く。

脇本の旧蹟（わきもとのきゅうせき）――福井県南条郡南条町脇本

第二十七章　木の芽峠――越前最後の地

古い峠道

福井県は、交通の発達した現在でも、嶺南と嶺北の二つの経済文化圏に分かたれていて、気候・風土・人情・文化のことごとくが大きな差異をみせる。この二つの圏域に長い間、截然と区切りをつけてきた「嶺」がある。他ならぬ木の芽峠である。標高は六二八メートル。今でこそその真下を貫通している長さ十四キロという長大な北陸トンネルが、わずかに十数分で二つの圏域を連絡するのだが、トンネル開通以前は、鉄道ですらスイッチバックを重ねて、喘ぎあえぎこの「嶺」を越えたのである。

もちろん、峠の道は古くから開けていた。京滋から越の国に入るには、誰もがこの峠の道を往ったのである。紫式部も、源義経も、木曽義仲も、中臣宅守も、例外なくこの峠を越えた。ある者は追われて越に逃がれ、ある者は京に攻め上ろうとしてこの峠で策を練った。わが道元禅師も、京への往き来には、必ずこの木の芽峠を越えられた。

現在、この木の芽峠へ登るには、二つのルートがある。一つは、国道三六五号線を今庄から滋賀県境に向けてまっすぐ六キロばかり走り、板取の宿から右手にとって林道を行くルート。これは、小さな乗用車だと車に乗ったままでも登れる。途中の板取の宿は、江戸後期以降明治中期までに建てられたという入妻カヤ葺きの家並が十戸ばかり、山中にひっそりと寂かなたたずまいをみせる。だが、このコースは、天正年間（十六世紀）に柴田勝

すすきの原を木の芽峠へ登る雲水

家が整備したいわゆる栃の木峠越の北国街道を利用したもので、その開通は鎌倉時代までは到底遡り得ないから、道元禅師の旧蹟を訪ねる者にとっては邪道であろう。

やはり、少々回り道で難儀ではあるが、今一つのコースである今庄から上新道の集落を経て登る昔ながらの街道筋を歩くのが一番いい。永平寺の雲水たちと秋の祖蹟拝登の行事に加わって登る私の場合は、いつも貸切バスで上新道まで行き、そこから歩いた。しかし、一人旅の場合なら、南今庄駅から鹿蒜《かひる》川を遡る。上新道まではおよそ十五分。そこからは要所要所の道しるべをたよりに、小川に沿うて、バスでも結構通れるほどの道をどんどん上流に向かって歩く。小一時間で二ッ屋の集落に着く。ここは、江戸時代には十四匹の馬が備えられていたという古の宿場である。もっとも現在は、廃村になってすでに久しく、捨て去られた崩壊寸前の廃屋が木の間がくれに望まれる。

そのあたりから道は急に細い山道になる。おまけに、ところどころ谷川と山道とが合流しているような道だから、草鞋は常にびしょびしょに濡れる。ところがそれがかえって古の旅の難儀を偲ばせてうれしいのである。私達は、いつも秋たけなわの頃に登るから、すすきの海原の中に全身を没して、まさにタイムトンネルをかいくぐって行くような風情を味わうことができた。

二ッ屋から小一時間も歩くと、言うな地蔵などという伝説を秘めた小さな地蔵堂の前に出る。それは、殺人やおいはぎの危険を常に感じながら山中のわびしい道を歩かねばならなかった古の旅のすさまじい一面をひっそりと語っているような地蔵である。地蔵堂の前には小さな庭があり、一隅にしつらえられた筧からはちょろちょろと清水が落ちている。苔むした小さな水槽に身を屈めて、冷めたい水でのどを潤すと、身心ともにひんやりとして一息する。それにしても、いくら粥腹とはいえ、若い雲衲はなかなかに健脚である。相当に気張って歩いたつもりでも、ここまで来ると私の到着はどんじりに近い。

そこからたかだか二十分も歩けば、木の芽峠の頂上である。頂上からの眺めはなかなかにいい。周囲の山々には、決して威圧感を覚えるような険岨な趣きは無いけれど、たおやかな山脈が重なりあって果てしなく続いているさまは雄大である。せいぜい六百メートル程度のこの峠を「嶺」などと呼ぶのは、いささか大袈裟ではないかと常々思っていたのだが、実際に峠の頂に立ってみると、なるほど福井県民がある種の畏れをこの峠に抱いたとしても不思議ではないという気がしてくる。

一旦頂上に出た後、標高七六二メートルの鉢伏山の周辺を大きく迂回する平坦な道がしばらくあって、道元禅師の旧蹟に出る。

言うな地蔵（撮影八木源二郎氏）

祖蹟としての木の芽峠

『建撕記』等の記述に従えば、道元禅師はこの峠を都合四度上り下りされたはずとなる。最初の入越のとき、鎌倉下向の往復、そして最後のご入洛の途次。けれど

旧蹟碑の前で行道する永平寺の雲水

も、私ども法孫が祖蹟として木の芽峠を考えるのは、四大不調の身を療養のために上洛されるとき、万感交々《こもごも》に越前の国との最後のなごりを惜しまれた地としてである。

草の葉にかどでせる身の木部山《きのめやま》 雲にをかある心地こそすれ

『建撕記』がわずかに伝えるこの一首によって、その時の道元禅師の感慨が惻々として私の胸に迫ってくる。

元気そのものの私たちですら、ここまで歩みを運ぶと、荒い吐息を吐き続けなければならぬ。ご自分の余命旦夕《たんせき》に迫っていることを自覚されながら、弟子達の勧めに従い、あえて故郷の土に回帰しようとした道元禅師の道中は、相当に難渋をきわめたに違いない。そのことがいたわしくてならぬ法孫の追慕の念が、時代を隔てるに従って、道中の最難所である木の芽峠を祖蹟としてことのほか大切にさせるようになって来たのであろうか。

ところで、宗門の伝承によると、木の芽峠は道元禅師最後のご上洛の際、永平寺の留守を任せられた徹通和尚が訣別をなされた地とされている。『訂補建撕記図会』の木の芽峠の場面を描いた挿絵には、

「木ノ目山ニテ御詠歌アリ、徹通和尚ハコレヨリ越前へ帰サル」

とあるのがそれである。木の芽峠に建つ顕彰碑の一本に、

「此ノ地ハ曹洞宗開祖道元禅師及ビ三祖徹通師訣別ノ霊蹟ナリ」

とあるのも、おそらくそれによったものに違いない。

ところがこの伝承は、前章で触れた『永平室中聞書』の中の、

「義介、脇本の御旅宿に於て暇を賜ふるの因みに」

の一句と抵触する。古い方が価値あるとされる文献史料を尊重する限り、師資訣別の霊蹟というのは、たしかに問題がある。しかし、当時三十五歳の壮者であった徹通和尚が、せっかく脇本まで随行しながら、越の国の国境ともいうべき木の芽峠を目前にして、ハイではさようならというのでは、あまりに人情の機微を無視しておりはしないかという説も捨て難い。特に、洛中へ向けて出立直前の七月八日に、道元禅師から、

「我れ先年より汝を見るに、世間に於て不覚に非ず、又仏法に於ても随分に道念有り。皆その情を知れり。唯だ未だ老婆心有らず。それ自然に歳を重ねんの程に、必ずこれ有るべし云々。」（『永平室中聞書』）

と注意があり、それを枕頭に侍ってしみじみと伺い、「涙を押して畏りしのみなり」というありさまであった徹通和尚のことである。老婆心のありよう如何をいたく心に刻みつけての道元禅師への随行であれば、四大不調の身が案じられる禅師がせめて国境の難所木の芽峠を無事越えられるまではと、脇本からさらに足を伸ばされたとしても決して不思議ではない。否、その方がよほど自然であろう。

脇本の宿における一夜で、たとえ一応の訣別がなされたとしても、結局は木の芽峠まではと徹通和尚も見送られたのであろう。

顕彰碑のこと

木の芽峠に道元禅師の旧蹟としての顕彰碑が初めて建立されたのは、天保十三年（一八四二）であった。永平

寺五十七世載庵禹隣《さいあんうりん》和尚が、若狭地方の有志寺院、つまり、孝顕寺、永建寺、永厳寺、空印寺、臥竜院、棟岳寺等の協力によって自然石の碑を建てた。碑面の中央に「道元大禅師」と彫深く刻まれた顕彰碑がそれである。左右には、例の「草の葉」の歌が小さな文字で分かち書きにして彫りつけてあるが、この方はかなり風化して、読みにくくさえなっている。

その後、昭和十五年（一九四〇）になってこの祖蹟には大改修の手が加えられた。まず、背後の山を削って境域が拡張された。道端にひっそり建っていた天保の自然石碑は、晴れ舞台に引き出され、背丈をはるかに越えるほどの立派な基壇が築かれた。その両翼には、懐奘和尚（向って左）と徹通和尚（右）の碑が新たに建て加えられ、境域の左右と前側には、石の玉垣が巡らされた。大きな石燈籠一対も新添された。すっかり見違えるほどに大整備がなされたわけである。

不便きわまりないこんな山頂の地に、これだけの大改修を施そうとすれば、その経費も莫大なものを要したはずである。それは、道元禅師の末裔である日本曹洞宗教団が七百年を経て、隆盛を極めている証拠であるから喜ぶべきことなのであろう。

だがその昔、生きて再びこの地を踏むことはあるまいとひそかに覚悟しておられた四大不調の道元禅師が、山頂から越前の地に深い思いのまなざしを送られたイメージを大切にしようとすれば、風化した自然石の碑がただ一基、峠の頂上にひそやかに建っているという方が私自身の好みには合う。ところが、その度の過ぎた改修のゆえに、当時相当の批判があったに違いないこの祖蹟の地も、およそ半世紀を経た今となってみると、そこかしこに苔むして、それはそれで結構落ちついた雰囲気をなしているのも確かだ。

歳月の流れというものは、いかなるものをも美しく自然の中に溶け込ましてしまうもののようである。

「おほよそ滅は、仏祖の功徳なり。」（『正法眼蔵』海印三昧）

と仰せになった道元禅師のことばが、この祖蹟の地に立っていると、まさに首肯される。

峠番の古い茶屋

私達は、みんなで祖蹟顕彰の地の掃除をした。そして、掃除が済むと、「道元大禅師」の旧蹟碑の前に袈裟を搭《か》けて整列した。古参雲水の一人が小磬《しょうけい》を鳴らし、挙経《こきょう》する。それに応じて一同は『参同契《さんどうかい》』『宝鏡三昧《ほうきょうざんまい》』を誦し、行道《ぎょうどう》した。列をなしてぐるぐると巡りながら諷誦する和声は、秋風に乗って流れて行く。

ところで、この「道元大禅師」の碑を日夜たいせつに護持してくれているかのように、細い道を狭んでその前に茅ぶきの小屋がある。「士族・前川正盛」と書かれた標札は、すでに黒く煤けてしまっている。

前川氏の祖先がこの山頂の地に住むようになった始めは、寛正元年（一四六〇）のことだという。五百年以上も遡る昔のことである。茅ぶきの古い家も、四、五百年の由緒を秘めている。もちろん、ここには電気もガスも水道もない。文明を絶した一軒家のなりわいが細々と継続されて五百年にも及び、それが今も続いているわけである。

主人の正盛さんは不在であった。しかし、五十がらみの女あるじがちょうど居て、しきりに座敷に上がることを勧めてくれた。こんなにすばらしい秋空の日には、すすき越しに連山の影を賞でながらむすびを食った方がうまいんだが、と内心思いながらも、私は女あるじの好意もだし難くわらじを脱いだ。

土間の奥には、暗いくらい一室があった。「明治天皇がご休息になった」という座敷である。しかしそれは、まっ暗といった方がよいほどの部屋で、何やら鬼気迫るような雰囲気が漂っていた。私について上がりこんだ三人の古参の雲衲達が、見事な造りの仏壇にろうそくの灯をともす。やがて目も暗さに慣れて来て、ふすぼった室内の様子がおぼろげにわかってくる。

私たちは、ろうそくの光をたよりに持参のむすびを食べた。食事が終ると、女あるじは太閤秀吉ご下賜の茶釜

峠の茶屋と雲水たち（八木源二郎氏撮影）

をみせてくれた。結城秀康が越前に入封した後は、茶屋番として禄を貰っていたらしい。そんなこんなを自慢げに語る女あるじのかん高くてなまりの強い声を聞いていると、まさに時が逆に動いて行くような錯覚をおぼえた。

自らの祖先の由緒ある歴史を、生きるための唯一の支えとしている一人の女が眼前にいる。俗界からは遥かに隔絶された「雲にをかあるここち」のするあばらやで、ひっそりと暮らす日々のことを思った。電話も新聞もテレビもない。冬には五メートルを越す積雪も珍しくないという。その、日暮らしはさながらに大梅山の法常禅師を偲ばせるような趣きがある。道元禅師がかつて深山幽谷の地を求めて入ったと伝える永平寺の地も、おそらくはこんななりわいの日々が続いたに違いない。それはもう、現代人の感覚からすれば、凄絶と言った方がよいような生活であったはずである。

私の眼前の女は、過去の名利をとり逃がさないように必死にそれにとりすがり、それのみを生きがいにして生きている。ところが、そのおかげで、現実的には名聞利養を超越した隠棲そのものの生活の中にいる。

一方、永平寺の雲水たちは、名利を捨て切ってしまうことをひたすらに念じて日夜努めているはずなのに次々とひっきりなしに訪れてくる観光客を相手に修行の厳しさを力説し、かえって名利にがんじがらめに縛せられたような生活に陥って行く。薄暗い土間で、再び草鞋のひもを結わえながら、名利というものが人間生活に与える不思議な陰影のことを思った。

外に出てみると、すでに雲衲達は碑の前に整列していた。私は、ひと通り帰りの注意を指示すると峠を下り始めた。錫状をむやみに鳴らしていたから、はためには恐らくやけに急いだ感じに見えたに違いない。

その後、昭和五十四年十二月、旅の途次、今庄駅で途中下車し、板取の側からタクシーで峠に登った。石碑・玉垣・石垣等の地盤が軟弱となり、はなはだしく破損したので、総工費三百八十万円を投じて大改修を施したという話を聞いたから、ぜひとも改修後の現地を確認しておきたかったからである。

上板取から峠までの林道は荒れに荒れていた。タクシーはしばしば腹をすり、小石をバリバリとはね上げた。冬の峠の遺跡は、ひっそりとしていた。茶屋の女あるじ前川さんもあいかわらずかくしゃくとして一人で冬ごもりの準備に余念がなかった。改修工事も古色を温存することに気を配ったらしく、外見上は以前と少しも変化していないのが私にはうれしいことに思えた。木の芽峠は、やはりタイムカプセルの中にいつまでも温存しておきたい遺蹟である。

木の芽峠（きのめとうげ）——福井県南条郡今庄町・標高六二八メートル

第二十八章　高辻西洞院――ご入滅の地

丹波路よりのご上洛

越前の地に別れを告げて、木の芽峠を下られた道元禅師の一行は、ゆるゆると京へ向かって足を運ばれた。その路順について『建撕記《けんぜいき》』は、

「丹波路ヨリ御上洛アルト也。」

と簡単に記している。木の芽峠を下り、敦賀へ出、さらに若狭から丹波路を経て入洛されたというのである。面山和尚も、これに注して、

「昔シハ、越前ヨリ京へ行ニ、若狭ヲ過テ、丹波ニカカリテ京へ出シト云々。」（『訂補本建撕記』補注）

と書いている。もっとも、地図を眺めての私の感覚からすると、これでは距離的に随分迂回した感じが否めない。ましてや道元禅師の病は篤い。一刻も早く京の地へと一行の誰もが心に念じていたはずである。してみれば、かつて越前に向かわれる時に通られたのではないかと想定した例の新道越えの道を経て、熊川から朽木を通る古街道を利用されたと考える方がよほど自然なような気がする。しかし、その路順について記録した文献が『建撕記』以外残っていない今となっては、一応この記述を尊重しておくよりほかはない。ともあれ、道元禅師の一行は京都に入る。

「御入洛アリ。高辻西《にし》の洞院《とういん》、俗弟子覚念ノ私宅ニ先づ宿シ給フ。御違例増減無し。」

と『建撕記』（延宝本）は記している。木の芽峠からおよそ何日かかったのかは定かでない。むろん入洛の日時もわからない。おそらく八月の中旬頃のことであったろう。

覚念屋敷の地

前記『建撕記』のいう「高辻西の洞院、俗弟子覚念ノ私宅」は、いったいどこにあったのであろうか。「高辻西の洞院」という限定された地名まではっきりしているのに、ではどのあたりになるのかとなると実ははっきりしていないのである。

とりあえず、昭和十三年（一九三八）十二月、京都史蹟会が京都市下京区高辻西洞院西入ル北側に、「道元禅師遺蹟地」と刻した一本の石柱を建て、その地を明らかにしてはいる。しかし、よくよく詮索してみれば、それも史家を納得させるほどの強力な根拠があったわけでもないらしい。特に遺憾に思われるのは、その時そこを覚念屋敷の跡と定めた理由が、一切後人のために書き残されなかったことである。おかげで私どもは、覚念屋敷の旧跡について考える時には、まず京都史蹟会の人びとがどういう推理を働かせてこの地に旧跡を定めたのだろうかということからして推定してかからねばならぬ。

『建撕記』には、道元禅師ご入滅後のことについて次のように記している。

「御入滅後、洛陽天神ノ中ノ小路ノ草庵ニ先《まず》入レ奉リ、事ヲ調ヘ云々。」（訂補本）

京都史蹟会の人びとは、この一文をたよりに「高辻西洞院」の該当地を探って行ったに違いない。もちろん、ここにいう草庵は遺体安置所であって、覚念屋敷とは別みたいである。しかし、たとえそうであったとしても、覚念屋敷とそんなに離れたところでもあるまいから、これは一つの目安にはなる。そこで京都史蹟会の面々は考えた。「東中筋通」は名前も「中ノ小路」と似ているし、おまけに細い小路である。さらに近くの細い小路の奥には、「天神社」とは異なるけれど、赤鳥居を立てた一社も祀られている。古老の話では、かつてここには楠の老木があり、注連縄《しめなわ》を張って神木の如く尊んでいたという。相当に古い屋敷地であったことは間違いない。そんなこんなと考えて行くと、昭和初期の高辻西洞院でこれ以上の旧蹟疑似地はとても見出すことはできなかったのではあるまいか。

かくして、一本の石柱が建てられた。覚念の私宅の旧蹟が定められたのである。

私は、この地を三度訪ねた。最初は、昭和四十八年の秋。この時は、新町松原郵便局（特定局）がまだあって、「道元禅師遺蹟之地」の古びた石柱は、赤い郵便ポストの蔭にひっそりと建っていた。

二度目に訪ねたのは、昭和五十三年の春。かねてからうわさがあった道路拡張の計画がいよいよ具体化されつつあるらしく、新町松原郵便局は、すでに若宮通りの地に移転していた。赤い郵便ポストも撤去されて、石柱のみがポツンと取り残されていた。局の古い建物は、まだ残っていてさる商店の倉庫として用いられていたけれど、高辻通りの道路拡張は、すぐ隣りの西洞院東と、油小路西までは完了していた。つまり、旧蹟のある界隈が取り残されているだけで、それとて補償金による家屋改築が軒並みに急ピッチで進められていたのである。旧蹟碑の地が拡幅されるのは時間の問題のようであった。

旧新町松原郵便局前にあった旧蹟碑

道路は一間半拡幅されるらしい。旧局舎の地の残り分は、永平寺が二祖懐奘《えじょう》和尚七百回大遠忌記念事業として買収し、祖蹟として整備する計画で、目下交渉が進められているということであった。

三度目に訪ねたのは、昭和五十四年十一月十九日で

道元禅師示寂聖地の碑（藤村達彦氏撮影）

あった。整備されたご入寂の地に記念碑が新建立され、その除幕式が行われるということを旅の途次ふと小耳に挟んで、急に京都で途中下車をしてみる気になったのである。午後になって降り始めたらしい雨の中を、京都駅からタクシーを飛ばした。西洞院通りは、面目を一新して広々と拡幅されていた。タクシーを待たせておいて、しのつく雨の中をご入寂の聖地に参拝した。

かつての局舎は撤去されていた。その跡地の何分の一かは道路になり、残りは玉砂利を敷きつめ、数株の潅木を植え込んで清楚な一角を構成している。いささか茶人好みの粋な雰囲気であるけれど、何よりも清浄感がひっそりとただよっているのがうれしい場所であった。古い「道元禅師遺蹟之地」の角石柱は、目だたぬように入口左側隅にひそやかに配置されている。

新しい顕彰碑は鞍馬の自然石で、中央に立つ。表には「道元禅師示寂聖地」と刻し、裏には同じ永平寺七十六世秦慧玉和尚の筆で次のごとく刻まれている。

「曹洞宗高祖承陽大師《じょうようだいし》道元禅師は此地覚念邸に於て建長五年八月十八日夜示寂せらる。昭和五十五年二祖国師の七百回大遠忌報恩記念の為建立す。昭和五十四年冬。永平七十六世慧玉謹誌。」

その日の午前、除幕点眼の式が修行された名残りを留めるように、顕彰碑の前には紅白のリボンで結ばれた白菊の小さな束が供えられ、冷たい雨の中にほのかな光を放っているようであった。

この高辻西洞院は、正しくは永養寺町という。かつて、称名山多善教院永養寺と称する浄土宗の寺があった地と伝えられている。今、この寺は、下京区寺町通に移転して、ここにはあとかたも留めていないが、往時は、高辻通西洞院から五条に至る、二町四方の広大な寺域を持っていたという。

面白いのは、永養寺の寺伝である。それによるとこの寺は、平清盛の子重盛が、病気平癒の心願を発して、慈覚大師の護持した阿弥陀如来を招じて祀ったのが始まりとされる。むろん当初は浄土宗ではなくて、天台宗であったらしいが、その阿弥陀如来の霊験によって、一大綜合病院の役割を担っていたと寺伝にはいうのである。

それについて、中世古祥道師は、『山城名勝志』等にその寺伝が載っていないことを理由として、永養寺の存在が果たして鎌倉時代まで遡り得るものかどうかと疑問を呈しておられる（「道元禅師の入滅地について」『傘松《さんしょう》』四一四号）が、あるいはそうかも知れぬ。しかし話としては寺伝の説は大変に面白い。そこに若干の問題があるとすれば、寺伝を信じる方向で矛盾が解消できないものかと私は思う。

何しろ道元禅師の病は、相当に篤いものであった。一週間近くの旅を続ければ、道中での病状悪化の懸念は当然予想された。にもかかわらずそれを押し切って覚念たちは禅師の上洛を強く勧めた。このことは覚念の私宅の医療環境がよほど秀れていたに違いないと想像させる。

もっとも、井上箴六氏が、永養寺の伝承をもとにして、覚念の邸は、永養寺の塔頭《たっちゅう》寺院の一つと推定し、僧形で病者の脈をみることは当時ご法度であったから、覚念は還俗《げんぞく》して道元禅師の病床に侍したのではないかと言っているのはいただけない（「覚念への炷香一片」『傘松』二二五号）。

還俗云々が第一不自然だし、「覚念の私宅」が塔頭の一つであったというのもこじつけが過ぎる。覚念は、いうまでもなく道元禅師の篤信者「左金吾禅門覚念」である。そういう男が、主侍医として直接に脈を取るのなら、何もわざわざ道元禅師に上洛を願う必要はない。自分が越前の地へ赴けばことは足りるのである。

「覚念の私宅」は、あくまでも覚念の私宅であった。その界隈に名代の名医が居住していた故に、道元禅師はそこで療病することを決意なさったのである。

永養寺が鎌倉時代に存在し、それが総合病院の役割を果たしていたのが事実としても、その形態は、今どきの総合病院のように何でも入院というのとはわけが違う。だから、むしろ中世古師の、永養寺の存在は鎌倉時代まで遡り得ないという説に従ってみても、永養寺の縁起は素直に信じられるような一面があるのである。つまりこの高辻西洞院の界隈には、少なくとも鎌倉時代の頃から名医の存在が多かったのではあるまいか。それ故に数多の病人がこの地区を訪れ、それらがやがて、永養寺の平重盛念持仏の本尊のいわれを尊んで信仰を捧げるようになる。名医の存在の方が先にあり、「幸福多善の永養の華を咲かせたい」という民衆の祈願が永養寺の本尊に込められるようになるのは、ずっと後のことだと私はみたいのである。

では、覚念の私宅はどこにあったのであろうか。中世古師は、『愚管抄』に、

「明雲ガ頭ハ西洞院河ニテ求メ出テ顕親トリテケリ。」（巻五）

とある一句を根拠にして、道元禅師ご入滅の頃には西洞院川が流れていたとする。この川は天保二年（一八三一）の『改正京町御絵図細見大成』にもはっきり示されているという。

その川の大きさはどの程度のものであったか、今となっては見当がつかない。しかし、中世古師の指摘に従って旧蹟の近辺を歩いてみると、なるほど西洞院通りが一番低い感じで、道は東西にゆるやかな勾配をなしている。現在、小路の奥の赤い鳥居の立っているあたり、つまり覚念屋敷の跡と伝える近辺は、西洞院川の土手近くであったと言われると、たしかにそうかも知れぬと思われてくる。だとすれば邸宅の地としてはあまりふさわしくない。加えて、江戸時代にあった高辻通西洞院西入の松平淡路守の広い屋敷のことを考慮に入れたりすれば、覚念屋敷の地は、現在考えられている地よりは、もう少し西の方ではなかったろうかという中世古師の説を私はまっとうなものではないかと思った。

けれども、その説に従ってみても、結局は覚念の私宅の旧跡を局地に限定することは不可能なのである。「高

辻西洞院」という相当に広がりを持った漠然とした地名を唯一のたよりにその地を顕彰しようとすれば、已前を問うことをせず、ただ現在、もっともそういう雰囲気を漂わせている地をそれと定めるのが一番賢明な方法となる。そういう意味で、厳密な史的根拠という点では少々問題があるけれど、今の旧蹟碑の立つ地をそれと定めた京都史蹟会の結論はなかなかに捨て難い味がある。しかも、その選定の根拠を一切後世に残さなかったという点にも、彼らの歴史の本質を見透す眼力のしたたかさを見るような思いがして私は感心してしまう。

ご入滅

さて、覚念屋敷では、道俗の総力をあげて道元禅師に手篤い看病が施された。名医の診断もあった。薬湯も充分に投ぜられた。しかし、病状は日に日に悪化して行った。禅師は、いよいよ最期の時が近づきつつあることを秘かに自覚された。『建撕記』に伝えられた、仲秋名月の夜に詠じられた一首には、その頃の道元禅師の複雑な胸中が窺われる。

　また見んと思ひし時の秋だにも　今夜《こよい》の月にねられやはする

禅というものは、生死を超越し、死に直面しても、心乱されることなく従容《しょうよう》としてそれに赴けるようになるものだというようなことを言う人がある。だが、少なくとも道元禅師の仏法は、そのような単純なものではなかった。

「了生達死の大道すでに豁達するに、ふるくよりの道取あり。大聖は生死を心にまかす、生死を身にまかす、生死を道にまかす、生死を生死にまかす。」（『正法眼蔵』行仏威儀）

ということばの中に、すでに死をいかに迎えるかの道元禅師の姿勢は端的に窺える。生死を生死にまかせる時、今生最後の名月に、眠られぬ思いを味わうのは当然のことなのである。それは虚飾を捨てた寂かな境涯とでもいうべきものであろう。かりそめにも、生に恋々とした女々しさと笑うべき筋あいのものではない。

私は、この歌をみていつも思うのは、良寛和尚のことである。和尚は、今はに臨んで、

　　うらを見せおもてを見せてちるもみぢ

とその心境を吐露した。生死を生死にまかせたいかにも道元禅師の法孫にふさわしい最期のようすだと思う。道元禅師の仏法には、決してはったりはない。ご入滅のさまに思いを寄せるごとに私はそのことをしみじみと思う。

そうしたある日のことであった。道元禅師は静かに病床を離れられた。そして室内を経行《きんひん》しつつ『法華経』如来神力品の一節を低声に誦されるのであった。

「もしは園中に於ても、もしは林中に於ても、もしは樹下《じゅげ》に於ても、もしは僧房に於ても、もしは白衣の舎、もしは殿堂に在りて、もしは山谷曠野に在りて、この中みなまさに塔を建てて供養すべし。ゆえいかんとなれば、応に知るべし、この処は即ちこれ道場なり。諸仏ここに於て阿耨多羅三藐三菩提《あのくたらさんみゃくさんぼだい》を得、諸仏ここに於て法輪《ほうりん》を転じ、諸仏ここに於て般涅槃《はつねはん》したまふ。」

誦し了《おわ》ると、この一文をやがて面前の柱に書きつけ、さらにそこを妙法蓮華経庵と名づけられた。その命名が柱に墨書されたのはいうまでもない。

『建撕記』の伝えるこうした禅師の最期の情景を彷彿とするのに、京都史蹟会の定めた覚念屋敷の地ほどふさわしいところはなかった。細い小路に密集した古びた民家の連子窓や無双窓の連りの間に佇んでいると、寂とした静まりの奥から、道元禅師の誦経の声がほの漏れて来るような気さえして来る。かつて、京都史蹟会の人達が、この地をご入滅の地と定め、顕彰の石柱を建てようとしたら、ここに住むひと達は、「入滅」とか「終焉」とかの文字をかたくなに嫌悪したという。しかたなく石柱の文字は「道元禅師遺蹟之地」などというささか曖昧なことにして住民たちの承諾を得たらしい。しかし、実際その地に佇んでみると、住民たちの反対の理由も何

覚念屋敷がこの辺にあったという。つきあたりが稲荷社

となくわかるような気がしてくる。ここはあまりにそういう地にふさわしい雰囲気を備えた地なのである。

ともあれ、『法華経』の一節を誦された後、ややあって道元禅師はついにご入寂になる。八月二十八日寅の刻（午前四時頃）であったという。自らお書きになったご辞世の偈として、

五十四年、第一天を照らす。
箇の踍跳《ぼっちょう》を打《た》し、大千を触破す。
咦《いい》
渾身もとむるなし
活きながら黄泉に陥《お》つ。（『建撕記』）

が伝えられている。その意味するところを私訳すれば、次のようなことになろうか。

「五十四年の生涯であったが、全精魂を弄して、究極の真如の世界を照らして生きて来た。身心脱落の境界をねりにねって、この世界のみごとな生きざまを身をもって示して来た。

もはやこの肉体がもとめるものは何もない（生死は一如であり、瞬間瞬間に万物は生死を繰り返していると常に言って来たが）。今、この世からあの世へ行くと言ってみたところでことは同じだ（さらに只管打坐して身心脱落の境をねりあげるだけだ）」

まごころ尽くして看病に明け暮れていた道俗の弟子達の悲嘆に

は、想像を絶するものがあった。『建撕記』はその様子を、
「雲州義重、天に仰ぎ、地に臥し、五十四年ノ御早世ヲヲシミ給ふ事比類無し。覚念其の外、僧俗之遺弟子等、悲嘆ノ声更ニ絶へず。懐奘ワ、胆ヲケシテ半時斗《ばかり》ハ、絶ヱ入り給ウ。」（瑞長本）
と伝えている。御年五十四歳。その病名について『建撕記』（瑞長本）は「腫物ニテ御涅槃アリ」と伝えるが、その真偽のほどはわからない。八月五日に永平寺を出発されてから、二旬そこそこ経ったばかりのことであった。

伝覚念屋敷跡（でんかくねんやしきあと）——京都市下京区高辻通西洞院西入ル

第二十九章　真葛が原の荼毘塔――ご遺体火葬の聖地

真葛が原

まくづ原露のなさけもとどまらず　恨みし中は秋風ぞ吹く　（従三位忠兼）

真葛《まくず》が原は、恨む心のさわぐさまを詠む時、しきりに取りあげられた京都東山の麓の地名である。今でこそ近くに祇園とか円山公園とかがあって何となく華やいだ雰囲気を漂わせる一帯であるが、かつては、化野《あだしの》などと共に、墓地ばかりが沢山にある淋しいところであった。平安時代に専ら火葬場として利用された鳥辺野も近く、まさに、秋風が吹いてこそ初めて歌になりうるような地、それが真葛が原であった。

さて、その真葛が原の一角に、道元禅師の荼毘所《だびしょ》の跡と伝えるところがある。それは、円山公園音楽堂の脇にある西行庵の裏手になる。

柴の庵ときくは賤しき名なれども　世にこのもしき住ゐなりけり

と詠じた西行法師を慕うてこの地を訪れた芭蕉は、

柴の戸の月やそのままあみだ坊

と詠んだという。元禄の頃も真葛が原の面影を漂わせた地であったらしい。西行庵の手前には、芭蕉堂があり、芭蕉の木像が安置されている。

道元禅師荼毘塔は、その西行庵前のゆるやかな舗装の坂道をしばらく歩き、最初の別れ道を右に折れる。そし

道元禅師荼毘塔

て、やや行くと、今度は菊渓川に沿うた道を下る。今では、要所要所にきちんと案内の標識が立てられているから、それに沿うて歩いて行きさえすれば迷うこともなくそこに至る。

しかし、この地が祖蹟として一応の整備がなされたのは、ごく近年のことであって、それ以前に伝承をたよりに尋ねた人たちは、西行庵の主に一々挨拶をし、恐縮しながらその軒下の細い道を潜りぬけ、やっとの思いで裏手の畑の隅っこの荼毘塔を詣でたという。いささか迂回はしているが、幅三メートルに近い参道が整備された今は、荼毘塔詣でに苦労することはほとんどない。

法孫を中心に参拝する人もこの頃はとみに多いらしい。日付と功徳主の名を墨書した卒塔婆が、荼毘塔の後にぎっしりと並んで建てられている。

荼毘塔と高台寺文書

道元禅師は、覚念屋敷でご入滅になった後、そのご遺骸は「洛陽天神ノ中ノ小路ノ草庵」にひとまず奉安された。その後、『建《けん》撕《ぜい》記《き》』の伝えるところでは、波多野義重公の世話で然るべき所を尋ね、結局、

「東山ノ赤辻ニ、小寺ノアリシニ、尊龕《そんがん》ヲ移し奉リテ、法に

依りて火葬シ奉ル。」（『建撕記』瑞長本）

ということになった。

では東山の赤辻とはどこか。『建撕記』は「赤辻ハ赤築地ナリ」（訂補本）と註している。『山城名勝志』も、「赤築地は経書《きょうかく》堂の西一町ばかり、五条南橋を出でたる路の北に在り。土俗、赤辻と云い今は畠となる」と記しているから、まずその近辺をさすのであろう。もっとも、今津洪嶽氏の説によれば、鎌倉時代の赤築地は、祇園から五条あたりまでをも含めた東山の一帯をさしたというから、そうなると、『建撕記』のこの一文からだけでは、道元禅師荼毘の地を推定することはおよそ不可能となる。

ところが、村上素道師（一八七五―一九六二）の『永平二祖孤雲懐奘《えじょう》禅師』によると、昭和の初年には、高台寺の竹林中に「道元禅師の灰塚《はいづか》」と称する鎌倉様式の五重塔がとり沙汰されていたという。つまりそれが、現在西行庵裏手に整備安置されている五輪の荼毘塔なのであろう。その地は、今では竹林の面影をすっかり薄くしているが、場所の移動は記録として残っていない。

村上素道師の再興になる大智和尚（一二九〇―一三六六）の旧蹟、肥後菊池市の聖護寺《しょうごじ》には、西有穆山《にしありぼくさん》和尚（一八二一―一九二〇）の揮毫になる「永興古刹」の寺号扁額が今に残されている。これは、師が明治末年の頃、京都山科御陵《みささぎ》に地を求め、詮慧《せんね》・経豪和尚の遺蹟永興庵（永興寺、永興院）の復興を企図した時の名残りである。この時、庫院《くいん》がまず建ち、釈迦像を安置し、大木魚を作った（『鳳儀鐘韻』）というが、結局、永興庵復興の事業は挫折したらしい。現在ではその跡すら定かでない。

史上、永興庵の再興を企図した嚆矢《こうし》は、面山和尚である。『面山広録』によると、寛延元年（一七四八）秋、面山和尚は上洛してそこに留まっている際、「憩息処」として、粟田口青蓮院《しょうれんいん》の側に廃庵を買った。そして、弟子達に乞われてそこに掲げた庵号が「永興庵」であった。面山和尚は、それについて次のように記している。

「昔、永平祖席に詮慧和尚あり。永興庵を洛陽に闢《びゃく》す。蓋《けだ》し、永平興聖を慕ふなり。庵は今亡く、其の処を

知らず。云々」（『永福面山和尚広録』巻十二）

もちろん、この面山和尚の再興した永興庵も、つとに失われてしまった。明治末年、例の村上素道師が、粟田口青蓮院門跡裏の茶畑に地を借りて、八畳二間の草庵を結んだのは、この面山和尚再興の永興庵を慕うてのことであったようだ。

村上素道師の略年譜（鳳儀鐘韻所収）によると、明治四十二年（一九〇九）の項に、

「九州ノ人臥牛和尚ガ着手セル道元禅師御荼毘所ノ跡ヲ受ケツギ、獅谷ニ承陽大師御霊場ヲ開基シ、森田悟由禅師ヲ請待シテ地鎮祭ヲ行フ。都下寺院八十余、八十余台ノ人力車ヲ列ネ盛大ナル法要ニテ、之ヲ見テ評者讃否二ツニ分ル。一ハ感心ナル願心家ナリト、在家ノ信者ニ多ク、他ハコノ虚僧ト、寺院方ニ多シ。」（同書）

とある。ここにいう「獅谷」は、「鹿が谷」のことか、あるいは現在荼毘塔のある地の界隈のことか、実はよくわからない。このご霊場も、盛大な地鎮祭をしたにもかかわらず、ほどなくその消息が不明となったからである。なぜか。その原因も、右の一文の中にたくまずして表現されていると私は見る。

その後、村上師は「道元禅師の灰塚」のことを云々するわけである。そして荼毘の地については「他日委細ヲ発表」（永平二祖孤雲懐奘禅師）するとしながら、それから三十余年の余生の間には遂にそれを果たされなかったようである。それは師自身が今一つ得心のいくだけの永興寺についての資料を持ち合わせていなかったせいかもしれない。もちろん、九州の人臥牛和尚が、「獅谷」に荼毘所を顕彰しようとした根拠も今となっては一向にはっきりしないのである。ところが有難いことに、昭和二十六年になって、東山高台寺（臨済宗）から『永興院役者記録』なる古文書が発見された。それには、道元禅師の荼毘の状況について、次の様にかなり克明に記録されていた。

「御入滅ノノチ、雲州大守ノハカラヒニヨリ、ヒガシ山建仁寺ノ西門ヨリイリ、シバシ故僧正ノ塔前ニ龕ヲ

トドメ、懐奘和尚舎利礼文ヲ挙シ、ワカレヲシミタマフ。ソレヨリコノ寺ノ三昧処東山雲居寺ノキタ、南ハ鷲ノ山ニトナリセル白山嶺ノモト、谷川ノホトリ祇園林トイフナル松並木ノツラナル赤築地花園ノスミナル地ニ龕ヲウツシタテマツリ、如法ニ荼毘シタテマツル。懐奘和尚舎利礼文ヲ挙セラレ、僧俗コレニ和シテ宝龕ヲメグルコヱモタヘダヘナリ。建仁寺ノ僧ドモカワルガワル来リテワカレヲシミタテマツル。ヒトトキアマリニテ荼毘一ペンノケムリト化シタマフ。アハレナリケル次第ナリ。ツラナリニシ僧俗ノトモガラ別ニ詳シク記サイナリ。経豪和尚筆ヲトルト云云。」（東隆真『道元禅師の遺跡』所載による）

永正二年（一五〇五）九月に康徳寺弓箴が伝領したと記録されているこの文書は、現存する『建撕記』の最も古い写本の成立年代よりも古いものである。しかも、

「永興庵永平開山ノ荼毘所ナリ、詮慧和尚開之経豪和尚住持云云、ノチニ建仁寺西来院権管。」

と伝承の来歴をも付している。

まず荼毘の地が建仁寺の三昧処であったというのがいかにも真実らしい感じである。

次いで、この文書にあげられた地名から荼毘の地を推定してみるとどうなるか。「雲居寺ノ北」の雲居寺は、すでに応仁の乱で滅びた寺。『拾芥抄』では「祇園の南、花園の向」と記す。花園は双林寺。『拾遺都名所図会』は、高台寺の下壇の地ではないかとする。

「鷲ノ山」は、高台寺境内の鷲峰山。昔、鷲尾中納言隆良卿の山荘があった所で、鷲尾《わしのお》ともいう。高台寺の山号鷲峯山はもちろんその由緒にもとづく。

「白山嶺」は、鷲峯山の隣の山。その麓の谷川は菊渓川。「祇園林」は、白山嶺・菊潭水（菊渓川）と並んで高台寺十境の一。祇園神社に通ずる松並木でもあったのだろうか。現在の円山公園のあたりであろう。

地図を広げてその地をまさぐって行くと、まさに現在荼毘塔の安置されている場所に至る。もし村上師が、この文書を知ることなく「道元禅師の灰塚」の口碑を採集されたとすると、この荼毘所の霊塔は大変に信憑性が強

いものだと言うことになる。

永興庵と永平寺承陽殿

空堂《くうどう》只見る緑苔の封ずるを
法席、人の祖宗を補う無し
満樹の落花春過ぎて後
杜鵑血に啼き夕陽紅なり

「永興開山の塔を礼す」と題したこの七絶は、道元禅師六代の法孫である大智和尚（一二九〇―一三六六）の作である。大智和尚は、元から帰国した正中二年（一三二五）に、八坂五重塔の法観寺に釈運西堂を訪ねているから、おそらくその時に永興庵を拝登したのであろう。

道元禅師荼毘の地と伝える東山に、永興庵を開創した詮慧和尚の伝記はつまびらかでない。道元禅師の嗣法の弟子であったのかあるいは単に伝戒の門人であったのかについてもはっきりしていない。けれども、「永平寺三祖行業記」は、懐奘和尚・僧海和尚・詮慧和尚の三人を道元禅師の法嗣として上げている。少なくとも、三人の高弟の中の一人であった。

先に私は、道元禅師が越前に移錫されるに際して、興聖寺の管理を詮慧和尚に委ねられたのではあるまいかという控えめな推測をした（第十六章参照）。もしそうだとすれば、詮慧和尚は、京都で四大不調の道元禅師を出迎えられたことになる。そして道元禅師ご遷化の後もそのまま京都に留まって報恩行にいそしまれたと推定される。

永興庵の寺号は、永平寺と興聖寺が二つながら当時存在していたことを想像させる。その寺号は、単に道元禅

永興庵の後身という高台寺

師開創の二つの代表的叢林の名を結合したのみならず、二つの叢林で行ぜられる報恩行を併せてここでも修行するのだといった意味あいが込められているような気が私にはするのだ。

その後、江戸時代になって、この地に北政所が秀吉の冥福を祈るための一寺を建立せんと発願する。徳川家康はそれを可とし、広大な寺域を与えて高台寺を開創した（開創時は曹洞宗であった）。その完成は結局北政所の歿後になったらしく、寺号は北政所の法号に因んでつけられた。ともあれ、高台寺の建立によって、この一帯の面目は一新してしまったようである。

しかし、道元禅師が荼毘に付された頃は、この地は真葛が原の名にふさわしい茫漠たる荒涼の地であった。そこに一庵を草創し、ひそやかに報恩行に徹しようとする者にとって障害となるものはおそらく何もなかったに違いない。

庵を結んだ詮慧和尚は、道元禅師生前の膝下に侍して、おりにふれて聴いた『正法眼蔵』についての提唱を思い起こしつつ『御聴書』をつぶつぶと書いた。その弟子経豪和尚は、『御聴書』をもとにしながら、『正法眼蔵』の最初の、そして最上級の注釈書とされる『正法眼蔵御抄』を、やはりこの永興庵でまとめた。

ところが、このひそやかな永興庵を護持していく力は、道元禅師をひたすらに慕う道念にしか期待できなかった。もしそれが相続者に失われてしまえば、真葛が原の秋風に冷厳さが加わるほかはない。

『御抄』が完成した延慶元年（一三〇八）からわずかに二十年足らず後に、大智和尚が永興庵を尋ねてみると、開山堂には人影もなく、いたずらに苔のむすに任せられていた。純一無雑に道元禅師の行履を慕う法孫は、真葛が原にはすっかり後を絶っていたのである。あかあかと照らす夕陽の中にたたずみながら、大智和尚はほとぎすが痛痕の鳴き声を発しているのをむなしく聞くだけであった。

一方、荼毘の後のご霊骨は、懐奘和尚によってただちに越前永平寺へももたらされた。

「九月六日に設利羅（舎利）を収めて京城を出で、同十日酉の刻ニ越州吉祥山ヱ至リ給ウ」（『建撕記』瑞長本）

かなり急いだ旅であった。ご霊骨を胸に抱いた懐奘和尚を初めとする遺弟たちは、道を急ぐことによってのみ悲しみがまぎらされるような気分であった。

永平寺の祖廟承陽殿

「同十二日申《さる》ノ刻に、方丈に於て入涅槃之儀式之如く、茶菓珍饈香花燈燭ヲ備ヘテ供養ヲ致シ、法事勤行孝礼悉ク之有リ。本山の西隅に塔して承陽ト号す。」（同書）

懐奘和尚は、方丈の傍らに道元禅師の真影を安じ、「夜間に珍重し、晩天に和南して」（『伝光録』）一日も怠ることがなかったという。

その後、七百年余を経た今、洞門の寺院は全国に一万五千ヵ寺。永平寺には常時二百を越す雲衲が、ねんごろの限りを尽くして在《いま》すが如くに真廟に奉事《ぶじ》し、毎日

永興寺山門

報恩行にいそしんでいる。

〈補遺〉

本書が上梓されて三年ほど経った昭和五十八年五月に京都の加納由兵衛氏から便りをいただいた。村上素道師が再興した永興庵は、京都市山科区御陵《みささぎ》大岩一五番地に現存しているから一度訪ねてみよ、という趣旨であった。

増刷の機会があれば拝登してみたいと念じつつ、十数年経ってしまい、平成十二年十月になってようやく永興寺を訪ねた。

村上素道師が永興庵の復興を企図した当時は、寺院の新規創建が認承されることがほとんど不可能であった。そこで山科御陵の福聚院という荒廃しきった寺に目をつけ、それを復興して永興寺と称したらしい。当時、無住の廃寺福聚院であったが、檀家の古老たちが細々とそれを護持していた。村上師の永興寺復興の熱烈な道念を了承した古老たちであったが、福聚院という寺名を消滅してしまうのは決して肯《がえ》んじなかった。それゆえに村上師の時代から平成七年に至るまで、表向きは福聚院という寺号のままで、『曹洞宗寺院名鑑』にも「永興寺」の名称は埋没《まいぼつ》していた。うかつにも「永興庵復興の事業は挫折したらしい。現在ではその跡す

桜の頃の永興寺門前疎水の辺（撮影加納由兵衛氏）

ら定かでない」と書いてしまったのも、そのことが遠因にある。

かたくなに福聚院の寺号に愛着を示していた檀徒の古老たちがすっかり故人となってしまって、昭和五十九年六月に、福聚院は土地のいっさいを譲渡する形で、「無量山永興寺」が誕生した。

その後、伽藍整備計画が進められ、現在は本堂・山門・鐘楼等が見事に新築されている。本堂にはまた、直径九十センチ、高さ九十五センチの村上師が作った大木魚が安置され、『風儀鐘韻』に記された永興庵が紛れもなくこの寺であることを証している。

地下鉄東西線の御陵駅で下車し、広い県道を北にしばらく歩き、やがて日蓮宗四大本山の一つ本圀寺の方へ登っていく道を北へまっすぐ歩いて行くと第一疎水（インクライン）の辺《ほとり》に出る。橋を渡れば永興寺の境内。春には、爛漫の桜が疎水に影を映して風情豊かだという。

道元禅師荼毘塔（どうげんぜんじだびとう）——京都市東山区円山公園鷲尾町

参考文献

道元禅師の著述関係の文献等は省略して、ここでは、直接、道元禅師の旧蹟について触れた参考図書のみを記しておきたい。（順不同）

▼道元禅師伝に関する文献

河村孝道　『諸本対校　永平開山道元禅師行状建撕記』　大修館書店　昭和五〇年
大久保道舟　『道元禅師伝の研究』（修訂増補版）　筑摩書房　昭和四一年
竹内道雄　『道元』　吉川弘文館　昭和三七年
今枝愛真　『道元とその弟子』　毎日新聞社　昭和四七年
柴田道賢　『禅師道元の思想』　公論社　昭和五〇年
佐橋法竜　『人間道元』春秋社　昭和四五年
梅原猛・高崎直道　『古仏のまねび〈道元〉』　角川書店　昭和四四年
中世古祥道　『道元禅師伝研究』　国書刊行会　昭和五四年
鏡島元隆・玉城康四郎編　『道元の生涯と思想』講座道元Ⅰ　春秋社　昭和五四年

▼旧蹟の考証に関する文献

笛岡自照　『道元禅師御旧蹟めぐり――その案内と考証』　古径荘　昭和三六年
東隆真　『道元禅師の遺跡』（駒沢女子短期大学研究紀要第七号所収）　昭和四八年
新訂増補国史大系　『尊卑分脈』　吉川弘文館　昭和五二年
守屋茂　『木曽坊から道元の誕生地を探る』　宇治市史編さんだより、第七号所収　昭和四七年
大久保道舟・守屋茂　『道元の誕生地考』　印度学仏教学研究、第二一巻一号所収　昭和四七年

慈円『愚管抄』（承久二年）岩波文庫所収
辻善之助『日本仏教史』岩波書店　昭和一九年
荒木良仙『度及度縁戒牒の研究』仏教制度叢書発行所　大正一四年
延暦寺編『比叡山』比叡山延暦寺　昭和四八年
景山春樹『比叡山と高野山』教育社　一九八〇年
栄西『興禅護国論』日本の禅語録第一巻　講談社
伊藤東慎『建仁寺案内記』禅文化三二号
安川浄生『道元禅師入宋帰朝地点の研究』福岡・明光寺　昭和四四年
新城常三『鎌倉時代の交通』吉川弘文館　昭和四二年
森克己『増補日宋文化交流の諸問題』国書刊行会　昭和五〇年
藤岡謙二郎編『日本歴史地理総説』中世編　吉川弘文館　昭和五〇年
藤岡謙二郎編『地形図に歴史を読む』全五巻　大明堂　昭和四八年
平野邦雄・飯田久雄『福岡県の歴史』山川出版社　昭和四九年
豊田武・児玉幸多編『交通史』山川出版社　昭和四五年
日本歴史地理学会編『日本交通史論』日本学術普及会　大正一四年
九州歴史資料館編『筑前今津・誓願寺』九州の寺社シリーズ1　昭和五二年
坊津町郷土誌編纂委員会『坊津町郷土誌』上巻　坊津町　昭和四四年
五代秀尭・橋口兼柄『三国名勝図会』明治三八年活字版（覆刻版あり）
二丈町誌編纂委員会編『二丈町誌』二丈町
高田道見編『天童小誌』仏教館　明治三五年
鈴木大拙『支那仏教印象記』森江書店　昭和九年
大本山永平寺『天童禅寺に詣でて』大本山永平寺　昭和五四年
駒沢大学中国仏教史蹟参観団『中国仏蹟見聞記』駒沢大学　昭和五四年
村上博優編『中国・曹洞祖師旧蹟』ビーエス国際旅行　昭和五四年

元字脚葛藤集編纂室編　『支那禅門曹洞系主要祖師住山地名並地図』　静岡・官養庵刊　昭和四八年
『中国の地理概況』　中国国際書店　昭和四九年
星斌夫　『中国地名辞典』　名著普及会　昭和五四年改題覆刻
林田第一號　『加津佐郷土史・加津佐史話』　長崎・加津佐町　昭和四八年
鈴木素田　『大智禅師偈頌・訓注』　其中堂　昭和四〇年
水巻町史編纂委員会　『水巻町史』　福岡・水巻町　昭和四八年
西川功　『高千穂太平記』
小山正　『大慈寺記』　熊本・同書刊行会　昭和四三年
村上元三　『道玄の松』　大法論　昭和五二年一月号所収
司馬遼太郎　『街道をゆく』第一巻・第八巻　朝日新聞社
『円明国師行実年譜』　続群書類従巻二百二十七所収
杉尾玄有　『源実朝の入宋企図と道元禅師』　宗学研究第一八号　昭和五一年
川村章一　『川村家の歴史』　私家版　昭和三八年
仁井田好古　『紀伊続風土記』（天保一〇年）
懐英撰　『高野春秋編年輯録』（寛永一九――享保四）　大日本仏教全書所収
秋里籬島　『都林泉名勝図会』（寛政一一年）　日本名所図會全集所収　名著普及会　昭和五〇年覆刻
日本古典文学大系　『新古今和歌集』　岩波書店　昭和三三年
山本十造　『宝光山竜雲寺調査』　宇治田原町史・参考資料第三輯　昭和五三年
大島武好　『山城名勝志』（正徳元年）　改定史籍集覧　増補京都叢書所収
白慧　『山州名蹟志』（正徳元年）　大日本地誌大系所収
秋里籬島　『拾遺都名所図会』（天明七年）　日本名所図會全集所収　名著普及会　昭和五〇年覆刻
守屋茂　『道元初開の興聖寺旧跡について』　印度学仏教学研究第二十三巻第一号　昭和四九年
藤原明衡編　『本朝文粋』　新訂増補国史大系所収
無隠道費撰　『興聖開山祖像并霊骨塔廟記』　続曹洞宗全書・寺誌史伝編所収

『永福面山和尚広録』　曹洞宗全書・語録三所収
『熊川村史』　熊川村　昭和四三年
印牧邦雄『福井県の歴史』　山川出版社　昭和四八年
福井県郷土誌懇談会『福井県の歴史散歩』　山川出版社　一九七七年
『若狭・北陸路』日本の道シリーズ第九巻　毎日新聞社　昭和四七年
杉原丈夫編『越前若狭の伝説』　松見文庫　昭和四五年
村田氏春『越藩拾遺録』（寛保三年）　越前若狭地誌叢書（松見文庫発刊）所収
『越前鹿子』　若狭地誌叢書所収
『福井県足羽郡史』　昭和一八年
『滋賀県高島郡史』
高山大鳳編『吉峰寺第五世重興仏心和尚行実』　吉峯寺刊　昭和六年
小林準道『永光寺五老峯の現代的意義』　北海道・総泉寺刊　昭和四九年
面山瑞方『傘松日記』　続曹洞宗全書・法語歌頌編所収
笛岡自照『永平寺雑考』　古径荘　昭和四八年
同　　　『続永平寺雑考』　古径荘　昭和五一年
熊谷忠興『永平寺年表』　歴史図書社　昭和五三年
桜井秀雄『永平寺』　曹洞宗々務庁　昭和四四年
小倉玄照『永平寺の聯と額』　誠信書房　昭和五一年
沢寿郎『新板鎌倉名所記』　かまくら春秋社　昭和四九年
『吾妻鏡』　新訂増補国史大系　吉川弘文館　昭和五二年
井上箴六『傘松』「覚念への炷香一片」　昭和二七年四月号
村上素道禅師米寿記念『鳳儀鐘韻』　私家版　昭和三七年
村上素道『永平二祖孤雲懐奘禅師』　大坂参禅会　昭和三年
駒沢大学内禅学大辞典編纂所『禅学大辞典』　大修館書店　昭和五三年

白石虎月編著『禅宗編年史』（昭和一二年）東方界覆刻　昭和五一年

〈増補修訂版〉参考文献

百瀬明治・杉田博明『道元禅師を歩く』京都新聞社　一九九九年
郡司博道『道元禅師正伝明決抄』草稿本　東京・昌林寺　平成一〇年
伊藤秀憲『道元禅研究』大蔵出版　一九九八年
中世古祥道『道元禅師伝研究・続』国書刊行会　一九九七年
鏡島元隆『道元禅師とその周辺』大東出版社　昭和六〇年
加藤興三郎『日本陰陽暦日対照表』㈱ニットー　一九九二年
大谷哲夫『永平の風』文芸社　二〇〇一年
中野東禅・小倉玄照『あなただけの修証義　カラー版「道元禅師の生涯」つき』小学館　二〇〇〇年

あとがき

私がかつて五年有余にわたって編集を預かっていた永平寺の月刊誌『傘松』は、道元禅師の仏法と真正面から取り組んで参究しようと意図するすこぶる硬派の雑誌であった。しかし堅い雑誌といえども、時にはほっと一息つけるようなページも必要である。そこで、「祖蹟を歩く」という連載を企画した。道元禅師の旧蹟を訪ね、それを写真一葉と、六百字程度の短文で紹介しようとしたわけであった。

連載を始めた当初は、名だたる祖蹟を一年間位続けてけりをつける予定でいたのだが、そのうちに史実の真偽はさておいて、道元禅師にからんだ伝承の残っている地は、しらみつぶしに歩いてみようという途方もない考えを起こしてしまい、連載は延々五十回に近く及んでしまった。満四ヵ年の歳月を費やしたのである。

ところで、実際にその地を訪ねてみると、従来の道元禅師伝とは異なったさまざまな伝承に接することが存外にあった。一ヵ所につき六百字という制限内ではとても書き尽くせぬ資料も蒐集した。もちろん、言い尽くせぬ私の思いもかなり蓄えられていった。

そうなると、多少冗長となるきらいはあっても、旧蹟の地を訪ね歩いた感想などをもう少し詳細にまとめておくことも法孫として大切な使命ではないかという気がしてきたのである。むろん、それは『傘松』誌の当初の取材目的は達成した上での余分の仕事である。けれども、骨は折れてもこの際詳細な旧蹟紀行をまとめておくことが、将来のためにもきわめて重要なことのように思われた。

実際に筆をとってみると、それはずいぶんむずかしい仕事であった。しかし、自分なりに全力を尽くして、地縁に結びついた一種独特な道元禅師伝の記述を試みるための努力をしてみたつもりである。紀行文の如く見えながら道元禅師伝に深入りしたきらいが随所に窺えるのは、私の関心が旅そのものよりも道元禅師のご生涯を追慕するということの方により深くあったからである。

編集者自身の文章があまりに多くを占めるのを気にしながら、時折、詳細な紀行文を「私の祖蹟ある記抄」と題して『傘松』誌上にも発表させていただいた。宗門人に道元禅師伝の新しい視点を提供してみたいというやみ難い思いを抑えることができなかったからである。そしてそれは幸いなことにおおかたの読者に好評をもって迎えられた。

昭和五十三年十二月をもって、私は『傘松』編集の任務を後進に譲った。中国の祖蹟を訪ねることはその後一年有余を待たなければ成就しなかったけれど、それまでに国内の祖蹟はほぼ巡拝し終えた。もちろん、〆切に追われての慌しい旅ばかりであった。私事を犠牲に払ったこともひとかたではなかった。

だが、とにもかくにも旅を終え、私なりの道元禅師伝を脱稿した今、不思議な感慨が胸をふさぐ。それは特に道元禅師の徹底した韜光晦跡の生涯について骨身にしみるほど味わわされたことと関連する。何しろご生誕の地から始まってご入滅の地に至るまで、間違いなく遺蹟であると確認されたところはほとんど無いといってもいいのである。今に生きる根本道場永平寺すらがその後の移転説をくすぶらせているのだから、あとかたをすっかりくらました仏者としての理想の生きざまにあらためて襟を正させられる思いがする。

ともあれ大切なのはひそかに行ぜられる行持であるという確信は、道元禅師のご生涯を追慕する時いよいよ明らかになったようである。たとえ田舎の小庵にあろうとも道元禅師を追慕する以上は、日々の行持をなおざりにしてはならないのである。本書が、私自身の行持を鞭打つ警策となり得るかどうか――そのことが実は私にとって今一番大切な問題なのだということを肝に銘じておきたい。

それにつけても我ままな編集者をおっとりと許容して六年近くも辦道の場を提供し、存分の執筆活動を許して下さった祖山永平寺の不老閣猊下の鴻恩は筆舌に尽くし難い。また、本書の出版を快諾し、激励のことばを頂戴した現監院大島恭竜老師、序文を賜わった後堂楢崎一光老師や、さらには元布教部長楢崎通元老師にも格別のご指導ご助言を得た。また、関戸恵定老師には『傘松』以来のご縁で校正のご加担を得た。ここに記して各位に感謝の意を表しておきたい。

尚、本書をまとめるに際してたくさんの著書からさまざまな学恩を蒙った。また訪問先の各地ではいろんな人から親切なご教示を賜わった。それら有縁の人びとに対してあらためて厚く御礼申しあげる。また未熟な前著に引き続いて再び出版の労をお取りいただき、一冊にまとめるための努力を根気よく重ねて下さった誠信書房社主柴田淑子女史、編集長石川誠一郎氏にも謝意を表するこというまでもない。

小倉玄照記

昭和五十五年四月二十日

増補修訂版　あとがき

本書が上梓されて二十余年経つ。その間のいわゆる情報革命の進展にはめざましいものがあった。道元禅師伝の研究にもそれは大きな影響を与えた。旧蹟についても次々と新しい情報がもたらされた。韜光晦跡の生涯に情報革命の光をあて直してみる必要に迫られて来たと言ってもよかろうか。

誠信書房編集部の濱地正憲氏から増補修訂版発行の誘いを受けて、とりあえず中国、鎌倉・京都に足を運んだ。何処も様相は一変し、全面的改稿を迫られているような気がした。

しかし、二十数年前の紀行文も今となっては貴重でもある。それはそのまま歴史的証言として残しながら、新しい道元禅師伝研究の成果を紹介して〈増補修訂版〉をまとめてみた。三章・十一章を新しく加え、他章には〈補遺〉を付加した。

旧版は、朝日新聞の書評（短評）にとりあげられたり、柳田聖山師の編する『思想読本』〈道元〉（法蔵館、昭五七）に第二十八章・第二十九章が「最後の道元紀行」として全文収録されたり、あるいは、日本ウォーキング協会主催の「京から越前へ！　六街道ウォーク―道元さんと歩こう―」の企画に示唆を与えたり、結構大きな反響を呼んだ。

そのことを大いに誇りに思いつつ、二十数年ぶりに、記念すべき道元禅師七百五十回大遠忌の年に本書の増補修訂版が上梓できることを喜びたい。最後に誠信書房社主柴田淑子女史のご配慮に対して厚く謝意を表する。

平成十四年四月八日

小倉玄照記

著者紹介

小倉　玄照（おぐら　げんしょう）

1937年　岡山県に生まれる
1960年　駒沢大学仏教学部禅学科卒業
1973年　曹洞宗大本山永平寺講師
現　在　岡山県苫田郡加茂町　成興寺住職
著　書　『永平寺の聯と額』誠信書房　1976,『永平寺の四季』誠信書房　1982,『禅のかたち』誠信書房　1983,『禅とからだ』誠信書房　1984,『禅院おりおり』大東出版社　1985,『詩と禅――道元禅師のことば』大東出版社　1986,『禅と食』誠信書房　1986,『新普勧坐禅儀講話』誠信書房　1991,『禅の子育て』誠信書房　1994,『道元禅師のことば』国書刊行会　1994,『道元禅師の慕古』国書刊行会　1999

道元禅師旧蹟紀行　増補修訂版

1980年 9 月10日　初　版　第 1 刷発行
1981年 1 月20日　初　版　第 2 刷発行
2002年 6 月25日　増補修訂版　第 1 刷発行

著　者　小　倉　玄　照
発行者　柴　田　淑　子
印刷者　日　岐　弘　登

発行所　株式会社　誠　信　書　房

〒112-0012　東京都文京区大塚3-20-6
電話　03（3946）5666
http://www.seishinshobo.co.jp/

中央印刷　清水製本所　落丁・乱丁本はお取り替えいたします
検印省略

Printed in Japan
ISBN 4-414-10117-4 C 1015